Hermann Korte/Bernhard Schäfers (Hrsg.)
Einführung in Spezielle Soziologien

Einführungskurs Soziologie
Herausgegeben von Hermann Korte und Bernhard Schäfers

Band IV:
Hermann Korte/Bernhard Schäfers (Hrsg.)
Einführung in Spezielle Soziologien

Die weiteren Bände:

Band I:
Einführung in Hauptbegriffe der Soziologie
Hrsg. von Hermann Korte und Bernhard Schäfers

Band II:
Hermann Korte
Einführung in die Geschichte der Soziologie

Band III:
Annette Treibel
Einführung in gegenwärtige soziologische Theorien

Hermann Korte
Bernhard Schäfers (Hrsg.)

Einführung in Spezielle Soziologien

Leske + Budrich, Opladen 1993

UTB-ISBN: 3-8252-8071-3
Verlags-ISBN: 3-8100-1099-5

Satz: Leske + Budrich
Umschlaggestaltung: Alfred Krugmann, Stuttgart
Druck und Verarbeitung: Druckerei Enk, Bocholt

Printed in Germany

UTB-ISBN: 3-8252-8071-3 (UTB-Bestellnummer)

Editorial zum Einführungskurs Soziologie

Der Einführungskurs ist konzipiert für Studienanfänger an Universitäten und Fachhochschulen. Wer im Haupt- oder Nebenfach Soziologie studiert, kann mit dem **Einführungskurs Soziologie** im Grundstudium bzw. im ersten Studienabschnitt die erforderlichen Kenntnisse in soziologischer Begriffs- und Theoriebildung, in der Geschichte der Soziologie und für Praxisfelder, in denen soziologisches Wissen unverzichtbar geworden ist, erwerben.
Der **Einführungskurs Soziologie** umfaßt vier Bände:

I. Einführung in Hauptbegriffe der Soziologie
II. Einführung in die Geschichte der Soziologie
III. Einführung in gegenwärtige soziologische Theorien
IV. Einführung in Spezielle Soziologien

Die Bände I und II erschienen im Herbst 1992, die Bände III und IV erscheinen erstmals im Herbst 1993.

Den Autorinnen und Autoren der vier Bände waren von den Herausgebern unter anderem die folgenden Grundsätze als Orientierung bei der Texterstellung vorgegeben worden:

— Jede Lektion soll nur den Stoff umfassen, der in etwa zwei Doppelstunden Vorlesung und Übung behandelt werden kann.
— Jede Lektion soll in sich verständlich und abgeschlossen sein.
— Die für das Weiterstudium wichtigsten Literaturangaben sind hervorzuheben.

Wir hoffen, mit dem **Einführungskurs Soziologie** einen angemessenen Weg gefunden zu haben, das soziologische Grundstudium in dem Maße zu standardisieren, wie es für jede wissenschaftliche Disziplin unabdingbar ist. Den Lehrenden und Lernenden bleibt die Aufgabe und die Möglichkeit, aus den verschiedenen Paradigmen der Begriffs- und Theoriebildung eine eigene Position zu entwickeln.

Wir bedanken uns bei Ulrike Aden, Heike Hammer und Paula Villa in Bochum für die umsichtige und ausdauernde Mitarbeit bei der Redaktion aller vier Bände und bei Wolfgang Benz in Karlsruhe für die Endredaktion der Bände I und IV.

Hermann Korte
Ruhr-Universität Bochum

Bernhard Schäfers
Universität Karlsruhe (TH)

Vorwort zu Band IV
Einführung in Spezielle Soziologien

Mit den vorliegenden zwölf Lektionen zur Einführung in Spezielle Soziologien liegt der letzte von insgesamt vier Bänden des „Einführungskurs Soziologie" vor.

Die Entwicklung Spezieller Soziologien gehört zu den Anfängen und zu den selbstverständlichen Grundlagen des Faches. Die systematische Soziologie nimmt ihren Ausgang von der Familiensoziologie, der Rechts- und der Religionssoziologie, der Arbeits- und Industriesoziologie.

Wir hoffen, aus den leicht abgrenzbaren ca. 50 Speziellen Soziologien jene ausgewählt zu haben, die zum Kern der gegenwärtigen soziologischen Lehre und Forschung gehören und die — zumindest in ihrer Mehrzahl — auch für Grundlegung und Weiterentwicklung der Allgemeinen Soziologie zentral sind. Daß sehr wichtige Spezielle Soziologien wie die Medizinsoziologie oder die Religionssoziologie fehlen, sehen wir als einen Mangel, der in weiteren Auflagen zu beheben ist.

Die ursprüngliche Absicht, mit den ausgewählten Speziellen Soziologien auch in entsprechende Praxisfelder der Soziologie einzuführen, konnte im gegebenen Rahmen nur zum Teil realisiert werden. So ist der Beitrag von Regine Gildemeister, „Soziologie der Sozialarbeit", von der Sache her praxisnah im engeren Sinn, ohne auf die in allen Beiträgen vorrangige theoretische und begriffliche Durchdringung der betrachteten sozialen Phänomene und Handlungsfelder zu verzichten.

Die Anordnung der Lektionen folgt inhaltlichen Zuordnungsmöglichkeiten, die auch darauf verweisen sollen, daß die Speziellen Soziologien den selbst gesteckten Rahmen nicht zu eng ziehen dürfen: Familie hat z.B. immer auch mit Bevölkerung, doch ebenso mit Arbeit oder Konsum zu tun. Wenn die Lektionen von den Studierenden in diesem Verständnis erarbeitet werden, dann wird einsichtig, daß das jeweils betrachtete Sozialphänomen — Arbeit, Bevölkerung, Recht, Technik usw. — ein Element der Sozialstruktur und langfristiger sozialer Prozesse ist.

Hermann Korte / Bernhard Schäfers

Verzeichnis der Lektionen

Lektion I
Familie — Jugend — Alter

Rosemarie Nave-Herz

Inhalt

1. Kurzer historischer Rückblick auf die Familien-, Jugend- und Alterssoziologie

Wissenschaftliche Abhandlungen über die Familie, die Jugend oder über das Alter sind schon in der Antike und im Mittelalter verfaßt worden.

So haben bereits Aristoteles und viele andere Philosophen (wie Locke, Bacon), die politischen Arithmetiker, ferner die Autoren der „Hausväter-Literatur" und die der frühen Haushaltsstudien wichtige familienwissenschaftliche Erkenntnisse gebracht, aber die Familie war nicht zentraler Gegenstand ihrer wissenschaftlichen Analyse, sondern sie wurde als „Mittel zum Zweck", nämlich im Hinblick auf die Staatsbildung, die Kirche und eine christliche Lebensführung, die Bevölkerungsentwicklung u.a.m. der wissenschaftlichen Reflexion unterzogen. René König, der bedeutendste deutsche Familiensoziologe nach dem Zweiten Weltkrieg, nannte diese Epoche die Zeit der universal historischen Betrachtungsweise von Familie (1969:174).

Erst in der ersten Hälfte des vorigen Jahrhunderts und schließlich mit der Entstehung der Soziologie setzte sich die Absicht durch, systematisches und überprüfbares Wissen über die Familie selbst, über ihre Mitglieder und über die Transferwirkungen zwischen ihr und anderen gesellschaftlichen Teilbereichen methodisch zu gewinnen.

Riehl: Mitbegründer der Familiensoziologie

Wilhelm Heinrich Riehl (1823 - 1897) gilt als Begründer der Familiensoziologie in Deutschland. Sein Buch mit dem Titel „Die Familie" (1855) hat großes Ansehen, sogar in der breiten Öffentlichkeit, gewonnen; es erreichte 17 Auflagen. Obwohl der Verfasser den Anspruch formulierte, die Familie seiner Zeit beschreiben zu wollen, handelte es sich bei seiner Darstellung aber um eine stark wertende Abfassung, z.T. sogar um eine verzerrte Wiedergabe familialer Realität. Als Maßstab und Ideal galt für ihn ein ganz bestimmter Familientyp, den er verabsolutierte, nämlich den des mittelständischen Bürgertums. Andere Ehe- und Familienformen waren für ihn das Kennzeichen eines beginnenden Auflösungsprozesses von Ehe und Familie, dem er mit Hilfe seiner Schrift entgegenwirken wollte.

Differenzierung familiensoziologischer Fragestellungen

Überblickt man die familienwissenschaftliche Forschung von diesen Anfängen bis heute, so ist die Vielfältigkeit ihrer Forschungsfragen und -ergebnisse groß: Immer wieder wurden vor allem Gegenwartsanalysen über Familien mit bestimmten Problemlagen (z.B. Arbeitslosigkeit, Alkoholismus) durchgeführt, ferner Untersuchungen über bestimmte Familientypen (z.B. über die Arbeiterfamilien, über die „unvollständige Familie", über junge Familien) und über bestimmte Aspekte des Familienlebens, z.B. über die familiale Freizeit, über den Zusammenhang von Herkunftsfamilie und der Berufswahl der Kinder, über Einkommensverwendungen u.a.m. (vgl. Nave-Herz / Markefka 1989).

Aber auch die Kontinuität bestimmter Thematiken ist erstaunlich. Immer wieder (und so auch heute) wurde bzw. wird die — bereits von Riehl aufgeworfene — Fragestellung nach dem Bestand und den Auflösungserscheinungen von Ehe und Familie diskutiert und empirisch überprüft, die familialen Interaktionsbeziehungen (einschl. der elterlichen Erziehungsziele und -methoden) analysiert, die mütterliche Erwerbstätigkeit problematisiert und die verursachenden Bedingungen für die abnehmende Kinderzahl pro Familie untersucht. Ferner wurde immer wieder nach dem Ursprung bzw. nach der sozialhistorischen Veränderung der Institution „Familie" gefragt.

Auch über die „Jugend" erschienen bereits seit der Antike wissenschaftliche Abhandlungen, die sich zunächst aber vorwiegend auf die gesellschaftlichen und pädagogischen Probleme (männlicher) Jugendlicher aus der Perspektive von Erwachsenen konzentrierten.

Jugendphase zunächst ein Oberschichtphänomen

Eine ausgeprägte Jugendphase gab es im übrigen bis ins 18. Jahrhundert hinein nur als Statusgruppe in der sozialen Oberschicht. Erst langsam, mit Beginn des 19. und verstärkt dann seit Anfang des 20. Jahrhunderts entwickelte sich — vor allem durch die Zunahme der Bedeutung des Schul- und Ausbildungssystems — eine Jugendphase mit speziellen Lebens- und Ausdrucksformen in allen sozialen Schichten der Bevölkerung, die bis heute eine kontinuierliche altersmäßige Ausdehnung erfuhr.

Beginn der Jugendforschung um 1900

Parallel zur gesellschaftlichen Relevanz der Jugend, vor allem auch nach der Entstehung der deutschen Jugendbewegung — also vor fast 100 Jahren — wurden die ersten systematischen wissenschaftlichen psychologischen, dann soziologischen Untersuchungen über Jugendliche und über die psychische und soziale Bedeutung der Jugendphase durchgeführt. Dabei konzentrierte sich die Forschung zunächst stärker auf die Gymnasiasten (Analysen von Selbstzeugnissen, z.B. durch Tagebuchanalysen, über die Ursachen der Unterschiede zwischen verschiedenen historischen Jugendgenerationen, über Jugendkulturen usw.); erst später wurden die spezifischen Probleme der Arbeiterjugend und der Mädchen miteinbezogen. Seitdem sind — mit Unterbrechung im Dritten Reich — die verschiedensten jugendsoziologischen Themen behandelt worden, so daß kaum — wie in der Familiensoziologie — Zeit überdauernde Thematiken identifiziert werden können. Allerbeck und Rosenmayr schreiben sogar: „Das auffallendste Merkmal der bisherigen soziologischen Jugendforschung ist ein außerordentlicher Mangel an Kontinuität. Der Mangel an Kontinuität entspricht hierbei dem Ablauf der Veränderungen der Jugendgenerationen und der Entwicklung der Gesellschaft selbst" (1976:2).

Die Thematik des menschlichen Alt-Werdens und die des Greisenalters spielte ebenso bereits in der griechischen und lateinischen Philosophie eine große Rolle. Dem höheren Lebensalter wurde eine besondere Wertdisposition zugeschrieben. Auch im Mittelalter wurden in vielen christlichen Schriften die besonderen Aufgaben des Alters, vor allem auch im Hinblick auf den nahen Tod beschrieben.

Diese Abhandlungen stellen aber insofern keine Vorformen oder Vorstufen zu einer Alterssoziologie dar, weil hier eine wissenschaftlich analytische Auseinandersetzung mit dem Verhältnis „höheres Alter" und „Gesellschaft" unterblieb.

Später Beginn systematischer Altersforschung

Für die ersten wenigen alterssoziologischen Studien, die in der ersten Hälfte bis Mitte des 20. Jahrhunderts entstanden, waren praktische Bedürfnisse ausschlaggebend gewesen. Das galt auch für die Ausdifferenzierung einer Alterssoziologie (Rosenmayr 1969:30ff.), die schließlich als Reaktion auf den sozialstrukturellen Wandel infolge der Veränderung des Alters vor ca. 30 Jahren sich vollzog. Bedingt durch gesamtgesellschaftliche Wandlungsprozesse, vor allem aber auch durch die medizinische Forschung, ist nicht nur der Anteil von Menschen in höherem Alter an der Gesamtbevölkerung stark angestiegen, sondern ihre objektiven Lebensbedingungen und ihre Selbstbewertung haben sich derart verändert, daß ihre Stellung in der Gesellschaft kaum mit der in früheren Epochen vergleichbar ist. Die Alterssoziologie ist also eine der jüngsten sog. „Bindestrich-Soziologien", im Gegensatz zur Familiensoziologie, die eine der ersten war.

2. Zur Begriffsproblematik

Eine einheitliche Auffassung darüber, was man als „Familie" bezeichnet, gibt es weder im Alltag noch in der Wissenschaft, obwohl das Wort seit dem 16. Jahrhundert in die deutsche Sprache aufgenommen wurde. So werden häufig Familie und Verwandtschaft synonym gebraucht oder auch die kinderlose Ehe als Familie bezeichnet. Überblickt man die in der Wissenschaft üblichen Definitionen von Familie, so betonen zumeist ihre Autoren, entsprechend dem von ihnen jeweils bevorzugten wissenschaftstheoretischen Paradigma, entweder die gesamtgesellschaftliche Bedeutung der Familie oder ihren Gruppencharakter. Unter makrosoziologischer Perspektive wird Familie als eine soziale Institution bezeichnet, die bestimmte gesellschaftliche Leistungen erbringt bzw. zu erbringen hat, mikroperspektivisch gilt sie als „eine Gruppe besonderer Art" (z.B. König 1969). Ferner beziehen sich die meisten Definitionen — z.T. implizit — auf die moderne (west-)europäische Kernfamilie, sind also Familienbegriffe „mittlerer Reichweite" (vgl. ausführlicher Nave-Herz 1989:2).

Im folgenden wird ein Familienbegriff auf einem höheren Abstraktionsniveau — und damit verbunden auf einer geringeren Konkretisierungsebene — formuliert und versucht, beide Sichtweisen, nämlich die makro- und die mikroperspektivische, zu verbinden. Es muß dabei nach den Kriterien gefragt werden, die familiale von anderen sozialen Systemen unterscheiden. In diesem Sinne sind Familien — gleichgültig, welche spezifische historische oder regionale Ausprägungsform sie besitzen — gekennzeichnet:

Kennzeichnung der Familie als Sozialsystem

— durch die Übernahme bestimmter gesellschaftlicher Funktionen, und zwar zumindest der Reproduktions- und der Sozialisationsfunktion neben anderen, die kulturell variabel sind,
— durch die Generationsdifferenzierung,
— durch ein spezifisches Kooperations- und Solidaritätsverhältnis zwischen ihren Mitgliedern.

Differenz von Familie und Ehe

Lange Zeit galt in der Familiensoziologie das Ehesubsystem als essentielles Kriterium für den Begriff „Familie". Zwar wurden und werden Familien zumeist durch eine zeremonielle Eheschließung begründet oder ergänzt (im Falle von

Verwitwung oder Scheidung) bzw. erweitert (im Hinblick auf die Mehrgenerationen- oder die polygame Familie), aber zu allen Zeiten und in allen Kulturen gab es auch Familien (zumeist Mutter-Kind-Einheiten), die nie auf einem Ehesystem beruht haben oder deren Ehesystem im Laufe der Familienbiographie durch Rollenausfall infolge von Tod, Trennung oder Scheidung entfallen ist (vgl. ausführlicher Nave-Herz 1989:1ff. und Bd. I.: Einführung in Hauptbegriffe der Soziologie 1992:87ff.).

Im weiteren soll gemeinsam auf die — in vielen Aspekten übereinstimmende — Definitionsproblematik der beiden Lebensabschnitte „Jugend" und „Alter" eingegangen werden. Leider können — des Umfanges wegen — nur einige wenige Aspekte skizziert werden.

In der Alltags- und in der Wissenschaftssprache dienen beide Worte der Altersmarkierung.

Definition Jugend

Jugend ist die Lebensphase zwischen Kindheit und Erwachsensein; Altsein bezieht sich auf die letzte Lebensstufe. Aber allgemeingültige altersmäßige Angaben für die Übergänge, nämlich für das Ende von Kindheit (z.B. mit 10, 12 oder 15 Jahren?) und für den Beginn des Erwachsenseins (z.B. mit 18 oder 25 Jahren?) gibt es nicht. Gleiches gilt für die altersmäßige Untergrenze bei der Verwendung der Bezeichnung „alte Menschen", „Menschen in höherem Lebensalter", „Senioren und Seniorinnen", „Alte" (65, 70 oder 75 Jahre?).

Schwierigkeiten der Altersabgrenzungen

Zur genaueren Bestimmung der Übergänge werden deshalb häufig rechtliche, soziale und / oder biologische Merkmale bzw. Fixpunkte herangezogen; für den Beginn des Jugendalters: das Ende der Hauptschulpflicht, die Konfirmation oder Firmung, der Beginn der biologischen Reife u.a.m.; für den des Erwachsenenalters: die Erreichung der Volljährigkeit bzw. der vollen Strafmündigkeit, die Eheschließung und / oder die Elternschaft, die ökonomische Unabhängigkeit und das getrennte Domizil vom Elternhaus, die Übernahme von Erwerbstätigkeit als Dauerstatus u.a.m.; für den Übergang zum Alter: der Berufsaustritt, Merkmale des biologischen „Abbaus", der Beginn des Angewiesenwerdens auf Mitmenschen usw.

Fixpunkte jugendlicher Altersübergänge

Unterschiede der Altersgrenzen

Die Bestimmung der Begriffe „Jugend" und „Alter" aufgrund sozialer und biologischer Indikatoren hat einerseits den Nachteil, daß die Altersgrenzen nicht für alle sozialen Gruppierungen gleich sind: So variiert z.B. die Länge der Jugendphase beim Merkmal „dauerhafte Erwerbstätigkeit" oder „ökonomische Selbständigkeit" mit der sozialen Schicht, bei den Indikatoren „Eheschließung" und „Elternschaft" mit dem Geschlecht usw.; der Beginn des Alters ist beim Bestimmungskriterium „Berufsaustritt" nach Berufsgruppen und z.T. nach Geschlecht unterschiedlich früh anzusetzen. Auch im Hinblick auf biologische Markierungen gilt diese Variabilität. So setzt z.B. die biologische Reife bei Mädchen zwei Jahre früher als bei Jungen ein; der biologische Abbau bestimmter körperlicher Funktionen beginnt altersmäßig höchst unterschiedlich, was auf die individuelle Somatik und auf soziale, zuweilen mit Schichtungsvariablen korrelierende Faktoren zurückzuführen ist (Ernährung, geistiges und körperliches Training, medizinische Versorgung, von der Art der bestehenden Alterskultur usw.). Andererseits bietet diese Kennzeichnung von Jugend und Alter den Vorteil, phänomenologisch zu erfassen, was das Spezifische von „Jugend“ und „Alter“ ist. Zudem zeigt sich hierdurch, daß das kalendarische Alter eine höchst problematische soziale Kategorie ist, d.h. sie ist von geringem Aussagewert wegen der Heterogenität der Menschen beim Übergang zur Jugend- sowie zur Altersphase.

Diese Unterschiedlichkeit setzt sich dann sogar noch fort zwischen den einzelnen Altersgruppen innerhalb der Jugendzeit und im hohen Alter. Aus diesem Grund behilft man sich zuweilen mit weiteren differenzierenden Begriffen, mit denen aber ebenso Abgrenzungsproblematiken verbunden sind: Jugendliche im engeren Sinne (13 bis 18 Jahre), Heranwachsende (18- bis 21jährige), junge Erwachsene (21 bis 25 Jahre) oder Post-Adoleszenten (18- bis 25jährige); die jungen Alten (60 bis 75 Jahre) und die alten Alten (älter als 75 Jahre).

Differenzierende Alterseinteilungen zu Jugendlichen

In der empirischen Sozialforschung werden die Altersgrenzen im Hinblick auf das Untersuchungsziel fast jedes Mal neu operational definiert, was die Vergleichbarkeit der Forschungsergebnisse jedoch stark behindert.

3. Demographische Veränderungen

3.1. Veränderungen im Altersaufbau der Bevölkerung

In den letzten Jahrzehnten hat es starke quantitative Veränderungen zwischen den Altersgruppen in den alten und neuen Bundesländern gegeben. Aus der folgenden Tabelle gehen deutlich die gegenläufigen Tendenzen zwischen dem Anteil der Jugendlichen (hier: der 15- bis 21jährigen) und dem der über 65 Jahre alten Personen hervor.

Tabelle 1: Bevölkerung nach Altersgruppen

	Früheres Bundesgebiet				
	unter 15	15-21	21-65	über 65	insges.
1950	23 %	9 %	59 %	9 %	50 958 125
1960	21 %	9 %	59 %	11 %	55 958 321
1970	23 %	8 %	56 %	13 %	61 001 153
1980	18 %	10 %	57 %	15 %	61 657 945
1989	15 %	7 %	63 %	15 %	62 679 035
	Gebiet der ehemaligen DDR				
1950	23 %	9 %	58 %	10 %	18 388 172
1960	21 %	9 %	56 %	14 %	17 188 488
1970	23 %	9 %	52 %	16 %	17 068 318
1980	19 %	10 %	55 %	16 %	16 739 538
1989	20 %	7 %	60 %	13 %	16 433 796

Quelle: Eigene Berechnungen aus den Angaben im Stat. Jahrbuch für das vereinte Deutschland, Wiesbaden 1991:64

Nach der Bevölkerungsmodellrechnung des Statistischen Amtes der Europäischen Gemeinschaften (Eurostat) wird im Jahre 2020 voraussichtlich mehr als 1/4 aller Einwohner Deutschlands älter als 60 Jahre sein. Der gestiegene Anteil der „Alten“ ist nicht nur eine Folge der gesunkenen Geburtenquote, sondern auch der gestiegenen Lebenserwartung. Zwar hat es in der Menschheitsgeschichte schon immer einzelne Menschen gegeben, die sehr alt wurden, aber erst in den Industrienationen (an erster Stelle steht Japan) erreichen mehr als die Hälfte aller Menschen das 70. Lebensjahr. Prognostiziert wird, daß sich dieser Trend noch weiter fortsetzen werde. Die Menschen werden alt und immer älter, weil die menschliche Kultur Umweltbedingungen schafft, die ein Älterwerden ermöglichen (Baltes/Baltes 1992:2ff.; Dinkel 1992:81). Der Altersprozeß ist kein rein biologischer Ablauf, sondern wird auch kulturhistorisch determiniert. Eine besondere Bedeutung nimmt an diesem Prozeß vor allem das Gesundheits- und auch das Bildungsverhalten sowie die medizinische Versorgung ein. Sozialpolitisch wird insbesondere die Zunahme der „Hochbetagten“ diskutiert, obwohl keinesfalls von einem Automatismus in diesem Zusammenhang zwischen hoher Lebenserwartung und einer zunehmenden Pflegebedürftigkeit gesprochen werden kann. Jedenfalls lebten 1990 knapp die Hälfte der 75jährigen und älteren in ihrem eigenen Haushalt (BIB-Mitteilungen 3/92:11).

Annahmen zum Alterungsprozeß

Die bekannten Altersforscher Baltes und Baltes schreiben wörtlich: „Selbstverständlich kann sich eine menschliche Kultur nur in den Grenzen entfalten, die biologisch prinzipiell möglich sind ... Man spricht von einem biologischen Maximalalter von etwa 110 bis 120 Jahren, wobei selbst unter ‚optimalen‘ Bedingungen die wahrscheinliche Spannweite des Maximalalters für die meisten Menschen zwischen 80 und 100 Jahren liegen dürfte. Das biologisch mögliche Maximalalter von 110 bis 120 Jahren ist prinzipiell ganz wenigen vorbehalten. Wenn man von innovativen und gegenwärtig nicht vorhersagbaren Forschungsbefunden absieht, gibt es unter Gerontologen wenig Unterstützung für die Vorstellung, daß die menschliche Lebenszeit bis auf 140 bis 150 Jahre verlängert werden könnte, oder etwa für die Idee, daß der Tod völlig vermeidbar sei“ (1992:18f.).

In den letzten Jahren hat immerhin bereits eine Erhöhung nach Erreichung des höheren Erwachsenenalters (60 Jahre) von drei bzw. fünf Jahren stattgefunden, wenn auch insgesamt die massive Verlängerung der durchschnittlichen Lebenserwartungen statistisch vor allem weiterhin auf den Rückgang der Säuglings- und Kindersterblichkeit zurückzuführen ist.

Unterschiede in den alten und neuen Bundesländern

Aus Tabelle 2 sind zwei weitere statistische Sachverhalte zu entnehmen: die geringere Lebenserwartung in der früheren DDR im Vergleich zur Bundesrepublik (als Ursachen werden Umweltbedingungen, die Art der Ernährung und die medizinische Versorgung vermutet) und die Geschlechtsunterschiede. Die heutige Differenz von 6 Jahren (bezogen auf das 60. Lebensjahr von 4 Jahren) zugunsten der Frauen ist nicht außergewöhnlich. In allen Industrienationen haben die Frauen eine höhere Lebenswahrscheinlichkeit, zumeist sogar von etwa 6 oder 7 Jahren (Dinkel 1992:74). Die verursachenden Bedingungen für diesen statistischen Sachverhalt sind unbekannt; Spekulationen beherrschen noch die Diskussion.

Tabelle 2: Lebenserwartung bei Geburt (e_0) und im Alter von 60 Jahren (e_{60}) für beide Geschlechter (F, M)

Zeitpunkte	e_0 (F)	e_0 (M)	e_0 (F) - e_0(M)	e_{60} (F)	e_{60} (M)	e_{60} (F) - e_{60} (M)
Deutsches Reich						
1871/80	38,5	35,6	2,9	12,7	12,1	0,6
1881/90	40,3	37,2	3,1	13,1	12,4	0,7
1891/1900	44,0	40,6	3,4	13,6	12,8	0,8
1901/10	48,3	44,8	3,5	14,2	13,1	1,1
1911	50,7	47,4	3,3	14,2	13,2	1,0
1924/26	58,8	56,0	2,8	15,5	14,6	0,9
1932/34	62,8	59,9	2,9	16,1	15,1	1,0
Bundesrepublik Deutschland						
1946/47	63,4	57,7	5,7	17,0	15,2	1,8
1949/51	68,5	64,6	3,9	17,5	16,2	1,3
1960/62	72,4	66,9	5,5	18,5	15,5	3,0
1964/66	73,5	67,6	5,9	18,9	15,5	3,4
1970/72	73,8	67,4	6,4	19,1	15,3	3,8
1974/76	74,8	68,3	6,5	19,7	15,6	4,1
1980/82	76,9	70,2	6,7	20,8	16,5	4,3
1985/87	78,4	71,8	6,6	21,7	17,3	4,4
1986/88	78,7	72,2	6,5	22,0	17,6	4,4
Deutsche Demokratische Republik						
1946	52,3	46,6	5,7	13,2	11,6	1,6
1949	64,1	58,9	5,2	16,2	14,9	1,3
1952	69,1	63,9	5,2	17,8	15,9	1,9
1955	70,6	66,2	4,4	18,4	16,3	2,1
1960	71,4	66,5	4,9	18,2	15,6	2,6
1968	74,4	69,2	5,2	19,5	16,4	3,1
1972	73,7	68,5	5,2	18,6	15,4	3,2
1980	74,9	69,0	5,9	19,0	15,6	3,4
1985	75,5	69,5	6,0	19,2	15,7	3,5
1987/88	75,9	69,8	6,1	19,6	16,1	3,5

Quelle: R. H. Dinkel: Demographische Alterung — Ein Überblick unter besonderer Berücksichtigung der Mortalitätsentwicklungen, 1992:71

Ausdehnung der Jugendphase

Doch nicht nur die Altersphase, sondern auch die Jugendzeit hat sich zeitlich ausgedehnt, weil sich viele Statusübergänge zeitlich verschoben haben: die Schulentlassung, der Eintritt in eine dauernde Erwerbstätigkeit, der Beginn der ökonomischen Selbständigkeit, die Eheschließung und die Elternschaft, wobei alle diese Faktoren sich gegenseitig beeinflußt haben. So bedeutet verstärkte Verschulung für immer mehr Jugendliche spätere finanzielle Unabhängigkeit; die Länge des Bildungsabschlusses wirkt sich wiederum auf den Zeitpunkt der Familienbildung aus usw. (Blossfeld/Huinink 1989:383ff.). Zugrunde liegen diesen Veränderungen zudem gesamtgesellschaftliche — materielle sowie normative — Wandlungsprozesse, wobei jedoch ex post durch die gegenseitige Verknüpfung aller Faktoren nur schwer definierbar ist, was Ursache und was Folge ist. Zeitgeschichtlich früher dagegen tritt heute die biologische Reife ein;

die Volljährigkeit wurde 1975 vorverlegt und früher als noch vor 40 Jahren verfügen Jugendliche oder junge Erwachsene heute über eine eigene Wohnung. Der starke Anstieg von Ein-Personen-Haushalten (von 26 % = 1972 auf 35 % = 1990; BIB 3/92:11) ist auf diesen Sachverhalt und darauf, daß immer mehr alte Menschen in ihrer eigenen Wohnung verbleiben, zurückzuführen.

3.2. Familienzyklische und familienstatistische Veränderungen

Mit der Verlängerung des Lebensalters und der Ausdehnung der Jugendphase ist gleichzeitig eine Veränderung der zeitlichen Strukturierung des individuellen Lebensverlaufs verbunden gewesen. Manche Wissenschaftler bestreiten sogar, daß es heute noch eine Standardisierung in der Abfolge von bestimmten Lebensphasen gäbe, die noch vor ca. 20 Jahren als „normal" galt (z.B. Kohli 1986). Sie weisen in diesem Zusammenhang auf die Entstehung der nichtehelichen Lebensgemeinschaften und auf die hohen Scheidungszahlen hin. Verändert hat sich de facto der Phasenablauf bis zur Familiengründung. Die Abfolge „Kennenlernen — Verlobung — Eheschließung — Geburt des Kindes" ist durch die Entstehung neuer Lebensformen (Wohngemeinschaften, nichteheliche Lebensgemeinschaften, Alleinleben) und dem häufigen Wechseln zwischen ihnen durchbrochen worden. Mehr junge Menschen sammeln demzufolge heute Erfahrungen mit den unterschiedlichsten Lebensformen. Doch nach der Eheschließung und der Geburt des ersten Kindes (oder heute vielfach umgekehrt: nach der Geburt des Kindes und der Eheschließung) ist der Phasenablauf (trotz der Scheidungsquote von über 30 auf 100 Ehen) für 2/3 der Verheirateten gleichgeblieben: Heirat/Geburt des 1. Kindes — Familienphase — nachelterliche Phase — Tod des Ehemannes/Verwitwung — Tod der Ehefrau.

Abnehmende Standardisierung der Lebensphasen

Zeitlich ausgedehnt hat sich vor allem die nachelterliche Phase. Noch nie in unserer Geschichte gab es so viele Ehepaare, die ihre Goldene Hochzeit gemeinsam erleben konnten, wie heute. Ferner haben noch nie so viele Urgroßeltern bzw. vor allem Urgroßmütter ihre Urenkel erfahren. Dieses sind historisch völlig neue Phänomene.

Veränderungen elterlicher Phasen

Dagegen hat sich die eigentliche Familienphase, d.h. die Zeit der Pflege und Versorgung von Kindern, verkürzt, was auf die geringe Kinderzahl pro Familie und auf die bereits erwähnte höhere Lebenserwartung der Menschen zurückzuführen ist. Diese Zeitspanne macht nur noch 1/4 der gesamten Lebenszeit aus; vor 100 Jahren betrug ihr Anteil noch mehr als die Hälfte. Dieser Sachverhalt hat insbesondere das Leben der Frauen verändert.

Die zeitliche Reduktion der Lebensphase, in der Eltern mit ihren Kindern eine Haushaltsgemeinschaft bilden, hat ferner zur Folge gehabt, daß von allen bestehenden Haushalten in der Bundesrepublik nur noch 1/3 Familienhaushalte sind. Das uns in Werbespots suggerierte Bild, daß unsere Gesellschaft hauptsächlich aus Haushalten von Vater und Mutter mit Kindern, also aus sogenannten Kernfamilien, zusammengesetzt sei, stimmt also mit der sozialen Realität überhaupt nicht mehr überein. Selbst unter Hinzuzählung der alleinerziehenden Familien (1990 betrug ihr Anteil 14 %) ist die Familie — querschnittsmäßig be-

Reduktion der Familienhaushalte

trachtet — nicht mehr quantitativ die dominante Lebensform in unserer Gesellschaft.

Weiterhin Dominanz der Elternfamilie

Im Hinblick auf den Lebenslauf des einzelnen jedoch — also bei einer Längsschnittbetrachtung — ist die weit überwiegende Mehrheit der bundesrepublikanischen Bevölkerung zumindest zweimal in ihrem Leben in einer traditionellen Elternfamilie eingebunden: als Kind und als Erwachsener.

So wachsen über 90 % aller Kinder in der Bundesrepublik bis zum Alter von 14 Jahren in ihrer Herkunftsfamilie auf und 85 % bis zum Alter von 18 Jahren (Nauck 1991:402). Als Erwachsene gehen — trotz eines gewissen Rückganges der Eheschließungszahlen — immerhin 90 % irgendwann in ihrem Leben eine Ehe ein (Tölke 1991:151). Die Familie — etwas weniger die Ehe — genießt überhaupt noch immer bei der bundesrepublikanischen Bevölkerung in der Wertschätzung die oberste Priorität, wie viele empirische Erhebungen belegen (vgl. zusammenfassend Nave-Herz 1989:211ff.). Allerdings heiraten viele heute erst in einem höheren Alter. Das durchschnittliche Eheschließungsalter von Ledigen liegt bei 28,2 Jahren bei den Männern (bzw. 25,3 in den neuen Bundesländern) und 25,7 (bzw. 23,2) Jahren bei den Frauen (Stat. Jahrbuch 1991:76).

„Neue“ Familientypen mit langer Tradition

Mit diesen Zahlen wird gleichzeitig belegt, daß die häufig behauptete These, die Kernfamilie wäre im „Verschwinden“ und stattdessen würde es heutzutage bereits eine Vielzahl neuer Familienformen geben, die sich hinsichtlich ihrer Rollenbesetzung unterscheiden (alleinerziehende Familien, Stieffamilien, Adoptionsfamilien, nichteheliche Lebensgemeinschaften mit Kindern) in dieser Absolutheit nicht stimmt. Im übrigen sind die genannten „neuen“ Familientypen keineswegs neuartige Lebensformen, z.T. waren diese sogar in der vorindustriellen Zeit quantitativ verbreiteter, wie z.B. die Adoptions- und die Stieffamilien (Nave-Herz / Krüger 1992). Die gängige Pluralitätsthese (Beck 1986) muß also im Hinblick auf die Vielfältigkeit von Familienformen zurückgewiesen werden, jedenfalls dann, wenn man nicht nach den theoretisch denkbaren, sondern nach den in der Realität vorfindbaren und auf der subjektiven Ebene erwünschten Familienformen fragt.

4. Familie — Jugend — Alter als Gegenstand der empirischen Sozialforschung

4.1. Ausgewählte Forschungsthemen in der Familiensoziologie

Wie in Abschnitt 1 bereits erwähnt wurde, ist die Kontinuität bestimmter Thematiken in der Familiensoziologie erstaunlich. Im folgenden soll nur auf diese Forschungsthemen nacheinander kurz eingegangen werden, weil selbstverständlich hier nicht alle Ergebnisse von über hundert Jahren familienwissenschaftlicher Forschungstätigkeit zusammengetragen werden können.

Immer wieder — und so auch heute — wurde bzw. wird die bereits von Riehl aufgeworfene Fragestellung nach dem Bestand und den Auflösungserscheinungen von Ehe und Familie diskutiert und empirisch überprüft.

Forschungsthema Bestand und Funktion der Familie

Nicht nur in der Familiensoziologie, sondern auch in anderen Wissenschaftsdisziplinen herrschte am Anfang und während der ersten Hälfte dieses Jahrhunderts eine ausgesprochen skeptische und negative Bewertung der Chancen des Weiterbestandes von Ehe und Familie vor, wie schon das Schlagwort „bankruptcy of marriage“ (zit. bei König 1969:172) aus jener Zeit signalisierte.

Insbesondere auch nach dem 2. Weltkrieg, ausgelöst durch die umwälzenden gesamtgesellschaftlichen Veränderungen in der Kriegs- und Nachkriegszeit, wurde bereits 1947 und verstärkt in den 50er Jahren das Problem der Stabilität von Ehe und Familie immer wieder diskutiert (Thurnwald 1948, Wurzbacher 1951, Schelsky 1953, Baumert 1954), z.T. damit verbunden auch das des Funktionsverlustes und der Isolation der modernen Kernfamilie. Immer wieder zeigte sich, daß den theoretischen Erörterungen, vor allem den zeitkritischen Abhandlungen, die empirischen Befunde widersprechen. Die moderne Kernfamilie entpuppte sich — gerade in Notzeiten — als stabiler und ihre Isolierung war und ist auch in der Gegenwart weit geringer als vielfach vermutet wurde (vgl. z.B. Wurzbacher 1951, Fauser 1982, Strohmeyer 1983, Lüschen 1988). Diese empirischen Erhebungen und strukturell-funktionalen Analysen zeigten also, daß die Familie nicht „funktionslos“ geworden ist, sondern daß lediglich ein Funktionswandel eingetreten war. Einige Funktionen haben sich in ihrem Umfang reduziert, z.B. die Fürsorgefunktion gegenüber den Familienmitgliedern, einige aber sind der Familie nunmehr allein überantwortet worden, z.B. die Kleinstkindpflege und -erziehung, und neue sind hinzugekommen, z.B. die Freizeitfunktion, die Spannungsausgleichsfunktion infolge der Vielzahl von Zwängen in der Arbeitswelt (vgl. Neidhardt 1975, König 1976, Nave-Herz/ Nauck 1978).

Trotz Krise: kein Bedeutungsverlust von Ehe und Familie

Die Frage nach der „Krise“ von Ehe und Familie ist — wie erwähnt — auch zur Zeit wegen der familienstatistischen Trendverläufe seit Mitte der 60er Jahre (Abnahme der Eheschließungen, der Kinderzahlen und Zunahme der Ehescheidungen) und durch die Diskussion über die Individualisierungsthese und der zunehmenden Pluralität von Lebensformen in der Familienforschung ein zentrales Thema. Doch selbst die derzeit hohen Scheidungszahlen weisen nicht — wie empirische Erhebungen zeigen (vgl. Nave-Herz u.a. 1990) — auf einen Bedeutungsverlust, auf ein Infragestellen oder gar auf eine Krise der Ehe und Familie hin, sondern auf die hohe psychische Bedeutung der Ehe für den Einzelnen, so daß die Partner eine unharmonische eheliche Beziehung heute weniger als früher ertragen können und sie deshalb ihre Ehe schneller auflösen. Gleichzeitig verstärkte die abnehmende Notwendigkeit, Ehen — mehr oder weniger allein — aufgrund zwanghafter Kohäsion (z.B. infolge der ökonomischen Lage, des sozialen Ansehens vor allem für die Ehefrauen u.a.m.) zu erhalten, diesen Prozeß. Wie stark gerade diese beiden Faktoren das Ehescheidungsrisiko erhöht haben (ohne damit etwa zu unterstellen, daß alle Partnertrennungen nur hierauf zurückzuführen sind), wird auch an der noch höheren Scheidungsrate in den — jetzt — neuen Bundesländern deutlich.

Forschungsthema innerfamiliale Beziehungen

Die Frage nach der Art der Interaktionsbeziehungen zwischen Eltern und ihren Kindern und ihre Auswirkung auf die Persönlichkeitsentwicklung der Kinder sind ebenso alte Forschungsthemen in der Familiensoziologie.

Schon in den Familienmonographien der Deutschen Akademie für soziale und pädagogische Frauenarbeit (Salomon 1931) waren die innerfamilialen Beziehungen Gegenstand der Analyse. Hier wären ferner die Abhandlungen von Adorno u.a. (1950) zur Ausprägung von autoritären Zügen eines deutschen Nationalcharakters durch die familialen Sozialisationsbedingungen zu nennen, ebenso Königs — gegen die Frankfurter Schule sprechenden — empirischen Befunde über den „Deutschen Vater" (1974) u.a.m.

Beziehungen zwischen Familie und Berufswelt

Welchen Einfluß die Familie auf den zukünftigen Lebensweg ihrer Kinder nimmt, wurde vornehmlich in den 60er Jahren betont, als empirische Untersuchungen den Zusammenhang zwischen sozialer Schicht, Schulleistung und späterer Berufsposition der Kinder aufdeckten (Rolff 1980, Nave-Herz 1977).

Auch in neueren Erhebungen wurde festgestellt, daß diese Transferwirkung — trotz aller Bildungsexpansion — weiterhin Gültigkeit besitzt (Bertram 1991). Die auch heute vorfindbaren materiellen Unterschiede zwischen den Familien je nach Berufsposition des Vaters können diesen Sachverhalt keineswegs allein erklären. Unterschiedliche Erziehungspraktiken — wenn auch in den letzten Jahren Angleichungstendenzen feststellbar sind —, unterschiedliche Sprachcodes, Lebensstile u.a.m. scheinen der Familie die soziale Plazierungsfunktion weiterhin zuzuweisen, obwohl diese Interdependenz zwischen Familien-, Schul- und Berufssystem empirisch sehr schwer exakt nachzuweisen ist; denn selbstverständlich verlaufen derartige Wirkungsprozesse weder unilinear noch deterministisch, sondern es handelt sich auch um aktive Auseinandersetzungsprozesse seitens der Kinder selbst. Ferner können familiale Einflußprozesse durch andere (z.B. Kindergruppen, Schule, Medien) konterkariert werden. Durch die damit verbundene Fülle von Variablen ist es empirisch kaum möglich, isolierte familiale Wirkungsprozesse auszumachen.

Gerade diese Untersuchungsfragen, nämlich die über die institutionellen Transferwirkungen zwischen Arbeitswelt und Familie und über den Prozeß der Vergesellschaftung des Menschen, haben zeitgeschichtlich in der Soziologie mehrere Paradigmenwechsel erlebt, sind aber immer von gleichbleibender Aktualität gewesen.

Das gilt auch für das Thema der Erwerbstätigkeit von Müttern.

Erwerbstätigkeit der Mutter als Thema

Gerade an diesem Forschungsthema läßt sich besonders augenscheinlich festmachen, wie sich nicht nur die soziale Realität selbst im Zeitablauf verändert hat, sondern auch die öffentliche Einstellung zu eben dieser Realität einem Wandel unterlag und sich damit verbunden ebenso in der Wissenschaft inhaltlich die Fragestellungen verschoben. So wurden zunächst mögliche Defizite im Sozialisationsprozeß der Kinder in Folge der Erwerbstätigkeit der Mütter untersucht und immer wieder den Gründen der mütterlichen Berufstätigkeit nachgegangen. In den letzten Jahren dagegen hinterfragt man stärker die Arbeitswelt mit ihren Bedingungen und diskutiert die hierdurch gegebenen Partizipationsmöglichkeiten von Vätern und Müttern im Familienleben (Gutachten des wissenschaftlichen Beirats für Familienfragen beim BMJFG 1984). Dasselbe Faktum kann also durch den unterschiedlichen sozialen Kontext, in dem es eingebettet ist, in unterschiedlicher Zeit etwas Verschiedenes bedeuten. Konkret: der Tatbestand, eine erwerbstätige Mutter zu sein, hatte 1950 eine andere Bedeutung als heute, selbst dann, wenn der Grund der Erwerbstätigkeit gleich geblieben ist (vgl. hierzu Sommerkorn 1988:115ff.).

Erwerbstätigkeit und innerfamiliale Arbeitsteilung

Im Zuge der Forschung über mütterliche Erwerbstätigkeit sowie in der Diskussion über Hausarbeit wurde auch die Frage nach der innerfamilialen Arbeitsteilung gestellt (vgl. z.B. Pross 1978, Metz-Göckel / Müller 1985). Dieses Thema hat inzwischen eine derartige Aufmerksamkeit in der Wissenschaft allgemein erlangt, daß Beck-Gernsheim behaupten kann: „Es gibt in der neueren Familienforschung kaum einen Bereich, der so oft untersucht wurde, zu dem so viele detaillierte empirische Daten vorliegen, wie zur häuslichen Arbeitsteilung zwischen den Geschlechtern" (1992:273). Alle Erhebungen zeigen das gleiche Ergebnis trotz der Unterschiede im Untersuchungsziel, in der Wahl des theoretischen Ansatzes, in der Erhebungsmethode, im Sample usw.: Die unterschiedliche Belastung der Ehepartner mit hauswirtschaftlichen Tätigkeiten ist geblieben, auch bei Erwerbstätigkeit der Frau. Die sog. „time-available-Hypothese", die besagt, daß der Umfang der Übernahme von hauswirtschaftlichen Arbeiten durch die Ehepartner abhängig wäre von dem zeitlichen Umfang ihrer Erwerbstätigkeit, wurde durch keine Erhebung bestätigt. Wenn zwar heutzutage junge Väter sich an der Sozialisationsaufgabe ihrer Kinder eher beteiligen, so ist der zeitliche Umfang dennoch sehr begrenzt, zudem übernehmen sie zumeist nur ganz bestimmte Pflege- und Beschäftigungstätigkeiten. Dieses zuletzt genannte Ergebnis wurde nicht nur aufgrund von Erhebungen über die häusliche Arbeitsteilung, sondern auch durch spezielle Untersuchungen über die Rolle der Väter belegt (z.B. von Pross 1978, Metz-Göckel / Müller 1985, Strümpel et al. 1988; vgl. auch Burckhardt / Meulemann 1976, Keddi / Seidenspinner 1991).

Stellenwert historischer Familienforschung

Immer wieder hat sich ferner die deutsche Familiensoziologie mit der historischen Betrachtungsweise von Familie beschäftigt. Die seit Ende der 60er Jahre erneute intensive Rückbesinnung auf die Geschichte — eine Folge aus dem damaligen Infragestellen der modernen Kleinfamilie — ist keineswegs mit der alten evolutionistischen Sichtweise, die am Ende des vorigen und am Anfang dieses Jahrhunderts vorherrschte, gekoppelt. Ihre heutigen Autoren wollen vor allem der historischen Bedingtheit unseres heutigen Familientypus nachgehen und die „Mythen" vorindustrieller Familienformen aufdecken. So haben sie nachgewiesen, daß das Durkheimsche Kontraktionsgesetz, also die Entwicklung von der Groß- zur Kleinfamilie, nicht stimmt, daß ferner (durch die geringe Lebenserwartung und aus ökonomischen Gründen) die Drei-Generationen-Familie, die hohe Kinderzahl in der mittelalterlichen Familie (wegen der hohen Säuglings- und Kindersterblichkeit) oder das junge Heiratsalter u.a.m. als Mythen zu gelten haben. Immer hat es verschiedene Familientypen — wie heute — nebeneinander gegeben (vgl. z.B. Mitterauer / Sieder 1977, Rosenbaum 1982, Mitterauer 1989). Damit bahnte sich im übrigen wieder eine intensive Zusammenarbeit von Soziologen und Historikern an, die schon zu Beginn der Familiensoziologie bestanden hatte.

Die Aufzählung dieser vielfältigen Forschungsthemen und -ergebnisse mag den Eindruck beim Leser erwecken, als ob wir über genügend umfangreiche empirische Kenntnisse über die moderne Familie in der Bundesrepublik verfügten. Dies ist keineswegs der Fall. Mit dem Anwachsen der empirisch-orientierten Familiensoziologie während der letzten 40 Jahre sind nämlich gleichzeitig auch die Ansprüche an sie und dadurch die Zahl offener Fragen angestiegen.

4.2. Ausgewählte Forschungsthemen in der Jugendsoziologie

Öffentliches Interesse am Jugendthema

Das öffentliche Interesse an der Jugend ist zu allen Zeiten im Vergleich zu dem an der Familie weit größer gewesen, wenn es auch nicht zu allen Zeiten gleich intensiv war. Vor allem wenn jugendliche Protestgruppen (z.B. die „Halbstarken" oder die Rocker in den 50er Jahren, die Punks, die rechtsradikalen Gruppierungen) sich öffentlich artikulierten oder wenn Formen abweichenden Verhaltens bei Jugendlichen stark zunahmen (z.B. Alkoholismus, Drogen, Kriminalität), stieg jeweils die Zahl empirischer Erhebungen an, und zwar als Folge von Auftragsforschungen. Häufig wurden (und werden) nämlich derartige neue Jugendgruppenverhaltensweisen zunächst von den Massenmedien sensationell aufgegriffen, weswegen dann politische Instanzen wie Parteien, Verbände, Bundes- und Landesregierung und einzelne Fachministerien entsprechend reagieren müssen und zunächst nach Daten fragen. Seit 1965 gibt es außerdem die Institution der Jugendberichte der Bundesregierung; bisher wurden 8 vorgelegt. Auch hierin spiegelt sich im übrigen wiederum das höhere politische Interesse an der Jugend als an der Familie wider: Die Berichterstattungen über die Lage der Familien in der Bundesrepublik wurden erst 1968 vom Parlament beschlossen, und bisher sind nur 4 Berichte verabschiedet worden.

Nachteile des Aktualitätsbezugs

Diese stark aktualitätsbezogene Ausrichtung der Jugendforschung in der Bundesrepublik ist (und war) mit einer Reihe von Nachteilen verbunden:

Zunächst hat die Nachfrage nach Daten seitens der öffentlichen Entscheidungsträger für Maßnahmen der Jugendförderung, Jugendhilfe sowie ganz allgemein für die öffentliche Politik dazu geführt, daß Jugendsoziologie kaum in den Hochschulen institutionalisiert ausgebaut wurde, sondern vor allem marktwirtschaftliche Umfrageinstitute gestützt wurden (z.B. Emnid, Sinus, Infratest, Prognos) und zur Entstehung außeruniversitärer Forschungsinstitute führte (z.B. zur Gründung des Deutschen Jugendinstituts in München, der Forschungsstelle für Jugendfragen in Hannover, des Zentralinstituts für Jugendforschung in Leipzig/DDR). Damit wurden vor allem praxisrelevante, häufig kaum theoriegeleitete Erhebungen durchgeführt, und nicht in allen Untersuchungen ist die methodische Durchführung detailliert genug beschrieben worden. Ferner besitzen wir zwar hierdurch eine Fülle von massenstatistischen Daten über Jugendliche; sie sind aber wegen der unterschiedlichen Konzeptionen, aufgrund derer sie erhoben wurden, kaum vergleichbar.

Weiterhin testeten viele Untersuchungen lediglich die in den Massenmedien aufgeworfenen Thesen über aktuelle spezielle Jugendkulturen und konzentrierten sich deswegen allein auf die „spektakulären" Jugendgruppen, ohne dies ausdrücklich zu betonen, was dann aber eine nicht zu rechtfertigende Verallgemeinerung nach sich zog. Aus diesem Grunde sind auch viele Untersuchungen über

Jugendliche eigentlich „Jungen-Studien". Die Mädchenforschung ist geradezu noch „unterentwickelt".

Etikettierung der Jugend(phase)

Daß jugendsoziologische Erhebungen sich vor allem immer wieder forschungsmäßig mit dem Spezifischen oder dem Anders-Sein einer aktuellen Jugendgeneration oder bestimmter Jugendgruppen beschäftigten, die sie als stellvertretend für alle Jugendlichen etikettierte, wird bereits an den Titeln der diesbezüglichen Forschungsberichte deutlich: „Die skeptische Generation" (Schelsky 1957), „Die Generation der Unbefangenen" (Blücher 1966), „Jugend heute: Aufbruch oder Aufstand?" (Reumann 1982), „Die verwöhnte Generation?" (Günther 1982), „Die gespaltene Generation" (Hollstein 1983), „Die verunsicherte Generation" (Sinus-Institut 1983), „Jugend privat — Verwöhnt? Bindungslos? Hedonistisch?" (Sinus-Institut 1985), „Jugend ohne Zukunft" (Allerbeck / Hoag 1985) usw. Als letztes wurde die — wiederum von den Massenmedien — formulierte These der „Nesthocker", d.h. die Behauptung, daß die Jugendlichen heute sich kaum vom Elternhaus auch wohnungsmäßig lösen würden, in seiner Generalisierung zurückgewiesen und nur für eine kleine Gruppe von (männlichen) Jugendlichen als zutreffend beschrieben (vgl. Zinnecker 1992).

Ferner wurden durch den Aktualitätsbezug der Forschung überwiegend nur spezifische Probleme im Jugendalter aufgegriffen, wie z.B. Arbeitslosigkeit und die „Berufsnot" Jugendlicher, jugendliches politisches Verhalten, Cliquenbildungen, Freizeitverhalten von Jugendlichen, Einstellungswandlungen und Arbeitsorientierungen von Jugendlichen, die ökonomische und psychische Abhängigkeit junger Erwachsener von ihren Eltern. Die damit verbundene fehlende Kontinuität an Forschungsthemen wurde bereits in Abschnitt 1 erwähnt.

Jugend als „gesellschaftliches Moratorium"

Zur Zeit — im Zuge der politischen Veränderungen in Ost-Europa — hat das Thema „Jugend im deutsch-deutschen Vergleich" (vgl. Neubauer / Melzer / Hurrelmann 1992; Hille / Jaide 1990) und überhaupt die historisch und / oder gesellschaftsvergleichende Jugendforschung „Konjunktur". Die bereits vorliegenden Ergebnisse zeigen, daß überall Jugend organisiert ist als „gesellschaftliches Moratorium" (Zinnecker 1992), d.h. es gibt in allen europäischen Gesellschaften einen Lebensabschnitt, der eine relative eigenständige Phase mit sukzessiv zu erwerbenden Rechten darstellt, in der kulturelles Kapital in Form von „Bildungstiteln" erworben wird. Kulturelle und nationale Unterschiedlichkeiten von „Jugend" oder Jungsein sind deshalb vor allem durch die Ausgestaltung des Bildungssystems und durch die Formen der Abhängigkeiten vom Elternhaus bedingt.

4.3. Ausgewählte Forschungsthemen in der Alterssoziologie

Geringer Stellenwert der Alterssoziologie

Mit Kohli sei nochmals die Stellung der Alterssoziologie hervorgehoben; er schreibt wörtlich: „Die Alterssoziologie stand bisher ganz am Rande der allgemeinen Soziologie. Sie ließ sich ihre Tagesordnung von den drängenden praktischen Problemen ihres Gegenstandsfeldes diktieren. Sie war damit eine angewandte Soziologie im guten wie im schlechten Sinne: im guten, indem sie sich vorbehaltlos auf die institutionelle Wirklichkeit ihres Feldes einließ, im schlechten, indem sie sich die innerhalb dieses Feldes entstandenen Problemdefinitionen aufdrängen ließ und keinen Punkt fand, von dem aus sie diese selber zum Thema machen konnte." (1992:232). Insofern ist es nicht erstaunlich, daß von Anfang an vor allem Analysen der sozialen Situationen von alten Menschen (die Beziehungen zu ihren Kindern, die Funktionalität ihrer Wohnungen, ihr Freizeitverhalten, ihre Lernfähigkeit, die Sexualität im Alter, Probleme des Partnerverlustes u.a.m.) und die Möglichkeiten und Grenzen einer Prävention des Alterns im Zentrum der Forschung standen.

Unterschied von Altern und Alter

Zwischen Altern und Alter ist insofern zu unterscheiden, da sich bei Verwendung des Begriffes „Altern" die lebenszeitliche Spanne über das Alter hin erweitert und der prozeßartige Verlauf des Alt-Werdens betont wird, der bereits in früheren Erwachsenenphasen beginnt.

Disengagement-Theorie

Lange Zeit herrschte in der Alterssoziologie die Disengagement-Theorie vor, d.h. man erklärte den sozialen Rückzug als unvermeidbaren Prozeß, als naturbedingt. Aufgrund unterstellter Abbauerscheinungen wäre der soziale Rückzug aus den unterschiedlichen Lebensbereichen sowohl für die Gesellschaft als auch für den älteren Menschen eine funktionale Notwendigkeit. Der ältere Mensch wird als nicht mehr in der Lage angesehen, seine Berufsrolle angemessen auszufüllen. Die Gesellschaft sichert ihre Existenz, indem sie die Positionen der sich zurückziehenden alternden Individuen rechtzeitig durch leistungsfähige ersetzt. Die gesellschaftliche Erwartung des Disengagement soll genau den Bedürfnissen der älteren Menschen entsprechen (Voges 1984:23).

Defizite der theoretischen Ansätze

In diesem Ansatz bleibt die — bereits beschriebene — Heterogenität alter Menschen unberücksichtigt, weswegen eine derartige unilineare und biologistische Sichtweise den komplizierten und komplexen Vorgang des Alterns nicht zu erklären vermag. Gleiches gilt für die Aktivitäts- oder Ausgliederungstheorie, die zwar nicht den biologischen Abbauprozeß absolut setzt, dafür aber die soziale Umwelt. Ihre Vertreter gehen ebenso von einem Abbauprozeß im Alter aus, der aber durch Ausgliederung aus sozialen Bezugssystemen erfolgt. Rollen-, vor allem der Berufsrollenverlust, soll zur Einschränkung und damit zur Inaktivität mit verhängnisvollen Folgen, nämlich der körperlichen und geistigen Reduktion, führen.

Differenzierende Auffassung des Alter(n)s

Stärker setzt sich z.Zt. die folgende von Baltes / Baltes beschriebene Auffassung unter den Wissenschaftlern durch: „Sie akzeptieren einerseits die ‚biologische' Sichtweise, daß es ein Kennzeichen des Alter(n)s ist, wenn der Körper biologisch weniger adaptions- und funktionsfähig ist, wenn er biologisch vulnerabler wird. Andererseits argumentieren sie, daß diese Tatsache keinesfalls bedeuten muß, daß menschliches Verhalten, Denken, Fühlen, Handeln, im Alter nur durch Abbauprozesse gekennzeichnet ist. Ganz im Gegenteil, da Alter(n) auch ein psychologisch und kulturell geschaffenes und geprägtes Phänomen ist, kann es ebenso wachstumsartige, positive Aspekte beinhalten, wie bereits Cicero (44 v. Chr.) festgestellt hat" (Baltes / Baltes 1992:11). Eine derartige Kennzeichnung von Alter macht es erst möglich, positive Aspekte des Alter(n)s zu suchen und zu erkennen, was durch unsere einseitige Orientierung am „Berufsmenschen" verloren gegangen war, weil alle übrigen Lebensweisen mit ihren funktionalen Verhaltensrepertoires nur als defizitär wahrgenommen wurden.

Informationsteil

1. Zitierte Literatur:

Adorno, T.W. / Frenkel-Brunswick, E. / Levinson, D.J. / Stanford, R.N.: The Authoritarian Personality, New York 1950

Allerbeck, K. / Rosenmayr, L.: Einführung in die Jugendsoziologie — Theorien, Methoden und empirische Materialien, Heidelberg 1976

Allerbeck, K. / Hoag, W.J.: Jugend ohne Zukunft, München 1985

Baltes, P.B. / Baltes, M.M.: Problem „Zukunft des Alterns und gesellschaftliche Entwicklung"; in: Zukunft des Alterns und gesellschaftliche Entwicklung, hrsg. v. P.B. Baltes / J. Mittelstrass, Berlin 1992, S. 1-34.

Baumert, G.: Deutsche Familien nach dem Kriege, Darmstadt 1954

Beck, U.: Die Risikogesellschaft — auf dem Weg in eine andere Moderne, Frankfurt 1986

Beck-Gernsheim, E.: Arbeitsteilung, Selbstbild und Lebensentwurf — Neue Konfliktlagen in der Familie; in: Kölner Zeitschrift für Soziologie und Sozialpsychologie 1992, S. 273-291

Bertram, H. (Hrsg.): Die Familie in Westdeutschland — Stabilität und Wandel familialer Lebensformen, Opladen 1991

BIB-Mitteilungen, hrsg. vom Bundesinstitut für Bevölkerungsforschung, Wiesbaden 1992

Blossfeld, H.P. / Huinink, J.: Die Verbesserung der Bildungs- und Berufschancen von Frauen und ihr Einfluß auf den Prozeß der Familienbildung; in: Zeitschrift für Bevölkerungswissenschaft 1989, H. 4, S. 383-404

Blücher, V.: Die Generation der Unbefangenen, Düsseldorf 1966

Burckhardt, W. / Meulemann H.: Die Rolle des Mannes und ihr Einfluß auf die Wahlmöglichkeiten der Frau; in: Bd. 41 der Schriftenreihe des Bundesministeriums für Jugend, Familie und Gesundheit, Stuttgart 1976

Dinkel, R.H.: Demographische Alterung. Ein Überblick unter besonderer Berücksichtigung der Moralitätsentwicklungen; in: Zukunft des Alterns und gesellschaftliche Entwicklung, hrsg. v. P.B. Baltes / J. Mittelstrass, Berlin 1992, S. 62-93

Fauser, R.: Zur Isolationsproblematik von Familien: sozialisationstheoretische Überlegungen und empirische Befunde, DJI-Forschungsberichte, München 1982

Günther, H.: Die verwöhnte Generation? Lebensstile und Weltbilder 14- bis 19jähriger, Köln 1982

Gutachten des wissenschaftlichen Beirats für Familienfragen beim BMJFG: Familie und Arbeitswelt, Bd. 143 der Schriftenreihe des Bundesministeriums für Jugend, Familie und Gesundheit, Stuttgart 1984

Hille, B. / Jaide, W. (Hrsg.): DDR-Jugend — Politisches Bewußtsein und Lebensalltag, Opladen 1990

Hollstein, W.: Die gespaltene Generation. Jugendliche zwischen Aufbruch und Anpassung, Berlin 1983

Keddi, B. / Seidenspinner, G.: Arbeitsteilung und Partnerschaft; in: Die Familie in Westdeutschland, hrsg. v. H. Bertram, Opladen 1991, S. 159-192

König, R.: Soziologie der Familie; in: Handbuch der empirischen Sozialforschung, Bd. 2, Stuttgart 1969, S. 172-305

König, R.: Die Familie der Gegenwart. Ein interkultureller Vergleich, München 1974

König, R.: Soziologie der Familie; in: Handbuch der empirischen Sozialforschung, Bd. 7: Familie — Alter, hrsg. v. R. König, Stuttgart 1976

Kohli, M.: Der Lebenslauf im Strukturwandel der Moderne — Kontinuitäten und Zäsuren, hrsg. v. J. Berger, Soziale Welt, Sonderband 4, 1986, S. 183-208

Kohli, M.: Altern in soziologischer Perspektive; in: Zukunft des Alterns und gesellschaftliche Entwicklung, hrsg. v. P.B. Baltes / J. Mittelstrass, Berlin 1992, S. 231-259

Lüschen, G.: Familial-verwandtschaftliche Netzwerke; in: Wandel und Kontinuität der Familie in der Bundesrepublik Deutschland, hrsg. v. R. Nave-Herz, Stuttgart 1988, S. 145-172

Metz-Göckel, S. / Müller, U.: Der Mann. Brigitte-Untersuchung 1985, Hamburg 1985

Mitterauer, M.: Entwicklungstrends der Familie in der europäischen Neuzeit; in: Handbuch der Familien- und Jugendforschung, Bd. 1: Familienforschung, hrsg. v. R. Nave-Herz / M. Markefka, Neuwied und Frankfurt / Main 1989, S. 179-194

Mitterauer, M. / Sieder, R.: Vom Patriarchat zur Partnerschaft — Zum Strukturwandel der Familie, 3. Aufl., München 1977

Nauck, B.: Familien- und Betreuungssituationen im Lebenslauf von Kindern; in: Die Familie in Westdeutschland, hrsg. v. H. Bertram, Opladen 1991, S. 389-428

Nave-Herz, R.: Die Rolle des Lehrers, Neuwied 1977

Nave-Herz, R. / Nauck, B.: Familie und Freizeit, München 1978

Nave-Herz, R.: Gegenstandsbereich und Entwicklung der Familienforschung; in: Handbuch der Familien- und Jugendforschung, Bd. 1: Familienforschung, hrsg. v. R. Nave-Herz / M. Markefka, Neuwied 1989, S. 1-18

Nave-Herz, R.: Zeitgeschichtlicher Bedeutungswandel von Ehe und Familie in der Bundesrepublik Deutschland; in: Handbuch der Familien- und Jugendforschung, Bd. 1: Familienforschung, hrsg. v. R. Nave-Herz / M. Markefka, Neuwied 1989, S. 211-222

Nave-Herz, R. / Markefka, M. (Hrsg.): Handbuch der Familien- und Jugendforschung, 2 Bände, Neuwied 1989

Nave-Herz, R. / Daum-Jaballah, M. / Hauser, S. / Matthias, H. / Scheller, G.: Scheidungsursachen im Wandel. Eine zeitgeschichtliche Analyse des Anstiegs der Ehescheidungen in der Bundesrepublik Deutschland, Bielefeld 1990

Nave-Herz, R. / Krüger, D.: Ein-Eltern-Familie — Eine empirische Studie zur Lebenssituation und Lebensplanung alleinerziehender Mütter, Bielefeld 1992

Neidhardt, F.: Die Familie in Deutschland. Gesellschaftliche Stellung, Struktur und Funktionen, 4. Aufl., Opladen 1975
Neubauer, G./Melzer, W./Hurrelmann, K. (Hrsg.): Jugend im deutsch-deutschen Vergleich, Neuwied 1992
Pross, H.: Die Männer, Hamburg 1978
Reumann, K. (Hrsg.): Jugend heute — Aufbruch oder Aufstand?, Köln 1982
Riehl, W.H.: Die Familie, 1. Aufl., Stuttgart 1855
Rolff, H.G.: Sozialisation und Auslese durch die Schule, 9. erneut überarb. Aufl., Heidelberg 1980
Rosenbaum, H.: Formen der Familie, Frankfurt/Main 1982
Rosenmayr, L.: Hauptgebiete der Jugendsoziologie; in: Handbuch der empirischen Sozialforschung, hrsg. v. R. König, 2. Bd., Stuttgart 1969, S. 65-171
Salomon, A. v. (Hrsg.): Bestand und Erschütterung der Familie in der Gegenwart, Deutsche Akademie für soziale und pädagogische Frauenarbeit, Berlin 1931
Schelsky, H.: Wandlungen der Deutschen Familie in der Gegenwart, 1. Aufl., Stuttgart 1953
Schelsky, H.: Die skeptische Generation. Eine Soziologie der deutschen Jugend, Düsseldorf/Köln 1957
Sinus-Institut: Die verunsicherte Generation. Jugend und Wertewandel, i.A. des Bundesministers für Jugend, Familie und Gesundheit, Opladen 1983
Sinus-Institut: Jugend privat — Verwöhnt? Bindungslos? Hedonistisch?, Bericht über die „Verunsicherte Generation", Opladen 1985
Sommerkorn, I.: Die erwerbstätige Mutter in der Bundesrepublik Deutschland: Einstellungs- und Problemveränderungen; in: Wandel und Kontinuität der Familie in der Bundesrepublik Deutschland, hrsg. v. R. Nave-Herz, Stuttgart 1988, S. 115-144
Strohmeier, K.P.: Quartier und soziale Netzwerke. Grundlagen einer sozialen Ökologie der Familie, Frankfurt 1983
Strümpel, B./Prenzel, W./Scholz, J./Hoff, A.: Teilzeitarbeitende Männer und Hausmänner, Berlin 1988
Thurnwald, H.: Gegenwartsprobleme Berliner Familien, Berlin 1948
Voges, W.: Soziologie des höheren Lebensalters, 3. Aufl., Augsburg 1984
Wurzbacher, G.: Leitbilder gegenwärtigen deutschen Familienlebens, Stuttgart 1951
Zinnecker, J.: Strukturwandel der Jugendphase in europäischen Gesellschaften. Vortrag im Rahmen des Deutschen Soziologentages, Düsseldorf 30.9. 1992.

2. Empfohlene Literatur zur Einführung und Vertiefung

Baltes, P.B./Mittelstrass, J. (Hrsg.): Zukunft des Alterns und gesellschaftliche Entwicklung, Berlin 1992
Bois-Reymond, M. du/Oechsle, M. (Hrsg.): Neue Jugendbiographie? Zum Strukturwandel der Jugendphase, Opladen 1990
Deutsches Jugendinstitut (Hrsg.): Wie geht's der Familie?, München 1988

Krüger, H.H. (Hrsg.): Handbuch der Jugendforschung, Opladen 1988
Lüscher K. / Schultheis, F. / Wehrspaun, M. (Hrsg.): Die ‚postmoderne' Familie, Konstanz 1988
Nave-Herz, R. / Markefka, M. (Hrsg.): Handbuch der Familien- und Jugendforschung, Bd. 1: Familienforschung, Bd. 2: Jugendforschung, Neuwied 1989
Reimann, H. / Reimann, H.: Das Alter, München 1974
Schäfers, B.: Soziologie des Jugendalters. Eine Einführung, 4. überarbeitete u. aktualisierte Aufl., Opladen 1989
Sussman, M.B. / Steinmetz, S.K. (Hrsg.): Handbook of Marriage and the Family, New York 1987

Lektion II
Soziologie der Bildung und Erziehung

Ingrid N. Sommerkorn

Inhalt

Vorbemerkung

Konnte **Wilbur B. Brookover** in der ersten überblicksartigen Veröffentlichung, die es in der Bundesrepublik im Bereich der Bildungssoziologie gegeben hat (vgl. Heintz 1959), noch sagen, es sei eine angenehme Aufgabe, über die Entwicklungstendenzen in der Soziologie der Erziehung zu berichten (S. 173), so läßt sich das heute — etwa drei Jahrzehnte später — nicht mehr so selbstverständlich behaupten. War um 1960 noch der Glaube vorherrschend, Erziehung könne einen Beitrag zur Lösung anstehender gesellschaftlicher Probleme leisten, so ist diese Reformeuphorie inzwischen einer Desillusionierung gewichen. Nicht mehr gilt: Bildungsreform als Gesellschaftsreform, sondern Bildung ist in wirtschaftlich schwierigen Zeiten der gesellschaftliche Sektor, in dem der Rotstift angesetzt wird.

Wechselnder Stellenwert von Bildung und Erziehung

Die Soziologie der Bildung und Erziehung ist ein gutes Beispiel dafür, daß Anwendungs- und Praxisfelder der Soziologie in bestimmte historische, gesellschafts- und wirtschaftspolitische Bedingungskonstellationen eingebettet sind. Allerdings dürfen die Konjunkturen in der Bildungssoziologie nicht dahingehend interpretiert werden, daß Entwicklungen im Erziehungswesen in geradliniger Abhängigkeit von Wirtschaftszyklen stehen. Demographische Trends sowie insbesondere ein verändertes Bildungsverhalten der Bevölkerung, das zu dem seit Anfang der 60er Jahre steigenden relativen Schul- und Hochschulbesuch geführt hat, sind wesentliche Bestimmungsfaktoren der Bildungsexpansion.

1. Beginn der Bildungssoziologie

Es heißt, daß sich die Identität einer Disziplin aus ihrer Geschichte ableiten läßt. In diesem Sinn kann die Bildungssoziologie als sogenannte Bindestrich-Soziologie stolz auf ihre professionellen Urahnen sein. Ihr Beginn läßt sich nämlich zurückführen auf Klassiker der Soziologie, wie z.B. *Lester F. Ward (1847-1913)*, der als Begründer der amerikanischen Soziologie gilt und der der erste Präsident der **American Sociological Association** war, sowie auf *Emile Durkheim (1858-1917)*, einer der prominenten europäischen Gründungsväter aus Frankreich. Sie befaßten sich bereits um die Jahrhundertwende mit der bedeutsamen Rolle der Erziehung für die Entwicklung moderner Gesellschaften sowie mit der gesellschaftlichen Bedingtheit der Erziehung, die sie als eine „soziale Tatsache" (fait social) und nicht als eine individuelle Angelegenheit ansahen.

Früher Beginn mit Ward und Durkheim

Für beide Soziologen ist die Frage nach den gesellschaftlichen Mechanismen, durch die die Individuen in die Gesellschaft integriert werden, ein zentraler Bestandteil ihrer soziologischen Arbeiten. Im Einwanderungsland USA ist für **L.F. Ward** (1906) das öffentliche und allgemeine Erziehungssystem zentraler Agent gesellschaftlichen Fortschritts und sozialer Integration der heranwachsenden Generation. Angesichts dieser Bedeutung von Erziehung plädiert **Durkheim** bereits in seinen zwischen 1902 und 1911 geschriebenen Abhandlungen und Vorlesungen **Education et Sociologie** (1922 als posthume Veröffentlichung, deutsche Übersetzung 1972; vgl. auch 1938/1977) dafür, Soziologie zum Bestandteil der Lehrerausbildung zu machen. **Durkheim** versteht Soziologie als eine Grundlagenwissenschaft für das Handeln von Erziehern. In Deutschland wurde **Durkheim** zu seiner Zeit jedoch kaum rezipiert, und so gelten seine (alten) Postulate dann in der Bundesrepublik in den 60er und Anfang der 70er Jahre als neue Errungenschaft der Bildungsreform.

Zu den deutschen Wegbereitern bzw. Vorreitern einer Soziologie der Bildung und Erziehung gehören **Theodor Geiger** (1891-1952), **Aloys Fischer** (1880-1937) sowie auch **Karl Mannheim** (1893-1947), dessen im Exil an der **London School of Economics** entwickelte Gedanken und Manuskriptfragmente nach seinem Tode von seinem Assistenten **W.A.C. Stewart** zu einer **Einführung in die Soziologie der Erziehung** zusammengestellt wurden (1962 posthume Veröffentlichung im englischen Original; 1973 deutsche Übersetzung).

Wegbereiter in Deutschland

Zwar gab es auch in Deutschland bereits um die Jahrhundertwende vereinzelte Publikationen zum Verhältnis von **Erziehung und Gesellschaft** und zum Verhältnis von **Soziologie und Pädagogik** (Barth 1904/1908) sowie die 1911 in erster Auflage erschienene ausführliche **Geschichte der Erziehung in soziologischer und geistesgeschichtlicher Beleuchtung** des Leipziger Philosophen und Pädagogen **Paul Barth** (1858-1922), jedoch entwickelten sich die „entscheidenden Antriebe zu einer Soziologie der Erziehung" (Geiger 1930: 407) erst in den 20er und frühen 30er Jahren. Diese Antriebe kamen nicht von professionellen Soziologen, sondern von, wie **Geiger** es ausdrückt, Gelegenheitssoziologen, nämlich von (Schul)Pädagogen, von schreibenden Lehrern also. Dazu gehören Namen wie: **Georg Siegfried Kawerau, Soziologische Pädagogik** (1921); **Paul Luchtenberg, Soziologie und Pädagogik** (1931); **Rudolf Lochner, Deskriptive Pädagogik** (1927); **Hugo Schröder, Soziologie der Volksschulklasse** (1928); **Karl Weiß, Pädagogische Soziologie** (1929); **Aloys Fischer, Pädagogische Soziologie und: Soziologische Pädagogik** (1931); **K. Haase, Soziologie und Pädagogik** (1932). (Vgl. Auszüge zu den Klassikern der Erziehungssoziologie bei Plake 1987.)

Intensivierung in der Weimarer Republik

2. Begriffliche Erwägungen. Von der Pädagogischen Soziologie zu einer Soziologie der Erziehung

Trotz mancher Unterschiede in der Betrachtungsweise ist doch die verbindende Grundannahme der damaligen Pädagogischen Soziologie, Erziehen als einen sozialen Tatbestand anzusehen, auch heute noch konstitutiv für diese Spezialdisziplin der Soziologie. Um es in den Worten **Theodor Geigers** (1930: 405) auszudrücken:

Erziehung als sozialer Tatbestand: Theodor Geiger

> Der eminent gesellschaftliche Charakter der Erziehung steht über allem Zweifel. Gesellschaft ist ohne Erziehung nicht denkbar, wie andererseits Erziehung nur in der sozialen Sphäre möglich ist. Weshalb denn auch das Erziehungsdenken immer dem Gesellschaftsdenken streng entspricht.

Geiger, den man wohl als den ersten professionellen Soziologen der Erziehung in Deutschland bezeichnen kann — und zwar sowohl aufgrund seiner inhaltlichen Ausführungen als auch ob seiner institutionellen Verortung (vgl. Rodax 1991) — entwickelte in seiner Schrift **Erziehung als Gegenstand der Soziologie** (1930) ein Programm dieser erfahrungswissenschaftlich orientierten Soziologie, die er als „Nebenzweig der Soziologie überhaupt" verstand, die „mit soziologischen Methoden den pädagogischen Gegenstand" zu bearbeiten habe. Dazu gehören sowohl makro-strukturelle Aspekte, wie „das Wesen der Erziehung überhaupt als einer sozialen Erscheinung", als auch mikro-strukturelle Momente, wie „der Erziehungsprozeß als zwischen-menschlicher Vorgang von bestimmtem gemeintem Sinn" (Geiger 1930: 421).

Soziologie und Erziehungswissenschaft in der Weimarer Zeit

Im Diskurs der um Reform bemühten Pädagogen der Weimarer Zeit wird bereits das Kernproblem dieser „Grenz- und Zwischen-Wissenschaft" deutlich, als die **A. Fischer** (1931: 409) die Pädagogische Soziologie bezeichnet, nämlich das Spannungsverhältnis zwischen gesellschaftlichem Zwang und gesellschaftlicher Bestimmung einerseits und individueller Freiheit und Selbstbestimmung andererseits. Die damaligen Reformpädagogen postulieren eine „autonome Pädagogik", damit sich die aufeinander bezogenen, interdependenten, ja „unlöslich miteinander verschmolzenen" passiven und aktiven Momente der Bildsamkeit des Menschen, nämlich seine „Entfaltungsfähigkeit" und sein „Gestaltungsdrang" verwirklichen können (Geiger 1930: 411).

In der historisch-politischen Zeit des aufkommenden Nationalsozialismus sehen sich die beiden benachbarten Disziplinen, Soziologie und Erziehungswissenschaft, mit ihrem identischen Gegenstand — dem Menschen und seiner Bildsamkeit — in ähnlich starker Weise gefährdet. Für beide besteht aufgrund der sozialen Bedingtheit menschlichen Handelns die Gefahr der Vereinnahmung durch kollektive Zwänge, d.h. zur Erziehung zu den herrschenden Gemeinschafts- und Gruppenideologien. So sehen sich beide Disziplinen zur gegenseitigen Unterstützung aufeinander angewiesen bei der nüchternen Erfassung der sozialen Erziehungswirklichkeit. Bei **Geiger** heißt es: „Hier verbindet eine Brücke die Ufer der modernen Soziologie und der autonomen Pädagogik" (1930: 417).

Ende der Kooperation im Nationalsozialismus

Die fruchtbare Auseinandersetzung zwischen Soziologie und Pädagogik in den 20er und frühen 30er Jahren wurde durch den Nationalsozialismus unterbrochen. Hatte sich in der Weimarer Zeit eine Annäherung zwischen den beiden Nachbardisziplinen angebahnt im Sinne einer Umorientierung der geisteswissenschaftlichen Pädagogik mit ihrer idealistischen und individualistischen Bildungstradition zu einer sozialwissenschaftlich orientierten Erziehungswissenschaft, so wurde dieser interdisziplinäre Diskurs in der Nachkriegszeit nicht bruchlos wieder aufgenommen. (Über den „Wandel der Pädagogik in der Auseinandersetzung mit der Soziologie" vgl. ausführlicher Goldschmidt / Händle 1969.) Im Gegenteil, noch bis in die 60er Jahre hinein war das Verhältnis zwischen diesen beiden Disziplinen spannungsreich und emotional geladen. Ihr beiderseitiges Bemühen zur Entwicklung einer wissenschaftlichen Selbständigkeit und damit die Verteidigung gegen den behaupteten Imperialismus der jeweils benachbarten Disziplin wurde als „Stellungskrieg ... zwischen zwei feindlichen Heeren" bezeichnet (Lempert 1963: 257).

Die bisherigen Ausführungen über den engen Zusammenhang von Erziehungssoziologie und Erziehungswissenschaft dürfen allerdings nicht darüber hinwegsehen lassen, daß die Bildungssoziologie aufgrund der vielfältigen Verflechtungen zwischen Schule und Gesellschaft, zwischen den Erziehungs- und anderen gesellschaftlichen Institutionen noch weitere Berührungspunkte zu anderen Disziplinen und Bindestrich-Soziologien hat, wie zur Soziologie der Familie, der Jugend, der Arbeit; zur Sozial- und Entwicklungspsychologie und zur Bildungsökonomie. Mit anderen Worten: „Mit der Etablierung von ‚Bildungssoziologie' ist die Soziologie mehr auf die Kooperation mit anderen Disziplinen angewiesen, als daß sich innerdisziplinäre Abgrenzungsprobleme stellen" (Goldschmidt 1979: 309).

Neue Anlässe und Formen der Kooperation

Die Autonomieforderung der Pädagogik für pädagogisches Handeln, die Hypostasierung einer „pädagogischen Provinz" also, wurde ansatzweise zunächst durch die Rezeption von empirischen Forschungsergebnissen der angelsächsischen **Sociology of Education** (Heintz 1959) aufgebrochen. Im Zuge der Problematisierung der Rückständigkeit des Bildungswesens in Westdeutschland und der damit zusammenhängenden Forderungen nach Bildungsreform wurden die Grenzen zwischen beiden Wissenschaften dann weiter verwischt. Anfang der 70er Jahre konnte diese Kontroverse als gegenstandslos betrachtet werden:

> Im Zuge der immer intensiver werdenden Zusammenarbeit zwischen den beiden Disziplinen kann man mitunter nur mühsam zwischen einer als Sozialwissenschaft sich verstehenden Erziehungswissenschaft und einer das Erziehungssystem als einem zunehmend wichtigen Teilbereich industrieller Gesellschaften analysierenden Soziologie unterscheiden. Beide Disziplinen verstehen sich mehr und mehr als integrale Bestandteile einer breit angelegten Sozialisations- und Bildungsforschung (Hurrelmann 1974: 17).

Von der Pädagogischen Soziologie zur Soziologie des Bildungswesens

Damit hatte sich die Entwicklung von der Pädagogischen Soziologie, in der soziologisches Wissen auf die pädagogische Praxis angewandt wurde, zu einer analytisch-erfahrungswissenschaftlich orientierten Soziologie des Bildungswesens vollzogen, — hin zu Untersuchungen also sowohl von pädagogischen Beziehungen und Prozessen zwischen Lehrenden und Lernenden als auch zur Analyse des Bildungswesens als Ganzem sowie einzelner Erziehungsinstitutionen.

Der Gegenstand der Bildungssoziologie umfaßt das Bildungsgeschehen im gesamten Bildungssystem vom Kindergarten über die allgemeinbildenden und beruflichen Schulen, zu den wissenschaftlichen Hochschulen bis hin zu den Einrichtungen der Erwachsenenbildung.

Definition von Erziehung und Sozialisation

Zum ‚Bildungsgeschehen' gehören funktionale und intentionale Elemente. Die bewußten und absichtsvollen Anteile in Bildungsprozessen, die sich in speziell dafür geschaffenen gesellschaftlichen Institutionen abspielen, bezeichnet man als **Erziehung**. Der umfassendere Begriff ist der der **Sozialisation**, der unbeabsichtigte Momente im Bildungsprozeß mit einschließt; Erziehung ist also ein abgrenzbarer Teilaspekt. Bei beiden Begriffen geht es um das Verhältnis von Person und Umwelt. Sozialisation, als lebenslanger Prozeß der Persönlichkeitsentwicklung, ist nicht nur in eine Richtung prägend, sondern Sozialisation ist der Prozeß, in dem der oder die Einzelne in aktiver Auseinandersetzung mit der jeweiligen sozialen Umwelt zu einer handlungsfähigen Person wird.

Sozialisation und Bildung

Es gibt eine Vielfalt sozialisationstheoretischer Ansätze, die das Verhältnis von Individuum und Gesellschaft konzeptualisieren, inzwischen ist jedoch der Doppelaspekt von Selbstbestimmung und Bildsamkeit in der Sozialisationsforschung und Sozialisationstheorie allgemein akzeptiert. (Vgl. ausführlicher Geulen 1991: 36ff) Diesen Doppelaspekt — Entfaltung der eigenen Anlagen einerseits und Hineinwachsen bzw. Einordnung in gesellschaftliche Lebensbedingungen andererseits — hat der Sozialisationsbegriff gemeinsam mit dem Begriff der **Bildung**. Allerdings schließe ich mich **Max Horkheimer** (1895-1973) an, der in seiner Rede **Begriff der Bildung** anläßlich der Immatrikulationsfeier an der Universität Frankfurt für das Wintersemester 1952/53 sagte: „Erwarten Sie nicht, daß ich ihn definiere" (Horkheimer 1985: 409).

Idealistischer Bildungsbegriff

Der traditionelle, idealistische Bildungsbegriff versteht sich als entgegengesetzt zur Zivilisation und eingebettet in Kultur. In diesem antithetischen Denken wird die eigentliche Bildungsaufgabe der Universität als Bildung der Persönlichkeit gesehen und in Gegensatz gebracht zur Verschulung an den Fachhochschulen, die zu einem Beruf ausbilden. Jedoch:

> Gebildet wird man nicht durch das, was man ‚aus sich selbst macht', sondern einzig in der Hingabe an die Sache, in der intellektuellen Arbeit sowohl wie in ihrer selbst bewußten Praxis (Horkheimer 1985: 415).

Es besteht also eine Parallelität zwischen den Begriffen Bildung und Sozialisation insofern, als sie beide den Prozeß der Entäußerung und Selbstentfaltung in sozialer Verantwortung im Hinblick auf den Zusammenhang mit dem gesellschaftlichen Ganzen meinen.

3. Zur Entwicklung einer Soziologie der Bildung und Erziehung in Westdeutschland[1]

3.1. Die Anfänge in der unmittelbaren Nachkriegszeit im Bereich der Universitäten

Mit dem allmählichen Wiederaufleben der Soziologie an einzelnen Universitäten in der Bundesrepublik nach dem Zweiten Weltkrieg gab es relativ bald in der ersten Hälfte der 50er Jahre einzelne bildungssoziologisch relevante Untersuchungen, die schwerpunktmäßig den Ausbildungsbereich „Universität" zu ihrem Forschungsgegenstand hatten. Dazu gehören zum einen die Erhebungen aus dem Frankfurter Institut für Sozialforschung über Bildungsvorstellungen, Arbeitsmotivationen und Lebensbedingungen von Studierenden sowie über den Zusammenhang von Studium und Beruf, zum anderen die unter Leitung von **Helmuth Plessner** (1892-1985) durchgeführten Göttinger **Untersuchungen zur Lage der deutschen Hochschullehrer** (1956), sowie auch Hans Angers Professorenbefragung aus den Jahren 1953 bis 1955 (1960; vgl. Mangold 1978: 211f).

1 Alle Ausführungen beziehen sich nur auf die Entwicklung der Bildungssoziologie in der alten Bundesrepublik

3.2. Soziologie der Schule und ihre Themen als Teil der Allgemeinen Soziologie

Expansion der Bildungssoziologie nach 1960

Trotz dieser Anfänge hat sich in der Bundesrepublik die Soziologie der Bildung und Erziehung erst voll seit Beginn der 60er Jahre entfaltet. Die boomhafte Entwicklung dieser Bindestrich-Soziologie läßt sich an den Erscheinungsdaten der Veröffentlichungen ablesen: In zwei der ersten wichtigen und weitverbreiteten soziologischen Nachschlagewerken der Nachkriegszeit ist noch keine Abhandlung zur Bildungssoziologie zu finden, nämlich weder in dem Lehrbuch **Soziologie** (Gehlen / Schelsky 1955) noch in dem von **R. König** herausgegebenen Fischer-Lexikon **Soziologie** (1958). W. Bernsdorf schreibt 1955 im **Wörterbuch der Soziologie** unter dem Stichwort **Pädagogische Soziologie**: „Die P.S. ist ein junger, noch wenig entwickelter Zweig der speziellen Soziologie" (360). Erst im Fischer-Lexikon **Pädagogik**, das 1964 veröffentlicht wurde, findet sich ein Beitrag zur **Soziologie der Erziehung** (Roeder 1964).

1959 veranstaltet der neu gegründete **Fachausschuß für Soziologie der Bildung und Erziehung** in der **Deutschen Gesellschaft für Soziologie** seine erste Sitzung auf dem Berliner Soziologentag.

Das bereits erwähnte erste deutschsprachige bildungssoziologische Sammelwerk zur **Soziologie der Schule** wurde 1959 als Sonderheft der **Kölner Zeitschrift für Soziologie** veröffentlicht (Heintz). Die Hälfte der hier versammelten Aufsätze sind Übersetzungen von Arbeiten der damals bedeutenden englischen und amerikanischen Erziehungssoziologen wie **Jean Floud**, **Basil Bernstein**, **Wilbur B. Brookover**, **Robert Havighurst**, deren Rezeption eine wichtige Voraussetzung bzw. ein wichtiger Begründungsstrang für die Entwicklung der Bildungssoziologie in Westdeutschland war. Zwar fehlt in dieser Ansammlung von anglo-amerikanischen Repräsentanten noch der berühmte Aufsatz von **Talcott Parsons** (1902-1979) über **Die Schulklasse als soziales System**, dessen Erstabdruck 1959 in der **Harvard Educational Review** erfolgte. (Stattdessen gibt es zu dieser Thematik einen Artikel von **C.W. Gordon**.)

Bedeutung von Parsons für die Bildungssoziologie

Talcott Parsons (1902 - 1979), als der Begründer des Strukturfunktionalismus, der jahrelang die dominante theoretische Schule in der Allgemeinen Soziologie darstellte, war mit seinem Ansatz auch bedeutsam für die deutsche Erziehungssoziologie. Als zentral galt ihm die Frage nach dem gesellschaftlichen Zusammenhang, in dem die Institution Schule sich befindet. Aufgrund ihrer funktionalen Relationen zu anderen gesellschaftlichen Institutionen — wie Familie, Berufs- und Arbeitswelt, gleichaltrige Jugendliche (peer group) — hat die Schule nicht nur Erziehungs- und Sozialisationsaufgaben zu erfüllen, sondern auch solche der Qualifikation, der Auslese (Selektion) und der Zuteilung (Allokation) von Bildungs- und somit von Lebenschancen.

Diese Gegenstandsbereiche, die in dem erwähnten Sammelband (Heintz 1959) den damaligen Stand der Schulsoziologie mit den für sie wichtigen Fragestellungen und Arbeitsbereichen widerspiegeln, sind Untersuchungsgegenstände von Bildungssoziologie geblieben. Mit diesen Themen zum Zusammenhang von Schule und Gesellschaft sowie den gesellschaftlichen Funktionen institutionalisierter Bildung und Erziehung werden die Analysen des Erziehungssystems und die Theorien sozialer Schichtung in einen engen thematischen Zusammenhang gestellt. Damit erweist sich Bildungssoziologie mit ihrer Thematisierung von sozialer Ungleichheit, Sozialschicht und Mobilität als Teil der Allgemeinen Soziologie.

3.3. Bildungssoziologie als Bestandteil von Bildungsforschung

Anstöße durch die Bildungsforschung

Der zweite, wichtigere Begründungsstrang für die Entstehung der speziellen Soziologie **Bildungssoziologie** ist ihre Entwicklung im Rahmen der aufkommenden fächerübergreifenden Disziplin der Bildungsforschung in den 60er Jahren, durch die die Soziologie der Bildung und Erziehung neue Impulse erhielt. Auch für die Entwicklung dieser neuen interdisziplinären Wissenschaft gingen die entscheidenden Anstöße nicht von Soziologen aus, sondern von dem Juristen und Bildungspolitiker **Hellmut Becker** (1962, 1966), dem Ökonomen **Friedrich Edding** (1963) und dem Philosophen **Georg Picht** (1964).

„Sputnikschock" und „Bildungskatastrophe"

Bildungsforschung wiederum war notwendig geworden aufgrund der immer offenkundiger werdenden Modernitätsrückstände des deutschen Bildungswesens im internationalen Vergleich. Angesichts der sich überschlagenden Meldungen vom Sputnikschock (1957), von „Bildungskatastrophe" (Picht 1964), von Bildungsnotstand und Bildungskrise in der ersten Hälfte der 60er Jahre und der immer dringlicheren Forderungen nach Bildungsreformen zur Deckung der **Technologiedefizite** und zur Steigerung der zu geringen Abiturienten- und Studentenquote, gab es enormen bildungspolitischen Planungsbedarf und Handlungsdruck sowie die Notwendigkeit, die praktisch-politischen Maßnahmen durch wissenschaftliche Informationen abzustützen. Dieses Grundlagenwissen für die zur Entscheidung anstehenden Probleme sollte von der Bildungsforschung geliefert werden. 1967 schrieb **Dietrich Goldschmidt**, eine der zentralen Persönlichkeiten in der Entwicklung der Bildungssoziologie in der Bundesrepublik:

> Die Bildungsforschung ist eine junge, von der gesellschaftlichen und erzieherischen Praxis angeregte und prinzipiell ihr zugewandte Wissenschaft. Bildungspolitik und Bildungsplanung sind auf der Suche nach verläßlichen Ausgangsdaten in wachsendem Maße auf ihre Ergebnisse angewiesen. ... Der politische Bezug ist aus der Bildungsforschung überhaupt nicht wegzudenken (Goldschmidt 1967: 456).

Da sich, wie gesagt, die Soziologie der Bildung und Erziehung im Zusammenhang mit der Bildungsforschung entwickelte, läßt sich zusammenfassend feststellen, daß diese soziologische Spezialdisziplin ihren Begründungszusammenhang in gesellschaftlichen Problemlagen der Nachkriegszeit hatte, und sie sich deshalb „im Gegensatz zu ihren Vorläufern in den 20er Jahren zu einer direkt an politisch-organisatorischen Maßnahmen beteiligten Wissenschaft" entwickelte (Plake, 1987: 9).

3.4. Die institutionellen Rahmenbedingungen in den 60er Jahren — der Hoch-Zeit der Bildungssoziologie

Nun braucht eine politikberatende, interdisziplinäre Wissenschaft einen geeigneten organisatorischen Rahmen zur kontinuierlichen Kommunikation und Kooperation der Wissenschaftler und Wissenschaftlerinnen aus den verschiedenen Disziplinen.

DIPF

— Während der 50er Jahre war die 1952 gegründete **Hochschule für Internationale Pädagogische Forschung** in Frankfurt am Main (seit 1965: **Deutsches Institut, DIPF**) das einzige Bildungsforschungsinstitut in der Bundesrepublik. Im Zuge der o.g. erziehungssoziologischen Entwicklungstendenzen bekam dieses Institut 1958 eine eigene Abteilung für Bildungssoziologie unter der Leitung von **Eugen Lemberg** (1958, 1963).

„Deutscher Ausschuß"

— In seinem 1956 für den **Deutschen Ausschuß für das Erziehungs- und Bildungswesen** (1953-1965) verfaßten Gutachten zur Rolle der Schule als „zentraler sozialer Dirigierungsstelle" beklagt sich **Helmut Schelsky** (1957: 17), daß er sich nicht auf wissenschaftlich fundierte, empirische Untersuchungen einer Schulsoziologie stützen könne, die „aufklärenden" Charakter für die damals anstehenden bildungspolitischen Entscheidungen zur Schulreform haben könnten (S. 8f). **Schelskys** Denkschrift hat zu zahlreichen theoretischen und empirischen Diskussionen in der Fachöffentlichkeit geführt und somit zur Weiterentwicklung der Bildungssoziologie beigetragen (vgl. z.B. Habermas 1959 und 1961). Von diesen Diskussionen wiederum gingen in den 60er Jahren Impulse aus für eine Reihe von Forschungsarbeiten und Lehr-Forschungsprojekten, die sich mit der Problematik der Chancengleichheit auseinandersetzen und Themenbereiche wie Schule und Sozialstruktur, Sozialisation und Auslese, Sozialstatus und Schulerfolg, Schule und Bildungschancen, sowie Möglichkeiten kompensatorischer Erziehungsmaßnahmen behandeln. (Vgl. Grimm 1966; Hess / Latscha / Schneider 1966; Peisert 1967; Rolff 1967; Preuß 1970; Goldschmidt / Sommerkorn 1970; Ortmann 1971; Caesar 1972; Sozialisation und kompensatorische Erziehung 1968 / 69).

MPI für Bildungsforschung

— Der enorme Anstieg eines, wie gesagt, politisch orientierten Interesses an empirischem Wissen über Erziehungsinstitutionen und über Erziehungsprozesse begünstigte in der ersten Hälfte der 60er Jahre den Aufbau von Forschungsstätten zur systematischen Erforschung des Bildungswesens. In erster Linie muß hier das 1963 von **Hellmut Becker** gegründete Berliner **Institut für Bildungsforschung** in der Max-Planck-Gesellschaft genannt werden, das dann später die Weihen eines Max-Planck-Instituts bekam (vgl. Becker 1962, 1966; Becker / Hager 1992: 176ff). Mit seinen Abteilungen für Bildungsökonomie unter der Leitung von **Friedrich Edding**, für Erziehungswissenschaft unter der Leitung von **Saul B. Robinsohn** (1916-1972) und der Abteilung für Soziologie der Bildung und Erziehung unter der Leitung von **Dietrich Goldschmidt** fand der enge Zusammenhang zwischen Bildungspolitik, Bildungsplanung und Bildungsforschung der 60er und auch noch der 70er Jahre in diesem Großforschungsinstitut seine institutionelle Ausdrucksform. Das zeigt sich auch an den personellen Verknüpfungen zu dem als Nachfolge zum **Deutschen Ausschuß für das Erziehungs- und Bildungswesen** 1965 gegründeten **Deutschen Bildungsrat**, dessen Mitglied und dann auch Stellvertretender Vorsitzender **Hellmut Becker** während des Jahrzehnts seines Bestehens war (Auflösung 1975) und für dessen bildungspolitische Empfehlungen viele Kompetenzen aus dem Berliner Institut abgerufen wurden.

Deutscher Bildungsrat

Abgesehen von einer institutionell und personell verankerten Autorität mit ihrer meinungsbildenden Wirksamkeit zeigt sich die enge Verbindung von Bildungsforschung und Bildungsreform in der damaligen Zeit auch in den verschiedenen Gutachten, die von wissenschaftlichen Mitarbeitern und Mitarbeiterinnen aus dem Max-Planck-Institut für den Bildungsrat erstellt wurden (z.B. Goldschmidt u.a. 1974, Kuhlmann 1972).

Pädagogisches Zentrum

— Die historisch-politischen Konstellationen in den 60er Jahren bildeten günstige Rahmenbedingungen für die Schaffung von institutionellen Neugründungen, die der Bildungsforschung gewidmet waren und in denen somit explizit auch bildungssoziologische Forschung betrieben wurde. Dazu gehörte in Berlin neben dem Institut für Bildungsforschung auch das **Pädagogische Zentrum**, einem auf schulpraktische Forschung gerichteten verwaltungseigenen Institut der Berliner Schulbehörde, an dem Schulversuche wissenschaftlich begleitet, Unterrichtsmodelle entwickelt und in die pädagogische Praxis umgesetzt werden.

Empirische Bildungsforschung

— Ferner ist Anfang der 60er Jahre zunächst das Soziologische Seminar an der Universität Tübingen ein institutioneller Ort für bildungssoziologische Forschungen. Dort wurden auf Anregung von **Ralf Dahrendorf** (1965a, b) und unter aktivem Einsatz von **Hansgert Peisert** die ersten empirischen Untersuchungen zum Zusammenhang von Regional-, Schicht- und Geschlechtszugehörigkeit und Bildungschancen durchgeführt (Peisert / Dahrendorf, 1967; Peisert 1967; Grimm 1966; Gerstein 1965). Auch diese bildungssoziologischen Arbeiten sind durch einen bildungspolitischen Anwendungsbezug charakterisiert. Ähnlich wie die Artikelserie von **Georg Picht** (1964) in der Zeitschrift **Christ und Welt** über die **Bildungskatastrophe in Deutschland** haben **Dahrendorfs** Artikel in **Die ZEIT** (19. + 26. Juni 1964) über den verschwindend geringen Anteil von nur 5 % „Arbeiterkinder an unseren Universitäten" zur bildungspolitischen Aufrüttelung in der bundesrepublikanischen Gesellschaft beigetragen. **Dahrendorfs** Plädoyer für eine aktive Bildungspolitik, die **Bildung zum Bürgerrecht** erhebt (Dahrendorf 1965b), war dann die politische Forderung, die er aus den Tübinger sozialwissenschaftlichen Forschungsergebnissen über eine ungleiche Bildungsbeteiligung und über ungerechte Bildungschancen für die verschiedenen Sozialgruppen zog.

Bildung als Bürgerrecht

Regionalisierung der Bildungsforschung

Peiserts Regionalanalysen geringer Bildungsdichte haben weite Verbreitung gefunden in der Leitfigur einer zu geringen Bildungsbeteiligung des katholischen Arbeitermädchens vom Lande (vgl. auch Erlinghagen 1965), das zum Inbegriff von Chancenungleichheit wurde. Ihre politische Umsetzung haben diese bildungssoziologischen Forschungen darin gefunden, daß zur Erhöhung der Bildungsbeteiligung und zur Ausschöpfung von Begabungsreserven in den o.g. Sozialgruppen in Regionen geringer Bildungsdichte im baden-württembergischen Kultusministerium unter dem damaligen Minister **Hahn** eine Planungsabteilung und ein wissenschaftlicher Beirat eingerichtet wurden, damit die in der Bildungsforschung erarbeiteten empirischen Materialien und Daten zur Grundlage von Bildungsplanung und Bildungspolitik gemacht werden konnten (Peisert 1967: 158).

Zentrum für Bildungsforschung

— Mit der Gründung der Universität Konstanz wurde an dieser neuen Universität 1966 die Einrichtung eines weiteren interdisziplinären Forschungsinstituts möglich, nämlich das **Zentrum I für Bildungsforschung**, bei dessen Aufbau **Peisert** eine maßgebliche Rolle spielte (vgl. Zapf 1991: 238). Der Konstanzer Schwerpunkt bildungssoziologischer Forschungen galt dem Gegenstandsbereich **Sozialisation in Bildungsinstitutionen** mit den Arbeitsgruppen **Schulische Sozialisation** (vgl. z.B. Fend 1980), **Lehrersozialisation** (vgl. z.B. Dann / Cloetta / Müller-Fohrbrodt / Helmreich 1978) und **Hochschulsozialisation** (vgl. z.B. Bargel / Framheim-Peisert / Sandberger 1989).

Mit diesen institutionellen Neugründungen in den 60er Jahren, in denen im Gegensatz zum schlecht ausgestatteten universitären Lehr- und Wissenschaftsbetrieb, in dem deshalb normalerweise die Klein- und Einzelforschung in Form von Drittmittelprojekten, Prüfungs- und Examensarbeiten überwog, interdisziplinäre Gruppenforschung in langfristig kooperierenden Forschungsgruppen möglich wurde, waren die Grundlagen für die spezielle Soziologie der Bildung und Erziehung gelegt. Sie hatte sich, wie dargestellt, in engem Zusammenhang mit den bildungspolitischen Diskussionen der 60er Jahre entwickelt. Seit 1970 hat es dann keine außeruniversitären institutionellen Neugründungen für Bildungsforschung mehr gegeben.

3.5. Ausgewählte Gegenstandsbereiche und Arbeitsschwerpunkte

Spätestens ab Mitte der 70er Jahre und insbesondere in den für die Bildungsreform stagnierenden 80er Jahren lockerte sich dieser enge Zusammenhang zwischen Bildungssoziologie und Bildungspolitik (vgl. auch Mangold 1978: 223). In der Hoch-Zeit der Bildungssoziologie gab es als identitätsstiftendes Moment das bildungspolitische Engagement der Bildungssoziologen und -soziologinnen, das seinen professionell-wissenschaftlichen Ausdruck fand in dem thematischen Schwerpunkt der **Chancengleichheit** und im damit verbundenen forschungsleitenden Interesse am Aufspüren von Sozialbarrieren, die eine Gleichheit der Bildungs- und somit der Lebenschancen verhinderten. Das aus den USA entlehnte Prinzip der kompensatorischen Erziehung (Sommerkorn 1969a) war handlungsleitend für diverse bildungspolitische Aktivitäten, die sich um Integration unterprivilegierter Sozialgruppen in das Erziehungssystem bemühten (vgl. etwa die bundesweiten Kampagnen für **Bildungswerbung** und die **Aktion Schularbeitszirkel** in Berlin). Die Titel der wie Pilze aus dem Boden sprießenden Veröffentlichungen aus den 60er und frühen 70er Jahren belegen diese These. Es ist unmöglich — und auch nicht die Aufgabe einer kurzen Einführung in diese Bindestrichsoziologie — hier auch nur annähernd einen Überblick über die Vielfalt der kleineren und größeren Untersuchungen mit ihren unterschiedlichen wissenschaftstheoretischen Ansätzen und Methoden zu geben. Es sollen jedoch die wichtigen Themenfelder aufgelistet werden. Die Soziologie der Bildung und Erziehung beschäftigt sich mit

Sozialbarrieren der Bildung

Kompensatorische Erziehung

— dem Stellenwert von Erziehung und Sozialisation im Kontext gesellschaftlicher, politischer und ökonomischer Entwicklungen. Dazu gehört auf der makro-strukturellen Ebene die Frage nach der Funktion von Bildung: „Bildung wozu?" Antworten wurden in der Zeit des Wiederaufbaus darin gesehen, daß für eine moderne, demokratische Industrie- und Leistungsgesellschaft „Bildung — die Grundlage unserer Zukunft" ist (wie es im Titel einer 1968 veröffentlichten Vorlesungsreihe des Süddeutschen Rundfunks heißt). Daß die Zukunft Bildung verlangt — daß also ein gesellschaftlicher Bedarf an qualifizierten, mobilen und flexiblen Arbeitskräften besteht — wurde durch die bildungsökonomischen Erkenntnisse untermauert, die einen posi-

Erziehung und ökonomische Entwicklung

tiven Zusammenhang zwischen den Ausgaben für Erziehung und der ökonomischen Entwicklung einer Gesellschaft feststellten. Insofern gehören also auch Fragen der Beziehung zwischen ökonomischer Entwicklung und Bildungswesen zum Gegenstandsbereich der Soziologie der Erziehung.
Diesem ökonomischen Argument, daß es einen objektiven Bedarf nach Investition in Bildung gibt, steht auf der mikro-strukturellen Seite die Nachfrage des Einzelnen nach Bildung und Ausbildung gegenüber, — die Nachfrage nach formaler Bildung und Ausbildung als „kulturellem Kapital" (Bourdieu 1983), das einem Lebenswege öffnet bzw. bei Fehlen entsprechender Zertifikate verschließt.

Funktion der Schule

— Zum Gegenstandsbereich der Interdependenz von Gesellschaft und Erziehungssystem gehören auch bildungssoziologische Analysen der gesellschaftlichen Aufgaben, die die Schule als soziales System für das Funktionieren der anderen gesellschaftlichen Bereiche leistet, mit denen Schule in einem engen Beziehungsgeflecht verwoben ist. Dazu gehören in bezug auf Familie und Sozialstruktur die Funktionen von Selektion und Allokation, in bezug auf das Beschäftigungssystem die Funktion der Qualifizierung der heranwachsenden Generation und in bezug auf das politische System ihre Integrations- und Legitimationsfunktion.

Selektion und Allokation durch Erziehung

— Die Prozesse der Auslese und Statuszuweisung (Selektion und Allokation), die im und durch das Erziehungssystem ablaufen, und die gleichzeitig den interinstitutionellen Zusammenhang — die Beziehungen zwischen Elternhaus und Schule — thematisieren, sind unter der Überschrift der schichtspezifischen Sozialisationsforschung etwa zwischen Mitte der 60er und Mitte der 70er Jahre zum Gegenstand vieler bildungssoziologischer Untersuchungen geworden. Da in diesen Zusammenhang die Frage nach der Chancengleichheit und ihren schichtbedingten Milieusperren gehört, läßt sich für den genannten Zeitraum diese Thematik als das identitätsstiftende Merkmal der Bildungssoziologie benennen. Kritik an den teilweise ungerechtfertigten Vereinfachungen und methodologischen Schwächen der Studien zur schichtspezifischen Sozialisation, die den komplexen Vermittlungszusammenhang zwischen Schichtzugehörigkeit, gemessen am elterlichen — sprich: väterlichen — Berufsstatus und dem Schulerfolg ihrer Kinder nur unzureichend erforscht hatten, entwickelte sich ab Mitte der 70er Jahre (vgl. ausführlich Abrahams / Sommerkorn 1976).

Bildung und Berufschancen

— Das Thema Chancengleichheit verlor nach der sogenannten Ölkrise 1973 / 74 seinen reformpolitisch orientierten identitätsstiftenden Stellenwert. Statt dessen wurden die wachsenden Abstimmungsschwierigkeiten zwischen einem expandierenden Bildungssystem und einem schrumpfenden Arbeitsmarkt — das Verhältnis von Bildung und Berufschancen — zum Gegenstand bildungssoziologischer Forschungen (vgl. z.B. Hartung u.a. 1978; Sommerkorn 1981a). Die verbreiteten Klagen über die Berufsnot von Jugendlichen dokumentieren die Desillusionierung über die früheren Reformhoffnungen, daß Bildungsreform ein zentraler Hebel für Gesellschaftsreform sei. Im Gegenteil, die in den 70er Jahren verbreitete These von der Verschlechterung der Sozial- und Lebenschancen der heranwachsenden Generation implizierte

eine Schuldzuweisung an die Bildungsexpansion, daß die traditionelle Zuordnung von Bildungsabschlüssen und dem Zugang zu entsprechenden Berufspositionen nicht mehr funktionierte; die Verursachungsbedingungen im ökonomischen Sektor gerieten dabei oftmals aus dem Blickfeld.
Insofern blieb das Thema der Reproduktion sozialer Ungleichheit immer ein wichtiges Arbeitsfeld der Bildungssoziologie. Auch mit neuen Daten aus dem Mikrozensus und mit fortgeschritteneren theoretischen und methodischen Ansätzen bestätigen verschiedene Untersuchungen aus den 80er Jahren das Fortbestehen des alten Problems der Ungleichheit der Bildungschancen:

> Offenbar ist die Erwartung, durch Bildungsexpansion eine weitgehende Angleichung der Bildungschancen zu erreichen, nicht nur in der Bundesrepublik Deutschland, sondern auch in anderen Ländern eine Illusion geblieben. Auch wenn die Pforte für den Zugang breiter geworden ist, so kann man daraus nicht unbedingt ableiten, daß der Einfluß der sozialen Herkunft auf die Bildungsentscheidungen im selben Maße geringer geworden ist (Köhler 1992: 126; vgl. Böttcher 1985; Meulemann 1985, 1990).

Schulische Sozialisationsprobleme

— Unter mikro-soziologischer Perspektive befaßt sich die Soziologie der Bildung und Erziehung mit schulischen Sozialisationsprozessen, also mit den beabsichtigten und unbeabsichtigten sozialen Interaktionen in der Schule, kurz: mit der Soziologie der Schulklasse (vgl. insbesondere Fend 1980).
In diesem Zusammenhang der Entwicklung von Erfolg und Mißerfolg im Prozeß der schulischen Sozialisation muß auch das meinungsbildend gewordene Gutachten des Bildungsrats **Begabung und Lernen** erwähnt werden, das für sich in Anspruch nimmt, eine „Enzyklopädie unseres Wissensstandes in der Begabungsforschung" darzustellen (Roth 1969: 5). Die vorgelegten Expertisen setzen sich mit der traditionellen Anlage-Umwelt-Kontroverse auseinander. Im Gegensatz zu lange vorherrschenden biologisch-genetischen Auffassungen wird hier die soziale Bedingtheit von Bildungsfähigkeit herausgestellt. Insofern wird Begabung und ihre Entwicklung zu einem erziehungssoziologischen Thema.

Soziale Bedingtheit der Bildungsfähigkeit

Soziologie des Lehrens / zur Lehrerrolle

— In einer Gesellschaft, in der Begabungsentwicklung als ein erziehungssoziologisches Problem gilt und für deren Zukunft Bildung sowie ein hohes Qualifikationsniveau breiter Bevölkerungsschichten als notwendig für ihr Wachstum angesehen wird, kommt der Ausbildung und dem Berufsstand des Lehrers eine zentrale Bedeutung zu. Im Zusammenhang mit dem Ausbau der Soziologie als eigenständige Disziplin an den wissenschaftlichen Hochschulen und im Zusammenhang mit der sich verwissenschaftlichenden Lehrerausbildung ist Soziologie als Aufklärungs- und Orientierungswissenschaft seit etwa Mitte der 60er Jahre zu einem Bestandteil der Ausbildung von Pädagogen und Pädagoginnen geworden (vgl. ausführlicher und für weitere Literaturhinweise: Schäfers 1975).
Untersuchungen zur Lehrerrolle und zu dem beruflichen Selbstverständnis von Lehrern gehörten bereits zu den ersten Forschungsgegenständen der Erziehungssoziologie (Kob 1958, 1959; vgl. zusammenfassend Nave-Herz

1971, 1977). Unter diesen Studien zur Berufsgruppe „des Lehrers“ verdient die Untersuchung über die Sozialgeschichte und die (damalige) soziale Lage der Volksschullehrerin von **Gahlings** und **Moering** (1961) hervorgehoben zu werden. Hier werden bereits in Ansätzen Ergebnisse vorweggenommen, die dann erst über zwei Jahrzehnte später in einer vergleichenden Untersuchung über **Berufliche Orientierungen von Lehrerinnen und Lehrern** (Flaake 1989) ausführlicher erforscht und bestätigt werden: Nämlich, daß Frauen einen kooperativen Berufsstil haben, der sich unterscheidet von den in Deutschland seinerzeit noch vorherrschenden hierarchischen Verhältnissen, die sich an der männlich konzipierten Verwaltungsstruktur orientieren (Gahlings/Moering 1961: 16).

4. Der Beitrag der Frauenbildungsforschung zur Bildungssoziologie

Chancengleichheit von Mädchen und Frauen im Bildungssystem

Die Frage nach der Chancengleichheit von Mädchen und Frauen im Bildungssystem ist im Grunde ein altes Thema der Bildungsreformdiskussion und somit auch der Bildungssoziologie.

Schon in einer der ersten Untersuchungen über die „Probleme der deutschen Universität“ (Anger 1960) wurden das der traditionellen Weiblichkeits- und Familienideologie verhaftete Frauenbild von Professoren sowie ihre geschlechtsstereotypischen Vorurteile gegenüber Dozentinnen und Studentinnen als Bildungs- und Berufsbarrieren für Frauen thematisiert. (Für einen detaillierten Überblick über die Konjunkturen des Themas **Frauen und Universität** in der sozialwissenschaftlichen Forschung bis zum Beginn der 80er Jahre vgl. Sommerkorn 1981b. Nach diesem Zeitpunkt vgl. Bock u.a. 1983; Clemens u.a. 1986; Schultz 1991; Onnen-Isemann/Oßwald 1992; Engler 1993.)

Auch in den Reformforderungen nach Chancengleichheit in den 60er Jahren spielte, wie ausgeführt, die schlechtere Ausbildungssituation, die geringere Bildungsbeteiligung der Mädchen und Frauen sowie der überproportionale Studienabbruch von Studentinnen im Vergleich zu ihren männlichen Kommilitonen eine Rolle (Peisert 1967; Gerstein 1965).

Obwohl 1969 **Helge Pross** (1927-1984) dann mit ihren sozialstatistischen Zusammenstellungen und Interpretationen unter einem frauenemanzipatorischen Gesichtswinkel das erste Übersichtswerk **Über die Bildungschancen von Mädchen in der Bundesrepublik** vorlegte (das auch einen Exkurs über die Bildungs- und Ausbildungssituation von jungen Frauen in der ehemaligen DDR enthält) und 1972 drei weitere empirische Untersuchungen über die Benachteiligung von Mädchen im Schulsystem der Bundesrepublik veröffentlicht wurden (Borris 1972; Thumm 1972; Zinnecker 1972; vgl. auch Sommerkorn 1969b), so stellen Publikationen zur geschlechtsspezifischen Sozialisation und Selektion im Vergleich zum Boom der Erhebungen und Forschungsübersichten zur schichtspezifischen Sozialisation nur eine verschwindend geringe Anzahl dar.

Mädchen- und Frauenbild in Schulbüchern

Ein inhaltlicher Untersuchungsbereich, an dem schon relativ früh Bildungsbarrieren für Mädchen festgemacht wurden, sind die Analysen zum Mädchen- und Frauenbild in Schulbüchern (vgl. Sollwedel 1967, 1968, 1971; Silbermann/Krüger 1971; Nave-Herz 1978, zusammenfassend 1992). All diese Untersuchungen basieren auf der Annahme, daß von Unterrichtsmaterialien eine sozialisatorische Wirkung ausgeht, d.h. es wird ein Zusammenhang unterstellt zwischen dem Medium „Schulbuch“ und der Rezeption durch die Schüler und Schülerinnen und geschlechtsdifferentiellen Auswirkungen auf Lernprozesse. Da die Analysen der Unterrichtsmaterialien zeigen, daß in Lesebüchern die Leistungen von Mädchen und Frauen immer noch marginalisiert, wenn nicht gar ignoriert werden, jedenfalls keine realitätsgerechte Darstellung der auf „Doppelorientierung“ ausgerichteten Lebensplanung von Frauen erfolgt, so führt die Tatsache des Nicht-Erkennen-Könnens der eigenen Lebenssituation bei den Mädchen zu Identitätsschwierigkeiten und zu einem verringerten Selbstbewußtsein.

Problematisierung der Koedukation

Die Orientierung am männlichen Lebenszusammenhang als Maßstab im koedukativen Erziehungssystem wird jedoch erst ab Anfang der 80er Jahre zu einem Focus der Kritik: Die Koedukation hatte sich im Gymnasialbereich als sogenannte stille Revolution bereits in der Periode Ende der 60er/Anfang der 70er Jahre fast unbemerkt und undiskutiert vollzogen. Neue Impulse bekam die Soziologie der Schule dann durch die frauenbezogene Schulforschung, die Schule und Unterricht aus der Perspektive von Mädchen und jungen Frauen untersucht. Die Schulforscherinnen entfalteten ihre Kritik an der empirischen Beobachtung, daß trotz gleicher Bildungsinhalte und gleicher Lehrpläne die gemeinsame Unterrichtung von Jungen und Mädchen letztlich zu Chancengleichheit nur auf einer strukturell-funktionalen Ebene geführt hat. Die sogenannten Zweidrittel-Befunde machen deutlich, daß Schule sich nach wie vor an den Interessen der Jungen orientiert: Jungen erhalten etwa zwei Drittel der Aufmerksamkeit, Beobachtung und Ermutigung durch die Lehrenden; auch die Sprache ist auf ‚den Schüler‘ gerichtet. Mit anderen Worten: „Mädchen kommen nicht vor“ (Spender 1985).

Es ist bereits erwähnt worden, daß Anfang der 70er Jahre die traditionellen Grenzen zwischen Erziehungssoziologie und Erziehungswissenschaft ihre Konturen verloren hatten. Durch die Kooperationen und Arbeitsüberschneidungen von Schulforscherinnen werden sie nun vollends verwischt. Diese Vernetzungen finden ihren sichtbaren Ausdruck in gemeinsamen Publikationen und Tagungen. (Vgl. z.B. die Veröffentlichungen der seit 1982 stattfindenden Fachtagungen **Frauen und Schule**. Zuletzt: Luca u.a. 1992. Vgl. auch die Tagungen zum **Ertrag der Frauenforschung für die LehrerInnenbildung**, die seit 1991 stattfinden: Glumpler 1992).

Zwar sind, wie gesagt, die Berührungsängste zwischen den Wissenschaftlerinnen der benachbarten Disziplinen inzwischen überwunden, jedoch hat die **mainstream**-Soziologie der Bildung und Erziehung bisher noch überhaupt keine Notiz genommen von den zahlreichen Untersuchungen und Publikationen, die in den letzten Jahren in der Frauenbildungsforschung erschienen sind. Als Beispiel sei die **Leseliste 1993** der **Deutschen Gesellschaft für Soziologie** angeführt, in der unter den von der bildungssoziologischen Sektion in offiziellem Auftrag ausgewählten 45 Titeln kein einziger aus dem Umfeld der frauenspezifischen Schulforschung stammt.

Differenz von Frauenforschung und frauenspezifischer Bildungsforschung

Mit anderen Worten, es besteht eine Trennung zwischen der schul- und hochschulbezogenen Frauenforschung, in der Geschlecht als Strukturkategorie im

Bildungswesen angesehen wird, und der in der **Deutschen Gesellschaft für Soziologie** etablierten **Sektion Soziologie der Bildung und Erziehung.** In einem ersten Schritt müßten also zunächst einmal die Erkenntnisse der Frauenbildungsforschung — und somit, wie erwähnt, die Existenz von Geschlechterverhältnissen in Bildungsprozessen — von der herkömmlichen Bildungssoziologie überhaupt zur Kenntnis genommen werden. Jedoch auch die kürzlich erschienene Einführung in die sozialwissenschaftliche Frauenforschung anhand ausgewählter Bindestrich-Soziologien **Feministische Soziologie** (Brück u.a. 1992: 183ff.) berücksichtigt die **mainstream**-Bildungssoziologie kaum und verfestigt somit die bestehende Trennung.

Erkenntnisinteresse der Frauenbildungsforschung

Das erkenntnisleitende Interesse der Frauenbildungsforscherinnen im neu erwachten Diskurs um Chancengleichheit zwischen Mädchen und Jungen in der Schule orientiert sich an der verfassungsmäßig garantierten Gleichheit der Bildungs- und Ausbildungschancen, so wie es das Plädoyer für „Bildung als Bürgerrecht" in den Anfängen der Bildungssoziologie auch getan hatte. Jetzt jedoch werden zusätzlich zu „äußeren" Schulreformen — zu denen solche strukturellen Veränderungen gehören, wie größere Durchlässigkeit im selektiven dreigliedrigen Schulsystem durch Schaffung von Gesamtschulen und von Einrichtungen des Zweiten Bildungswegs sowie Öffnung der Jungenschulen für Mädchen (Koedukation) — auch Forderungen nach „innerer" Schulreform (wieder) laut bzw. sie werden in den Mittelpunkt der Kritik gestellt. (Auch in den Hoch-Zeiten der Bildungsreformdiskussion hatte es bereits Hinweise auf die Notwendigkeit von schulinternen Änderungen gegeben; vgl. etwa Robinsohn 1967: „Bildungsreform als Revision des Curriculum".) All diese Ansätze und Reformforderungen wurden seinerzeit jedoch geschlechtsneutral behandelt. Dort, wo in Untersuchungen nach der Kategorie „Geschlecht" differenziert wurde, geschah das auf einer deskriptiven Ebene — analog wie z.B. der des Alters —, nicht jedoch wurde Geschlecht als Strukturkategorie behandelt, hinter der es die historisch und gesellschaftlich gewachsenen Strukturen und Ungleichheiten mit ihren normativen Zumutungen aufzudecken gilt.

Quantitative Aufhebung der Bildungsbenachteiligung von Mädchen

Heute, nach einem Zeitraum von etwa 20 bis 25 Jahren koedukativer Schule ist die quantitative Benachteiligung von Mädchen im Allgemeinbildenden Schulsystem nicht mehr existent. Insofern läßt sich die Transformation von einem getrennt-geschlechtlichen Schulsystem zu einem koedukativen, die, wie angemerkt, ohne großes Aufsehen passierte, mit Recht als eine der „erfolgreichsten Maßnahmen der Bildungsreform der letzten Jahrzehnte" bezeichnen (Kauermann-Walter u.a. 1988: 157).

1987 erwarben 22,1 % der Mädchen und 21,8 % der Jungen das Abitur; der Anteil weiblicher Studienberechtigter an der gleichaltrigen Bevölkerung beträgt im selben Jahr 27,9 % gegenüber 29,0 % der Männer. Nur beim Erwerb der Fachhochschulreife sind Frauen nach wie vor etwas unterrepräsentiert, nämlich 5,8 % : 8 % (Kahle/Schaeper 1991: 13, 404f.).

Ausmaß der Bildungsexpansion

Im übrigen läßt sich das Ausmaß der Bildungsexpansion, die sich auch in den 70er Jahren fortsetzte, und der dadurch gestiegenen Bildungsbeteiligung nur im Vergleich zu früheren Jahren ermessen: 1965 erwarben erst knapp 8 % eines Jahrgangs die Hochschulreife, 1970 waren es über 10 % und 1987 sind es fast 30 % (Max-Planck-

Institut 1979: 59, 60). Allerdings gibt es nach wie vor erhebliche Unterschiede zwischen den Bundesländern: Bayern bildet mit 22 % das Schlußlicht und der Stadtstaat Hamburg ist mit fast 48 % der große Vorreiter, auch noch vor dem nächst erfolgreichen Stadtstaat Bremen (37 %). In allen Bundesländern ist der Anteil der weiblichen Studienberechtigten entweder fast gleich wie der der männlichen (in den Stadtstaaten) oder wie in einigen Flächenstaaten zwischen 2 bis 5 Prozentpunkte niedriger (Kahle / Schaeper 1991: 404f.).

Der Anteil der Studentinnen unter den deutschen Studierenden ist von 25 % im Jahre 1960 über 26 % 1970 auf 37 % 1980 und auf 38,5 % im Jahre 1989 / 90 angestiegen (Statistische Jahrbücher für die Bundesrepublik).

Die angestiegene Bildungsbeteiligung der Mädchen und jungen Frauen hat, wie erwähnt, jedoch nicht zu der erhofften qualitativ-inhaltlichen Chancengleichheit geführt. Das kann aufgrund zahlreicher empirischer Befunde als gesichert gelten.

Keine qualitativ-inhaltliche Chancengleichheit

Der **6. Jugendbericht** zur **Verbesserung der Chancengleichheit von Mädchen in der Bundesrepublik Deutschland** (1984) mit seinen seit 1984 / 85 unter dem Reihentitel **Alltag und Biographie von Mädchen** in sechzehn Bänden erschienenen Expertisen war einflußreich für die Verbreitung des Bewußtseins der immer noch fortbestehenden geschlechtsspezifischen Benachteiligungen. (Vgl. in unserem Zusammenhang insbes. Hurrelmann u.a. 1986.)

Aus der Fülle der hierzu weiterhin erschienenen Publikationen seien nur die folgenden Übersichtsdarstellungen genannt: Colloquium zu Fragen der Frauenforschung 1988; Faulstich-Wieland 1991; Stalmann 1991; Kreienbaum / Metz-Göckel 1992.

Es ist das Verdienst der Schulforscherinnen, die alte Debatte um die Chancengleichheit, die, wie gesagt, in den 60er und 70er Jahren unter der Perspektive der sozialen Schichtzugehörigkeit geführt wurde, in den 80er Jahren unter der Perspektive der Geschlechtszugehörigkeit wieder neu aufflammen zu lassen. Die Kritik entzündete sich zunächst an der sogenannten Technikdistanz von Mädchen. Seitdem im Zusammenhang mit der Reform der Oberstufe eine Fächerwahl möglich geworden war, hatte sich im naturwissenschaftlich-technischen Bereich — mit der Ausnahme des Faches Biologie — ein sogenannter **gender-gap** herausdestilliert: Bei der Wahl der Leistungskurse wählen die Mädchen im Vergleich zu den Jungen die weit weniger zukunftsträchtigen Fächer. Außerdem sind in den ‚harten' naturwissenschaftlichen Fächern die Leistungsunterschiede zwischen den Geschlechtern am ausgeprägtesten.

Gender-gap

Inzwischen ist es zum Alltagswissen geworden, daß die fast gleiche Bildungsbeteiligung von Mädchen kein ausreichender Indikator für Chancengleichheit zwischen den Geschlechtern ist. Denn es besteht eine Diskrepanz zwischen den formal gleichen Bildungsabschlüssen von Jungen und Mädchen einerseits und ihrer ungleichen Verteilung in der beruflichen Hierarchie andererseits. Mit dieser Diskrepanz haben sich in den letzten Jahren viele Untersuchungen befaßt:

Diskrepanz von Bildungs- und Berufsabschlüssen

„Besser gebildet — und doch nicht gleich!" (Rabe-Kleberg 1990);

„Erfolgreich in der Schule, diskriminiert im Beruf: Geschlechtsspezifische Ungleichheiten bei der Berufseinmündung" (Faulstich-Wieland u.a. 1984);

„Bildungsvorsprung und berufliche Benachteiligung von Frauen — ein Widerspruch" (Stiefel 1990).

Erklärungen für die immer noch vorhandenen Geschlechterdifferenzen in Ausbildung und Beruf fallen in einen vielschichtigen Komplex von Bedingungs-

Erklärungsgründe

konstellationen: Neben schulstrukturellen Faktoren, die im Zusammenhang mit der Koedukationsdebatte aufgeführt werden, gibt es curricular und interaktionell bestimmte Benachteiligungen durch Bildungsinhalte und Bildungsvermittlung, also aufgrund der Unterrichtsmaterialien und der sozialen Interaktionen und Beziehungsstrukturen im Unterricht und in der Schule. Angesichts der Forschungslage — und das schließt die anglo-amerikanische mit ein (vgl. Sommerkorn 1992) — läßt sich konstatieren, daß Mädchen im Laufe ihres schulischen Sozialisationsprozesses zu einem größeren Ausmaß als Jungen ihr Selbstbewußtsein und ihr Vertrauen in ihre Lernfähigkeit, insbesondere in den naturwissenschaftlich-technischen Fächern verlieren (vgl. u.a. Horstkemper 1987; Sommerkorn 1988; Enders-Dragässer / Fuchs 1989; Kreienbaum 1992).

„Heimlicher Lehrplan" als Barriere

Die Geschlechterdiskriminierung läßt sich also nicht mehr unbedingt an den institutionellen Strukturen festmachen, sondern sie ist auf der Ebene der sozialen Interaktionen zwischen den Geschlechtern zu suchen: Der **heimliche Lehrplan** als Bildungsbarriere. Es genügt somit nicht, in bildungssoziologischen Untersuchungen über schulische Sozialisation die expliziten Bildungsziele und die manifesten, bewußt veranstalteten Prozesse im Unterricht und im Klassenzimmer zu erforschen, sondern auch die scheinbar geschlechtsneutrale Fassade der offiziellen Bildungsangebote und der Beziehungsstrukturen zwischen Lehrern und Lehrerinnen und Schülern und Schülerinnen einerseits sowie zwischen den Jungen und Mädchen im Schulalltag andererseits muß im Hinblick auf latente und versteckte, unbeabsichtigte und unerkannte Mechanismen hinterfragt werden. Es gilt also, den **gender bias** im Schulalltag aufzuspüren.

Nur dann können Prozesse von geschlechtsspezifischen Zurücksetzungen, Mißachtungen, Verletzungen als solche erkannt und kann ihnen begegnet werden. Mit anderen Worten, die zentrale Bedeutung, die solchen geschlechtsdiskriminierenden Erfahrungen bei der Entwicklung von Bewertungsprozessen der eigenen Person zukommt, sollte allen an Erziehungsprozessen beteiligten Personen bekannt und auch bewußt sein. Solange allerdings eine so verstandene Geschlechter- und Bildungssoziologie, in der es nicht mehr um kompensatorische Erziehung im Sinn eines Ausgleichens von angeblichen Defiziten geht, sondern um das Erkennen und Anerkennen von Differenzen in der Gleichheit, noch nicht zum Aus- und Fortbildungsbestandteil von Pädagogen und Pädagoginnen gehört, solange wird die Einlösung von Chancengleichheit in Schule, Hochschule und Gesellschaft Programm bleiben.

Informationsteil

1. Bibliographie

Abrahams, Fred / Sommerkorn, Ingrid N. 1976: Arbeitswelt, Familienstruktur und Sozialisation. In: K. Hurrelmann, Hg.: Sozialisationsforschung und Lebenslauf. Reinbek: Rowohlt, S. 70-89.

Anger, Hans 1960: Probleme der deutschen Universität. Tübingen: Mohr.

Bargel, Tino / Framheim-Peisert, Gerhild / Sandberger, Johann-Ulrich 1989: Studienerfahrungen und studentische Orientierungen in den 80er Jahren. Trends und Stabilitäten: Drei Erhebungen an Universitäten und Fachhochschulen 1983, 1985 und 1987. Schriftenreihe: Bundesministerium für Bildung und Wissenschaft. Bad Honnef: Bock.

Barth, Paul ²1904: Artikel „Erziehung und Gesellschaft". In: W. Rein, Hg.: Encyklopädisches Handbuch der Pädagogik, Bd. 2. Langensalza: H. Beyer & Söhne, S. 586-599.

Barth, Paul ²1908: Artikel „Soziologie und Pädagogik". In: W. Rein, Hg.: Encyklopädisches Handbuch der Pädagogik, Bd. 8. Langensalza: H. Beyer & Söhne, S. 682-691.

Barth, Paul 1911: Die Geschichte der Erziehung in soziologischer und geistesgeschichtlicher Beleuchtung. Leipzig: O.R. Reisland (1925: 5. und 6. wiederum durchgesehene Auflage).

Becker, Hellmut 1962: Quantität und Qualität: Grundfragen zur Bildungspolitik. Freiburg: Rombach.

Becker, Hellmut 1966: Bildungsforschung, Bildungsplanung, Bildungspolitik. In: Die neue Gesellschaft, Heft 6, S. 457-464.

Becker, Hellmut / Hager, Frithjof 1992: Aufklärung als Beruf: Gespräche über Bildung und Politik. München / Zürich: Piper.

Bernsdorf, Wilhelm / Bülow, Friedrich, Hg. 1955: Wörterbuch der Soziologie. Stuttgart: Enke, vgl. Stichwort „Pädagogische Soziologie", S. 360-374.

Bildung — Die Grundlage unserer Zukunft. (13 Vorträge aufgrund einer Vorlesungsreihe im Süddeutschen Rundfunk: „Bildung — wozu?"). München: Piper, 1968.

Bock, Ulla / Braszeit, Anne / Schmerl, Christiane, Hg. 1983: Frauen an den Universitäten: Zur Situation von Studentinnen und Hochschullehrerinnen in der männlichen Wissenschaftshierarchie. Frankfurt / Main: Campus.

Böttcher, Wolfgang 1985: Ungleichheit im Bildungswesen: Ein Plädoyer für eine schichtspezifische und handlungstheoretisch orientierte Soziologie der Erziehung. Bochum: Ulrich Schallwig.

Borris, Maria 1972: Die Benachteiligung der Mädchen in Schulen der Bundesrepublik und Westberlin. Frankfurt / M.: Europäische Verlagsanstalt.

Bourdieu, Pierre 1983: Ökonomisches Kapital, kulturelles Kapital, soziales Kapital. In: R. Kreckel, Hg.: Soziale Ungleichheiten. Sonderband 2 der Sozialen Welt, S. 183-198.

Brehmer, Ilse, Hg., 1982: Sexismus in der Schule. Der heimliche Lehrplan der Frauendiskriminierung. Weinheim und Basel: Beltz.

Brehmer, Ilse / Enders-Dragässer, Uta 1984: Die Schule lebt — Frauen bewegen die Schule: Dokumentation der 1. Fachtagung in Gießen 1982 und der 2. Fachtagung in Bielefeld 1983 Frauen und Schule. München: Deutsches Jugendinstitut.

Brookover, Wilbur B. 1959: Entwicklungstendenzen in der Soziologie der Erziehung. In: P. Heintz, Hg.: Soziologie der Schule. Sonderheft 4 der Kölner Zeitschrift für Soziologie und Sozialpsychologie. Köln und Opladen: Westdeutscher Verlag, S. 173-200.

Brück, Brigitte / Kahlert, Heike / Krüll, Marianne / Milz, Helga / Osterland, Astrid / Wegehaupt-Schneider, Ingeborg 1992: Feministische Soziologie: Eine Einführung. Frankfurt / M.: Campus.

Caesar, Beatrix 1972. Autorität in der Familie: Ein Beitrag zum Problem schichtenspezifischer Sozialisation. Reinbek: Rowohlt.

Clemens, Bärbel / Metz-Göckel, Sigrid / Neusel, Aylâ / Port, Barbara, Hg. 1986: Töchter der Alma Mater: Frauen in der Berufs- und Hochschulforschung. Frankfurt / M.: Campus.

Colloquium zu Fragen der Frauenforschung am IZHD, Hg., 1988: Beeinflußt die Schule das Technik(des)interesse von Mädchen und Frauen? Universität Hamburg: IZHD.

Dahrendorf, Ralf 1965a: Arbeiterkinder an deutschen Universitäten. Tübingen. Zuerst veröffentlicht in: Die ZEIT, Nr. 25 und 26, 19. und 26. Juni 1964 „Arbeiterkinder an unseren Universitäten“.

Dahrendorf, Ralf 1965b: Bildung ist Bürgerrecht. Plädoyer für eine aktive Bildungspolitik. Hamburg: ZEIT-Bücher.

Dann, Hanns-Dietrich / Cloetta, Bernhard / Müller-Fohrbrodt, Gisela / Helmreich, Reinhard 1978: Umweltbedingungen innovativer Kompetenz: Eine Längsschnittuntersuchung zur Sozialisation von Lehrern in Ausbildung und Beruf. Stuttgart: Klett-Cotta.

Durkheim, Emile 1972: Erziehung und Soziologie. Düsseldorf: Schwann (Original: Éducation et Sociologie, Paris 1922, posthume Publikation).

Durkheim, Emile 1977: Die Entwicklung der Pädagogik: Zur Geschichte und Soziologie des gelehrten Unterrichts in Frankreich. Weinheim und Basel: Beltz (Original: L'Évolution pédagogique en France. 2 Bde, Paris 1938, posthume Publikation).

Edding, Friedrich 1963: Ökonomie des Bildungswesens: Lehren und Lernen als Haushalt und Investition. Freiburg.

Enders-Dragässer, Uta / Fuchs, Claudia 1989: Interaktionen der Geschlechter: Sexismusstrukturen in der Schule. Weinheim und München: Juventa.

Engler, Steffani 1993: Fachkultur, Geschlecht und soziale Reproduktion. Eine Untersuchung über Studentinnen und Studenten der Erziehungswissenschaft, Rechtswissenschaft, Elektronik und des Maschinenbaus. Weinheim: Deutscher Studienverlag.

Erlinghagen, Karl 1965: Katholisches Bildungsdefizit in Deutschland. Freiburg.

Faulstich-Wieland, Hannelore 1991: Koedukation — Enttäuschte Hoffnungen? Darmstadt: Wissenschaftliche Buchgesellschaft.
Faulstich-Wieland, Hannelore / Horstkemper, Marianne / Tillmann, Klaus-J. / Weißbach, Barbara 1984: Erfolgreich in der Schule, diskriminiert im Beruf: Geschlechtsspezifische Ungleichheiten bei der Berufseinmündung. In: H.-G. Rolff u.a., Hg.: Jahrbuch der Schulentwicklung, Bd. 3. Weinheim und Basel: Beltz, S. 117-143.
Fend, Helmut 1980: Theorie der Schule. München: Urban & Schwarzenberg.
Fischer, Aloys 1931: Artikel „Pädagogische Soziologie" und „Soziologische Pädagogik". In: A. Vierkandt, Hg.: Handwörterbuch der Soziologie. Stuttgart: Enke, S. 405-425 und S. 589-592.
Flaake, Karin 1989: Berufliche Orientierungen von Lehrerinnen und Lehrern. Frankfurt / M.: Campus.
Gahlings, Ilse / Moering, Elke 1961: Die Volksschullehrerin: Sozialgeschichte und Gegenwartslage. Heidelberg: Quelle & Meyer.
Gehlen, Arnold / Schelsky, Helmut 1955: Soziologie. Ein Lehr- und Handbuch zur modernen Gesellschaftskunde. Düsseldorf / Köln: Diederichs.
Geiger, Theodor 1930: Erziehung als Gegenstand der Soziologie. In: Die Erziehung. Monatsschrift für den Zusammenhang von Kultur und Erziehung in Wissenschaft und Leben, 5. Jg., Heft 7, S. 405-427 (auch abgedruckt in: K. Hurrelmann 1974, a.a.O., S. 85-105).
Gerstein, Hannelore 1965: Studierende Mädchen: Zum Problem des vorzeitigen Abgangs von der Universität. München: Piper.
Geulen, Dieter 1991: Die historische Entwicklung sozialisationstheoretischer Ansätze. In: K. Hurrelmann, D. Ulich, Hg.a.a.O., S. 21-54.
Glumpler, Edith, Hg. 1992: Mädchenbildung — Frauenbildung: Beiträge der Frauenforschung für die LehrerInnenbildung. Bad Heilbrunn: Klinkhardt.
Goldschmidt, Dietrich 1967: Bildungsplanung und Bildungsforschung. In: Festschrift für Otto Brenner, hrsg. v. P. v. Oertzen. Frankfurt / M.: Europäische Verlagsanstalt, S. 447-463.
Goldschmidt, Dietrich / Händle, Christa 1969: Der Wandel der Pädagogik in der Auseinandersetzung mit der Soziologie. In: Erziehungswissenschaft als Gesellschaftswissenschaft. Heidelberg: Quelle & Meyer, S. 9-44.
Goldschmidt, Dietrich / Sommerkorn, Ingrid N. 1970: Deprivation and Disadvantage: Federal Republic of Germany. In: A.H. Passow, Hg.: Deprivation and Disadvantage: Nature and Manifestations. Hamburg: UNESCO Institute for Education, S. 119-169.
Goldschmidt, Dietrich u.a. 1974: Gutachten und Materialien zur Fachhochschule. Deutscher Bildungsrat: Gutachten und Studien der Bildungskommission, Bd. 10. Stuttgart: Klett.
Goldschmidt, Dietrich / Schöfthaler, Traugott 1979: Die Soziologie in Wechselwirkung mit Bildungssystem, Bildungspolitik und Erziehungswissenschaft. In: G. Lüschen, Hg.: Deutsche Soziologie seit 1945. Sonderheft 21 der Kölner Zeitschrift für Soziologie und Sozialpsychologie. Köln / Opladen: Westdeutscher Verlag, S. 294-309 (wieder abgedruckt in: Goldschmidt, a.a.O., 1991).

Grimm, Susanne 1966: Die Bildungsabstinenz der Arbeiter. München: J.A. Barth.

Haase, K. 1932: Soziologie und Pädagogik. In: J. Spieler, Hg.: Lexikon der Pädagogik der Gegenwart, Bd. 2. Freiburg: Herder, S. 986-991.

Habermas, Jürgen 1959: Konservativer Geist — und die modernistischen Folgen: Zum Reformplan für die deutsche Schule. In: Der Monat, H. 133, S. 41-50.

Habermas, Jürgen 1961: Pädagogischer ‚Optimismus' vor Gericht einer pessimistischen Anthropologie: Schelskys Bedenken zur Schulreform. In: Neue Sammlung, 1. Jg., Heft 2, S. 251-278.

Hartung, Dirk / Nuthmann, Reinhard / Teichler, Ulrich 1978: Bildungssystem und Beschäftigungssystem: Zum Verhältnis von Bildungssoziologie und gesellschaftlicher Entwicklung. In: K.M. Bolte, a.a.O., S. 299-347.

Heintz, Peter, Hg. 1959: Soziologie der Schule. Sonderheft 4 der Kölner Zeitschrift für Soziologie und Sozialpsychologie. Köln / Opladen: Westdeutscher Verlag.

Hess, Franz / Latscha, Fritz / Schneider, Willi 1966: Die Ungleichheit der Bildungschancen: Soziale Schranken im Zugang zur höheren Schule. Olten: Walter Verlag.

Horkheimer, Max 1985: Begriff der Bildung. In: ders., Gesammelte Schriften Bd. 8: Vorträge und Aufzeichnungen 1949-1973, hrsg. v. G. Schmid Noerr. Frankfurt / M.: Fischer, S. 409-419.

Horstkemper, Marianne 1987: Schule, Geschlecht und Selbstvertrauen. Weinheim und München: Juventa.

Hurrelmann, Klaus, Hg. 1974: Soziologie der Erziehung. Weinheim und Basel: Beltz.

Hurrelmann, Klaus / Rodax, Claus / Spitz, Norbert / Naundorf, Gabriele / Wildt, Carola / Rabe-Kleberg, Ursula 1986: Koedukation — Jungenschule auch für Mädchen? Alltag und Biographie von Mädchen, Bd. 14. Opladen: Leske und Budrich.

Kahle, Irene / Schaeper, Hildegard 1991: Bildungswege von Frauen vom Abitur bis zum Berufseintritt. Hrsg. von der HIS Hochschul-Informations-System GmbH, Hannover.

Kauermann-Walter, Jacqueline / Kreienbaum, Maria Anna / Metz-Göckel, Sigrid 1988: Formale Gleichheit und diskrete Diskriminierung: Forschungsergebnisse zur Koedukation. In: H.-G. Rolff u.a., Hg.: Jahrbuch der Schulentwicklung, Bd. 5. Weinheim und München: Juventa, S. 157-188.

Kawerau, Georg Siegfried 1921: Soziologische Pädagogik. Leipzig: Quelle & Meyer.

König, René, Hg. 1958: Fischer Lexikon Soziologie. Frankfurt / Main: Fischer.

Kob, Janpeter 1958: Das soziale Berufsbewußtsein des Lehrers der höheren Schule: Eine soziologische Leitstudie. Würzburg.

Kob, Janpeter 1959: Die Rollenproblematik des Lehrerberufes. In: P. Heintz, Hg., a.a.O., S. 91-107.

Köhler, Helmut 1992: Bildungsbeteiligung und Sozialstruktur in der Bundesrepublik: Zu Stabilität und Wandel der Ungleichheit von Bildungschancen. Berlin: Max-Planck-Institut für Bildungsforschung.

Kreienbaum, Maria Anna 1992: Erfahrungsfeld Schule: Koedukation als Kristallisationspunkt. Weinheim: Deutscher Studienverlag.

Kreienbaum, Maria Anna / Metz-Göckel, Sigrid 1992: Koedukation und Technikkompetenz von Mädchen: Der heimliche Lehrplan der Geschlechtererziehung und wie man ihn ändert. München: Juventa.

Kuhlmann, Caspar 1972: Lernen und Verwalten: Zusammenhänge von Bildungsreform und Bildungsverwaltung, dargestellt am Strukturplan des Deutschen Bildungsrates. Stuttgart: Klett.

Lemberg, Eugen 1958: Aufgaben einer Soziologie des Bildungswesens. In: Pädagogische Forschung und pädagogische Praxis. Veröffentlichungen der Hochschule für Internationale Pädagogische Forschung, Bd. 1. Heidelberg: Quelle & Meyer, S. 58-98.

Lemberg, Eugen 1963: Von der Erziehungswissenschaft zur Bildungsforschung: Das Bildungswesen als gesellschaftliche Institution. In: Eugen Lemberg, Hg.: Das Bildungswesen als Gegenstand der Forschung. Heidelberg: Quelle & Meyer, S. 21-100.

Lempert, Wolfgang 1963: Pädagogik und Soziologie: Ein Versuch, das Kreuzfeuer der Kritik zu kritisieren. In: Kölner Zeitschrift für Soziologie und Sozialpsychologie 15, S. 257-269.

Lochner, Rudolf 1927: Deskriptive Pädagogik: Umrisse einer Darstellung der Tatsachen und Gesetze der Erziehung vom soziologischen Standpunkt. Reichenberg: Stiepel.

Luca, Renate / Kahlert, Heike / Müller-Balhorn, Sigrid, Hg. 1992: Frauen bilden — Zukunft planen: Dokumentation des 8. Frauenkongresses Frauen und Schule. Bielefeld: Kleine Verlag.

Luchtenberg, Paul 1925: Soziologie und Pädagogik — Grundsätzliche Bemerkungen zur vergleichenden Wissenschaftslehre. In: Kölner Vierteljahreshefte für Soziologie, 4. Jg., Heft 3/4, S. 188-214.

Luchtenberg, Paul 1931: Soziologie und Pädagogik. In: H. Schwarz, Hg.: Pädagogisches Lexikon, 4. Bd. Bielefeld und Leipzig: Velhagen und Klasing, S. 651-664.

Mangold, Werner 1978: Zur Entwicklung der Bildungssoziologie in der Bundesrepublik. In: K.-M. Bolte, a.a.O., S. 209-265.

Mannheim, Karl / Stewart, W.A.C. 1973: Einführung in die Soziologie der Erziehung. Düsseldorf: Schwann (englische Originalausgabe posthum 1972).

Max-Planck-Institut für Bildungsforschung 1979: Das Bildungswesen in der Bundesrepublik Deutschland: Ein Überblick für Eltern, Lehrer, Schüler. Reinbek bei Hamburg: Rowohlt.

Meulemann, Heiner 1985: Bildung und Lebensplanung: Die Sozialbeziehung zwischen Elternhaus und Schule. Frankfurt / M.: Campus.

Meulemann, Heiner 1990: Schullaufbahnen, Ausbildungsbarrieren und die Folgen im Lebensverlauf: Der Beitrag der Lebenslaufforschung zur Bildungssoziologie. In: Sonderheft 31 der Kölner Zeitschrift für Soziologie und Sozialpsychologie, hrsg. v. K.U. Mayer: Lebensverläufe und sozialer Wandel. Opladen: Westdeutscher Verlag, S. 89-117.

Nave-Herz, Rosemarie 1971: Soziologie der Schule und des Lehrers. In: Erziehungswissenschaftliches Handbuch, hrsg. von Th. Ellwein u.a., 3. Bd., 2. Teil. Berlin: Rembrandt Verlag, S. 353-389.

Nave-Herz, Rosemarie 1977: Die Rolle des Lehrers. Neuwied und Darmstadt: Luchterhand.

Nave-Herz, Rosemarie 1978: Das Angebot weiblicher Identifikationsmodelle in Lesebüchern: Eine quantitative und qualitative Inhaltsanalyse. In: Materialien zur Politischen Bildung 4. Quartal 4, S. 93-99.

Nave-Herz, Rosemarie 1992: Exkurs: Zur Wirkung des Deutschunterrichts und von Unterrichtsmaterialien auf die geschlechtsspezifische Sozialisation und Möglichkeiten der Veränderung. In: R. Nave-Herz: Frauen zwischen Tradition und Moderne. Bielefeld: Kleine Verlag, S. 160-166.

Onnen-Isemann / Corinna, Oßwald, Ursula 1992: Aufstiegsbarrieren für Frauen im Universitätsbereich. Schriftenreihe: Bundesministerium für Bildung und Wissenschaft. Bad Honnef: Bock.

Ortmann, Hedwig 1971: Arbeiterfamilie und sozialer Aufstieg. München: Juventa.

Parsons, Talcott 1959: The School Class as a Social System. In: Harvard Educational Review 29 (deutsch in: T. Parsons 1979: Sozialstruktur und Persönlichkeit. Frankfurt / Main, S. 161-193).

Peisert, Hansgert 1967: Soziale Lage und Bildungschancen in Deutschland. München: Piper.

Peisert, Hansgert / Dahrendorf, Ralf, Hg. 1967: Der vorzeitige Abgang vom Gymnasium: Studien und Materialien zum Schulerfolg an den Gymnasien in Baden-Württemberg. Villingen: Neckar-Verlag (Kultusministerium Baden-Württemberg, Schriftenreihe Bildung in neuer Sicht, Nr. 6).

Picht, Georg 1965: Die deutsche Bildungskatastrophe. München: dtv (zuerst veröffentlicht als Artikelserie in: Christ und Welt, Nr. 5-8, 31.1.-21.2.1964).

Plake, Klaus, Hg. 1987: Klassiker der Erziehungssoziologie. Düsseldorf: Schwann.

Plessner, Helmuth, Hg. 1956: Untersuchungen zur Lage der deutschen Hochschullehrer. 3 Bde, Göttingen.

Preuß, Otmar 1970: Soziale Herkunft und die Ungleichheit der Bildungschancen. Weinheim und Basel: Beltz.

Pross, Helge 1969: Über die Bildungschancen von Mädchen in der Bundesrepublik. Frankfurt / Main: Suhrkamp.

Rabe-Kleberg, Ursula, Hg. 1990: Besser gebildet und doch nicht gleich! Frauen und Bildung in der Arbeitsgesellschaft. Bielefeld: Kleine.

Robinsohn, Saul B. 1967: Bildungsreform als Revision des Curriculum. Neuwied.

Rodax, Klaus 1991: Theodor Geiger, Soziologie der Erziehung: Braunschweiger Schriften 1929-1933. Berlin: Duncker & Humblot.

Roeder, Peter M. 1964: Soziologie der Erziehung. In: Fischer Lexikon Pädagogik, hrsg. v. H.-H. Groothoff. Frankfurt / M.: Fischer, S. 314-323.

Rolff, Hans-G. 1967: Sozialisation und Auslese durch die Schule. Heidelberg: Quelle & Meyer ^{9}1980.

Roth, Heinrich, Hg. 1969: Begabung und Lernen: Ergebnisse und Folgerungen neuer Forschungen. Deutscher Bildungsrat, Gutachten und Studien der Bildungskommission, Bd. 4. Stuttgart: Klett.

Sachverständigenkommission 6. Jugendbericht: Verbesserung der Chancengleichheit von Mädchen in der Bundesrepublik. Bonn: Bundestags-Drucksache 10/1007, 1984 (auch erschienen als: Bericht der Kommission. Reihe: Alltag und Biographie von Mädchen, Bd. 16. Opladen: Leske und Budrich 1988).

Schäfers, Bernhard 1975: Inhaltliche und institutionelle Wandlungen der Soziologie in der Lehrerausbildung. In: Soziale Welt, 26. Jg., 1, S. 76-91.

Schelsky, Helmut 1957: Schule und Erziehung in der industriellen Gesellschaft. Würzburg: Werkbund Verlag.

Schröder, Hugo 1928: Soziologie der Volksschulklasse: Vom Gemeinschaftsleben der Volksschulkinder. Halle a.d.S.: Niemeyer.

Schultz, Dagmar 1991: Das Geschlecht läuft immer mit: Die Arbeitswelt von Professorinnen und Professoren. Pfaffenweiler: Centaurus.

Silbermann, Alphons/Krüger, K.M. 1971: Abseits der Wirklichkeit: Eine soziologische Untersuchung zum Frauenbild in deutschen Lesebüchern. Köln.

Sollwedel, Inge 1967, 1968, 1971: Das Mädchen und Frauenbild in Lesebüchern der verschiedenen Schularten. In: Informationen für die Frau, Nr. 11/12 (1967), Nr. 3 (1968), Nr. 3 (1971).

Sommerkorn, Ingrid N. 1969a: Kompensatorische Erziehung — Ein Versuch der Integration unterprivilegierter sozialer Gruppen in das amerikanische Erziehungssystem. In: Die Deutsche Schule, Jg. 61, H. 11, S. 708-722.

Sommerkorn, Ingrid N. 1969b: Studien- und Berufsaussichten von Abiturientinnen. In: Neue Sammlung, 9. Jg., 1, S. 65-80.

Sommerkorn, Ingrid N., Hg., 1981a: Beruflich-soziale Lebensperspektiven von Jugendlichen: Analysen ausgewählter Aspekte. München: DJI-Verlag.

Sommerkorn, Ingrid N. 1981b: Frauen als Lehrende und Lernende an der Hochschule. In: I.N. Sommerkorn, Hg.: Identität und Hochschule. Hamburg: Blickpunkt Hochschuldidaktik 64, S. 74-106.

Sommerkorn, Ingrid N. 1988: Zur Einführung: Beeinflußt die Schule das Technik(des)interesse von Mädchen und Frauen? In: Colloquium zu Fragen der Frauenforschung, a.a.O., S. 7-14.

Sommerkorn, Ingrid N. 1992: Buchbesprechung: How Schools Shortchange Girls. In: Zeitschrift für Sozialisationsforschung und Erziehungssoziologie, 12. Jg., Heft 3, S. 272-275.

Sozialisation und Kompensatorische Erziehung 1969: Ein soziologisches Seminar an der Freien Universität als hochschuldidaktisches Experiment — Sommersemester 1968 und Wintersemester 1968/69. Berlin: Autorenkollektiv.

Spender, Dale 1985: Frauen kommen nicht vor: Sexismus im Bildungswesen. Frankfurt/M.: Fischer.

Stalmann, Franziska 1991: Die Schule macht die Mädchen dumm: Die Probleme mit der Koedukation. München: Piper.

Stiefel, Elisabeth 1990: Bildungsvorsprung und berufliche Benachteiligung von Frauen — ein Widerspruch. In: Informationen für die Frau, Heft 4, S. 7-12.

Thumm, Eckart 1972: Einstellungen der Eltern zur Rolle der Frau und die Schullaufbahn der Töchter. München: Deutsches Jugendinstitut — Forschungsbericht.

Ward, Lester F. 1906: Applied Sociology. Boston: Ginn & Co.
Weiß, Carl 1929: Pädagogische Soziologie. Leipzig: Julius Klinkhardt.
Zapf, Wolfgang 1991: 25 Jahre bildungssoziologische Forschung in Konstanz. In: Soziologie. Mitteilungsblatt der Deutschen Gesellschaft für Soziologie, Heft 2, S. 232-253.
Zinnecker, Jürgen 1972: Emanzipation der Frau und Schulausbildung: Zur schulischen Sozialisation und gesellschaftlichen Position der Frau. Weinheim und Basel: Beltz.

2. Literatur zur Einführung und Vertiefung

Bolte, Karl Martin, Hg. 1978: Materialien aus der soziologischen Forschung. Verhandlungen des 18. Deutschen Soziologentages 1976 in Bielefeld. Darmstadt: Druck- und Verlagsgesellschaft (Themenbereich Bildung, S. 205-639).
Bourdieu, Pierre / Passeron, Jean-Claude 1971: Die Illusion der Chancengleichheit. Untersuchungen zur Soziologie des Bildungswesens am Beispiel Frankreichs. Stuttgart: Klett.
Büchner, Peter 1985: Einführung in die Soziologie des Erziehungs- und Bildungswesens. Darmstadt: Wissenschaftliche Buchgesellschaft.
Deutscher Bildungsrat 1975: Bildungsforschung: Probleme — Perspektiven — Prioritäten. Im Auftrag der Bildungskommission hrsg. von H. Roth und D. Friedrich. Gutachten und Studien der Bildungskommission, Bde. 50 und 51. Stuttgart: Klett.
Friedeburg, Ludwig von 1989: Bildungsreform in Deutschland: Geschichte und gesellschaftlicher Widerspruch. Frankfurt / M.: Suhrkamp.
Gerstenmaier, Jochen, Hamburger, Franz 1978: Erziehungssoziologie. Opladen: Westdeutscher Verlag.
Götz, Bernd / Kaltschmid, Jochen, Hg. 1977: Erziehungswissenschaft und Soziologie. Darmstadt: Wissenschaftliche Buchgesellschaft.
Goldschmidt, Dietrich 1991: Die gesellschaftliche Herausforderung der Universität. Weinheim: Deutscher Studienverlag.
Goldschmidt, Dietrich / Teichler, Ulrich / Webler, Wolf-Dietrich, Hg. 1984: Forschungsgegenstand Hochschule: Überblick und Trendbericht. Frankfurt / M.: Campus.
Grimm, Susanne 1987: Soziologie der Bildung und Erziehung: Eine Einführung und kritische Bilanz. München: Ehrenwirth.
Gross, Eberhard: Einführung in die Bildungssoziologie, 2 Bde. Bd. 1: Institution, Organisation, Familie, Vorschulerziehung (1975). Bd. 2: Zur Soziologie und Psychoanalyse der Schule (1979). Bad Heilbrunn: Klinkhardt.
Hartfiel, Günther 1973: Einführung in die Hauptprobleme der pädagogischen Soziologie. In: G. Hartfiel u. K. Holm, a.a.O., S. 9-61.
Hartfiel, Günther / Holm, Kurt, Hg. 1973: Bildung und Erziehung in der Industriegesellschaft. Pädagogische Soziologie in Problemübersichten und Forschungsberichten. Opladen: Westdeutscher Verlag.
Hennecka, Hans Peter 1980: Grundkurs Erziehungssoziologie. Soziologie und pädagogisches Handeln. Freiburg: Herder.
Huber, Ludwig, Hg. 1983: Ausbildung und Sozialisation in der Hochschule. Enzyklopädie Erziehungswissenschaft, Bd. 10. Stuttgart: Klett-Cotta.
Hurrelmann, Klaus 1986: Einführung in die Sozialisationstheorie: Über den Zusammenhang von Sozialstruktur und Persönlichkeit. Weinheim und Basel: Beltz.

Hurrelmann, Klaus / Ulich, Dieter, Hg. 1991: Neues Handbuch der Sozialisationsforschung. Weinheim und Basel: Beltz (4. völlig neubearb. Auflage).

Jencks, Christopher u.a. 1973: Chancengleichheit. (Original: Inequality. A Reassessment of the Effect of Family and Schooling in America.) Reinbek b. Hamburg: Rowohlt.

Kippert, Klaus, Hg. 1970: Einführung in die Soziologie der Erziehung. Freiburg: Herder (gekürzt ders. 1973: Soziologie für die Schule. Freiburg: Herder).

Kellermann, Paul 1977: Zur soziologischen Kritik gegenwärtiger Bildungspolitik. Eine Einführung in die gesellschaftspolitisch engagierte Bildungssoziologie. Klagenfurt: Kärntner Druck- und Verlagsgesellschaft.

Kob, Janpeter 1963: Erziehung in Elternhaus und Schule. Stuttgart: Enke.

Kob, Janpeter 1976: Soziologische Theorie der Erziehung. Stuttgart: Kohlhammer.

Lange, Elmar 1986: Soziologie des Erziehungswesens. Eine Einführung. Stuttgart: B.G. Teubner.

Max-Planck-Institut für Bildungsforschung, Projektgruppe Bildungsbericht, Hg. 1980: Bildung in der Bundesrepublik Deutschland: Daten und Analysen. Bd. 1 und 2. Reinbek bei Hamburg: Rowohlt.

Metz-Göckel, Sigrid / Nyssen, Elke 1990: Frauen leben Widersprüche. Weinheim und Basel: Beltz.

Oehler, Christoph / Webler, Wolff-Dietrich, Hg. 1988: Forschungspotentiale sozialwissenschaftlicher Hochschulforschung. Weinheim: Deutscher Studienverlag.

Preising, Wulf 1973: Soziologie der Erziehung. In: Fischer-Lexikon Pädagogik (Neubearbeitung), hrsg. von H.-H. Groothoff. Frankfurt / M.: Fischer, S. 300-309.

Röhrs, Hermann, Hg. 1971: Der Aufgabenkreis der Pädagogischen Soziologie. Frankfurt / M.: Akademische Verlagsgesellschaft.

Strzelewicz, Willy 1979: Bildungssoziologie. In: R. König, Hg.: Handbuch der empirischen Sozialforschung, Bd. 14: Religion. Bildung. Medizin. Stuttgart: dtv-Enke, S. 85-237.

Strzelewicz, Willy / Raapke, Hans-Dietrich / Schulenberg, Wolfgang 1973: Bildung und gesellschaftliches Bewußtsein. Stuttgart: Enke.

Tillmann, Klaus-Jürgen 1989: Sozialisationstheorien: Eine Einführung in den Zusammenhang von Gesellschaft, Institution und Subjektwerdung. Reinbek bei Hamburg: Rowohlt.

Weiß, Carl: Abriß der pädagogischen Soziologie, 2 Bde. Bd. 1: Allgemeine pädagogische Soziologie (1958). Bd. 2: Soziologie und Sozialpsychologie der Schulklasse (1955). Bad Heilbronn: Klinkhardt.

Wörterbuch der Soziologie 1989, hrsg. von Günter Endruweit und Gisela Trommsdorf. Stuttgart: Enke. Stichworte „Bildungssoziologie“, S.90-98, „Erziehungssoziologie“, S. 160-165.

Zeitschrift für Sozialisationsforschung und Erziehungssoziologie (ZSE), 1981ff, Weinheim: Beltz — Juventa.

Lektion III
Soziologie der Sozialarbeit

Regine Gildemeister

Inhalt

1. Einführung. Begriff und Arbeitsbereiche der Sozialarbeit

Sozialarbeit stellt ein äußerst heterogenes Arbeitsfeld dar. Ihre Konturen sind im großen Bereich von Sozialpolitik, -planung, -hilfe, Bildung und Erziehung, Therapie, Seelsorge und organisierter Selbsthilfe nur unscharf ausgebildet. Entsprechend werden die Begriffe Sozialarbeit und Sozialpädagogik i.d.R. synonym verwendet oder es wird ganz allgemein von „sozialer Arbeit" gesprochen, um deutlich zu machen, daß strikte Abgrenzungen der Bereiche nicht möglich sind. Das Spektrum konkreter Tätigkeitsfelder ist beträchtlich. Ohne Anspruch auf Vollständigkeit sind im folgenden in einer an das Alphabet angelehnten Reihenfolge einige in der sozialen Arbeit übliche Bezeichnungen von Aufgaben und Arbeitsbereichen aufgelistet:

Arbeitsbereiche

Adoptionsvermittlung, Hilfen für Arbeitslose, Aids-Hilfe, Hilfen für Alleinerziehende, Ausländerbetreuung, Aussiedlerhilfen, Bewährungshilfe, Hilfen für geistig, seelisch und körperlich Behinderte, Drogenarbeit, Ehe-, Familien- und Lebensberatung, Früherkennung von Entwicklungs- und Verhaltensstörungen bei Kleinkindern, Erziehungshilfe, Familienhilfe, Familienfreizeiten, Flüchtlingsbetreuung, Frauenhäuser, Frauenbildungsprojekte, Gefährdetenhilfe, Gesundheitsdienste, Heime für Kinder, Jugendliche und Alte, Jugendarbeit und Jugendhilfe, Jugend- und Erwachsenenbildung, Jugendfreizeitdienste, Krankenhausfürsorge, Kriseninterventionsdienste, Mütterberatung und Müttererholung, Nachsorgeeinrichtungen für psychisch Kranke, Obdachlosenhilfe und soziale Brennpunktarbeit, Öffentliche Ersatzerziehung, Pflegekinderwesen, Rehabilitationsmaßnahmen, Stadtteilarbeit, Schwangerschaftskonfliktberatung, Seniorenhilfe, Schulsozialarbeit, sozialtherapeutische Wohngemeinschaften und Projekte, Sozialplanung und Sozialverwaltung, sozialpsychiatrische Dienste, Suchtkrankenhilfe, Straffälligenhilfe, Straßensozialarbeit, Telefonseelsorge, Vormundschaftswesen, Wärmestuben, Zigeunerprojekte.

Bereits auf den ersten Blick wird deutlich, daß diese Aufzählung voller Überschneidungen ist. Das bedeutet, daß keine „Zentralinstanz" mit einer eindeutigen Organisation von Zuständigkeiten besteht, sondern daß es viele verschiedene Formen gibt, die in Frage stehenden Dienste und Hilfen anzubieten und zu organisieren. Darin drückt sich das Problem aus, daß der **Grad der Institutionalisierung** in und zwischen den Arbeitsbereichen sehr stark variiert.

Ein kleiner gemeinnütziger Verein wie z.B. „Mudra — Verein zur Drogenarbeit e.V." mit einem Minimum formaler Regelungen und hoher Toleranz gegenüber illegalem Drogengebrauch gehört ebenso zu den Arbeitsfeldern der Sozialarbeit wie eine Abteilung „Suchtkrankenhilfe" im Gesundheitsamt, in deren Aufgabenbereich auch hoheitliche Aufgaben wie etwa die hochgradig rechtlich geregelte Zwangseinweisung in eine psychiatrische Anstalt fallen können.

Entwicklung der sozialen Arbeit

Die Entwicklung der sozialen Arbeit ist eng mit allgemeinen gesellschaftlichen Entwicklungsprozessen verbunden. Daraus erwachsen eine Reihe von Problemen, die zum einen **Gegenstand soziologischer Analyse** wurden und zum anderen dazu beitrugen, daß die Sozialarbeit auch zu einem **Berufsfeld für Soziologen** wurde. Diese beiden Aspekte hängen miteinander zusammen, denn durch die soziologischen Analysen wirkte die Soziologie auf die Sozialarbeit zurück und beeinflußte dadurch deren Entwicklung. Dabei ist die Verbindung von Soziologie und Sozialarbeit durchaus spannungsreich.

In ihren Anfängen war die Soziologie stark befaßt mit der wissenschaftlichen Erforschung sozialer Probleme, richtete sich dabei aber primär auf Fragen einer **Sozial- und Gesellschaftspolitik**. In einer solchen Perspektive geht es um **allgemein** (generalisierend) ansetzende Maßnahmen zur Behebung sozialer Notlagen und Mißstände. Große Teile der Sozialarbeit dagegen sind auf die „Wohlfahrtspflege" bezogen und reichen mit ihren Wurzeln zurück in die mittelalterliche Armenpflege und christliche „Caritas" sowie auf die Anfänge der bürgerlichen Frauenbewegung. Ihre Grundkategorie ist die der „Hilfe" in der Begegnung von „Mensch zu Mensch"; hier geht es eher um **individualisierend** ansetzende Maßnahmen. Diese Aspekte wurden erst relativ spät von der Soziologie aufgegriffen.

Drei zentrale Dimensionen der Sozialarbeit

Im folgenden werden für den soziologischen Blick auf die Sozialarbeit drei zentrale Dimensionen unterschieden, nämlich (1) Sozialarbeit als Bearbeitung sozialer Probleme, (2) Sozialarbeit als „organisierte Hilfe" und (3) Sozialarbeit als Beruf.

2. Sozialarbeit als Bearbeitung sozialer Probleme

„Hilfe" als Begriff

In der Aufzählung der Arbeitsfelder, die wir oben vorgenommen haben, kommt immer wieder der Begriff der „Hilfe" vor. Dies ist ein unspezifischer Begriff, er kann vielerlei bedeuten, und doch ist er alltagssprachlich so verankert, daß ein jeder glaubt, auf Anhieb zu begreifen, was mit diesem Begriff gemeint ist: Geholfen wird dann, wenn eine Notlage oder ein „Problem" vorliegt. Damit sind wir freilich nur scheinbar einen Schritt weiter gekommen, denn: was ist ein „Problem"? Auch dies scheint dem Alltagsverstand indes unproblematisch zu sein, da hier i.d.R. die Kontextabhängigkeit eines als „Problem" definierten Phänomens nicht weiter bedeutsam wird. Ist etwa ein 14jähriger in München Analphabet, so ist das ein Problem, auch wenn jeder weiß, daß es für einen Gleichaltrigen in vielen der sog. „Entwicklungsländer" ein Privileg bedeutet, lesen zu können. Aus der Distanz betrachtet können wir sagen, daß wir dann etwas als „Problem" bezeichnen, wenn es von der „Normalität" abweicht. „Soziale Probleme" basieren so auf der Wahrnehmung von **Abweichungen** von der „Normalität" gesellschaftlicher Lebenspraxis. Sie verweisen darin auf deren Verständnis selbst (was ist „normal"?) und zeigen sich so als Ergebnisse **gesellschaftlicher Definitions- und Aushandlungsprozesse**.

Kontextabhängigkeit von „Problemen"

In der Gesellschaft des Mittelalters etwa konnte Armut in dem Sinne als „normal" gewertet werden, als „Betteln" eine durchaus legitime Form der Unterhaltssicherung war und keiner sozialen Ächtung unterlag (Sachße/Tennstedt 1980). Erst mit der Entfaltung und Ausbreitung gesellschaftlichen Warentauschs wurde Armut differenzierter betrachtet und zum Indikator mangelnder Anpassung, u.U. sogar moralischen Fehlverhaltens.

2.1. Arbeit und Hilfe

Hilfe und Arbeit als Mittel der Erziehung

Die Hilfe für Arme — die sich institutionalisierende Armen*fürsorge* — wurde zunehmend mit Erziehung und Disziplinierung verbunden. Zu Beginn dieses Prozesses war dabei die Erfahrung der Arbeit selbst das entscheidende Erziehungs- und Disziplinierungsmittel:

> „Arbeit ist das größte moralische und physische Verbesserungsmittel der Armuth. Dadurch wird der Arme nicht allein weniger arm ... sondern auch den vielen, zum Theil müssigen und eitlen Leidenschaften, Ueppigkeit, Liederlichkeit, Sucht zum Aufwande und Hervorthun (...) entnommen (...)" (Braunschweiger Magazin 1797, zit. nach Albrecht 1981, S. 198). Später tritt der **Armenbesuch** hinzu, der persönliche Kontakt und das (erziehende) Gespräch: „Die Besuchsintentionen waren (...) auf Arbeitsamkeit vs. Faulheit, Reinlichkeit vs. Schmutz, Dank-, Ehr- und Pflichtgefühl vs. Frechheit, Frömmigkeit und Demut vs. Heidentum (...) gerichtet" (Sachße / Tennstedt 1986, S. 32).

Von der „Fürsorgepolitik" zum System sozialer Sicherung

Aus solchen und ähnlichen Anfängen einer „Fürsorgepolitik" entstand in einem langwierigen Prozeß einerseits ein hochgradig verrechtliches, ökonomisiertes und bürokratisiertes **System sozialer Sicherung** auf der Basis des Erwerbs individueller Anspruchsberechtigungen und andererseits die moderne Sozialarbeit als **personenbezogene Hilfe**. In beiden Fällen geht es um Aufgaben, die vormals (idealiter) im Kontext des Familienverbandes bewältigt wurden. Aber auch die Familie selbst veränderte sich in diesem Prozeß, etwa vom „Mehrgenerationenhaushalt" zum „Zweigenerationenhaushalt" bis hin zur steigenden Zahl von Alleinerziehenden oder „Einelternfamilien", wie wir sie heute vorfinden. Damit sind Familien immer weniger in der Lage, vormals eindeutig definierte Aufgaben wie etwa die Sozialisation der Kinder allein zu gewährleisten.

Ohne die Grundlage einer systematischen Vergesellschaftung von Risiken wie Krankheit, Unfall, Alter, Arbeitslosigkeit wäre eine solche Entwicklung kaum denkbar gewesen. Sie erst macht Hilfe als materielle Unterstützung im Fall einer Notlage zu einem Sicherheitshorizont alltäglichen Lebens. Und erst vor diesem Hintergrund konnte die soziale Arbeit als **personenbezogene** Hilfe ihre Instrumente vervielfältigen und in immer neue zuvor durch die Familien abgedeckten Arbeitsfelder der Sozialisation und gesellschaftlichen Reproduktion eindringen. Dieser Prozeß wird als **Pädagogisierung und Therapeutisierung** ihrer Arbeitsformen bezeichnet.

Ansatzweise wird damit deutlich, wie gesellschaftliche Entwicklungsprozesse und die Realisierungen sozialer Hilfen, ihre jeweiligen *Institutionalisierungsformen*, miteinander verflochten sind.

Grundlage dafür ist der Prozeß fortschreitender Arbeitsteilung und struktureller Differenzierung der Gesellschaft, in die auch die soziale Arbeit selbst einbezogen ist. Dieser Prozeß verlief und verläuft nicht reibungslos.

2.2. Fallorientierung in der Sozialarbeit

Falsche Erwartungen an die Sozialarbeit

Eine zentrale Kritik aus der Soziologie an der Sozialarbeit lautet vielfach, daß sie die Probleme, die sie bearbeitet, nicht „löse", sondern lediglich verwalte, pädagogisiere und prozediere. Sie kuriere an den „Symptomen", setze nicht an den „Ursachen" an. Implizit ist damit i.d.R. die Armut gemeint, die Menschen erst zu Klienten der Sozialarbeit werden lasse. Dies trifft den in Frage stehenden Sachverhalt allerdings nur halb — ganz abgesehen davon, daß sich darin eine im Prinzip naive Vorstellung von „Ursache-Wirkungs-Relationen" und einer „grundsätzlichen Lösbarkeit" von „Problemen" dokumentiert, die der Komplexität der heutigen Gesellschaft nicht gerecht werden kann.

> Welche „Ursache" wäre denn zu beseitigen, wenn man die Leistungen eines Sozialarbeiters kritisiert, der einen jener ältesten Alten in einem Pflegeheim mit knapp kalkulierten Versorgungsleistungen unterbringt: die Langlebigkeit, die Tatsache, daß Leben endet oder daß es in dieser Weise endet; die Berufstätigkeit der 50jährigen Tochter des Patienten, der es nach längerer Arbeitslosigkeit gelungen ist, ihren depressiven Verstimmungen zu entkommen; die Rentenhöhe des Patienten, die wie bei den übrigen 90 % der Betroffenen nicht ausreicht, um die Pflegekosten von 4200 DM zu decken; die Hauspflegerin einer Sozialstation, die es als am schlechtesten bezahlten Glied einer ambulanten Versorgungskette nicht mehr verantworten konnte, den Patienten für viele Stunden unversorgt zu lassen? (M. Meinhold 1988, S. 72).

Zusammenhang von Hilfe und Kontrolle

Vermutlich war es nicht der Wunsch des alten Mannes, in einem solchen Heim untergebracht zu werden — dennoch geschieht es in einer fürsorgenden, helfenden Absicht. In der Diskussion faktisch aller Bearbeitungsformen sozialer Probleme — „Abweichungen" von einer gesellschaftlich definierten „Normalität" — wurde immer wieder diese **Doppelfunktion von „Hilfe und Kontrolle"** für die Problembetroffenen herausgestellt. Deutlicher wird dies bei den sog. Randgruppen — etwa in der Straffälligenhilfe, bei der Anstaltsunterbringung psychisch Kranker, bei Drogenabhängigen, Nichtseßhaften und Obdachlosen, aber auch bei Ausländern, die „auffällig" werden. Hier können sich helfend-unterstützende und repressiv-kontrollierende Maßnahmen bis zur Austauschbarkeit verwischen.

Gewährleistung gesellschaftlicher „Normalität"

Dies hat seine Basis darin, daß die Grundlage des „Helfens" — oder genereller: der sozialen Dienstleistung — die Wahrnehmung eines „Problems" ist, ein „Problem" aber eben das ist, was von der „Normalität" abweicht. *Claus Offe* hat in dem Versuch einer allgemeinen Bestimmung von „Dienstleistungen" darauf hingewiesen, daß es sich hierbei immer um Tätigkeiten handele, die auf die Gewährleistung gesellschaftlicher **„Normalzustände"** bezogen sind.

> Das Problem der „Normalität", mit deren Erzeugung Dienstleistungsarbeit beschäftigt ist, hat (...) die beiden Seiten, daß einerseits die **Besonderheit**, Individualität, Kontingenz, Variabilität (der Lagen und Bedürfnisse von Kunden, Schüler, Patienten, Passagiere usw.) gewahrt, respektiert und bestätigt werden muß, während andererseits doch im Ergebnis ein Zustand herbeizuführen ist, der **allgemeinen** Regeln und Kriterien, Ordnungs- und Wertvorstellungen entspricht. Demgemäß ist es ein Gütekriterium aller Dienstleistungsarbeit, daß weder die Individualität und situative Be-

sonderheit des „Falles“ zugunsten einer allgemeinen Bezugsnorm des Handelns wegschematisiert werden dürfen, noch umgekehrt die Besonderheiten so maßgeblich werden können, daß auch von Dritten erwartete Normalzustände nicht zustandekommen. Diese charakteristische Aufgabenstellung läßt sich vielleicht am besten mit Begriffen wie „synthetisierende Arbeit“ oder „Vermittlungsarbeit“ oder „Normalisierungsarbeit“ kennzeichnen (C. Offe, 1987, S. 175).

Was sind „Normalzustände“?

Daß mit den Begriffen von „Normalität“ und „Normalisierungsarbeit“ im Feld der Sozialarbeit auch Probleme verbunden sind, wird erst dann klar, wenn man versucht, „Normalzustände“ inhaltlich zu bestimmen. Dies ist solange kein Problem, wie diese Frage (Was ist normal?) **nicht** gestellt wird, weil ein ungebrochenes Selbstverständnis bei der Mehrheit der Gesellschaftsmitglieder dazu besteht. Angesichts eines rapiden sozialen Wandels, der immer mehr Bereiche gesellschaftlichen Lebens einbezieht, wird diese Frage jedoch prekär. — Haben Drogenabhängige ein „Recht auf Rausch“? Sollen homosexuelle Paare heiraten und Kinder adoptieren dürfen? Ist „Verrücktheit“ nicht nur deshalb eine wirksame Etikettierung, weil es den anderen an Toleranz fehlt? Kann Arbeit und Arbeitsfähigkeit noch ein Erziehungs- und Therapieziel sein? Solche und ähnliche Fragen, die heute im Fernsehen und anderen Massenmedien öffentlich diskutiert werden, waren vor 20 Jahren noch regelrecht umstürzlerisch. Mit dem Verlust klarer Orientierungen über wünschenswerte „Normalzustände“ ist aber nicht nur ein Toleranzgewinn verbunden. Zugleich wird die klare Definition und Bearbeitung dessen, was ein „Problem“ ist, schwieriger.

Kontextabhängigkeit sozialer Arbeit

Soziale Arbeit ist in der Bearbeitung sozialer Probleme selbst abhängig von den in gesetzlichen und rechtlichen Grundlagen abgesicherten Programmen und Ressourcen. Zugleich schafft sie durch die jeweilige spezialisierte Bearbeitungsform eine sich erweiternde Nachfrage. Sie ist abhängig von den Inhalten und Formen der öffentlichen Thematisierungen sozialer Probleme und zugleich selbst **Teil dieser Thematisierungsarbeit**. Was, wann, wo und wie zum „bearbeitungswürdigen sozialen Problem“ wird, ist ein reflexiver Prozeß, eingebunden in eine Spirale, in der die jeweiligen Institutionalisierungsformen von „Hilfe“ auch Gegenstand und Vehikel sozialen Wandels werden.

3. Sozialarbeit als „organisierte Hilfe“

Sozialarbeit, Hilfe ohne Reziprozität

In unserem Alltagshandeln gehen wir i.d.R. davon aus, daß jemand, dem wir helfen, eine schwierige Situation zu bewältigen, sich in irgendeiner Weise dafür erkenntlich zeigt — sei es, daß wir auf seine Hilfe in einer anderen Situation rechnen, sei es, daß er seinen Dank in irgendeiner Form zum Ausdruck bringt. Im Prinzip ist „Helfen“ im Kontext des Alltagshandelns auf eine Gegenleistung angelegt, auf **Reziprozität**.

Sozialarbeit aber ist „organisierte Hilfe“ und verlangt vom Adressaten i.d.R. **keine** Gegenleistung. Das bedeutet, daß für „organisierte Hilfe“ die im Alltagshandeln „normalerweise“ verankerte **Reziprozitätsnorm** nicht bedeutsam wird. Dies hat auch Folgen für die Motivation des Helfenden — dieser handelt nicht aus persönlicher Betroffenheit und / oder persönlichem Engagement, sondern hier ist „helfen“ Teil seiner Berufsarbeit im Kontext einer Organisation und ihres Programms.

> In diesem Rahmen ist die Entscheidung zu helfen oder nicht zu helfen, nicht Sache des Herzens, der Moral oder der Gegenseitigkeit, sondern eine Frage der methodischen Schulung und der Auslegung des Programms, mit dessen Durchführung man während einer begrenzten Arbeitszeit beschäftigt ist (N. Luhmann 1973: 34).

3.1. Organisationsformen und Verfahrensweisen

Vorstrukturierung der Hilfe

Form und Ausrichtung des Programms bestimmen weitgehend das, was an „Hilfe“ geschieht oder nicht geschieht. Die Hilfesuchenden müssen lernen, ihre Probleme unter den Kategorien zu begreifen, die durch die Organisationen vorgegeben sind. Sie müssen bestimmte Orte (z.B. das Sozialamt oder die Beratungsstelle) aufsuchen und sich an bestimmte Zeiten halten. „Leiden, die außerhalb der Dienstzeit auftreten, sind mißlich“, schrieb Hans Achinger schon 1959.

Im Prinzip treffen diese Aussagen auf jede Organisation von Hilfe in der Sozialarbeit zu — das Problem ist jedoch, daß es sehr verschiedene Organisationen in der Sozialarbeit gibt. Oben haben wir gesagt: Der Institutionalisierungsgrad ihrer Organisationen variiert stark. Dem weiten Spektrum der Arbeitsfelder entspricht ein mindestens ebenso weites Spektrum der Organisationsformen und Verfahrensweisen. Es reicht von vergleichsweise hochformalisierten kommunalen Behörden über die großen Wohlfahrtsverbände (den „Trägern“ sozialer Arbeit) bis hin zum lockeren Verbund verschiedener „autonomer“ Projekte etwa zur Frauensozialarbeit in Trägerschaft eines gemeinnützigen Vereins.

Subsidiaritätsprinzip als Grundlage

Grundlage für diese Struktur ist das in der Sozialgesetzgebung verankerte **Subsidiaritätsprinzip**, d.h. das Prinzip der **Nachrangigkeit** öffentlicher Hilfeformen gegenüber freiwilliger Hilfe. Es entstammt einem Begründungszusammenhang, der weniger auf eine gezielte Bearbeitung sozialer Probleme abstellt, sondern vielmehr auf „Leitbilder“ einer Gesellschaftsordnung wie z.B. einem weltanschaulichen organisierten Pluralismus und einem Anspruch auf „Grundrichtungsbezug“ (z.B. Konfessionen) in der Erziehung und sozialen Hilfe (Matthes 1964).

Öffentliche und verbandliche „Doppelstruktur“

In der historischen Entwicklung entfalteten sich die behördliche (öffentliche) und die verbandliche Sozialarbeit (z.B. Caritas, Diakonisches Werk, Arbeiterwohlfahrt, Deutscher Paritätischer Wohlfahrtsverband, Deutsches Rotes Kreuz u.a.m.) weitgehend parallel. Auf der Grundlage des Subsidiaritätsprinzips differenzierte sich diese Struktur immer weiter bis zu ihrer jetzigen Form aus, die neben den großen Verbänden eine Vielzahl kleiner Vereine und prekärer Selbsthilfezusammenschlüsse einschließt.

In beiden Strängen — der öffentlichen wie der verbandlichen Sozialarbeit — ließ sich jedoch zunächst eine allgemeine Tendenz zur Formalisierung und Bürokratisierung ihrer Organisationen feststellen, z.B. der Versuch, die gesamte Organisation planvoll auf die Erreichung spezifischer Ziele auszurichten und Verfahrensformen zu entwickeln, die unabhängig von den konkreten in ihr handelnden Personen stabil sind. Diesem Trend waren jedoch im Feld der Sozialarbeit immanente Grenzen gesetzt.

In der Sozialarbeit, so wurde oben argumentiert, hat sich im Laufe ihrer Geschichte zunehmend das Feld personenbezogener, pädagogisch-therapeutischer Dienstleistung ausgebildet. Vor allem seit Beginn der 70er Jahre hat sich dieser Bereich enorm ausgeweitet. Die amerikanische Soziologie hat für den sich hier herausbildenden Typus der Organisation den Begriff der „people processing" oder „people changing organizations" geprägt. In diesem Typus muß der Tatbestand in Rechnung gestellt werden, daß personenbezogene Arbeit und Personenänderung auf eine **produktive Interaktion** mit den Adressaten angewiesen ist.

Neuer Organisationstypus

3.2. Sozialarbeit als „abweichende Bürokratie"

Unbestimmtheit der Organisationsziele

Für den gesamten Bereich der „people-processing-organizations" gilt, daß es kaum möglich ist, Organisationsziele eindeutig zu benennen. Sie sind vielmehr durch ein hohes Maß an **Unbestimmtheit** in bezug auf konkret realisierbare Aufgaben und Zielbezüge gekennzeichnet. Entsprechende Formulierungen haben oft den Charakter von Leerformeln, die nur sehr vage einen „Sollzustand" bezeichnen — z.B. „Hilfe zur Selbsthilfe", „Fähigkeit zur selbständigen Lebensführung", „Mündigkeit" u.a.m. Das gleiche gilt für die zum Einsatz kommenden Mittel, den Interventionsmethoden zur Erreichung solcher Ziele — diese können sich u.U. in einer Weise vollziehen, die vom Verständnis des Laien (Adressaten) her gar nichts mit dem in Frage stehenden Problem zu tun hat, z.B. wenn auf das „Schuleschwänzen" einer Jugendlichen mit einer Paartherapie für die Eltern reagiert wird.

Kontingenzen sozialer Arbeit

Auf den verschiedenen Ebenen der „organisierten Hilfe" tritt also immer wieder das Problem der Ungewißheit (**„Kontingenz"**) auf. Diese Ungewißheit resultiert zum einen aus Fragen der Definition und Wertung von Abweichung, dem Wann, Wo und Wie ihres Auftretens, und zum anderen aus dem „Wie" der Bearbeitung. Eindeutige Aussagen über „Ursachen" und „Wirkungen" sind im Feld personenbezogener Hilfen nahezu durchgängig nicht möglich. Eine Konsequenz ist, daß sich Organisationsformen herausbilden, die durch eine *Relativierung* bürokratischer Strukturmerkmale gekennzeichnet sind. Sie stellen in gewisser Weise „abweichende Bürokratien" dar (St. Wolff 1981).

Dies führt zu einer sich ständig wiederholenden Anzweiflung ihrer Leistungsfähigkeit. Und in der Öffentlichkeit sind die Diskrepanzen von Dienstleistungserwartungen und tatsächlichen Leistungen ein beliebtes Thema. So entsteht die Frage, wie die Sozialarbeit zu verbessern und zu optimieren sei, immer wieder neu.

Strategien zur Leistungsverbesserung

Es kommt zu „Rationalisierungsstrategien" (K.P. Japp 1986), die in der Betonung des Dienstleistungsanspruchs die Organisationen näher an die Lebenswirklichkeit der Adressaten (Klienten) anzubinden versuchen. So entstehen in der behördlichen Sozialarbeit ausgelagerte Organisationseinheiten wie z.B. Stadtteilzentren, Jugendtreffs, offene Beratungsangebote. In den Feldern der „freien" oder verbandlichen Sozialarbeit entstehen Projekte und Vereine, die nur lose oder auch gar nicht mit den Großorganisationen der Wohlfahrtsverbände verbunden sind, z.B. sog. „autonome Frauenhäuser", alternative Wohn- und Arbeitsprojekte für psychische Kranke oder auch „Krabbelstuben" als selbstorganisierte Alternative für eine Klein(st)kinderbetreuung.

Grenzen der Anspruchssteigerung

Gleichzeitig aber müssen auch und gerade Organisationen der Sozialarbeit ihre Grenzen gegen „Überflutung" mit Ansprüchen sichern, und insbesondere die behördliche Sozialarbeit kann angesichts auch hoheitlicher Aufgaben ihren Kontrollanspruch nicht völlig aufgeben. In einem öffentlichen Jugendzentrum etwa dürfen Sozialarbeiter eine Verbreitung verbotener Drogen nicht billigen, auch wenn ein Großteil der dort verkehrenden Jugendlichen Drogenkonsumenten sind. Die Verselbständigung ihrer Einheiten muß also systematisch begrenzt werden — dies bringt aber wiederum das Problem hervor, sich von der Lebenswirklichkeit der Adressaten zu entfernen und die Chancen gelingender Interaktion zu vermindern.

3.3. Sozialarbeit und sozialer Wandel

Gesellschaftliche Prozesse sozialen Wandels verändern die Problemlagen und Aufgabenstellungen der Sozialarbeit wie auch diese selbst. Dies haben wir oben am Beispiel der Entstehung der sozialen Sicherung gezeigt. Generell steht dabei der quantitative Ausbau des Versorgungsnetzes (also: **mehr** Sozialstationen, **mehr** Beratungsstellen, **mehr** Betreuungsangebote für Kinder und Jugendliche) oft quer zu den qualitativen Forderungen — d.h. Forderungen, **wie** soziale Dienstleistungen zu erbringen sind. Gegen die bürokratische, professionell-methodische Vermittlung sozialer Leistungen und Hilfen erhob sich im letzten Jahrzehnt massive Kritik, die durch das Schlagwort der „Entmündigung durch Experten" auf den Punkt gebracht werden kann. Selbsthilfegruppen und Selbsthilfeorganisationen traten auf den Plan.

„Entmündigung durch Experten"?

Diese Kritik an Organisationen und Experten läßt immer wieder die grundsätzliche Frage nach der „Organisierbarkeit" entsprechender Aufgaben und Funktionen aufkommen. Diese entstammen ja, wie wir schon oben gesagt haben, Aufgabenbereichen, die ehemals durch sogenannte „primäre Lebenskontexte" wie Familie und Nachbarschaft abgedeckt wurden. Die Frage nach der „Organisierbarkeit" verweist also darauf, daß in soziale Lebensvollzüge wie **selbstverständlich** eingewobene Prozesse von Erziehung und Begleitung, Rat und Trost, Sorge und Pflege, Hilfe und Unterstützung nur begrenzt durch „organisierte Hilfe" ersetzt werden können. Gleichzeitig haben sich solche primären Lebenskontexte aber sehr verändert — vor allem die Familie ist nicht mehr das, was sie einmal war. Immer neue zwischen Individuum und Gesellschaft vermittelnde („intermediäre") Instanzen entstehen, die versuchen, soziale Verbundenheit und soziale Dichte wieder in alltägliche Lebenskreise und Gemeinschaftsformen zu tragen. Eine noch weitere Ausdehnung stößt derzeit jedoch auch auf monetäre Grenzen („Krise des Sozialstaats").

Grenzen „organisierter Hilfe"

Erhöhung sozialer Dichte durch Selbsthilfegruppen

Zudem lassen sich einmal zerfallene oder zerstörte soziale Muster nicht ohne weiteres wieder herstellen. In den letzten Jahren haben vor allem Selbsthilfegruppen und Selbsthilfeinitiativen große Hoffnung auf sich gezogen, die nachlassenden sozialen Bindungskräfte zu kompensieren. Darin sind sie aber inzwischen und vielleicht paradoxerweise zunehmend auf professionelle Unterstützung angewiesen.

Grenzen der „Renaturalisierung"

Eine sog. „Renaturalisierung" sozialer Dienste, also eine Zurückführung „organisierter Hilfe" in sog. „natürliche Gemeinschaften", stößt daher systematisch an Grenzen, da ein solches Konzept den veränderten Lebensanforderungen nicht entspricht. Die tiefgreifenden kulturellen und sozialen Wandlungsprozesse wie z.B. ökologische Gesellschaftskritik, Wertewandel, Individualisierung von Lebenslagen, Auflösung traditioneller Beziehungsmuster, Veränderungen der Familie und Veränderungen der Geschlechterrollen, erhöhte räumliche und soziale Mobilität etc. führen zu einer enormen Komplexitätssteigerung von Lebensvollzügen und **können** nicht mehr ohne weiteres in ein Modell „normaler" gesellschaftlicher Lebenspraxis in überschaubare soziale Einheiten (Familie und Nachbarschaft) übersetzt werden.

Widersprüchliche Situation der Sozialarbeit

Versucht man sich derzeit an einer Ortsbestimmung der Situation der Sozialarbeit, so zeigen sich widersprüchliche Aspekte (Olk/Otto 1987, S. 11 ff.):

— einerseits vollzieht sich eine Ausweitung von Aufgaben und Problemen im Bereich gesellschaftlicher Reproduktion und Sozialisation auf dem Hintergrund einer allgemeinen Komplexitätssteigerung von Lebensvollzügen. Gleichzeitig bleiben — andererseits — klassische und neue Armutspopulationen erhalten und weiten sich z.T. aus.
— Die Grenze zwischen Rand- und Problemgruppen und der sog. „Durchschnittsbevölkerung" verwischt sich. Dies geschieht in Verbindung mit einem veränderten Problemverständnis. Eine ausschließlich einkommensbezogene Betrachtung („Armut") wird zunehmend abgelehnt; „Hilfe" ist vor allem gesundheitlich bezogen, sozialisatorisch und therapeutisch. Gleichzeitig steigt generell die Sensibilität gegenüber rein überwachenden (kustodialen), repressiven Problembewältigungsformen gegenüber Abweichenden und Randgruppen.
— Generell besteht ein Trend zur Auflösung unentgeltlicher, nicht-organisierter Bewältigungsformen von Problemsituationen in „natürlichen" Sozialformen. Sie werden ersetzt durch verschiedene Formen beruflich organisierter Bearbeitung. Die Ansprüche an die (beruflich organisierte) Unterstützung von Persönlichkeitsbildung und Selbstbestimmung steigen. Problemartikulation und Leidenserfahrung sind dabei häufig unbestimmt und diffus. Gleichzeitig wird Expertenhilfe als eine „Entmündigung" problematisiert und auf Selbsthilfepotentiale verwiesen.

Kommen wir zu der Frage zurück, die wir schon unter (1) aufgeworfen haben: was bedeutet unter solchen Bedingungen für die Sozialarbeit als organisierter Hilfe die Aussage, daß sie zuständig sei für die „Gewährleistung von Normalzuständen"? Es dürfte deutlich geworden sein, daß diese Frage kaum eindeutig zu beantworten ist — in gewisser Weise stellt sich Sozialarbeit eher als ein Seismograph für gesellschaftliche Krisen dar, als daß sie „Problemlösungen" hervorbrächte. Gerade dieser widersprüchliche Charakter öffnet aber zugleich Handlungsmöglichkeiten in der Sozialarbeit.

Neue Handlungsmöglichkeiten

So entstehen Formen der Problembearbeitung, die sich nicht reaktiv auf Normalitätsstandards beziehen, sondern auf „neue" Normen und Werte setzen, Lebens- und Sozialmodelle entwickeln. Vor allem hier erweisen sich die nur gering institutionalisierten Vereine und (Selbsthilfe-) Projekte als sehr produktiv — zugleich bringen sie Spannungen und Wertkonflikte im Feld der sozialen Arbeit ans Tageslicht. Sie haben dabei nicht die Stabilität der großen und stärker formalisierten Institutionen und können so schon durch sehr kleine Veränderungen in ihrem Bestand gefährdet sein. Zwischen den „großen" und etablierten Trägern sozialer Arbeit und den „kleinen" selbständigen Projekten und Initiativen besteht daher eine i.d.R. prekäre Balance.

4. Sozialarbeit als Beruf

Differenzierung beruflicher Sozialarbeit

Nimmt man das Gesamtfeld sozialer Arbeit als Ausgangspunkt, so ist hier das gesamte Spektrum der Sozial- und Gesundheitsberufe vertreten. Von der Gemeindeschwester über den Altenpfleger, die Erzieherin, den Sozialpädagogen, die Psychologin und den Soziologen bis zur Ärztin oder auch dem Juristen breitet sich eine sehr differenzierte und sich ständig verändernde Berufslandschaft aus, wobei die Berufsbezeichnungen oft nur vage auf die konkrete Tätigkeit verweisen. Ein Jurist etwa kann Leiter eines Sozialamtes sein oder er kann von einem Verein als Rechtsberater angestellt sein; eine Soziologin kann im Kontext der Stadt- und Sozialplanung einen „Strukturplan für die Altenhilfe" entwickeln, sie kann eine Familienerholungsstätte leiten oder Gesundheitsreferentin bei einer Krankenkasse sein. Die Zugänge in das Berufsfeld sozialer Arbeit sind entsprechend der vielfältigen Formen ihrer Institutionalisierung breit gestreut.

4.1. Soziale Arbeit — ein Frauenberuf?

Sozialarbeiter/in als „typisches" Berufsbild

Spricht man jedoch von „Sozialarbeit als Beruf" im engeren Sinn, so ist damit in der Regel die Berufstätigkeit des Sozialarbeiters / Sozialpädagogen gemeint. Sie geht auf die historische Quelle der „sozialen Hilfstätigkeit" zurück und begann erst Ende des 19. Jahrhunderts zu einem „Beruf" im modernen Verständnis zu werden. Dabei sind zwei Aspekte zu unterscheiden: 1. der Erwerb spezifischen Wissens und spezifischer Fertigkeiten zur Ausübung der Tätigkeit und 2. die Ausübung der Tätigkeit als „hauptamtliche" Erwerbsarbeit. Interessanterweise fallen diese beiden Aspekte im Fall der „Sozialarbeit als Beruf" zeitlich nicht zusammen.

Ursprünge in Armenpflege und Frauenbewegung

Hintergrund dafür ist wiederum die doppelte Quellenlage der „sozialen Hilfstätigkeit", auf die schon oben verwiesen wurde: die öffentliche Armenpflege der Kommunen und die bürgerliche Frauenbewegung. Vor allem letztere trug entscheidend dazu bei, soziale Hilfstätigkeit als „typisch weiblich" zu definieren, als „auf die Welt übertragene Mütterlichkeit" (*Alice Salomon*). Die ersten Ausbildungsstätten waren die „Sozialen Frauenschulen", in denen Mädchen und Frauen des gehobenen Bürgertums für eine außerhäusliche, aber unbezahlte (ehrenamtliche) Arbeit vorbereitet wurden. Diese Ausbildung entsprach dem familienbezogenen Frauenbild der bürgerlichen Schichten und ermöglichte dennoch eine erste Überschreitung der damit gesetzten Grenzen. Das Leitbild „fachlicher", aber nicht erwerbsmäßig betriebener sozialer Hilfstätigkeit der Gründerinnengeneration wurde jedoch bald dadurch überholt, daß immer mehr Frauen auf eine Erwerbstätigkeit angewiesen waren und in das Feld der kommunalen Armenfürsorge drängten. Die Ausbildungsinstitutionen veränderten sich und wurden auch für Männer zugänglich. Heute erfolgt die Ausbildung meist an Fachhochschulen, zunehmend auch in universitären Studiengängen.

Weiterhin vorrangig Frauenberuf

Dennoch wirken diese Wurzeln fort — Sozialarbeit/-pädagogik ist bis heute ein Frauenberuf, ca. 80 % der Studierenden sind weiblich. Und auch heute noch wird für die *Berufswahl* als häufigstes Motiv der Wunsch eines „helfenden Umgangs mit anderen Menschen" geäußert und darin die Erwartung einer sinnvollen Berufstätigkeit aus sozialem Engagement.

4.2. Professionalisierung in der Sozialarbeit

Seit Beginn der 70er Jahre stellt die Sozialarbeit einen Beruf mit enormen Zuwachsraten dar — die Zahlen der Berufstätigen vervielfachten sich. Bei der Diskussion der Berufsentwicklung taucht immer wieder ein zentraler Begriff auf: der der „**Professionalisierung**".

Definition von „Professionalisierung"

„Professionalisierung" bedeutet ganz allgemein, daß spezifische Qualifikationsanforderungen an die Berufsausübung gestellt werden. Dies enthält zum einen die Forderung nach einem besonderen, nur dieser spezifischen Berufsgruppe zugänglichen Wissen und zum anderen die nach einer besonderen Sozial- oder Gemeinwohlorientierung, einem speziellen „gesellschaftlichen Mandat" zur Problemlösung. „Autonome" berufsständische Organisationen überwachen den Zugang zum Beruf und die Einhaltung eines „Berufsethos". Als Prototyp eines solchen „professionalisierten Berufs" wird i.d.R. der Arztberuf diskutiert — der Beruf der Sozialarbeiterin/-pädagogin dagegen gilt als nur „halb" professionalisiert („Semiprofession"). Er verfüge über kein exklusives Berufswissen und über kein eindeutiges gesellschaftliches Mandat. Angesichts der vielfältigen Arbeitsfelder, in denen Sozialarbeiter/-pädagogen nirgends ein „Monopol" beanspruchen können und angesichts ihres doppelten Auftrags von „Hilfe und Kontrolle" überrascht eine solche Einschätzung nicht. Die Ausbildungsinstitutionen und die Berufsorganisationen, aber auch die Sozialarbeiterinnen vor Ort sind mit dieser Einstufung wenig zufrieden. Denn eine solche Einschätzung hat Folgen auf der gesellschaftlichen Prestigeskala und

Sozialarbeit: eine „Semiprofession"?

drückt sich auch in der Honorierung der Tätigkeit aus. Und dies ist auch der Hintergrund, warum in der Sozialarbeit so sehr um „Professionalisierung" gerungen wird.

Eine wichtige Rolle spiel(t)en dabei die „Methoden der Sozialarbeit". In der Betonung der persönlichen helfenden Beziehung und ihrer wissenschaftlichen Fundierung wurde hier versucht, Kompetenzansprüche zu begründen und eine relative Autonomie gegenüber den Anstellungsträgern (Behörden und Verbände) zu erreichen. Dies ist jedoch nicht so einfach: als personenbezogene Dienstleistung ist Sozialarbeit unzweifelhaft an *Interaktion* gebunden. Zugleich richtet sich das berufliche Handeln sehr allgemein auf den Alltag von Problembetroffenen und damit auf kulturell vermittelte Lebensformen. Das bedeutet, daß Inhalte und Formen beruflicher Arbeit in Teilen strukturanalog mit elementaren Verfahren der Herstellung und Realisierung (alltäglicher) sozialer Interaktion und Kommunikation sind / sein müssen. Anders ausgedrückt: die Sozialarbeiterin muß auf Fähigkeiten zurückgreifen, über die im Prinzip *jedermann* verfügt, und es ist schwierig, in einem solchen Kontext einen auf „Fachkompetenz" beruhenden Expertenstatus durchzusetzen.

Gründe für eingeschränkten Expertenstatus

4.3. Paradoxien professionellen Handelns

Soziologische Analysen des beruflichen Handelns in der Sozialarbeit deckten eine Vielzahl von Widersprüchen der Berufsrolle auf. Ein Beispiel dafür ist der Konflikt des Sozialarbeiters, auf die Ziele und Anforderungen der Institution und zugleich auf die Lebensrealität des Klienten bezogen zu handeln („doppeltes Mandat"). Dieses Problem ist uns oben bereits in der Koppelung von „Hilfe" und „Kontrolle" begegnet. Des weiteren werden interaktionslogisch wirksam werdende „**Verfahrensfallen**" deutlich, die sich aus der besonderen Struktur der Experten-Laien Beziehung ergeben und für die *Fritz Schütze* den Begriff der „Paradoxien professionellen Handelns" geprägt hat. Mit Paradoxien sind systematische Problemstellen in der Interaktion Sozialarbeiter-Klient gemeint, die in der „Natur der Sache" liegen, d.h. sich aus der Struktur dieses Handelns herleiten. Solche Paradoxien sind z.B., daß

Beispiele für Paradoxien professioneller Sozialarbeit

— die Sozialarbeiterin in der Beziehung zu den Klienten „ganzheitlicher menschlicher Bezugspunkt" sein soll und als Expertin sozialer Beziehungen professionelle (von der konkreten Person abgelöste) Techniken einsetzt;
  oder
— sie auf den Alltag der Klientin zurückwirken soll in der Hilfe zur Selbsthilfe und gleichzeitig aber sieht, daß ihr Handeln zur dauerhaften Behandlung, zu Unselbständigkeit und Abhängigkeit beiträgt;
  oder
— sie Einfluß nehmen soll, „ohne zu beeinflussen", in einer Situation, in der es ganz gezielt um Personenänderung geht;
  oder

— sie in der Interaktion mit Klienten ihr Mehrwissen um die Bedrohlichkeit der Situation zum Teil verschweigen muß, dies Verschweigen aber u.U. die Vertrauensgrundlage der Beziehung gefährdet etc.

Solche Paradoxien wirken auch in den anderen Professionen. Sie bilden auch dort eine ständige Quelle von Problemen und Fehlertendenzen. In der diffusen „Allzuständigkeit" des sozialarbeiterischen Handelns sind sie jedoch besonders schwer kontrollierbar.

Die vielschichtige Struktur der Berufsrealität wird bei der Berufswahl in der Regel nicht gesehen; so treten bei vielen im sozialen Bereich Tätigen schon sehr bald nach Berufseintritt Irritationen, Desillusionierungen und Berufskrisen auf („burning out syndrom"). Und daher bedarf es eines hohen Maßes systematischer und im Grunde lebenslanger Reflexion auf die eigene Berufstätigkeit. Vor diesem Hintergrund hat sich in der Sozialarbeit die Selbstreflexion wie in kaum einer anderen Berufsgruppe kultiviert, vor allem in Form von **Supervision**. Die Supervision ist einer der wenigen Anker einer systematischen Selbstvergewisserung und eine wichtige Instanz der Kontrolle beruflichen Handelns nach berufsspezifischen Standards.

Supervision als Selbstkontrolle

4.4. Der Beitrag der Soziologie

Wenn in der Frage der Professionalisierung oben deutlich wurde, daß der „Expertenstatus" in diesem Beruf problematisch ist, so bedeutet dies nicht, daß in der Berufsentwicklung auf eine weitere Professionalisierung im Sinne einer Strategie kollektiver Statusverbesserung verzichtet wird. Auch die zunehmende Verankerung von Supervision geht in diese Richtung, denn sie stellt die Errichtung einer berufsinternen Kontrollinstanz dar. Weitgehend einig ist man sich in der Ablehnung einer auf „Expertentum" beruhenden Professionalität (etwa: Olk/Otto 1987), da diese den Besonderheiten des Feldes nicht entspricht. Die (derzeit offene) Frage ist, wie eine „nicht-expertokratische Professionalität" aussehen könnte.

Entwicklung einer „nicht-expertokratischen Professionalität"

In diesem Kontext haben auch die Soziologie (und die Soziologen) neben ihrer traditionell engen Verbindung zur Sozialpolitik einen wichtigen Stellenwert für die Entwicklung des gesamten Berufsfeldes. Eine der zentralen Fragen dabei ist, wieviel „Professionalität", wieviel „Intervention" wann und wo notwendig und möglich ist, ohne „natürliche" Ressourcen der Selbsthilfe auszutrocknen oder gar zu zerstören. Wie kann „Selbsthilfe" in unterschiedlichsten Lebenslagen professionell erzeugt, unterstützt, gestaltet und abgesichert werden? Um solche und ähnliche Fragen geht es z.B., wenn in soziologischen Untersuchungen versucht wird, die Notempfindungen und Hilfeerwartungen der Adressaten im Rahmen von *deren* Relevanzen und Plausibilitäten zu interpretieren und in eine Beziehung zu den organisierten Hilfeangeboten zu setzen.

Soziologie in der Ausbildung

Soziologie stellt mit solchen und ähnlichen Analysen ein wichtiges **Deutungswissen** bereit, das vor allem in der Aus- und Fortbildung von Sozialarbeitern und -pädagogen wichtig geworden ist. Dies ist nach wie vor eines der wichtigsten Tätigkeitsfelder für Soziologen im Bereich sozialer Arbeit.

Soweit Soziologen jedoch selber in das Berufsfeld der Sozialarbeiter/-pädagogen dringen, treten sie in Konkurrenz zu diesen, ohne auf die interaktive Arbeit der Problembewältigung im engeren Sinne vorbereitet zu sein. Sehr oft wird dies auf seiten der Soziologinnen auch eher als Vorbereitung auf andere Berufspositionen gesehen, vor allem auf solche, die auf Planung und Entwicklung im Kontext einer weitgefaßten Referententätigkeit zielen. Auch hier gilt jedoch, was bereits oben angesprochen wurde: der Ausbildungsabschluß verweist mitunter nur vage auf die konkrete Berufstätigkeit. Ein Markt für dezidiert Soziologen vorbehaltenen Stellenangeboten hat sich bislang nicht entwickelt.

Dennoch finden sich nicht wenige Soziologen in diesem Berufsfeld — sehr oft handelt es sich hier jedoch nicht um bereits etablierte Positionen, sondern um Projekte und Initiativen, denen es im Einzelfall gelingt, sich auf Dauer zu stellen. Gerade in diesem Bereich besteht eine große Grauzone, über die es vielen gelingt, in das Berufsfeld einzusteigen. Dies ist vor allem dann der Fall, wenn bereits im Studium Kontakte aufgebaut und z.B. über ehrenamtliche Arbeit oder auch nebenamtliche Honorartätigkeiten vertieft werden.

Die Berufschancen hängen wie auch in anderen Bereichen in starkem Maße davon ab, inwieweit Studenten sich bereits während des Studiums auf diesen Bereich gesellschaftlicher Wirklichkeit einlassen und ihre Fähigkeiten aktiver Gestaltung entwickeln.

Informationsteil

1. Grundlegende Nachschlagewerke für

- Fachbegriffe aus Praxis und Wissenschaft;
- Informationen über Institutionen und Organisationen;
- Namen und biographische Daten von Personen, die im Feld sozialer Arbeit von Bedeutung sind;
- theoretische Konzepte der Sozialarbeit/-pädagogik.

Lexikon des Sozial- und Gesundheitswesens, hrsg. von R. Bauer, 1992, München und Wien, 3 Bände.

Handbuch zur Sozialarbeit/Sozialpädagogik, hrsg. von Eyferth, H./Otto, H.U./Thiersch, H., 1984, Neuwied und Darmstadt

Wörterbuch soziale Arbeit. Aufgaben, Praxisfelder, Begriffe und Methoden der Sozialarbeit und Sozialpädagogik, hrsg. von D. Kreft und I. Mielenz, 3. vollständig überarb. und erw. Auflage, 1988, Weinheim und Basel

2. Sozialarbeit als Bearbeitung sozialer Probleme

Albrecht, G./Stallberg, F., (Hrsg.), Soziale Probleme. Ein Handbuch, Opladen
Das Handbuch stellt die relevanten sozialen Probleme der Gegenwartsgesellschaften in Einzelbeiträgen vor. Empirische Beschreibung, theoretische Erklärung zur Genese des Problems und die gesellschaftliche Praxis des Umgangs werden ausführlich und kritisch dargestellt.

Bellebaum, A./Becher, H./Greven, M., (Hrsg.), 1985, Helfen und Helfende Berufe als soziale Kontrolle, Opladen
Empirische Analysen zu einzelnen Handlungsfeldern sozialer Arbeit.

Sachße, Chr./Tennstedt, F., Geschichte der Armenfürsorge in Deutschland,
Bd. 1: Vom Spätmittelalter bis zum 1. Weltkrieg, Stuttgart 1980
Bd. 2: Fürsorge und Wohlfahrtspflege 1871 - 1929, Stuttgart 1988
Bd. 3: Der Wohlfahrtsstaat im Nationalsozialismus, Stuttgart 1992
Die historischen Wurzeln und die Entwicklung der „Armenfürsorge" und Sozialpolitik in Deutschland vom Spätmittelalter bis zum 2. Weltkrieg sind in einem dreibändigen Werk von Ch. Sachße und F. Tennstedt entfaltet. Vor allem im ersten Band finden sich eine Reihe schwer zugänglicher Quellen und Materialien, die sehr anschaulich die theoretische Rekonstruktion erhellen.

3. Sozialarbeit als „organisierte Hilfe"

Die Bücher, die im folgenden aufgeführt werden, unterscheiden sich sehr stark in ihrem Schwierigkeitsgrad. Eine gute und sehr systematische *Einführung* in die Problematik der „organisierten Hilfe" bietet der Beitrag von Niklas Luhmann. Die anderen Beiträge sprechen jeweils spezifische Aspekte des angesprochenen Themenkreises an, also z.B. „Wohlfahrtsverbände", „Subsidiarität", „Selbsthilfe".

Bauer, R., 1978, Wohlfahrtsverbände in der Bundesrepublik Deutschland. Materialien und Analysen zu Organisation, Programmatik und Praxis, Weinheim, Basel

Gross, P., 1983, Die Verheißungen der Dienstleistungsgesellschaft. Soziale Befreiung oder Sozialherrschaft? Opladen

Heinze, R.G., (Hrsg.), 1986, Neue Subsidiarität: Leitidee für eine zukünftige Sozialpolitik? Opladen

Japp, K.P., 1986, Wie psychosoziale Dienste organisiert werden, Frankfurt a.M., New York

Kaufmann, F.X., (Hrsg.), 1987, Staat, intermediäre Instanzen und Selbsthilfe: Bedingungsanalysen sozialpolitischer Intervention, München

Luhmann, N., 1973, Formen des Helfens im Wandel gesellschaftlicher Bedingungen, in: Otto, H.U./Schneider, S., Gesellschaftliche Perspektiven der Sozialarbeit, Bd. 1, Neuwied, Darmstadt, S. 21-44.

Sachße, Ch. / Tennstedt, F., (Hrsg.), 1986, Soziale Sicherheit und soziale Disziplinierung, Frankfurt a.M.
Trojan A., (Hrsg.), 1986, Wissen ist Macht. Eigenständig durch Selbsthilfe in Gruppen, Frankfurt a.M.
Wolff, St., 1983, Die Produktion von Fürsorglichkeit, Bielefeld

4. Sozialarbeit als Beruf

Hier empfiehlt sich ein zweigleisiges Studium, nämlich einerseits eine Einführung in allgemeine berufssoziologische Fragen und erst dann eine intensivere Beschäftigung mit dem besonderen Feld der Sozialarbeit.

4.1. Allgemeine Literatur

Daheim, H.J., 1977, Berufssoziologie, in: R. König (Hrsg.), Handbuch der empirischen Sozialforschung, Bd. 8, Stuttgart (2. Aufl.)
Hartmann, H., 1986, Arbeit — Beruf — Profession, in: Soziale Welt, S. 193-216
Luckmann, Th. / Sprondel, W., (Hrsg.), 1972, Berufssoziologie, Köln

4.2. Speziell zu Strukturen der Berufsrolle und des beruflichen Handelns in der Sozialarbeit / -pädagogik

Dewe B., u.a., 1993, Professionelles soziales Handeln, München
Gildemeister, R., 1983, Als Helfer überleben, Beruf und Identität in der Sozialarbeit / Sozialpädagogik, Neuwied und Darmstadt
Olk, Th., 1986, Abschied vom Experten. Sozialarbeit auf dem Weg zu einer alternativen Professionalität, Weinheim, München
Sachße, Ch., 1986, Mütterlichkeit als Beruf, Frankfurt a.M.
Sahle, R., 1987, Gabe, Almosen, Hilfe, Opladen
Schütze, F., 1992, Sozialarbeit als „bescheidene" Profession, in: Dewe, B. / Ferchhoff, W. / Radtke, F.-O., (Hrsg.), Erziehen als Profession, Opladen, S. 132-170.

4.3. Zu „Soziologen im Berufsfeld der Sozialarbeit"

Schneider, H.R., 1983, Sozialwissenschaftler in Berufsfeldern sozialer Problemintervention, Bielefeld

5. Im Text zitierte Literatur

Achinger, H., 1960, Soziologie und Sozialreform, in: Soziologie und moderne Gesellschaft. Verhandlung am 14. Deutschen Soziologentag vom 20. bis 24. Mai 1959 in Berlin, 2. Aufl., Stuttgart

Albrecht, P., 1981, Die Übernahme der Prinzipien der Hamburger Armenreform für die Stadt Braunschweig, in: Ch. Sachße / F. Tennstedt (Hrsg.), Jahrbuch der Sozialarbeit 4, Reinbek b. Hamburg, S. 181 - 204

Japp, K.P., 1986, Wie psychosoziale Dienste organisiert werden, Frankfurt a.M. / New York

Luhmann, N., 1973, Formen des Helfens im Wandel gesellschaftlicher Bedingungen, in: Otto, H.U. / Schneider, S., Gesellschaftliche Perspektiven der Sozialarbeit, Bd. 1, Neuwied, Darmstadt, S. 21 - 44

Matthes, J., 1964, Gesellschaftspolitische Konzeptionen im Sozialhilferecht, Stuttgart

Meinhold, M., 1988, Intervention in der Sozialarbeit, in: Hörmann, G., / Nestmann, F., Handbuch der psychosozialen Intervention, Opladen

Offe, C., 1987, Das Wachstum der Dienstleistungsarbeit, in: Olk, Th. / Otto, H.U., (Hrsg.), Soziale Dienste im Wandel, 3 Bde, Neuwied und Darmstadt, Bd.1, S. 171 - 198

Olk, Th. / Otto, H.U., 1987, Institutionalisierungsprozesse sozialer Hilfe — Kontinuitäten und Umbrüche, in: dies. (Hrsg.), Soziale Dienste im Wandel, 3 Bde, Neuwied und Darmstadt, Bd. 1, S. 1 - 24

Sachße Ch. / Tennstedt, F., 1980, Geschichte der Armenfürsorge in Deutschland, Bd. 1, Stuttgart

Salomon, A., 1927, Die Ausbildung zum sozialen Beruf, Berlin

Schütze, F., 1992, Sozialarbeit als „bescheidene" Profession, in: Dewe, B. / Ferchhoff, W. / Radtke, F.-O., (Hrsg.), Erziehen als Profession, Opladen, S. 132-170

Wolff, St., 1983, Die Produktion von Fürsorglichkeit, Bielefeld

Lektion IV
Bevölkerungssoziologie

Hermann Korte

Inhalt

1. Die historische Entwicklung der Bevölkerungswissenschaften

1.1. Eine Vorbemerkung zum Stand der Bevölkerungswissenschaft in Deutschland

Im Unterschied zu anderen westeuropäischen und den angloamerikanischen Gesellschaften spielt in der Bundesrepublik Deutschland die wissenschaftliche Untersuchung von Bevölkerungsproblemen eine eher geringe Rolle. Während in den anderen entwickelten Ländern, aber auch in vielen Entwicklungsländern die wissenschaftliche Untersuchung der Bevölkerungsbewegungen zum wissenschaftlichen Alltag gehört, und auch eine Bevölkerungspolitik integraler Bestandteil der Gesellschaftspolitik ist, wurden diese Themen in der Nachkriegszeit in Deutschland sehr zurückhaltend behandelt. Das ist eigentlich bis heute so geblieben. Immer nur dann, wenn besondere Ereignisse eintreten, wie ein plötzliches Absinken der Geburtenziffer oder eine sehr hohe Zuwanderung, werden Probleme der Bevölkerungsentwicklung wissenschaftlich erörtert, aber auch dann meistens nur sehr punktuell und nicht in einem langfristigen Zusammenhang.

Ideologische Vorbelastung der Bevölkerungswissenschaft in der Bundesrepublik

In der Bundesrepublik Deutschland hat die Behandlung und Untersuchung von Bevölkerungsproblemen und Bevölkerungspolitik verständlicherweise immer noch mit einer spezifischen Schwierigkeit zu kämpfen. Der Begriff Bevölkerungspolitik ist durch die ideologische und inhumane Bedeutung belastet, die er zur Zeit des Nationalsozialismus als erklärter Bestandteil der Rassenpolitik hatte. Daher erweckt die bloße Erwähnung der Begriffe Bevölkerungspolitik und Bevölkerungsbewegung die Vorstellung, daß man die damit verbundenen Probleme nur als Rassenprobleme —also im wesentlichen als biologische Probleme — erörtern könne. Diese allgemeine Zurückhaltung wurde noch dadurch verstärkt, daß zur Begründung der nationalsozialistischen Rassenpolitik Sozialwissenschaftler, und unter ihnen besonders Bevölkerungswissenschaftler, nicht unerheblich beigetragen hatten. Die Vorstellung, daß es biologisch und sozial hochwertige Menschen gibt, war nicht nur eine Phantasie der nationalsozialistischen Führer, sondern hatte in der bevölkerungswissenschaftlichen Debatte des ausgehenden 19. und beginnenden 20. Jahrhunderts seine Verankerung. Auch wenn man nicht jedem Wissenschaftler die Schlußfolgerungen, die die Nationalsozialisten daraus zogen, nämlich die angeblich minderwertigen Menschen auszurotten, zurechnen kann, so belastete dieser Zusammenhang die Entwicklung der Bevölkerungswissenschaft. Erst seit Mitte der 70er Jahre kann man davon sprechen, daß die bevölkerungswissenschaftliche Debatte in der Bundesrepublik Deutschland langsam den Anschluß an das internationale Niveau sucht.

Erst Mitte der 70er Jahre: Erreichung des internationalen Niveaus

1.2. Die ersten Bevölkerungswissenschaftler

Die sozialwissenschaftliche Beschäftigung mit Fragen der Bevölkerungsbewegungen, d.h. mit ihrer Zu- bzw. Abnahme, mit den Wanderungen, mit dem Aufbau der Bevölkerung z.B. nach Alter und Geschlecht, ist so alt wie die Sozialwissenschaften selbst. Sie entsteht, wie die Soziologie auch, im Übergang vom Feudalismus zur Industrialisierung. Die offensichtliche Veränderung der Gesellschaftsstruktur, der Produktionsmethoden und des gesellschaftlichen Aufbaus sowie die Lehren der Aufklärung ließen die Menschen darüber nachdenken, oder ob es wirklich die göttliche Ordnung allein ist, die das Leben der Menschen auf der Welt regelt, oder ob es nicht, ähnlich wie in den Naturwissenschaften, auch für das Zusammenleben der Menschen Gesetze gibt, die unabhängig von Gottes Willen sind. (siehe auch Bd. II, Lektion I)

Bevölkerung als Grundlage in den Sozialwissenschaften

Es war ein langsames, zögerliches Herantasten an neue Ufer der Erkenntnis, bei denen nicht sofort alle alten Lehren über Bord geworfen wurden, um neuen Thesen Raum zu geben. Man kann dies bei dem ersten deutschsprachigen Bevölkerungswissenschaftler **Johann Peter Süßmilch** (1707 - 1767) besonders gut sehen. In seinem 1741 erschienenen Werk *„Die göttliche Ordnung in den Veränderungen des menschlichen Geschlechts, aus der Geburt, dem Tod und der Fortpflanzung desselben erwiesen“* nutzte er umfangreiche statistische Erhebungen über Geburten, Heiraten, Tod und Bevölkerungsstruktur, um nachzuweisen, daß keineswegs rein zufällig geboren und gestorben werde, sondern daß dies nach einer gewissen Ordnung geschähe. Allerdings nahm *Süßmilch* noch an, daß die Grundlagen dieser Ordnung von Gott geschaffen sind und daß die Menschen im Endeffekt nicht in der Lage wären, durch falsche Handlungen diese Ordnung gänzlich zu zerstören.

Anfänge bei J.P. Süßmilch

Allerdings klingt bei *Süßmilch* bereits an, daß es von den gesellschaftlichen Verhältnissen abhängt, wie sich Geburt, Tod und Bevölkerungsstruktur entwickeln. In einer Zeit, in der nur einer kleinen Schicht in der Bevölkerung erlaubt war zu heiraten, die damals praktizierte Methode der Geburtenkontrolle, war es schon eine politische Aussage, wenn er schrieb:

> derjenige Staat ist auf dem Weg der Bevölkerung und der größten Glückseligkeit, in welchem alle die, welche zu mannbaren Jahren gekommen sind, heyrathen können, wo sich gar keine Hindernisse und Bedenklichkeiten finden ... Wo das geschehen soll, da muß nicht nur Freyheit, sondern auch Brodt und Unterhalt genug seyn. (J.P. Süßmilch, 1988 (1741): 422 f.)

Diesem ersten Versuch einer wissenschaftlichen Untersuchung von Bevölkerungsbewegungen und Bevölkerungsstruktur folgten eine ganze Reihe weiterer Ansätze. So machten sich z.B. die **Physiokraten** (s. Bd. II, Lektion I) über den Zusammenhang des Wachstums der Bevölkerung mit dem Wachstum der Landwirtschaft Gedanken, welche die eigentliche Quelle des gesellschaftlichen Reichtums sei. Aber erst **Thomas Robert Malthus** (1766 - 1834) gelang ein nächster Schritt auf dem Wege zu einer Theorie des Bevölkerungswachstums und den dafür notwendigen staatlichen Rahmenbedingungen. Sein 1798 erschienenes Buch *„Das Bevölkerungsgesetz“* erlebte viele Auflagen. Es war zunächst

Malthus: seit 200 Jahren Eckpfeiler der Bevölkerungstheorie

der Versuch, ein allgemeines wissenschaftliches Gesetz zum Wachstum der Bevölkerung zu formulieren, und bald auch Argumentationsbasis gegen die Forderungen der Sozialisten nach einer Gesellschaft, in der es eine Bevölkerungsfrage nicht mehr geben sollte. Als „Naturgesetze" formulierte *Malthus* die Feststellungen, daß die Menschen erstens einen generellen Fortpflanzungs- und Vermehrungswunsch ebenso wie die belebte allgemeine Natur haben, und daß sich daraus zweitens ergibt, daß sich ihre Vermehrung in geometrischer Progression (1, 2, 4, 8 ...) vollzieht, während die Nahrungsmittelmenge nur in arithmetischer Folge (1, 2, 3, 4 ...) zunimmt.

Malthus' „Bevölkerungsgesetz"

Malthus versuchte an Rechenbeispielen nachzuweisen, daß sich eine menschliche Bevölkerung über den Generationszeitraum von 25 Jahren verdoppelt. Wenn diese Zunahme sich geometrisch fortsetzt, hat sich die Bevölkerung nach weiteren 25 Jahren vervierfacht und nach 75 Jahren verachtfacht. Während dieser Zeit haben die Nahrungsmittel nur linear zugenommen, im angenommenen Beispiel also vervierfacht. Deshalb kommt es nach einiger Zeit zu einer Situation, in der es nicht mehr genug Nahrungsmittel für alle Menschen geben kann. *Malthus* war nun der Meinung, daß Krankheiten, Seuchen, Laster und Elend, aber auch bestimmte Formen des Heiratsverhaltens oder Enthaltsamkeitsformen, wie das Zölibat, dem entgegenwirken.

Malthus' Bevölkerungsgesetz hatte große Resonanz und war auch der Ausgangspunkt nationalistischer und rassistischer Debatten über die Frage, wie groß eine Bevölkerung sein darf und wie ihre Mitglieder strukturiert sein müssen. Damit konzentrierte er die Debatte auf die Frage, wie groß eine Gesellschaft bei gegebenem Nahrungsmittelspielraum sein darf. Dies führte zu einer eher mechanistischen Sichtweise des Zusammenhangs von Volksraum, Volksvermögen sowie Volkskörper und verstellte den Blick für langfristige gesellschaftliche Prozesse, in denen die mögliche Größe einer Bevölkerung auf einem gegebenen Gebiet durchaus unterschiedlich sein kann. So ermöglichten Fortschritte der Agrartechnik über die Einführung der Dreifelderwirtschaft bis hin zur heutigen modernen Anbautechnik (Einsatz von Kunstdünger, Maschinen etc.) eine Steigerung der Leistungsfähigkeit in der Landwirtschaft und die Ernährung einer wachsenden Bevölkerung. Umgekehrt gibt es in der Geschichte ausreichend Beispiele dafür, daß ein Anstieg der Bevölkerung größere Anstrengungen zur Steigerung der Nahrungsmittelmenge erzwingt und soziale und ökonomische Veränderungen in der Gesellschaft bewirkt.

Einengung der Sichtweise durch Malthus

Auch *Malthus* war noch der Meinung, daß sein Bevölkerungsgesetz ein gottgewolltes Naturgesetz sei, das in allen Ländern und in allen Gesellschaften der Welt gelte und von den Menschen nicht außer Kraft gesetzt werden könne. Diese müßten sich anpassen und ihren Fortpflanzungstrieb — durch Enthaltsamkeit — entsprechend kontrollieren.

Liberalisierung von Malthus durch Mill

Seine Lehre bekam dann ab Mitte des 19. Jahrhunderts, insbesondere in England, eine liberale Fassung. Vor allem **John Stuart Mill** (1806 - 1873) verlegte die Frage der Geburtenregelung in die individuelle Entscheidung des Menschen. Der von ihm beeinflußte Neomalthusianismus propagierte deshalb Verhütungsmittel, deren Anwendung *Malthus* noch abgelehnt hatte.

Immerhin wurde jetzt gesehen, daß das sogenannte generative Verhalten der Menschen auch etwas mit individuellen Entscheidungen zu tun hat, die allerdings eingebunden sind in gesellschaftliche Entwicklungen und Strukturen. Auch kam das erste Mal deutlich zum Ausdruck, daß es eine Frage der Erziehung ist, wie Menschen mit der Möglichkeit, sich zu vermehren, umgehen. Und so war diese Bewegung sowohl Wissenschaft als auch politisches Programm, ein Zusammenhang, der für die Bevölkerungswissenschaft bis heute besteht.

Bevölkerungslehre zwischen Wissenschaft und politischem Programm

1.3. Mackenroth und die These vom demographischen Übergang

Bei den Soziologen des späten 19. und frühen 20. Jahrhunderts finden sich stets auch einige Auseinandersetzungen über die Gründe für die Veränderung von Größe und Struktur einer Bevölkerung. Aber es dauerte bis Mitte dieses Jahrhunderts, bis **Gerhard Mackenroth** (1903 - 1955) mit seiner Bevölkerungslehre eine systematische Grundlage für die Weiterentwicklung der Bevölkerungswissenschaft schuf. *Mackenroth* wandte sich der Frage zu, warum es trotz der individuellen Bestimmungsgründe für Zeugung und Geburt in bestimmten Gesellschaftsschichten in verschiedenen Ländern und zu verschiedenen Zeiten unterschiedliche Häufungen eines bestimmten Verhaltens gibt. Dies betrifft nicht nur die sogenannte Fruchtbarkeit, sondern auch die Frage, woran Menschen sterben, wie oft sie heiraten, in welchem Alter sie heiraten und wie groß der Abstand zwischen den Generationen ist. Aus diesen Merkmalen ergibt sich die **generative Struktur**, von der *Mackenroth* sagt, daß sie sich nach sozialen Gruppen gleicher Lebensformen unterscheiden läßt, also durch soziale Faktoren determiniert wird (*Mackenroth* führt für diese These den Ausdruck **Bevölkerungsweise** ein), und daß es Aufgabe der Bevölkerungswissenschaft ist, diese Unterschiede und ihre Entstehungsursachen zu untersuchen.

Neue Grundlagen: Mackenroth

Generative Struktur und Bevölkerungsweise

Von Mackenroth stammt im übrigen auch die These vom **demographischen Übergang**. Dies war ein langfristig orientiertes Modell, mit dem *Mackenroth* für Deutschland versuchte, die demographische Entwicklung der letzten 200 Jahre als einen Prozeß der Anpassung der Fruchtbarkeit an eine geänderte Sterblichkeit und als einen Übergang von einem Bevölkerungsgleichgewicht zu einem anderen zu erklären. Der Übergang von einem vorindustriell-generativen Verhalten zu einem industriell-generativen Verhalten meint, daß sich die „Bevölkerungsexplosion", in der Veränderung der Geburten- und Sterbeziffer zusammengefaßt, wie folgt entwickelt: Ab 1750 ein zunächst langsames, dann schnelleres Absinken der Sterbeziffer bei unveränderter Geburtenziffer, ab 1860 vorübergehend ein Anstieg der Geburtenziffer, bei weiterem Absinken der Sterbeziffer. Nach 1875 nimmt die Geburtenziffer dann kontinuierlich ab, während die Sterbeziffer weiter sinkt. Ab ca. 1930 bleiben die beiden Ziffern relativ konstant, wenn auch auf einem erheblich niedrigeren Niveau als in der vorindustriellen Zeit.

Demographischer Übergang als langfristiger Prozeß

1.4. Bevölkerungssoziologie

Es wird heutzutage immer noch versucht, diese These vom demographischen Übergang auf aktuelle Bevölkerungsprobleme in Entwicklungsländern anzuwenden. Da aber dieses anschaulich ausgearbeitete Modell die Hauptfrage nicht klären kann, warum die Geburtenziffer so viel später absinkt als die Sterbeziffer und auch die gesellschaftlichen Rahmenbedingungen ganz anders sind als im Europa des 17. bis 19. Jahrhunderts, ist es bisher nicht gelungen, die These vom demograpischen Übergang für eine Voraussage der weiteren Bevölkerungsentwicklung in der sogenannten Dritten Welt heranzuziehen.

Frage nach der Bevölkerungsweise eine genuin-soziologische Frage

Gegenwärtig ist das Thema der Bevölkerungsweise und der generativen Struktur einer Bevölkerung nicht nur eine Frage, die in der Ökonomie und Psychologie erörtert wird, sondern auch Soziologinnen und Soziologen interessieren sich zunehmend für diese Fragen. Dies vor allem deshalb, weil hier besonders anschaulich die Verflechtung der individuellen Möglichkeiten und Wünsche und der gesellschaftlichen Gegebenheiten und Bedingungen zu studieren ist. So verbindet die Frage nach den Gründen, warum immer weniger Frauen, sei es in einer Ehe, in nichtehelichen Lebensgemeinschaften oder alleinstehend, immer weniger Kinder bekommen, die individuellen Motive mit der sozialen Struktur, der politischen Ordnung und den kulturellen Rahmenbedingungen einer Gesellschaft.

Soziale Determinanten individueller Lebensdaten

Ob Menschen früher oder später in ihrem Leben sterben, ist nicht nur ein individuelles Schicksal, sondern auch Ausdruck bestimmter gesellschaftlicher Vorsorgesysteme, so z.B. des Gesundheitssystems, der Arbeitsbedingungen und der Lebensweise in der Freizeit. Und die Frage, warum Menschen von einem Land in ein anderes wandern, wie sie dort aufgenommen werden, wie lange sie dort bleiben und ob es ihnen gelingt, in der Aufnahmegesellschaft Fuß zu fassen, ist ebenfalls nicht nur eine Frage individueller Entscheidungen, sondern auch bestimmter gesellschaftlicher Verhältnisse, aus denen die Zuwanderer kommen und in die sie dann hineingeraten. So trägt auch die **soziologische Sichtweise** zu der bevölkerungswissenschaftlichen Frage nach den Gründen für die zahlenmäßige Entwicklung und die Entwicklung der Struktur der Bevölkerung bei. Sie fragt mit ihren Möglichkeiten, warum sich die Anteile von Männern und Frauen an der Gesamtheit der Bevölkerung verändern oder warum sich die Verteilung nach Altersgruppen verschiebt.

Größe und Struktur einer Bevölkerung werden von dem Verhältnis von Geburtenzahlen und Todesfällen sowie dem Saldo von Zuzügen und Abwanderungen bestimmt. Man kann diese Zusammenhänge und die Möglichkeiten, diese wissenschaftlich zu untersuchen und zu erklären, sehr gut an der Entwicklung der beiden deutschen Staaten studieren, die 1949 - 1989 voneinander getrennt bestanden und sich nach dem Fall der Berliner Mauer im November 1989 am 3. 10. 1990 vereinigten. Im folgenden Kapitel werde ich daher zunächst die Entwicklungen in der BRD und der DDR aufzeigen und dann die Diskussionen zusammenfassen, die sich in der Literatur über die Geburtenziffer, die Sterbeziffer und die Wanderungen finden lassen.

2. Die Bevölkerungsentwicklung am Beispiel Deutschlands

2.1. Ein deutsches Beispiel von Geburt, Tod und Wanderungen

2.1.1. Bundesrepublik Deutschland bis 1989

Die Zahl der Menschen, die auf dem Gebiet der BRD lebten, ist seit 1949 von 49,2 Mio. bis 1989 auf 62,6 Mio. angestiegen. Vor allem in den Anfangsjahren der BRD und dann in den letzten 15 Jahren hatten Wanderungsgewinne Entwicklung und Struktur der bundesrepublikanischen Bevölkerung bestimmt. Dazwischen lag eine Zeit des deutlichen Geburtenüberschusses.

Etappen der Bevölkerungsentwicklung

Zwischen 1949 und 1961, dem Jahr des Mauerbaus in Berlin, stieg die bundesrepublikanische Bevölkerung um ca. 6 Mio. Menschen an. Dies hatte etwa zur Hälfte seine Ursache in jährlichen Geburtenüberschüssen, die allerdings erst nach 1956 stetig zu steigen begannen. Die Zahl der Eheschließungen nahm jährlich zu, und das durchschnittliche Heiratsalter, vor allem das der Frauen, sank. Da die Sterbeziffer nur leicht anstieg, nahm der Geburtenüberschuß zu. Ging die eine Hälfte des Zuwachses der Bevölkerung in diesen Jahren auf das Konto des Geburtenüberschusses, so kam die andere durch Wanderungsgewinne zustande. Insgesamt kamen 6,2 Mio. Menschen in die Bundesrepublik, mehr als die Hälfte davon aus der DDR. Der Wanderungssaldo betrug allerdings in dieser Phase zwischen 1949 und 1961 nur 3,5 Mio., weil auch die Fortzüge — vor allem durch Auswanderung nach Nordamerika und Australien z.Zt. des Koreakrieges — recht hoch waren.

Mit dem Bau der Berliner Mauer 1961 kam die Zuwanderung aus ostdeutschen Gebieten dann fast ganz zum Stillstand. Da die Wirtschaft wegen Hochkonjunktur und Vollbeschäftigung auf weitere Arbeitskräfte angewiesen war, begann man mit der gezielten Anwerbung ausländischer Arbeitnehmer. Diese hatten allerdings erst Mitte der 60er Jahre Einfluß auf Zahl und Struktur der Bevölkerung.

Anwerbung ausländischer Arbeitnehmer

Die erste Hälfte der 60er Jahre war zunächst noch von einem deutschen „Babyboom" bestimmt. In den Jahren zwischen 1962 und 1965 kam es nämlich erneut zu einem starken Anstieg der Geburtenziffern. Da sich gleichzeitig die Sterbeziffer nur unwesentlich veränderte, konnte die Bevölkerungszahl noch einmal deutlich ansteigen. Allerdings währte diese Geburtenhochkonjunktur nur wenige Jahre. Ab 1965 wurden die Zahlen rückläufig und nach 1969 sank die Geburtenziffer dann rapide ab und erreichte bis dato unbekannte Tiefstwerte.

Während der Geburtenüberschuß nun kontinuierlich zurückging, nahmen die Wanderungsgewinne von Jahr zu Jahr zu. 1966 war die Zahl der ausländischen Arbeitnehmer bereits auf 1,31 Mio. angestiegen. Die Gastarbeiter hatten wegen ihres durchschnittlich jungen Alters, zumal sie meist allein lebten, in den ersten Jahren wenig Einfluß auf die Struktur der Bevölkerung. Dies änderte sich mit Beginn der 70er Jahre. Die Zahl der ausländischen Arbeitsmigranten war seit 1969 stark angestiegen. Der Anwerbestop von 1973 sollte die Zahl der ausländischen Arbeitnehmer deutlich verringern. Tatsächlich ging in den darauffolgenden Jahren die Zahl der ausländischen Arbeitnehmer um knapp 25 % zurück. Der Anwerbestop hatte aber auch zur Folge, daß ein größerer Teil der Ausländer sich in der Bundesrepublik niederließ, und die Familienmitglieder nachholte, so daß ihre Zahl in den 70er Jahren mit insgesamt 4 Mio. relativ konstant blieb. Der Anteil der Ausländer an der Gesamtbevölkerung betrug bis Ende der 80er Jahre ca. 7 %.

Anwerbestop 1973

Auswirkungen des Familiennachzugs

Mit dem Familiennachzug änderte sich die Struktur der ausländischen Wohnbevölkerung. Der Anteil der Frauen stieg an, viele Ehen wurden geschlossen und die absolute Zahl der Geburten ausländischer Kinder nahm zu. Dies hatte nachhaltige Folgen, vor allem für das System der schulischen und beruflichen Bildung, das auf diese Strukturveränderungen der Bevölkerung nicht vorbereitet war und einige Jahre brauchte, um sich darauf einzustellen. Auch bei der Wohnungsversorgung traten Engpässe auf.

Da die Sterbeziffer in den 70er Jahren nur geringe Schwankungen aufwies, und ab 1977 der Wanderungssaldo wieder positiv war, nahm trotz des starken Rückgangs deutscher Geburten die Gesamtzahl der auf dem Gebiet der Bundesrepublik lebenden Menschen kaum ab und schwankte bis Mitte der 80er Jahre um einen Wert von 61 Mio.. Durch die mehr als 1 Mio. deutschstämmigen Aussiedler aus osteuropäischen Ländern, die seit 1985 in die Bundesrepublik kamen, wohnten 1989 schließlich 62,6 Mio. Menschen auf dem damaligen Gebiet der Bundesrepublik.

2.1.2. Deutsche Demokratische Republik

Auch die Entwicklung der Bevölkerungszahl in der DDR ist Ergebnis von Wanderungsbewegungen und dem Saldo von Geburten und Tod, aber es gibt signifikante Unterschiede zur Entwicklung in der Bundesrepublik. Schon die Gesamtbevölkerungszahl weist auf einen anders verlaufenen Prozeß hin. Die Bevölkerung in der DDR hat zwischen 1949 und 1989 von ca. 18,5 Mio. auf rd. 16,5 Mio. abgenommen. Auch die Entwicklungen im einzelnen unterscheiden sich deutlich.

Etappen der Bevölkerungsentwicklung

Der Wanderungssaldo der DDR war fast immer negativ, vor allem in der Zeit vor 1961, dem Jahr des Mauerbaus, und ab Mitte der 80er Jahre, ein Tatbestand, der in den amtlichen Statistiken nicht dokumentiert wurde, da die Zahl der „Republikflüchtigen", wie sie im Amtsdeutsch der DDR hießen, nicht öffentlich werden durfte. Dennoch gibt es keine Zweifel: die Wanderungsbilanz der DDR war durchgängig von negativen Werten gekennzeichnet, sehr hoch bis 1961, niedrig von 1962 bis 1988. 1989 verließen dann wieder 343 000 Menschen das Land.

Die DDR hatte aus ideologischen Gründen angeblich keine Gastarbeiter. Im großen und ganzen stimmt das, sieht man von dem zeitweisen Einsatz polnischer Arbeiter ab und den ca. 50 000 Vietnamesen, die ab Mitte der 80er Jahre in die DDR geholt wurden. Die letzteren waren noch nicht einmal ansatzweise in die DDR-Gesellschaft integriert. Ein Familienleben kannten diese zentral kontrollierten und kollektiv untergebrachten Menschen nicht. Außer diesen Leiharbeitern und einigen ausgesuchten Stipendiaten aus afrikanischen und asiatischen Ländern und aus Kuba, gab es in der DDR keine Ausländer. 1988 lebten dort 190 000 Ausländer, aber nur etwa 20 % von ihnen mit einem festen Wohnsitz. Der Ausländeranteil betrug 1,1 %.

Ausländeranteil 1988 nur 1,1 %

Auch das Verhältnis von Geburten und Sterbefällen hat sich in der DDR anders als in der Bundesrepublik entwickelt. Während Westdeutschland seit 1972 bei der natürlichen Bevölkerungsbilanz bis heute einen negativen Wert hatte, gab es ab 1979 in der DDR mit Ausnahme weniger Jahre einen Geburtenüberschuß. Auch die Zahl der lebend Geborenen auf 1 000 Einwohner (Geburtenziffer) lag deutlich über den Werten der BRD. Zwar erreichte auch die DDR 1971 letztmalig eine Geburtenzahl, die zum Ersatz der Elterngeneration notwendig ist, aber mit 75 % lag der sogenannte Wert der einfachen Reproduktion deutlich über den ca. 60 % der westdeutschen Bevölkerung. Während also in der BRD die Zuwanderungen die niedrigen Geburtenziffern ausglei-

Höhere Reproduktionsziffer als in der BRD

chen konnten und sogar noch eine Zunahme der Wohnbevölkerung bewirkten, haben in der DDR die hohen Geburtenzahlen die Auswirkungen der ständigen Abwanderung nicht ausgleichen können.

2.2. Die Debatte um das Absinken der Geburtenziffer

Mit der Geburtenziffer wird die Zahl der lebend Geborenen, bezogen auf 1 000 Einwohner in einem Jahr, angegeben. Im Jahr 1950 betrug sie für die BRD 16,2 und stieg dann bis 1963 auf 18,3, um anschließend bis 1975 auf den niedrigsten Stand von 9,7 abzusinken. Als die Geburtenziffer in der Bundesrepublik ab Mitte der 60er Jahre rückläufig zu werden begann, setzte sehr schnell eine öffentliche Diskussion über die Gründe ein. In der Öffentlichkeit und auch bei Wissenschaftlern wurde als Grund häufig der sogenannte „Pillenknick" ausgemacht. Es handelt sich dabei um die mechanistische Vorstellung, daß das Erscheinen von Ovulationshemmern auf dem deutschen Pharmamarkt die Ursache für den Geburtenrückgang sei. Es besteht aber keine sinnvolle Korrelation zwischen diesen beiden Ereignissen. Der Geburtenrückgang setzte nämlich viel früher ein (Linde 1984). 1970 nahmen erst ca. 20 %, 1975 etwas mehr als 30 % der gebärfähigen Frauen die Pille.

Definition Geburtenziffer

„Pillenknick" als Ursache

Das war im übrigen auch eine zu kurzfristige Betrachtung, denn frühere Debatten zur Geburtenkontrolle und deren Auswirkung zeigen, daß das Vorhandensein von Mitteln zur Geburtenverhütung bislang nicht automatisch in allen Schichten identisch mit der Praktizierung von Geburt, Verhütung und Familienplanung gewesen ist.

Wenn man überhaupt einzelne Faktoren für den Rückgang der Geburtenziffer verantwortlich machen möchte, wäre es naheliegend gewesen, nicht den Pillenknick, sondern die in der Nachkriegszeit entstandene Siedlungs- und Wohnungsstruktur in Betracht zu ziehen. So gab es z.B. eine hohe Zahl von 2 1/2 bis 4 Zimmer-Wohnungen, die in den ersten 20 Jahren nach 1945 entweder als Ersatz für die im Krieg zerstörten Wohnungen oder für den zusätzlich entstandenen Bedarf gebaut wurden, und es war eigentlich nicht verwunderlich, daß die Familien, die in diesen Wohnungen wohnten, nicht mehr als ein oder zwei Kinder haben wollten. Untersuchungen ergaben daher z.B., daß der Einfluß der Konfession auf das Fortpflanzungsverhalten (im Wissenschaftlerdeutsch „generatives Verhalten" genannt) rückläufig war und dafür offensichtlich bestimmte Wohn- und Siedlungsstrukturen an Einfluß gewannen.

Ursachenbündel des Geburtenrückgangs

Die Debatte um den Rückgang der Geburtenziffer hatte teilweise auch nationalistische Züge, die manchmal mit religiösen Vorstellungen verknüpft waren. Manche fürchteten, daß das deutsche Volk aussterben würde, andere beklagten das sündige Verhalten der Menschen, die sich ungehemmt und ohne Kinderwunsch sexueller Lust hingäben, ohne dabei an die Verantwortung für die Gesellschaft zu denken. Man kann eigentlich immer wieder feststellen, daß besonders die Frage der Geburtenentwicklung schnell mit dem Bestand einer Kultur, einer Nation oder eines Volkes in Verbindung gebracht wird. Die Betonung des Segens vieler Kinder bzw. die Furcht vor dem allgemeinen Sinken der Kinder-

Befürchtungen wegen sinkender Geburtenziffer

zahl fallen fast immer mit der Betonung von Nationalismus zusammen. Leider ist die allgemeine Bevölkerungswissenschaft bisher wenig in der Lage gewesen, derartigen ideologischen Interpretationen wirkungsvoll entgegenzutreten.

Statistische Materialien zur Bevölkerungsentwicklung gibt es genügend. Was fehlt, sind soziologische Untersuchungen, die in theoriebildende Erklärungen münden. Zur Erklärung von Zusammenhängen helfen Modelle gesellschaftlicher Entwicklung, mit denen Typen sozialer Struktur herausgearbeitet werden können. Darin könnte der Beitrag der Soziologie bestehen. Dabei käme es nicht darauf an, eine metatheoretische Typenbildung für jeden einzelnen Fall in der Welt zu entwickeln, sondern jeden neuen Fall dazu zu benutzen, eine immer bessere Typenbildung zu erarbeiten, die sich so nah wie möglich an die bestehenden, beobachtbaren Unterschiede heranarbeitet.

Eine Begriffs- und Typenbildung, die bestehende Zusammenhänge und Unterschiede besser erklären will, bedarf der Durchführung von Langfristuntersuchungen, die ein hohes Maß an emotionaler Enthaltsamkeit ermöglichen. Der von *Mackenroth* für Deutschland ausgearbeitete Versuch, die demographische Entwicklung der letzten 200 Jahre als demographischen Übergang zu erklären, war ein solches Modell. Aber *Mackenroths* Vorstellung von der Überschichtung aller generativer Strukturen bei gleichzeitigem Beginn neuer Strukturen unterstellt, daß es nur zwei Formen von generativem Verhalten gibt, die vorindustrielle und die industrielle. Wenn der Umschlag von dem einen Zustand in den anderen nicht synchron verläuft, so wird dies nicht zu begründen versucht, sondern zum „Überschichtungsphänomen" erklärt und damit der Notwendigkeit einer theoriebildenden Erklärung entzogen.

Reduktion auf zwei Formen generativen Verhaltens zu undifferenziert

Mit dieser Feststellung soll nicht die verdienstvolle Pionierarbeit von *Mackenroth* bezweifelt, sondern deutlich gemacht werden, daß bestimmte bevölkerungswissenschaftliche Grundpositionen einer soziologischen Betrachtung heute nicht mehr standhalten können. Dies ist um so wichtiger, als die Grundpositionen *Mackenroths* immer noch Verwendung finden. Dies erklärt auch, warum die bevölkerungswissenschaftlichen Debatten fast immer aktuell-kurzfristig geführt werden und der Gedanke an Langfristuntersuchungen meistens im Hintergrund bleibt.

Langfristigkeit und Ungeplantheit der Bevölkerungsentwicklung

Norbert Elias (1897 - 1990) betont gerade die große Bedeutung von Langfristuntersuchungen (s. Bd. II, Lektion IX). Zu den entscheidenden Charakteristika seiner Soziologie gehört die Langfristigkeit der Perspektive und die Möglichkeit, durch systematische Vergleiche von gegenwärtigen und vergangenen Stufen der Entwicklung ein präziseres und adäquateres Bild von beiden zu gewinnen. Auch der Vergleich von Langzeitentwicklungen in verschiedenen Staaten ist seiner Meinung nach erforderlich für die „wissenschaftliche Erschließung der Welt, in der sie [die Menschen; H.K.] leben" (Norbert Elias: „Was ist Soziologie?", München 1970: 122).

Elias zeigt auf, daß die Entwicklung menschlicher Gesellschaften ungeplant verläuft. Die demographische Entwicklung ist hierfür ein gutes Beispiel. Gleichzeitig kann man an ihr auch sehen, daß sich

> in den Wandlungen menschlicher Gesellschaft, auf lange Zeit hin betrachtet, bestimmte Strukturen der Auf- und Aneinanderfolge, also zum Beispiel langfristige und

trotz aller Transformationen beharrliche Richtungen und „Trends", beobachten lassen, die aus der Vergangenheit durch die Gegenwart über sich hinausführen. (Norbert Elias: Zur Grundlegung einer Theorie sozialer Prozesse. in: Zeitschrift für Soziologie, Jg. 6, Heft 2, 1977: 139).

2.3. Eine soziologische Erklärung zum Geburtenrückgang

Vor diesem Hintergrund soll im folgenden die Entwicklung der Geburtenziffer in der Bundesrepublik Deutschland zwischen 1949 und 1989 analysiert werden. In der Nachkriegszeit war ab 1955 eine langsame Verbesserung der allgemeinen Lebensbedingungen zu beobachten. Ein deutlicher Schub trat etwa ab 1960 ein, als die Befriedigung des erheblichen Nachholbedarfs an Lohnsteigerungen für die große Masse der deutschen Arbeitnehmer zu Buche schlug. Die 60er Jahre gelten allgemein als Phase beginnenden Wohlstands, für die der steigende Motorisierungsgrad und der beginnende Massentourismus nur beispielhafte Indikatoren sind. Aufgrund fortschreitender Technisierung stieg der Bedarf an gut ausgebildeten, hochqualifizierten Arbeitskräften. Dies führte zur Öffnung der Bildungseinrichtungen. Damit wurde der weiterführende Schulbesuch und eine akademische Ausbildung für Gruppen in der Gesellschaft möglich, deren Mitglieder bislang nur Hauptschulabschluß und Lehre gekannt hatten.

In diesem Zeitraum kommt es zunächst zu einem Sinken des Heiratsalters. Die höheren Löhne, die Öffnung des Ratenkaufsystems für jedermann und die Möglichkeit, relativ schnell eine Zwei- bis Dreizimmerwohnung zu bekommen, erleichtern eine frühe Heirat. Gleichzeitig gibt es aber auch, beginnend in den Massenmedien, eine öffentliche Diskussion über das sexuelle Verhalten von Männern und Frauen (z.B. durch Veröffentlichungen von *Oswald Kolle*), in deren Verlauf über Möglichkeiten der Geburtenkontrolle ebenso diskutiert und informiert wurde wie über die gemeinsame Verantwortung der Ehepartner für die Familienplanung.

Änderung des generativen Verhaltens zwischen 1960 und 1970

Die Zeit zwischen 1960 und 1970 stellt sich als eine **ungeplante Transformationsphase** dar. In ihrem Verlauf näherte sich das generative Verhalten von breiten Schichten der Bevölkerung an bereits praktiziertes Verhalten einer kleineren Gruppe der Oberschicht bzw. des Bildungs- und Besitzbürgertums an, während die nun kleiner werdende Unterschicht, die nur rudimentär an den allgemeinen Wohlstandsentwicklungen teilnahm, ihr generatives Verhalten beibehielt. Dies liegt jedoch nicht an mangelnder Kenntnis und fehlendem Zugang zu Verhütungsmitteln begründet, sondern darin, daß es für die Unterschicht keinerlei Motivation gab, ein jahrhundertelang praktiziertes Verhalten zu ändern.

These zum Absinken der Geburtenziffer

Die folgende **These** beantwortet provisorisch die Frage nach dem Absinken der Geburtenziffer und soll in den nächsten Abschnitten belegt werden: Die Geburtenziffer sinkt dann, wenn nach einer Phase des ökonomischen Aufschwungs mit individuellen Aufstiegsmöglichkeiten eine Phase wirtschaftlicher Stagnation oder Depression zur Verteidigung erreichter sozialer Positionen zwingt. Dies betrifft vor allem die sich jeweils nach unten abschließenden Mittelschichten, die dann in zunehmendem Maße von den bereits bekannten Möglichkeiten der Geburtenkontrolle und Familienplanung Gebrauch machen.

Beispiel England 1850 - 1870

Bestätigt wird diese These z.B. durch Vorgänge in England zwischen 1850 und 1870: Einer Phase wirtschaftlichen Aufschwungs mit erhöhten individuellen Aufstiegsmöglichkeiten folgte eine Phase wirtschaftlicher Flaute bzw. Depression (1870 - 1890), in deren Verlauf nicht nur der Aufstieg sehr erschwert wurde, sondern die erreichten Positionen hart verteidigt werden mußten. Dies galt vor allem auch für die Zukunft der Kinder. Die englischen Schulen und Universitäten praktizierten zu jener Zeit einen strengen Numerus clausus, die Eingangsbedingungen für die privilegierten Studiengänge Medizin und Recht waren besonders hoch. In dieser Zeit sank die Geburtenziffer in der Mittelschicht.

Beispiel Bundesrepublik 1970 ff.

In der Bundesrepublik Deutschland gab es seit 1970 neben steigenden Einkommen eine erhebliche Inflationsrate sowie Probleme und krisenhafte Erscheinungen im Beschäftigungs- und Ausbildungsbereich. Der reale Anstieg der Arbeitseinkommen war bei gleichzeitig hoher Arbeitslosenquote fast zum Stillstand gekommen. Auch war der Anteil der fixen Kosten pro Familie (Mieten, Sozialversicherungen etc.) am Einkommen gestiegen. Es fehlten Ausbildungsplätze, es gab einen allgemeinen Kampf um Studienplätze, wobei die prestigereicheren Studiengänge besonders schwer zugänglich waren. Die Geburtenziffer sank.

2.4. Entwicklungen nach der Vereinigung

„Demographischer Zusammenbruch" in den neuen Bundesländern

Auch ein Blick in die fünf neuen Länder bestätigt diese These: Auf dem Gebiet der ehemaligen DDR ist ein demographischer Zusammenbruch zu beobachten, der in der deutschen Geschichte bisher ohne Beispiel war. 1989 wurden in der DDR noch knapp 200 000, 1990 nur noch 175 000, 1991 dann nur noch 107 000 und 1992 schließlich nur noch knapp 80 000 Kinder geboren. In den wenigen Jahren von 1989 - 1992 reduzierte sich also die Geburtenzahl auf etwa 40 % des ursprünglichen Wertes.

Zusammenhang von Frauenerwerbsquote und Geburtenziffer

Die im Vergleich zur Bundesrepublik anders verlaufene Entwicklung der Zahl der Geburten in der DDR hatte ihren Grund in sozialen Umständen, sozialpolitischen Grundsatzentscheidungen und gezielten bevölkerungspolitischen Maßnahmen. Dies kann man besonders gut daran erkennen, daß die hohe Frauenerwerbsquote von bis zu 90 % (in der BRD lag sie bei ca. 50 %) keinen negativen Einfluß auf die Zahl der Geburten gehabt hat. Auffallend ist in diesem Zusammenhang das deutlich niedrigere Heiratsalter der Menschen in der DDR und eine sehr geringe Zahl von Frauen, die ohne Kinder blieben.

Da die DDR aus ökonomischer und aus allgemein politischer Zielsetzung Frauen- und Männerarbeit relativ gleich bewertete, und Männer und Frauen gleichermaßen in die Arbeitswelt einbezogen waren, gab es in der DDR ein umfassendes Netz der Kinderbetreuung, so daß die Geburt eines Kindes nicht zu dem biographisch einschneidenden Ereignis wurde, wie wir es in anderen westeuropäischen Staaten beobachten. Dieses Kinderbetreuungssystem war jedoch Bestandteil der Sozialleistungen der Kombinate und anderer großer Industrieunternehmen und wurde aufgrund des Zwangs zur marktwirtschaftlichen Führung der Betriebe und der dafür notwendigen Senkung der Produktionskosten größtenteils aufgelöst, ohne daß sofort andere Möglichkeiten der Kinderbetreuung, z.B. in öffentlichen oder privaten Kindergärten, angeboten werden konnten.

Hinzu kam sehr schnell eine neue Frauenarbeitslosigkeit, die den Frauen auf dem Gebiet der ehemaligen DDR die Einsicht brachte, daß sie nur eine industrielle Reservearmee kapitalistischen Zuschnitts waren. Es erging ihnen wie ihren Schwestern in den westlichen Ländern: Sobald die ökonomische Notwendigkeit einer hohen Frauenerwerbsquote nicht mehr besteht, verliert der Männerstaat ein Interesse an der Berufstätigkeit der Frauen.

Schon diese wenigen beispielhaft angeführten Auswirkungen der Vereinigung verweisen auf große Orientierungsprobleme der Menschen in den fünf neuen Ländern. Das generative Verhalten spiegelt diese große Verunsicherung wider: Die Zahl der Eheschließungen sank von 131 000 auf knapp 50 000 ab, die Geburtenziffer ging beträchtlich zurück. Kein Wunder, das sei nebenher erwähnt, daß auch die Zahl der Scheidungen von 50 000 auf knapp 9 000 zurückgegangen ist.

Auch dieses Beispiel erhärtet also die aufgestellte These, daß die Aussicht auf ökonomischen Aufstieg bzw. die Möglichkeit, diesen Aufstieg zu sichern, in wirtschaftlich schwierigen Zeiten zu einer niedrigeren Geburtenziffer führt. Die Menschen in der ehemaligen DDR sehen für sich die Möglichkeit, den Wohlstand der Menschen in der alten Bundesrepublik zu erreichen, wissen aber noch nicht, wie sie dieses Ziel verwirklichen können. Dies ist eine gesellschaftliche Situation, in der die Realisierung des Wunsches nach Kindern zunächst hinausgeschoben wird.

2.5. Von der Notwendigkeit einer Debatte über die Sterbeziffer

Einfluß der Sterbeziffer

Die größeren Schübe in den quantitativen Veränderungen der Bevölkerungen sind langfristig betrachtet bislang mit Veränderungen der Sterbeziffer verbunden gewesen. Auch der heute zu beobachtende schnelle Anstieg der Bevölkerungen in nicht-industrialisierten Ländern beruht im wesentlichen sowohl auf einem früheren, als auch einem schnelleren Sinken der Sterbeziffer gegenüber dem schnellen Anstieg der Geburtenziffer. Eine allgemeine Verbesserung der Lebensbedingungen in hygienischer und sozialer Hinsicht wirkt sich vor allem zu Anfang schichtungsneutral aus, im Gegensatz zu Möglichkeiten der Geburtenkontrolle und Familienplanung, die in starkem Maße schichtungsabhängig praktiziert werden. Da mutet es schon merkwürdig an, wenn in den Diskussionen der Demographen die Sterblichkeit gern als eine Quasi-Konstante angesehen wird. Viele Bevölkerungswissenschaftler sind der irrigen Ansicht, die Sterbeziffer sei zu vernachlässigen, da geringe Schwankungen nur minimal Einfluß auf die Gesamtzahl der Bevölkerung haben.

Eine solche quantitativ-mechanistische Betrachtungsweise kann aus soziologischen Gründen nicht akzeptiert werden. Nehmen wir noch einmal das Beispiel der Bevölkerungsentwicklung in der ehemaligen DDR. Ähnlich wie in der Bundesrepublik und in anderen europäischen Ländern war die Lebenserwartung der Menschen dort angestiegen, die der Frauen stärker als die der Männer. Allerdings lag sie in der DDR um drei Jahre unter der Lebenserwartung der

Geringere Lebenserwartung in der DDR

BRD. Dies war ein Ergebnis schlechterer Ernährung, gesundheitsschädigenderer Arbeitsbedingungen, schlechterer medizinischer Versorgung und auch großer ökologischer Belastungen. Es zeigt sich also, daß bestimmte Lebensbedingungen einen Einfluß auf die Lebenserwartung haben und damit auch auf die Sterbeziffer.

Der amerikanische Soziologe **Kingsley Davis** (geb. 1908) hat deshalb schon Ende der 40er Jahre vorgeschlagen, parallel zu dem Begriff der Geburtenkontrolle den Begriff der „Death Control" einzuführen, womit er eine genauere **Kontrolle der Todesursachen** und damit auch deren Abwehr gemeint hatte. Wer über die Entwicklung der Bevölkerung wissenschaftlich arbeitet, darf nicht nur die Geburtenziffer im Auge haben, sondern muß auch die Sterbeziffer berücksichtigen, zumal Langfristbetrachtungen belegen, daß die Verbesserungen der Lebenschancen von der Hygiene über die medizinische Versorgung, den Unfallschutz bis hin zum Umweltschutz weniger stark schichtspezifisch gefiltert werden und sich deshalb auf die gesamte Bevölkerung auswirken.

Bedeutung der „Death Control"

Zu diesem Thema gibt es in den westeuropäischen Ländern so gut wie keine Forschungsprojekte und -ergebnisse. Es soll hier angemerkt werden, daß entsprechende Untersuchungen aus soziologischen Gründen dringend erforderlich sind. Auch wenn eine gewisse Veränderung in zehntel Prozenten bei der Sterbeziffer zunächst auf die quantitative Entwicklung der Bevölkerung nur geringen Einfluß hat, sollte verstanden werden, daß qualitative Verbesserungen der Lebensumstände das Vertrauen der Individuen in ihre Gesellschaft ebenso verstärkt wie ihre Hoffnung auf ein längeres Leben. Dies hat nicht nur Auswirkungen auf die Sterbeziffer, sondern kann auch die Entscheidung darüber, ob und wieviele Kinder man möchte, beeinflussen.

Dieser Zusammenhang ist, wie gesagt, wenig untersucht. Intensiver haben sich Bevölkerungswissenschaftler und auch Soziologinnen und Soziologen mit der Frage der Zu- und Abwanderungen beschäftigt. Dies vor allem deshalb, weil durch gezielte Anwerbung von Arbeitsmigrantinnen und Arbeitsmigranten seit den 60er Jahren nicht nur in der Bundesrepublik Deutschland, sondern auch in anderen westeuropäischen Ländern versucht wurde, fehlende Arbeitskräfte in der eigenen Bevölkerung zu ersetzen.

Sorge um das Bevölkerungswachstum: ein altes Thema

An dieser Stelle ist daran zu erinnern, daß die Sorge um Bestand und Wachstum der Bevölkerung nicht neu ist, sondern seit Jahrhunderten immer wieder Staatsmänner und Politiker beschäftigt hat. So war der merkantilistische Landesaufbau unter Friedrich II. eng verbunden mit einer „Be-Völkerungs-politik". Friedrich II. war der Meinung, daß die Stärke eines Staates nicht auf der Ausdehnung seiner Grenzen, sondern auf seiner Bevölkerungszahl beruhe und es darum im Interesse eines Herrschers liege, die Bevölkerungszahl zu heben und so das Land zur Blüte zu bringen. Seine Politik war deshalb auch darauf gerichtet, die Menschen im Land zu halten und ihre Zahl durch Anwerbung in anderen Ländern zu erhöhen. Die dafür notwendigen Auswanderungssperren und Einwanderungshilfen wurden von zeitgenössischen Bevölkerungswissenschaftlern, wie dem schon erwähnten *Johann Peter Süßmilch*, wissenschaftlich gestützt. Seine und andere Arbeiten basierten im wesentlichen auf der Einsicht, daß man in eine Gesellschaft entweder hineingeboren wird oder in sie einwandert, und daß man eine Gesellschaft nur durch Tod oder Auswanderung verlassen kann.

Nachdem wir uns bisher mit Geburt und Tod beschäftigt haben, wollen wir uns im nächsten Kapitel nun mit der Frage beschäftigen, unter welchen Umständen Menschen in ein Land einwandern, was zugleich die Frage nach den Gründen einschließt, warum sie ihr bisheriges Land verlassen haben.

2.6. Zur soziologischen Debatte über Wanderungen

Etappen der Wanderungsbewegungen

Es war in dieser Lektion bereits berichtet worden, daß in der Zeit zwischen 1949 und 1961 in der Bundesrepublik ein positiver Wanderungssaldo von 3,5 Mio. Menschen zu verzeichnen war. In dieser Zeit kamen 6,2 Mio. Menschen in die Bundesrepublik. Dies waren zum Teil Übersiedler aus der damals noch sogenannten „sowjetisch besetzten Zone" und zum Teil waren es Menschen, die aus den deutschen Ostgebieten zunächst nach Ostdeutschland geflohen bzw. vertrieben worden waren und die nun nach Westdeutschland weiter wanderten, weil sie sich von der politischen und gesellschaftlichen Entwicklung der Bundesrepublik für ihr eigenes Schicksal mehr versprachen.

Die Zuwanderung von Nichtdeutschen, also etwa von ausländischen Gastarbeitern, spielte in den 50er Jahren noch keine Rolle. Diese Zuwanderung setzte erst nach dem Bau der Berliner Mauer am 13. 8. 1961 ein. Mitte der 70er Jahre wohnten 4 Mio. Ausländer mehr in der Bundesrepublik, d.h., der Zuwanderungsgewinn betrug insgesamt 4 Mio. Menschen, denn selbstverständlich sind wesentlich mehr Menschen zugewandert, aber eben auch sehr viele ausländische Arbeitskräfte in ihre Heimatländer zurückgekehrt. Insgesamt war in der Bundesrepublik zwischen 1949 und 1989 jahresdurchschnittlich ein **Wanderungsgewinn** von 280000 Menschen zu verzeichnen. In den 80er Jahren entstanden diese Wanderungsgewinne hauptsächlich durch die sogenannten Aussiedler aus Süd-Ost-Europa und durch politische Flüchtlinge, die nach dem Artikel 16 Grundgesetz in der Bundesrepublik politisches Asyl suchten.

Arbeitsmigration und Fluchtmigration

Auch was die Wanderungen angeht, reicht das Beispiel der Bundesrepublik zunächst aus, um die Grundtatbestände kennenzulernen. Ganz allgemein kann man Arbeitsmigration und Fluchtmigration unterscheiden. Bei der **Arbeitsmigration** wandern Menschen von einem Land in ein anderes, oder wenn man Binnenwanderungen in einem großen Land betrachtet, von einer Region in die andere, weil sie sich dort vom Leben für sich und ihre Angehörigen mehr erwarten, als sie zu Hause vorfinden. Ganz allgemein spricht man bei Wanderungen von **Pull- und Push-Faktoren**. Dies meint am Beispiel der Arbeitsmigration, daß die Aussicht, Arbeit und Einkommen zu finden, ein Pull-Faktor ist, d.h. die Menschen erachten die Möglichkeiten in anderen Regionen oder Ländern auch dann als besser, wenn die Arbeitsbelastungen dort höher als im Heimatland und die Einkommen niedriger als erwartet sind. Die unzureichenden Lebensbedingungen der Heimatregion dagegen sind der Pushfaktor, d.h. sie bewegen die Menschen dazu, ihre Heimatregion zu verlassen.

Pull- und Push-Faktoren

Allerdings können die Push-Faktoren die Pull-Faktoren überwiegen. Dies ist bei der anderen Form, nämlich der **Fluchtmigration** der Fall. Viele Menschen auf der Welt sind gezwungen, ihr Land oder ihre Region zu verlassen, wenn sie nicht an Krieg oder Hunger zugrunde gehen wollen. Andere werden politisch, religiös, rassisch oder sexuell verfolgt.

Betrachtet man die Alternativen, die sowohl die Arbeitsmigranten wie die Flüchtlinge haben, so muß man feststellen, daß es keine gibt. Die Situation bei den Gruppen unterscheidet sich lediglich im Ausmaß ihrer Bedrohlichkeit: die der Arbeitsmigranten ist „nur hoffnungslos", die der meisten Flüchtlinge „lebensbedrohend".

Sonderformen der Migration

Neben den beiden Grundformen der Arbeitsmigration und Fluchtmigration gibt es noch Zwischen- und Sonderformen. Eine solche sind die deutschstämmigen **Aussiedler** aus ehemals deutschen bzw. deutschsprachigen Gebieten in Süd-Ost- und Ost-Europa. Ihre Migrationsentscheidung beruht nicht allein auf den schlechten Lebensbedingungen und der Hoffnung auf eine bessere Zukunft für sich selbst und ihre Kinder, sondern auch auf der Existenz eines emotionalen Bandes zu einem fernen Land. Das deutsche Beispiel ist jedoch kein Einzelfall. Viele europäische Länder, die bis in die Mitte dieses Jahrhunderts Kolonien gehabt haben, waren in den letzten 30 Jahren Ziel z.T. sehr umfangreicher Wanderungen von Menschen, die ehemals in diesen Kolonien gelebt haben. Sie stammen entweder von Niederländern, Belgiern, Briten, Franzosen, Portugiesen, Spaniern ab oder hatten durch ihre Zusammenarbeit mit den ehemaligen Kolonialherren einen entsprechenden Paß bekommen und erhoben nun Anspruch, in das Land einzureisen, das ihnen diesen Paß einmal ausgestellt hatte.

In allen westeuropäischen Ländern, die derartige Zuwanderungen erlebten, ist die Aufnahme und die Integration dieser Menschen mit zum Teil sehr heftigen sozialen Konflikten erreicht worden. Mit dem Stichwort der sozialen und politischen **Integration** ist auch eines der Themen benannt, mit denen sich die Wanderungssoziologie neben der Frage nach den allgemeinen Gründen für Wanderungen in den letzten zwanzig bis dreißig Jahren beschäftigt hat. Die Thesen zweier Autoren sollen beispielhaft erläutert werden.

2.7. Die These der Unterschichtung

Anfang der 70er Jahre hat der Züricher Soziologe **Hans-Joachim Hoffmann-Nowotny** in einer grundlegenden theoretischen Arbeit dargestellt, daß insbesondere Arbeitsmigranten, aber auch Flüchtlinge, denen der Aufenthalt in einem Land gestattet wird, in der Regel auf den niedrigsten sozialen Beschäftigungspositionen plaziert werden. *Hoffmann-Nowotny* hat mit Forschungsarbeiten auch beschrieben, wie die Einheimischen die Zugehörigkeit der Zuwanderer und Zuwanderinnen zu einer anderen Kultur oder Ethnie als Argument benutzen, ihren eigenen Status und ihr eigenes Ansehen nicht nur zu erhalten, sondern noch zu steigern. Er hat diesen Prozeß als **Unterschichtung** bezeichnet. Die Einheimischen greifen auf traditionelle Kriterien der sozialen Einordnung von Menschen zurück: Entscheidend sind nicht Qualifikation und Leistung, sondern die ethnische Herkunft der Zugewanderten. Die Zuweisung im gesellschaftlichen Schichtungssystem erfolgt nicht anhand des erworbenen,

Zuweisung des Unterschichtstatus' für Zuwandernde

sondern anhand des zugeschriebenen Status' — eine Verfahrensweise, die die Soziologie für traditonelle Gesellschaften vielfach beschrieben hat.

Verhalten der Zugewanderten

Dem Prozeß der Unterschichtung setzen die Zugewanderten zunächst kaum Widerstand entgegen. Da sie sich von ihrer Migration eine grundlegende Verbesserung der Lebensbedingungen für sich selbst oder zumindest für ihre Nachkommen versprechen, akzeptieren sie zumindest in der ersten Generation, als flexible und ausgrenzbare Reservearbeitskräfte eingesetzt zu werden. Dies ändert sich allerdings mit steigender Aufenthaltsdauer und auch, wenn eine zweite Generation herangewachsen ist. Dann verliert die Arbeitsmigration oder die Fluchtmigration den Charakter eines vorläufigen Projektes, und die zugewanderten Personengruppen beginnen damit, ihren Status zu verbessern und auch soziale und politische Partizipationsrechte zu fordern. Je nach der Politik des Aufnahmelandes kommt es dann entweder zu einer fortschreitenden Integration in die Aufnahmegesellschaft, wie es für die großen Einwanderungsnationen (USA, Kanada, Australien) typisch ist, oder zu ethnischen Segmentierungen wie z.B. in der Bundesrepublik in den 70er und 80er Jahren. Die Nichtzugehörigkeit zur Aufnahmegesellschaft, die sich in der Unterschichtung bereits manifestierte, führt dann zur Identifizierung mit der eigenen ethnischen Herkunft und einer eigentlich fremd gewordenen Nationalität.

Die These Hoffmann-Nowotnys von der Unterschichtung ist lange Zeit in verschiedenen Differenzierungen diskutiert worden. Diese und andere Diskussionen sind dokumentiert in dem Lehrbuch von Annette Treibel: „*Migration in modernen Gesellschaften. Soziale Folgen von Einwanderung und Gastarbeit*". Treibel hat im übrigen auch vorgeschlagen, stärker die These von *Norbert Elias* über das Verhältnis von Etablierten und Außenseitern zur Interpretation von Wanderungs- und Integrationsprozessen heranzuziehen.

2.8. Die Etablierten-Außenseiter-Theorie

Der Erklärungsansatz von Norbert Elias

In der Etablierten-Außenseiter-Theorie stellt *Elias* deutlicher als die Unterschichtungstheorie und viele handlungstheoretische Ansätze, die sich mit den individuellen Motiven der Wanderer beschäftigen, die **Machtunterschiede** zwischen Menschen, Menschengruppen und ganzen Gesellschaften in den Mittelpunkt. *Elias* spricht von Machtbeziehungen, um zum Ausdruck zu bringen, daß es sich nicht um einseitige Zuschreibungen von Positionen handelt, sondern um figurale Verflechtungen. In dieser Betrachtung sind auch sehr ungleichgewichtige Machtverhältnisse, wie z.B. die zwischen einem Herren und einem Sklaven, Beziehungen zwischen Menschen, die sich im Laufe der Zeit verändern. Dadurch wird auch deutlich, daß die Konflikte zwischen Einheimischen und Zuwanderern nicht primär Nationalitäten- oder Rassenprobleme, also ein Problem ethnischer Minderheiten sind, bei denen fremdartiges Aussehen im Vordergrund steht, sondern Konflikte zwischen Etablierten und Außenseitern. Das Andersartigsein, die anderen Sitten und Gebräuche, dienen dabei nur als Erkennungszeichen, die die Abgrenzung erleichtern. Zuwanderer sind eine machtunterlegene Außenseitergruppe mit besonderen Schwierigkeiten hinsichtlich ihres Rechtsstatus' und oft auch der Sprache.

Modell der „Etablierten-Außenseiter-Figuration"

Diese sozialen Konflikte, ihre Entstehung und Entwicklung, ihre strukturellen Modelle hat *Elias* in dem Modell der „Etablierten-Außenseiter-Figuration" zusammengefaßt. Damit ergibt sich die Möglichkeit, individuelle und soziale Komponenten miteinander zu verbinden. In einer Etablierten-Außenseiter-Figuration versucht die etablierte Gruppe, ihre Position zu halten, abzusichern und — wenn möglich — auszubauen, während die Außenseiter danach streben, ihre Stellung zu verbessern und der der Etablierten anzugleichen, da der Zugang zu den Machtpositionen Vorteile vielfältigster Natur mit sich bringt.

Die Anwendung des von *Elias* entwickelten Modells zur Analyse von Machtbeziehungen zwischen Menschen trägt im übrigen nicht nur zur Erhellung der sozialen und politischen Konflikte in den Aufnahmegesellschaften bei, sondern auch zur besseren **Systematisierung** der grundlegenden Ursachen für Wanderungen. Betrachtet man nicht nur die individuellen und allgemeinen Push- und Pull-Faktoren, die sozialen Prozesse, die sich aus der Unterschichtung ergeben, sondern auch die globalen Verhältnisse, dann wird sehr schnell klar, daß Wanderungen nicht notwendig wären, wenn alle Menschen an jedem Ort der Welt vergleichbare Möglichkeiten hätten. Wie es in einer lokalen Gemeinde oder innerhalb einer nationalen Gesellschaft Etablierte und Außenseiter gibt, so gibt es auch im **globalen Maßstab** derartige Gegensätze. Es besteht ein ökonomisches und soziales Gefälle zwischen verschiedenen Regionen auf der Welt, etwa zwischen der sogenannten „Ersten" und der sogenannten „Dritten Welt". Die Bewohnerinnen und Bewohner der benachteiligten Regionen sind bestrebt, ihre Situation zu verbessern.

Wanderung als Ergebnis globaler Verhältnisse

Ebenso wie sich die Machtverhältnisse zwischen kleinen Menschengruppen langsam verändern, lassen sich auch Machtverschiebungen auf zwischenstaatlichen Ebenen beobachten, die sich im gegenwärtigen Ablauf von Migrationsprozessen widerspiegeln. Wenn man die emotionalisierten Debatten in den Staaten Westeuropas über die Probleme der Zuwanderung von Flüchtlingen aus Süd und Ost verfolgt, dann könnte man meinen, daß nur diese Länder Ziel entsprechender Wanderungen sind. Das ist vielleicht einmal so gewesen, inzwischen haben sich die Verhältnisse aber sehr verändert. Die Länder, aus denen Deutschland seine Gastarbeiter „bezog", nämlich Italien, Spanien, Griechenland, Portugal und auch die Türkei, sind inzwischen längst Immigrationsländer geworden, d.h., aus noch ärmeren Ländern wandern in diese Staaten Menschen aus Afrika, Asien und neuerdings, nach dem Fortfall des Eisernen Vorhanges, auch aus Ost- und Südosteuropa ein. Man kann an diesen Beispielen sehr gut sehen, wie Staaten, die noch vor 10 oder 20 Jahren eher einen Außenseiterstatus hatten, mittlerweile im Weltmaßstab schon fast als „Etablierte" bezeichnet werden können. Mit dem Wandel der Machtverhältnisse ändert sich die Figuration von Etablierten und Außenseitern.

Änderung der Figurationen von Außenseitern und Etablierten

Allerdings handelt es sich bei den beschriebenen Veränderungen um Größenordnungen, die an einem grundlegenden Fakt bisher nichts geändert haben: Die Wanderungen nach Europa sind nur ein sehr geringer Teil der Gesamtwanderungen und Fluchtbewegungen, die wir auf der Welt z.Zt. zu beobachten haben.

Fluchtbewegungen ein weltweites Problem

Nach Schätzungen des Weltflüchtlingsrates kommen nur etwa 5 % der weltweit auf der Flucht befindlichen Personen nach Europa. 1992 wurden weltweit 46 Kriege geführt, davon 2 in Europa, 15 in Afrika, 7 im nahen und mittleren Osten, 17 in Asien und 5 in Latein-Amerika. Dies ist ein kleiner Hinweis auf die Fluchtgründe, die international existieren.

Neue weltgesellschaftliche Figurationen

Das weltgesellschaftliche Staatensystem kann man als Etablierten-Außenseiter-Figuration im großen Maßstab verstehen. Diese Figuration befindet sich gegenwärtig im Umbruch. Bisherige Dichotomien und Muster der Ideologieproduktion sind aufgebrochen und werden durch scheinbar neue überlagert: Der Nord-Süd-Konflikt hat wieder an Brisanz gewonnen, nach dem der Ost-West-Konflikt entschärft worden ist. Das Gefälle zwischen Etablierteren und Randständigen- und Außenseiterregionen sind die Hauptursache für Wanderungen. Allerdings greift es zu kurz, den Norden oder Westen als die Etablierten und den Süden bzw. Osten als die Außenseiter zu begreifen. Der Süden weist intern viele etablierte Regionen auf, die Ziel von Arbeitsmigranten und Flüchtlingen werden. Nur ein Bruchteil der Migrantinnen und Migranten aus dem Süden geht in den Norden.

3. Vergleich internationaler Statistiken zum Bevölkerungsaufbau

Im letzten Jahrzehnt des 20. Jahrhunderts interessiert die Menschen in den hochentwickelten Ländern des Westens und des Nordens vor allem, ob jene Horrorszenarien stimmen, die von Wanderungsströmen mit bis zu 50 Mio. Menschen sprechen. Ebenso alarmiert sind die jetzt auf der Erde lebenden Menschen von Prognosen, die besagen, daß sich die heutige Weltbevölkerung bis zum Jahre 2025 noch einmal verdoppeln wird, nachdem bereits von 1950 bis 1988 die Zahl der auf der Erde lebenden Menschen von 2,5 Milliarden auf 5,2 Milliarden angestiegen ist. Die Belastung der Umwelt durch die Menschen ist bereits sehr hoch. Die Vorstellung, daß demnächst 10 Milliarden Menschen die natürlichen Ressourcen ausbeuten und die Umwelt entsprechend verschmutzen, ist ein ernstzunehmendes Problem. Allerdings gibt es auch hier keine Automatik. Der Bielefelder Bevölkerungswissenschaftler **Herwig Birg** hat dazu festgestellt:

Umweltbelastung durch wachsende Weltbevölkerung

> Die agrarische Produktivkraft der Land- und Wasserflächen des Planeten reicht aus, um mindestens die doppelte Bevölkerungszahl von heute zu ernähren. Die ökologischen Folgen der Produktion und Konsumption haben zwar bereits zu irreversiblen Umweltveränderungen geführt, aber andere Zerstörungen sind reversibel und werden beseitigt werden. Die technologische Entwicklung ermöglicht es, immer sauberere Produktionsweisen einzusetzen. (Herwig Birg, 1991: 15 f.)

Verläßliche Prognosen kaum möglich

Wie bei allen Prognosen muß auch hier die Zukunft zeigen, ob derartige Einschätzungen realistisch sind. In jedem Fall kommt es aber auf die genaue Kenntnis der Entwicklungen in den einzelnen Ländern an und zwar nicht nur der hochentwickelten, sondern auch derjenigen, die als Entwicklungsländer oder als Schwellenländer eingestuft werden. (siehe hierzu auch Lektion X). Das sich Länder mit unterschiedlichem Entwicklungsstand auch hinsichtlich ihres Bevölkerungsaufbaus unterscheiden, kann man sehr gut an folgendem Schaubild sehen.

Altersaufbau — Altersgruppen in % der Bevölkerung

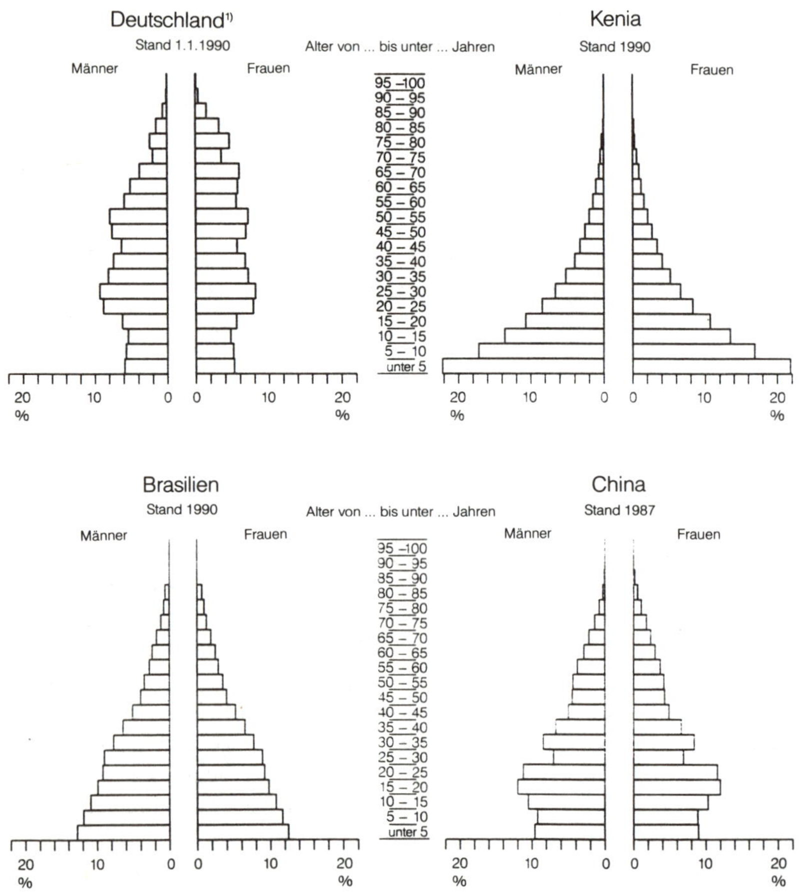

1) Bundesrepublik Deutschland nach dem Gebietsstand ab dem 3.10.1990.

Statistisches Bundesamt 91 02 09

Der Altersaufbau der Bevölkerungen von Deutschland, Kenia, Brasilien und China ist sehr unterschiedlich. An ihm lassen sich bestimmte Merkmale und spezifische Unterschiede zeigen, wobei noch einmal darauf hinzuweisen ist, daß damit noch nichts über die gesellschaftlichen Gründe für die Entwicklungen im einzelnen ausgesagt ist.

Altersaufbau in einem Industrieland

So zeigt der Altersaufbau in Prozent der Bevölkerung für Deutschland das typische Bild eines hochentwickelten westlichen Landes: eine relativ niedrige Geburtenrate seit etwa 30 Jahren, zunehmende Lebenserwartung und entsprechend hohe Bevölkerungsanteile in den älteren Jahrgängen sowie ein gewisser Überhang der Frauen gegenüber den Männern. An der Pyramide für Deutschland kann man im übrigen auch bestimmte einzelne Ereignisse wie den höheren Anteil der Frauen bei den 75-85jährigen erkennen; dies sind Folgen des II. Weltkrieges. Auch kann man sehr gut sehen, wie nach dem sog. „baby-boom" der späten 50er und frühen 60er Jahre, die Geburtenrate absinkt.

Altersaufbau in Entwicklungsländern

Das genaue Gegenteil zeigt der Altersaufbau für Kenia. Hier haben wir es mit einer Gesellschaft zu tun, die offensichtlich über steigende Geburtenziffern bei gleichzeitig stagnierender Lebenserwartung und damit geringeren Anteilen an älterer Bevölkerung verfügt. Dabei fällt auf, daß anders als bei den Entwicklungen im 19. Jahrhundert offensichtlich die Geburtenrate erheblich angestiegen ist, ohne daß auch die Sterberate bereits entsprechend abgesunken ist. Zur Erinnerung: Beim Modell des demographischen Übergangs, das *Mackenroth* entwickelt hatte, fällt zunächst die Sterberate und erst mit zeitlicher Verzögerung steigt die Geburtenrate. Man kann an diesem Beispiel aber sehen, daß die Regel, daß sich die hygienischen Verbesserungen zunächst auf die Dauer der Lebenserwartungen und auf ein Absinken der Sterberate auswirken, in einzelnen Fällen zu differenzieren ist. Hier hat offensichtlich ein Absinken der Säuglingssterblichkeit zu einem erheblichen Anstieg der Kinderzahl geführt.

Brasilien kann man als ein Schwellenland bezeichnen, und man kann an dem Altersaufbau sehen, daß bereits der Anteil der älteren Bevölkerung zugenommen hat, während der Anteil der Kinder längst nicht so hoch ist wie im Falle Kenias, aber doch noch höher als im Falle Deutschlands. Bei steigender Lebenserwartung und weiterhin sinkenden Geburtenziffern wird sich der Altersaufbau Brasiliens bald dem Bild Deutschlands oder anderer entwickelter Länder angleichen.

Ein Sonderfall schließlich ist das Beispiel China. Hier kann man anhand des oberen Teils des Schaubildes einen traditionellen Aufbau der Bevölkerung vermuten. Der untere Teil zeigt allerdings erhebliche Einschnitte, die einerseits auf einen Krieg zurückzuführen sind (in der Gruppe der 25-30jährigen). Der Rückgang der Altersgruppen in den letzten 20 Jahren ist andererseits auch ein Ergebnis einer rigiden Geburtenkontrolle in China, bei der den Ehepaaren unter Androhung hoher Geldstrafen verboten ist, mehr als ein Kind zu haben.

Die vergleichende Betrachtung des Altersaufbaus verschiedener Gesellschaften ist ein nützliches Hilfsmittel bei der Untersuchung der Sozialstruktur verschiedener Gesellschaften. Man kann den Altersaufbau einer Bevölkerung durchaus kombinieren mit weiteren Indikatoren etwa zur Zahl der Ärzte auf 10000 Einwohner, der Ausstattung der Haushalte mit Elektrogeräten, Mobilitätsraten usw. Aber immer muß man sich darüber im klaren sein, daß dies nur die Oberfläche der gesellschaftlichen Verhältnisse ist, und daß die Feststellung von Unterschieden zwischen einzelnen Gesellschaften nicht verwechselt werden darf mit den Gründen für diese Unterschiede.

Offenheit des Weltbevölkerungsprozesses

Dies gilt für die Bevölkerungsentwicklung in ganz besonderem Maße. Erst die genaue Untersuchung der Gründe für ein bestimmtes Verhältnis von Geburt und Tod und für einen bestimmten Wanderungssaldo über einen längeren Zeitraum in einer bestimmten Gesellschaft kann erweisen, ob die Entwicklungen, die für Europa in den letzten 200 Jahren typisch waren, sich in den Modernisierungsprozessen in Asien, Afrika und anderen Weltregionen wiederholen werden.

Informationsteil

1. Benutzte und zitierte Literatur

Birg, Herwig: Der Konflikt zwischen Space Ethics and Lifeboat Ethics und die Verantwortung der Bevölkerungstheorie für die Humanökologie, S. 15f., in: Deutsche Gesellschaft für die Vereinten Nationen: Dokumente, Informationen, Meinungen, 40/1991

Dinkel, Reiner H./Meinl, Erich: Die Komponenten der Bevölkerungsentwicklung in der Bundesrepublik Deutschland und der DDR zwischen 1959 und 1987, in: Zeitschrift für Bevölkerungswissenschaft (1991), H. 1

Elias, Norbert: Was ist Soziologie? München 1970

Elias, Norbert: Zur Grundlegung einer Theorie sozialer Prozesse, in: Zeitschrift für Soziologie VI/1977, S. 127-149

Elias, Norbert/John L. Scotson: Etablierte und Außenseiter. Übersetzt von Michael Schröter. Frankfurt/M. 1990

Höhn, Charlotte/Mammey, Ulrich/Wendt, Hartmut: Bericht 1990 zur demographischen Lage: Trends in beiden Teilen Deutschlands und Ausländer in der Bundesrepublik Deutschland, in: Zeitschrift für Bevölkerungswissenschaft (1990), H. 2

Hoffmann-Nowotny, Hans-Joachim: Migration — ein Beitrag zu einer soziologischen Erklärung. Stuttgart 1970

Linde, Hans: Theorie der säkularen Nachwuchsbeschränkung 1800-2000, Frankfurt/New York 1984

Mackenroth, Gerhard: Bevölkerungslehre. Theorie, Soziologie und Statistik der Bevölkerung. Berlin/Göttingen/Heidelberg 1953

Malthus, Thomas Robert: Das Bevölkerungsgesetz 1977 (1798)

Marschalck, Peter: Bevölkerungsgeschichte Deutschlands im 19. und 20. Jahrhundert, Frankfurt a.M. 1984

Süßmilch, Johann Peter: Die göttliche Ordnung. Göttingen 1988 (1741)

Treibel, Annette: Migration in modernen Gesellschaften. Soziale Folgen von Einwanderung und Gastarbeit. Weinheim/München 1990 (Grundlagentexte Soziologie)

2. Hinweise auf einführende Literatur

Zunächst sei auf zwei Veröffentlichungen der Bundeszentrale für politische Bildung, Berliner Freiheit 7 in 53111 Bonn hingewiesen:

Themen-Heft 220 „*Bevölkerungsentwicklung*“ aus dem 3. Quartal 1988. Eine didaktisch gut aufbereitete Zusammenschau der verschiedenen Diskussionsfelder.

Aus Politik und Zeitgeschichte 18/89 (Beilage zur Wochenzeitung „*Das Parlament*“) mit Übersichtsartikeln von Josef Schmid (Bevölkerungsentwicklung),

Bernhard Felderer (Immigration), Detlef Grieswelle (Familienpolitik) und Rudolf Krebs (Rentenversicherung).

Von Josef Schmid stammt auch die wichtige „*Einführung in die Bevölkerungssoziologie*", Reinbek 1976.

Hinzuweisen ist auch auf das in der 4. Auflage vorliegende Einführungsbuch von Karl Martin Bolte, Dieter Kappe und Josef Schmid: *Bevölkerung — Statistik — Theorien. Geschichte und Politik des Bevölkerungsprozesses.* Opladen 1980.

Unverzichtbar sind die nationalen und internationalen Statistischen Jahrbücher. Die amtliche deutsche Statistik wird laufend kommentiert in der monatlich erscheinenden Zeitschrift „*Wirtschaft und Statistik*", herausgegeben vom Statistischen Bundesamt Wiesbaden im Verlag Kohlhammer, Stuttgart.

Zur Vertiefung bei einzelnen Themen sei verwiesen auf:

Birg, Herwig / Koch, Helmut: Der Bevölkerungsrückgang in der Bundesrepublik Deutschland, Frankfurt / New York 1987

Birg, Herwig / Flöthmann, Ernst / Reiter, Iris: Biographische Theorie der demographischen Reproduktion, Frankfurt / New York 1991

Fickl, Stephan, Hrsg.: Bevölkerungsentwicklung und öffentliche Haushalte, Frankfurt / New York 1991

Feichtinger, Gustav: Bevölkerungsstatistik, Berlin / New York 1973

Hauser, Jürg A.: Bevölkerungsentwicklung und Umweltprobleme der Dritten Welt, Bern und Stuttgart 1990, 2 Bde. (UTB 1568 u. 1569)

Lektion V
Arbeits- und Berufssoziologie

Wieland Jäger

Inhalt

1. Einleitung: Arbeit und Beruf — Verfall zentraler soziologischer Kategorien?

Was willst du werden? Nicht nur groß und stark, auch Popstar, Ballettänzerin, Fußballprofi oder Verkäuferin wissen Kinder schnell zu antworten (Lokomotivführer o.ä. ist out). Welchen Beruf üben Sie aus? In Erwartung dieser im Alltag selbstverständlichen Frage (beim Arzt, in der Behörde, beim Kennenlernen im IC und anderswo) haben die Menschen ebenfalls eine zumeist wohlfeile Antwort parat — ist doch jetzt Gelegenheit, sich darzustellen, Aufmerksamkeit (auch Achtung) des Gegenüber zu erhalten, den ‚Platz' in der Gesellschaft zu beschreiben. Die Menschen ‚sind' durch das, was sie repräsentieren (selbst Kindern dämmert dieser Zusammenhang), und entsprechend nehmen wir andere wahr, jedenfalls ist niemand frei davon.

Was im Alltag so oder ähnlich gilt, zumindest lange Zeit zutreffend war, erschien auch Soziologen noch bis Ende der 70er Jahre durchaus selbstverständlich. Arbeit und Beruf standen bei Theoretikern wie Sozialforschern gleichermaßen hoch im Kurs. Die soziale Existenz von Menschen definierte sich über Arbeit, die Berufstätigkeit wurde als das bewußte Tun im Arbeitsprozeß aufgefaßt. Der Zusammenhang von Arbeit und Beruf galt Soziologen als unabdingbar, weil Arbeit kaum ohne Beruf und Beruf nicht ohne Arbeit zu denken waren. Beide Begriffe assoziierten mit der Vorstellung von Selbstbestimmung, Persönlichkeitsentfaltung und sinnhaftem Leben, aber auch mit der schmerzhaften Erfahrung von Fremdbestimmung, Ausbeutung und Macht.

Bestimmung der sozialen Existenz über Arbeit und Beruf

Seit etwa 15 Jahren jedoch zeigen sich in der Soziologie unübersehbare Veränderungen. Zentrale Kategorien, die bisher die Fachdebatte beherrschten, verlieren an Erklärungskraft für das Realgeschehen. Arbeit bezeichnet offenbar nicht mehr nur industrielle (Lohn)Erwerbsarbeit; auch der Berufsbegriff gerät bei Tendenzen zur ‚Entberuflichung' u.a. ins Wanken; andere ehemals zentrale Begriffe wie ‚Bewußtsein' scheinen pulverisiert. Stattdessen machen Kategorien wie Subjektivität oder Kultur Karriere. Es scheint, als sei die Gegenwart über Termini wie Arbeit und Beruf kaum noch zu erschließen, deren ‚Dekonstruktion' (Wilke Thomssen) als Kernkategorien der Soziologie schreite voran. Und in diese Entwicklung fügt sich offenbar eine andere Alltagserfahrung gut ein: nicht mehr die sattsam bekannte Frage nach dem Beruf (zumindest außerhalb von Behörde, Arzt etc.) erregt Interesse, vielmehr die nach den Zukunftsplänen des Gesprächspartners erfreut sich zunehmender Beliebtheit. Darin äußert sich, wie weit gegenwärtig auch immer verbreitet, ein ‚epochaler' Wandel, quasi eine Aufwertung des Individuums, seines phantasievollen, kreativen Vermögens, auch unabhängig von der konkreten Berufstätigkeit, wohingegen der mit der ersten Frage verbundenen Auskunft über den Sozialstatus, den Grad der Selbstbestimmung von Arbeit des / der Antwortenden etc. weniger Bedeutung beigemessen wird. Also: Arbeit und Beruf ein Thema von gestern? Keine voreiligen Schlußfolgerungen, wir werden sehen.

Tendenzen der „Entberuflichung"

2. Soziologische Gegenstandsbestimmung

2.1. Strukturelle und individuelle Aspekte von Arbeit

Arbeit und Beruf als strukturbestimmende Grundtatbestände

Zweifellos stellt Arbeit für moderne Gesellschaften wie die Bundesrepublik einen strukturbestimmenden Grundtatbestand dar. Die unterschiedliche Stellung der Menschen im Arbeitsprozeß — nach dem Sozialrecht als Arbeiter / Angestellter, nach dem Ausbildungsniveau als Angelernter / Gelernter / Zertifikatsbesitzer und nach dem Systematisierungsgrad des Berufswissens (Professionalisierung) — verweist auf die Sozialstruktur dieses Gesellschaftstyps. Diese Merkmale bezeichnen das funktionale Gefüge von wechselseitiger Abhängigkeit innerhalb der arbeitsteiligen Gesellschaft; mit der unterschiedlichen Stellung im Arbeitsprozeß verbinden sich zugleich vertikale Differenzierungen in den Lebenschancen (Weisungsbefugnis, Einkommen, Verantwortungsübernahme u.a.). Mit Niels Beckenbach läßt sich Arbeit als ‚*der* zentrale Ort der individuellen Erfahrung‘ kennzeichnen. Marie Jahoda hält sogar Arbeit für die Menschen in modernen Gesellschaften für unumgänglich: Arbeit vermittele einmal ein charakteristisches Zeiterlebnis — Arbeit teilt den Tag ein, die Woche, das Jahr und das ganze Leben in regelmäßige Perioden von Arbeit und Freizeit. Zweitens bereichere Arbeit das Wissen um die ‚Welt‘ über den engen Kreis von Nachbarn / Freunden hinaus, erweitere damit den sozialen Horizont. Drittens ermögliche Arbeit ein Kooperationserlebnis; die materiellen Bedürfnisse moderner Menschen können nur in der Zusammenarbeit von vielen befriedigt werden. Viertens definierten Arbeitsplatz und Berufskategorie, zu der eine Person zählt, dessen soziale Identität. Und schließlich erzwinge die Erwerbsarbeit des einzelnen eine regelmäßige, systematische Tätigkeit, die über persönliche Zwecke hinausgeht und den Arbeitenden an die soziale Wirklichkeit bindet. (Die negativen Folgen für Menschen ohne Arbeit werden unmittelbar einsichtig.)

Arbeit als zentraler Ort individueller Erfahrung

Ökonomischer und sozialer Aspekt der Arbeitsteilung

Näher einzugehen ist auf den bereits hervorgehobenen Aspekt der Arbeitsteilung. Neben der industriellen Arbeitsteilung, die seit Adam Smith 1776 als Arbeitszerlegung mit dem Ziel einer höheren Arbeitsproduktivität durch Maschinenersatz umschrieben ist, interessiert hier der von Emile Durkheim 1893 geprägte Begriff der sozialen Arbeitsteilung vor allem im Sinn beruflicher Differenzierung. Emile Durkheim sah den Zusammenhalt der Gesellschaft bei anwachsender Verschiedenartigkeit von Tätigkeiten durch ‚organische Solidarität‘. Nachfolgende Theorien generalisieren Arbeitsteilung und schreiben Gesellschaften durch Ausdifferenzierung und Spezialisierung von Teilsystemen (z.B. Wirtschaft mit vielfältigen Berufsausprägungen) eine zunehmende Fähigkeit zur Bedürfnisbefriedigung der Gesellschaftsmitglieder zu. Gleichwohl ist eine eindeutige Definition sozialer Arbeitsteilung nicht einfach; sie steht (und fällt) mit der Präzisierung des Begriffs Arbeit. Sofern ‚Arbeit‘ — wie die ‚subjektorientierte Berufssoziologie‘ nach Ulrich Beck / Michael Brater / Hansjürgen Daheim meint:

„nicht nur die materielle Herstellung von Gütern umfaßt, sondern auch die Erfüllung gesellschaftlicher Funktionen und Dienstleistungen und auf die Aufrechterhaltung gesellschaftlicher Ordnungen bzw. die Bewältigung gesellschaftlicher Prozesse insgesamt zielt“ (S. 23),

lassen sich unterschiedliche Dimensionen der Arbeitsteilung herauslesen. Klar ist, daß ein Arbeitsbegriff im Sinne der Berufsarbeit auch mit einem beruflichen Verständnis von Arbeit korreliert; erst ein breit angelegter Begriff von Arbeit im Sinne gesellschaftlich bedeutungsvoller Leistungen vermag z.B. auch Arbeitsteilung im Haushalt zu erfassen. Hier stoßen wir bereits auf Probleme eines die Soziologie jahrzehntelang beherrschenden engen Arbeitsverständnisses; dazu später mehr, sobald weitere Einsichten in den Kontext von Arbeit und Beruf vermittelt sind.

2.2. Historische Entwicklung und Begriffsinhalte

Arbeit etymologisch

Begriffsgeschichtlich geht Arbeit auf laborare mit der Nebenbedeutung molestia (schwere körperliche Arbeit) und operare oder facere zurück. Damit verbunden ist jeweils die Bedeutung von Arbeit als Mühe *und* als ‚thätige Werksamkeit‘ (Gebrüder Jacob und Wilhelm Grimm). Dieser ‚Doppelcharakter‘ von Arbeit weist auf verschiedene Gesichtspunkte hin. Die mit Arbeit verbundene Anstrengung geht darauf zurück, daß die Ausübung der Arbeit immer das ‚Hinausschieben oder Überwinden naturgegebener innerer Widerstände oder äußerer Grenzen‘ (Niels Beckenbach) bedeutet. Nur im Spiel als reines Vergnügen sind wir frei von Mühe. Welche Arbeit auch immer wir ausüben (in den Berufen als Kauffrau, Handelsvertreter, Facharbeiter, Künstler o.a.), stets erfahren wir die äußere Natur (als ein Werkstoff, als Verwaltungsakt, in der Gestalt des ‚bockbeinigen‘ Gruppenmitglieds, das nichts ‚kapieren‘ will) oder die innere Verfassung (sich zur Arbeit ‚aufraffen‘ zu müssen) als etwas Widerständiges, das mit den Mitteln der Arbeit überwunden werden muß. Damit zeigt sich zudem die Bezogenheit von Arbeit auf ein Drittes, in der Form des äußeren Gegenstands oder des Produkts als Ziel der Arbeit. Jedoch auch die Mittel, derer sich die Arbeitenden bedienen (von der Schaufel über den PC bis hin zum wissenschaftlichen Disput über das Ozonloch) stellen bereits ‚vorgetane‘ Arbeit dar, sind selbst das Resultat vorangegangener Arbeitsprozesse. Dennoch beschränkt sich die ‚thätige Werksamkeit‘ nicht allein auf Produkt und Mittel. Arbeit ist zweifelsfrei immer subjekthafte Tätigkeit, also mit aktiven, zielgerichteten und für Lernprozesse offenen Komponenten (dieses gilt selbst für eintönig-repetitive Arbeiten).

Charakteristik der Berufsarbeit

Berufsarbeit vereint grundsätzlich alle Momente der Mühe und Werksamkeit in sich, wenn auch berufliche Tätigkeit in dieser Gesellschaft nicht gerade selten mit Anstrengung, Last und äußerem Zwang (fremdbestimmte, entfremdete Arbeit) erfahren wird. Aus dieser Sicht, besonders bei bedrückenden Arbeitsbedingungen, inhaltsleerer Tätigkeit und geringer Eigenverantwortung gilt die ausgeübte Arbeit als das Gegenteil einer Lebensführung mit selbstgesetzten Zielen. Dessen ungeachtet ist Berufsarbeit im Alltagsleben auch eine wichtige

Quelle von Zufriedenheit. Das subjektive Erleben von Erfolg, der ‚Produzentenstolz', die Erfahrung der Überwindung von Schwierigkeiten im Vollzug der Arbeit bezeichnen Momente von Selbstverwirklichungsansprüchen, die Menschen prinzipiell an Arbeit, vornehmlich auch berufliche Arbeit, stellen. Wie aber lassen sich Arbeit und Beruf über die bisherigen Merkmale hinaus charakterisieren?

2.2.1. ‚Lohnarbeit' — Begriffsverengung und weitreichende Folgen

Arbeit historisch betrachtet

Über Arbeit in geschichtlicher Perspektive nachzudenken heißt, historisch besondere Ausprägungen des Arbeitsbegriffs und deren Verhältnis zu unterschiedlichen Gesellschaftssystemen mit differenzierten Produktionsformen, Werthierarchien sowie Macht- und Herrschaftsstrukturen herauszudestillieren. Hinzu tritt, daß nach Auffassung der Althistoriker ‚die' Arbeit im vorindustriellen Europa nicht auftaucht (Ludolf Kuchenbuch / Thomas Sokoll), also Arbeit an die Vielfalt menschlicher Handlungen im Bereich der Produktion und im Dienstleistungssektor erst mit Beginn der Industrialisierung vor ca. 200 Jahren (in Deutschland erst seit ungefähr 1830) bestimmt werden kann. In der Gegenwart erscheint es durchaus üblich, Arbeit im Sinne bezahlter Arbeit zu begreifen, welche der zumeist männliche (Lohn)Arbeiter in Industrie und Verwaltung leistet.

Arbeit als Lohnarbeit

Als Arbeit gilt durchgängig entlohnte, bezahlte Arbeit. Was nicht entlohnt wird, erscheint auch nicht als Arbeit, d.h. die Arbeit, die beispielsweise für die Reproduktion der menschlichen Arbeitskraft zuständig ist, bleibt privat, ‚unsichtbar', unbezahlt; und da die ‚Akteure' dieser Arbeit vorwiegend Frauen sind, werden sie, die außerhalb bezahlter (Lohn) Arbeit arbeiten, aus der Gesamtheit derjenigen ausgeklammert, die gesellschaftliche Arbeit leisten. Geschichtlicher Hintergrund dieser Auffassung ist — stark verkürzt — die Entwicklung des industriellen Kapitalismus, einmal auf der Grundlage der Ausbildung des ‚Geists' des Kapitalismus, des weiteren durch die tiefgreifende Veränderung der menschlichen Arbeit im Zuge der technisch-organisatorischen Entwicklung sowie schließlich aufgrund des Wandels des ökonomischen, gesellschaftlichen und politischen Ordnungsgefüges, in dessen Verlauf Arbeit mehr und mehr die Rolle einer zentralen Entwicklungs-, Verteilungs- und Legitimationsinstanz übernimmt. Grob vereinfacht stellt der ‚Geist' des Kapitalismus eine Verbindung von Gemeinschafts- und Verantwortungsethik mit nüchternem Geschäftssinn und Effizienzstreben dar (Max Weber, Werner Sombart). Sie schlägt sich konkret in der Arbeit des Kaufmanns nieder: In dieser Figur verliert Arbeit den Makel des Sündenfalls wie in der mittelalterlichen Scholastik, statt dessen steigt sie nun zum Medium der Bewährung vor Gott durch das Erwerbsleben auf (vgl. ‚protestantische Ethik'). Daran knüpft sich die Relevanz der Berufsidee, der Berufserfolg gilt als Zeichen der göttlichen Auslese.

Wandlungen der Arbeitsauffassung und Veränderung der Arbeit

Arbeit in der protestantischen Ethik

Trotz der historischen Bedeutung des Kaufmannsberufs geht der moderne Kapitalismus auf die gewerbliche Produktion, nicht auf den Bereich des Handels zurück. Wie Werner Sombart zeigte, ermöglicht erst der Übergang von der auf Nahrungssicherung ausgerichteten bäuerlichen und handwerklichen Produktion auf die gewerbliche, kapitalistisch betriebene Lohnarbeit den Durchbruch der kapitalistischen Produktionsweise. Arbeit gegen Lohn bedeutet nach Max Weber zugleich auch die örtliche und sachliche Trennung von Haushalt und Erwerb, von familialem Lebensbereich und Betrieb. Mit dieser Differenzierung setzt die rationale Entwicklung von Technik und Arbeitsorganisation ein; Lohnarbeit gibt die Basis für die Sozialstruktur der Industriegesellschaft ab.

Drei Aspekte zu „Arbeit und Beruf"

In Anlehnung an Niels Beckenbach lassen sich *drei* für das Thema ‚Arbeit und Beruf' wichtige Aspekte identifizieren: Die Herausbildung des modernen Industriekapitalismus ist *erstens* durch die Ausbildung einer Gewerbestruktur mit der Ausdifferenzierung einer Vielzahl unterschiedlicher Berufe charakterisiert. Dieser Prozeß gründet sich vor allem auf die Entstehung völlig neuer Industriezweige wie Maschinenbau, Elektroindustrie, Chemieindustrie, Fahrzeugbau usw. in Verbindung mit der zunehmenden Verwissenschaftlichung der Produktion, die ihrerseits ein breites Berufsspektrum (z.B. die ‚wissenschaftlich-technische Intelligenz') nach sich zieht. Das *zweite* Merkmal umfaßt die Entstehung eines Arbeitsmarkts, auf dem einzelne Arbeitskräfte nach spezifischen Angebots- (z.B. Qualifikation) und Nachfragebedingungen (z.B. Arbeitskräftebedarf) um Arbeitsplatz- und Einkommenschancen konkurrieren. Diese Entwicklung wiederum fußt auf der im Frühkapitalismus einsetzenden ökonomischen und sozialen Entwurzelung großer Bevölkerungsteile durch z.B. den Niedergang traditioneller Einkommensquellen (z.B. aufgrund übermächtiger Konkurrenz). Physische Gewalt (Vertreibung) und ökonomische Not bewirken das Aufkommen des industriellen Proletariats im 18. und 19. Jhdt. Schließlich kommt als *drittes* Charakteristikum das durch Arbeitsvertrag, Interessenkonflikt und Organisierung geregelte Arbeitsverhältnis hinzu. Mit diesem modernen (Lohn) Arbeitsverhältnis korrespondiert eine Form des Bewußtseins, bei der das Verhältnis von Arbeit/Beruf und Leben nicht länger als Einheit, vielmehr häufig nun als Gegensatz erfahren wird. Wir werden später sehen, daß in der modernen Lebensführung Verschiebungen im praktischen wie im bewußtseinsmäßigen Verhältnis von Arbeit und Leben bei der berufstätigen Bevölkerung festgestellt werden können.

2.2.2. Subjekt, Beruf und veränderte ‚Stofflichkeit' von Arbeit

Zwei Seiten der Arbeit

Die bisherigen Überlegungen haben u.a. auf die Entwicklung der Berufsarbeit zur ‚Selbstverständlichkeit' im Leben der Mitglieder hochentwickelter Industriegesellschaften hingewiesen; die beiden Seiten der Arbeit als Mittel des Erwerbs und als inhaltliche Tätigkeit verdienen besonderes soziologisches Interesse, weil — um ein Beispiel zu nennen — die berufliche Arbeit eines Bandarbeiters im VW-Werk sich hinsichtlich des Erwerbs wie der inhaltlichen Tätigkeit signifikant unterscheidet vom Künstlerberuf eines August Macke aus dem Kreis des ‚Blauen Reiter', der Arbeit im Sinne eines ‚Durchfreuens der Natur' auffaßte und vermutlich eine weitaus höhere Chance besaß, ein bestimmtes Ideal von Selbstverwirklichung (menschliche Freiheit, Würde und Glückseligkeit) auch zu verwirklichen.

Diesen beiden Seiten der Arbeit hatte bereits Max Weber im Rahmen seiner Analysen zur Kennzeichnung der historisch stark durch die protestantisch-calvinistische Religion geprägten ‚Lebensführung' der Menschen im modernen Industriekapitalismus Aufmerksamkeit geschenkt, insofern er neben anderen Merkmalen wie Askese den Beruf als das Bemühen um einen maximalen und systematischen Einsatz für die einer Person in der Welt gestellten und von Gott bestimmten Lebensaufgabe hervorhob. In nachfolgenden soziologischen Theorien, z.B. im Struktur-Funktionalismus, in denen Beruf vornehmlich im Sinne sozialer Positionen gefaßt oder die einzelne Arbeitskraft weitgehend auf technisch-ökonomische Funktionen reduziert wurde, ging diese Zweiseitigkeit der Berufsarbeit beinahe verloren. Erst die bereits angeführte ‚subjektorientierte Berufssoziologie' nimmt beide Gesichtspunkte wieder zentral auf.

Arbeit und Lebensführung

Beruf bezeichnet ein ‚Bündel von Fähigkeiten', die Menschen in Ausbildungsprozessen erlernen; Beruf ist nicht lediglich ein ‚Bündel von Tätigkeiten', die in unterschiedlichen Arbeitsplätzen ausgeübt werden. Der ‚Erwerb' eines Berufs mündet nicht unmittelbar in bestimmte Tätigkeiten ein, sondern eröffnet zunächst Chancen am Arbeitsmarkt, so daß mit Ulrich Beck / Michael Brater Berufe als spezifische Angebotsformen am Arbeitsmarkt interpretiert werden können. Ein weiterer entscheidender Vorteil dieser Konzeption liegt in der Problematisierung der Verknüpfung von abstrakten Verwertungsprinzipien des Industriekapitalismus (Wechsel des Prinzips von der Nahrungsvorsorge zum Rentabilitätsprinzip, mit Karl Marx: vom Gebrauchswert zum Tauschwert der Arbeit) und arbeitsinhaltlichen Gesichtspunkten im Beruf als Kombination von Fähigkeiten und Orientierungen konkreter Subjekte.

Definition Beruf

Ulrich Beck / Michael Brater verweisen auf die ‚doppelte Zweckstruktur', die darin besteht, daß die Berufsarbeit zum einen objektiv Teil der gesellschaftlichen Problemlösung und Bedürfnisbefriedigung sei, zum anderen sie subjektiv ganz andersartige Eigenprobleme der Arbeitenden selbst lösen müsse. Berufsinhaltliche Aufgabenbewältigung und an Eigeninteressen der Arbeitskraft ausgerichtete Aktivitäten und Orientierungen fielen auseinander und seien doch derart aufeinander bezogen, daß die Berufsarbeit als Quelle von Einkommen, Status, Macht, Prestige die Vorbedingung der Lösung konkreter Eigenprobleme des Arbeitenden sei. Mit dieser Skizzierung des Subjekts als unabdingbaren Träger des Berufs erschließen sich der modernen Soziologie neue Perspektiven der Berufsdebatte, beispielsweise hinsichtlich der Frage nach der Bedeutung von Berufen für die Reproduktion sozialer Ungleichheit über Arbeitsmarkt- und Berufsbildungsprobleme wie auch mit Blick auf die biographische Dimension der Berufsarbeit (beide Perspektiven müssen wir hier vernachlässigen).

„Doppelte Zweckstruktur" der Berufsarbeit

Die in der neueren Berufssoziologie herausragende Bedeutung des Subjekts fällt (kaum zufällig) mit einem zunehmend wichtiger werdenden Tatbestand zusammen, daß nämlich deutlich zwischen Produktionsarbeit und Dienstleistungsarbeit (weitgehend identisch mit Angestelltenarbeit) differenziert werden muß. Im Unterschied zu Produktionstätigkeiten besitzen Dienstleistungsarbeiten den Charakter des Nicht-Materiellen, des Nicht-Dauerhaften, der Zeit- und Ortsgebundenheit, der Nicht-Lagerfähigkeit, der Transportunfähigkeit. Dienstleistungsarbeiten haben häufig symbolischen, informationellen oder ‚behandelnden' Wert. Und dieser Arbeitstyp macht Karriere: Bezogen auf das erarbeitete Bruttosozialprodukt wie auf die Beschäftigtenzahl erreicht die Dienstlei-

Produktions- und Dienstleistungsarbeit

stungsarbeit ein Ausmaß, das bereits zahlreiche Wissenschaftler, Politiker und andere von der ‚Dienstleistungsgesellschaft' sprechen läßt. Inwieweit damit tatsächlich die Industriegesellschaft als Gesellschaftstyp bereits abgelöst ist oder die ‚Dienstleistungsgesellschaft' eher eine modernisierte Form des sich an neue historische Bedingungen anpassenden Industriekapitalismus darstellt, soll hier nicht näher untersucht werden.

Zentral ist, daß der Strukturwandel hin zur Dienstleistungsarbeit als neuer, zukünftig vermutlich noch stärker hervortretender Typ von Arbeit in hochentwickelten Gesellschaften aller Voraussicht nach einschneidende Konsequenzen für die konkret berufliche Tätigkeit nach sich zieht. Wandelt sich nämlich die ‚Stofflichkeit' der Arbeit von materiell zu immateriell, von der Bearbeitung von Gegenständen zur Beschäftigung mit Menschen oder Symbolen (Wolfgang Littek / Ulrich Heisig), ist auch eine erhebliche Veränderung in der Arbeitsausführung, im Engagement, in der Verantwortlichkeit, Beteiligung, Mitbestimmung, Koordination und Kontrolle bei den Arbeitenden zu erwarten. Und derartige Veränderungen werden am Gegenstand ‚Beruf' nicht spurlos vorübergehen, zumal unter der Voraussetzung nicht, daß die bislang vorherrschende These von der Angleichung der Produktions- und Dienstleistungsarbeit bei weit verbreiteter Verwendung mikroelektronischer Technologien eben nicht zutrifft. Für eine solche Entwicklung gibt es zumindest Anhaltspunkte.

Folgen des Wandels der „Stofflichkeit" der Arbeit

3. Ausgewählte zentrale Probleme

3.1. Gesellschaft im Wandel: Ende oder Wiederkehr von Arbeit?

Spätestens mit dem Hinweis auf die Veränderung der ‚Stofflichkeit' von Arbeit rücken Prozesse in den Mittelpunkt der Betrachtung, die als ‚Umbruch der Industriearbeit' (Wieland Jäger), ‚Strukturwandel in Wirtschaft und Beruf' (Heinrich Franke / Friedrich Buttler) etc. bereits zum Alltagsverständnis zählen und an dieser Stelle auch lediglich hinsichtlich der für unsere Thematik wesentlichen Punkte aufgenommen werden.

Auswirkungen der Neuen Techniken

Unbestritten ist die Durchdringung aller Arbeits- und Berufsbereiche (zunehmend auch Freizeit- und Reproduktionsbereich) durch die Neuen Techniken (besonders Mikroelektronik, Informations- und Kommunikationstechnologien), zumeist begründet mit unvermeidbaren Rationalisierungen angesichts der Verschärfung der internationalen Konkurrenz, der Neuaufteilung des Weltmarkts bei postuliertem Ende der Massenproduktion u.a.m. Die Wirkungen dieser Entwicklung auf das Beschäftigungssystem sind durchschlagend: Einsparung von Arbeitsplätzen mit der Folge struktureller, nicht länger nur konjunkturbedingter Arbeitslosigkeit. (Daß dieser Rationalisierungsprozeß auch neue Arbeitsplätze schafft, steht außer Frage; entscheidend ist allein das nach wie vor ungleichgewichtigte Verhältnis von Arbeitsplatzgewinnung und Arbeitsplatzvernichtung zu Lasten neuer Plätze der Berufsarbeit.

Diese und andere Faktoren wie beispielsweise ein geschärftes ökologisches Bewußtsein oder das Aufbrechen traditioneller Arbeits- und Lebensbereiche (Integration statt Parzellierung, Partizipation statt Hierarchie) haben in der ‚Krise der Arbeitsgesellschaft' zu unterschiedlichen Beobachtungen und Beurteilungen geführt: Auf der einen Seite steht die These vom ‚Ende' der durch Erwerbsarbeit geprägten Arbeitsgesellschaft. Zu Beginn der 80er Jahre formuliert, sieht sie die gesellschaftliche Prägekraft der Arbeit unterlaufen; Arbeit, so beispielsweise der Wissenschaftler-‚Club of Rome', sterbe aufgrund des rapiden Produktivitätsfortschritts und der Arbeitszeitverkürzung ab. Arbeit komme nicht länger ein strukturierender Einfluß auf das Sozialverhalten der Menschen zu; nicht mehr die Erwerbsarbeit stifte Lebenssinn und Selbstbewußtsein, vielmehr eröffneten die kreativen, kulturellen und sozialen Tätigkeiten jenseits der Erwerbsarbeit reale Möglichkeiten der Sinngebung und der individuellen Entfaltung. Diese Überlegungen greift die Freizeitforschung (gern) auf: die Zukunft gehöre eindeutig den Werten der Freizeit, nicht der Arbeit. Die Freizeit bringe das Wertesystem der Arbeitswelt in Bewegung, und die Richtung dieser Bewegung hieße Spaß und Lebensgenuß neben oder anstelle von Leistung und Pflichtbewußtsein (Horst Opaschowski).

„Krise der Arbeitsgesellschaft"

Von der Arbeits- zur Freizeitgesellschaft?

Auf der anderen Seite tauchen in der ‚Krise' neuartige soziale Aktivitäten und Phänomene auf, unkonventionelle Aktions- und Organisationsformen wie Bürgerinitiativen, Nachbarschaftshilfegruppen, es entwickeln sich unterschiedliche Formen einer Alternativen Arbeit wie Landkommunen, neue Genossenschaften, Betriebe in Selbstorganisation. Zudem zeigen sich Ausprägungen von ‚Schwarzarbeit' und ‚Schattenwirtschaft' (privater Hausbau, Wohnungsrenovierung u.a.). Trotz aller Differenz haben diese neuen Organisationsformen der Arbeit eines gemeinsam — sie brechen, mehr oder minder radikal, mit der Idee der Erwerbsarbeit. An die Stelle von Unselbstständigkeit und Abhängigkeit in der Arbeit setzen sie nun Eigenbestimmung und Selbstverwirklichung durch die Arbeit, in deren Mittelpunkt nicht mehr der Gelderwerb, sondern das Ziel einer bedarfsgerechten Versorgung, die Identitifikation mit dem Produkt der Arbeit, mit der Arbeit selbst steht (Wieland Jäger).

Neue Phänomene der Arbeit und Kooperation

Das Auftauchen nicht-industrieller Arbeitsformen und die Behauptung vom Entschwinden der Arbeit machen die ‚Krise der Arbeit' deutlich, genauer: daß sich die gegenwärtige historische Form der Arbeit im Sinne einer industriellen (Lohn)Arbeit in einem Krisenzustand befindet. Die Folgewirkungen dieser Lage wären vermutlich einschneidend und für den Bestand dieser Gesellschaft als industriekapitalistisches System gefährlich, sofern tatsächlich mit dem Verlust der Erwerbsarbeit zugunsten anderer Arbeitsformen die Berufsarbeit selbst und Arbeit als Vergesellschaftungsprinzip — bezogen auf jenen sozialen Vorgang, in dessen Verlauf das Individuum auf das gesellschaftlich verbindliche Werte- und Normensystem hin sozialisiert wird und sein Leben entlang dieser Grundmuster und Orientierungen einrichtet/einrichten sollte — prinzipiell in Frage gestellt würden: das wäre das wahrscheinliche Ende des auf dem Rentabilitätsprinzip, auf der einzelbetrieblichen Effizienz beruhenden marktwirtschaftlichen Systems der Industriegesellschaft. Eher aber scheint Gegenteiliges zuzutreffen — aller Orten beobachtbar ist die ‚Wiederkehr von Arbeit' (Lars Clausen).

Trotz Krise: „Wiederkehr von Arbeit"

3.2. Folgen für Arbeit/Beruf und Verschiebungen in der Lebensführung

Arbeit kehrt zurück in Formen, die bislang nicht als Arbeit gegolten haben, weil sie beispielsweise nicht entlohnt wurden. Ebenso lassen sich im Verlauf des strukturellen Wandels in Wirtschaft und Gesellschaft Veränderungen beruflicher Strukturen nicht leugnen. Tätigkeitsinhalte mit planendem und verwaltendem Charakter, mit Steuerungs- und Überwachungsaufgaben von Arbeitsvorgängen, mit Bedienungsmerkmalen von Informationssystemen sowie mit beratender Ausrichtung nehmen gegenüber Tätigkeitsschwerpunkten wie Produkte gewinnen/herstellen zu. Diese Entwicklung geht quer durch alle Berufe (Heinrich Franke/Friedrich Buttler), die Berufsstruktur verschiebt sich von sekundären (industriellen) zu tertiären (‚nachindustriellen') Tätigkeiten. Jedoch sind Differenzierungen notwendig. Die Neuordnung der Metallberufe beispielsweise (38 industrielle Metallberufe zu 6 neuen Berufen mit 17 Fachrichtungen zusammengefaßt) belegt, daß der Strukturwandel die Zahl der handwerklichen Metallberufe kaum ändert. In ihnen ist die Ausbildung traditionell breiter angelegt und die Neuen Techniken sind stärker in den Arbeitsprozeß integriert als in der Industrie (Wolfgang Wittwer). Tätigkeitsveränderungen dieser Qualität stellen allgemein betrachtet höherwertige Anforderungen an die einzelne Arbeitskraft.

Strukturwandel der Berufe

Der Gebrauch moderner Technik in ‚neuen Produktionskonzepten' (Horst Kern/Michael Schumann) verlangt abstrakte, theoretische, dispositive, planerische Denkleistungen, das geistige Durchdringen komplexer Zusammenhänge, zudem Kreativität und Innovationsfähigkeit. Erwerbstätige müssen sich also vielfach neue Fachqualifikationen aneignen, die über die Inhalte der Erstausbildung hinausgehen und in die betriebliche Berufsaus-, vor allem aber -weiterbildung unter dem Zauberwort ‚Schlüsselqualifikation' bzw. ‚Systemqualifikation' als Qualifikationserfordernisse mit dem Anspruch langfristiger Gültigkeit Eingang gefunden haben. Lassen wir außer acht, daß das Versprechen der Langzeitgeltung von ‚Schlüsselqualifikationen' angesichts des rapiden technischen Wandels wohl kaum eingelöst werden wird.

Erwerb von „Schlüsselqualifikationen"

Die mikroelektronische Revolution hat gerade erst begonnen, und was eine zukünftige fünfte, sechste oder siebte Generation der Roboter-Systeme für die Qualifikationsfrage bedeutet, ist heute noch nicht entschieden. Wir wenden uns deshalb den Inhalten dieser Qualifikationen in der Gegenwart zu. Ihr Spektrum reicht von fachlichen (z.B. Datenverarbeitungskenntnisse) über soziale Qualifikationen (z.B. kommunikative Fähigkeiten) bis zu individuellen Eigenschaften (z.B. Zuverlässigkeit). Ungeachtet der fortwährenden, auch kontroversen Debatte um dieses Konzept ist Wolfgang Wittwer darin zuzustimmen, daß für die Ausübung einer beruflichen Tätigkeit ‚Schlüsselqualifikationen' stets mit Bezug auf fachliche Qualifikationen bzw. auf eine spezifische Berufstätigkeit hin vermittelt werden müssen, sollen sie nicht lediglich formalen Bildungscharakter erhalten. Auf diese Weise könnte das Konzept ‚Schlüsselqualifikation' vielleicht dazu beitragen, einem normativen, subjektzentrierten Arbeitsverständnis, in

Inhalt der „Schlüsselqualifikationen"

dem Ansprüche auf persönliche Entfaltung in der Arbeit, Ansprüche an Autonomie, Sinngehalt und gesellschaftliche Legitimierbarkeit des beruflichen Handelns, wie es Martin Baethge in verschiedenen Studien festgestellt hat, noch mehr als bisher zum Durchbruch in der Arbeitswelt zu verhelfen.

Subjektbezogene Ansprüche an die Arbeit

Subjektbezogene Ansprüche an die Arbeit waren bestimmten Berufs- und Beschäftigtengruppen in der Vergangenheit immer schon selbstverständlich (z.B. Ingenieuren, leitenden Angestellten u.a.); neu erscheint Martin Baethge die Artikulation dieser Ansprüche quasi im ,flächendeckenden' Umfang, neu auch das Beharren darauf, diese Orientierungen als Lebensperspektive und gegenüber der betrieblichen Arbeitsumwelt zu verwirklichen. ,Die Arbeit auf sich und nicht sich auf die Arbeit zu beziehen' bedeute die positive Verankerung von Arbeit in der persönlichen Identitätsentwicklung und weise der Berufsrolle eine wichtige Funktion in diesem Prozeß zu.

Subjektzentrierte Arbeitskonzepte für alle?

Die Faszination, die von dem subjektzentrierten Arbeitskonzept (das hier nur ausschnitthaft vorgestellt ist) ausgeht, kann die Frage nach der ,massenhaften' Umsetzung dieser Ansprüche nicht ersetzen. Sie ist offenbar wesentlich an die Durchsetzung von Betriebskonzepten gebunden, die nicht länger — wie in der traditionell tayloristischen Arbeitsorganisation — an der Ersetzung lebendiger Arbeitskraft durch Technisierung festhalten, statt dessen eine ganzheitliche Ausschöpfung des Arbeitsvermögens (z.B. durch komplexere Tätigkeitszuschnitte, Verantwortungsdelegation u.a.) anstreben, somit einen Bedeutungszuwachs der menschlichen Arbeit in Produktions- und Dienstleistungstätigkeiten nachhaltig unterstützen. Eine von mehreren auf betrieblicher Ebene vorfindbaren Formen der ,Wiederentdeckung der Qualität der Arbeit' haben Horst Kern/ Michael Schumann in den ,Neuen Produktionskonzepten' ausführlich analysiert. Daß neue Produktions- und Organisationskonzepte dieser Art in Gebrauch kommen und die empirische Gültigkeit einer andersartigen Verschränkung des Betriebsinteresses am Austausch lebendiger Arbeitskraft durch Maschinen und der Ökonomisierung der Rest-Arbeit grundsätzlich kaum noch in Zweifel steht, berechtigt nicht zu maßlosem Optimismus.

Nebeneinander von traditionellen und post-tayloristischen Arbeitsformen

Dem umfassenden Durchbruch eines subjektzentrierten Arbeitsverständnisses in Anbindung an post-tayloristische Arbeitsorganisationsstrategien (vgl. in diesem Band S. 120) steht in der Gegenwart nicht nur das Faktum entgegen, daß in einigen Bereichen der Produktions- und Dienstleistungsarbeit ,traditionelle' Strukturen nach wie vor überwiegen (jedoch könnte dieses Argument bei zukünftig wachsender Bedeutung von Arbeitsformen mit Aufgabenintegration, Ausschöpfung des individuellen Qualifikationspotentials usw. entkräftet werden). Ein weiterer Tatbestand ist, daß der aktuelle Umbruch der industriellen Arbeit Ambivalenzen, wenn nicht sogar Widersprüchlichkeiten produziert, die es außerordentlich schwierig gestalten, bereits heute überzeugende, auch historisch ,richtige' Antworten auf die Frage nach dem Wohin der (Industrie)Arbeit zu geben. Schließlich bleibt abzuwarten, ob der zweifelsfrei in Fahrt gekommene Supertanker ,(Industrie)Arbeit' bei nicht präzise festgelegtem Reiseziel seine Geschwindigkeit dadurch erhöhen kann, wenn in Umkehrung des beinahe schon vertraut gewordenen Ausgangspunkts: zielgerichtete Anpassung der Organisation der Erwerbsarbeit an die subjektiven Bedürfnisse der Menschen durch das Betriebsmanagement jetzt das Arbeitsbewußtsein der Beschäftigten, ihre Ansprüche an die Erwerbsarbeit zur Hauptantriebskraft des Ozeanriesen werden (in dieser Umkehrung des Ausgangspunkt sieht Martin Baethge (1991) die Begründung für die *normative* Subjektivierung des unmittelbaren Arbeitsprozesses). Wie problematisch die aufgeführten Gesichtspunkte auch sein mögen, sie vermitteln zumindest im Ansatz die Brisanz des gesellschaftlichen Wandels für Arbeit und Beruf, geben erste Informationen über den ,Eigensinn' der Subjekte, über ihre Autonomiebestrebungen in jenen Bereichen, die für die eigene Lebensführung eine wichtige Rolle spielen.

Auswirkungen für berufstätige Frauen

Ob die Versprechungen des sich abzeichnenden Wandels von traditionellen zu subjektbezogenen Arbeitskonzepten auch berufstätigen Frauen zugutekommen, ist nicht ausgemacht. Zwar wird die Ausweitung der weiblichen Erwerbstätigkeit allgemein angenommen, auch gibt es einen Konsens hinsichtlich des hohen formalen Bildungsniveaus der ins Erwerbsleben eintretenden Frauen, zudem scheinen offenbar in den Vordergrund rückende Sozialqualifikationen wie kommunikative Fähigkeiten u.a. (,Feminisierung der Arbeit') spezifischen Eigenschaften und Merkmalen von Frauen entgegenzukommen (wobei die vor Jahren von Simone de Beauvoir gestellte Frage, was denn eine Frau sei, als beantwortet vorausgesetzt wird), jedoch fehlt es an einer überzeugenden gesellschaftlichen Lösung zur Vereinbarkeit von Beruf und Familie. Obwohl das traditionelle Modell der männlichen Alleinzuständigkeit für den Beruf und der weiblichen Alleinverantwortung für die Familie praktisch überwunden ist, zeigen empirische Studien, daß das Verkoppeln von Beruf und Familie nach wie vor vornehmlich eine Angelegenheit der Frauen darstellt. Männer arbeiten in der Regel Vollzeit — daß dieses ,Normalarbeitsverhältnis' mehr und mehr Entwicklungen unterworfen wird, die eher in Richtung auf befristete, Teilzeit-, Leih- oder Heimarbeitsverhältnisse zeigen, soll hier unberücksichtigt bleiben — und leisten für die Familie vorwiegend Zuarbeit, wohingegen Frauen in der Mehrzahl teilzeiterwerbstätig sind bei Allein- oder Hauptverantwortlichkeit für die Haus- und Familienarbeit.

Verkoppeln von Beruf und Familie v.a. Aufgabe der Frau

Obwohl, wie angedeutet, die Zahl der berufstätigen Frauen weiter anwächst und nach Angaben der Bundesfrauenministerin vom Mai 1992 über 90 % der Bevölkerung im vereinten Deutschland die Arbeit in Haushalt und Familie ebenso hoch bewerten wie die Berufsarbeit, scheuen Männer die Übernahme von Verantwortung für die Organisation des Familienlebens und der Kindererziehung. Auch in der Erwerbsarbeitswelt selbst zeichnen sich bislang eher zaghafte Veränderungen zugunsten von Frauen mit Kindern ab, beispielsweise in der Definition von Kinderbetreuung als Teil der Gesamtarbeit eines Unternehmens / Betriebs. Zukünftig dürften sich Wirtschaft und Gesellschaft einer Integration der Berufstätigkeit beider Geschlechter in die Erwerbsarbeit kaum entziehen können. In Verbindung mit dem überdurchschnittlichen formalen Bildungsniveau und spezifischen Ansprüchen an Selbstbetätigung und Unabhängigkeitserfahrung von berufstätigen Frauen sieht Martin Baethge (1991) besonders günstige Voraussetzungen für die normative Subjektivierung der Arbeitsverhältnisse.

Wenig Fortschritte für Frauenarbeit

Die skizzierte Integrationsleistung bezieht sich jedoch nicht allein auf die kontinuierliche Erwerbsarbeit von Frauen und Männern. Sie umfaßt perspektivisch auch die Veränderung sozialer Lebenswelten und die sich wandelnden qualitativen Lebensorientierungen der Menschen. Wir beschränken uns hier auf drei empirische Befunde zum Wandel von Orientierungen gegenüber der Arbeit auf der Grundlage von Zeitreihendaten, die teilweise bis in die 50er Jahre zurückreichen. Peter Pawlowsky kommt kurzgefaßt zu folgenden Ergebnissen: Für die Gesamtbevölkerung zeigt sich *erstens* eine Tendenz zu Haltungen, die der Autor ‚Distanz zur Arbeit' nennt (Arbeit als Last, nachlassende Arbeitszufriedenheit, Betonung von Freizeit u.a.); besonders ausgeprägt ist dieses Ergebnis bei jüngeren Menschen mit niedrigerem Bildungs- und Berufsstatus. *Zweitens*: Nach Familie und Partnerschaft stellt Arbeit dennoch den zweitwichtigsten Lebensbereich dar (noch vor Freizeit). *Drittens*: Die Ansprüche an die eigene berufliche Erwerbstätigkeit wandeln sich in der Gestalt einer Wegbewegung von Orientierungen an hohem Einkommen, Karriere etc. hin zu der besonderen Wertschätzung interessanter Arbeit, vielfältiger sozialer Beziehungen, Verwirklichung eigener Ideen. Insgesamt betrachtet verliert der Lebensbereich Erwerbsarbeit im Laufe von Jahrzehnten zwar an Boden — bei Personen mit höherem Qualifikationsniveau bzw. höherem Berufsstatus jedoch bedeutend weniger als bei niedriger Qualifizierten —, nimmt aber den zweiten Platz bei den grundlegenden Werthaltungen ein; die Ansprüche an die ausgeübte Berufstätigkeit wachsen qualitativ.

Drei Befunde zum Wandel der Arbeitsauffassung

Die vorliegenden Erklärungsversuche für diesen *Wertewandel* reichen vom ‚Verfall der Werte' (Elisabeth Noelle-Neumann) über das Vordringen ‚postmaterieller' Werthaltungen (Robert Inglehart) oder den Versuch, Verfall und neue Werte unter dem Aspekt ‚komplexer Wertwandel' (Helmut Klages) zusammenzubringen bis hin zur These von der abnehmenden Zentralität des Lebensbereichs Erwerbsarbeit zugunsten von ‚Freizeit' (Horst Opaschowski). Eine weitere, soziologisch äußerst interessante Interpretation sieht keinen Wertwandel, vielmehr einen Wandel der *Wertverwirklichung* (Karl Martin Bolte / Günter Voß): danach besteht die Wertbasis der westlichen Industriekultur immer noch — diese Wertbasis ist im Konzept der modernen Lebensführung bei Max Weber durch die Merkmale Innerweltlichkeit (eine das Diesseits bejahende Haltung), Askese (zweckgerichtete, aktive Gestaltung der Lebensführung), Individualismus (Verantwortung für sich und vor Gott) und Beruf gekennzeichnet —, und die Einstellungsveränderungen zur Erwerbsarbeit stellten lediglich das Bemühen dar, diese Werte unter veränderten gesellschaftlichen Lebensbedingungen zu realisieren.

Erklärungsversuche zum Wertwandel

Die neue Anspruchsorientierung an die Erwerbsarbeit läßt sich auf diese Weise als Teil eines tiefgreifenden Prozesses der Verschiebungen in der Lebensführung begreifen, der das Verhältnis von Arbeit und Leben neu zu schreiben beginnt. Diesen Verschiebungen gehen wir im Schlußkapitel nach, allerdings unter dem Vorbehalt der Konzentration nachfolgender Überlegungen auf den Westteil der Bundesrepublik: die soziologische Fachdebatte um den Gegenstand von Arbeit und Beruf im Transformationsprozeß von der Planwirtschaft in Ostdeutschland zu einem marktwirtschaftlichen System hat gerade erst begonnen, läßt allgemeine, empirisch auch hinreichend gesättigte Aussagen gegenwärtig kaum zu. Es ist nicht abzusehen, ob die Verwestlichung der betrieblichen

Sonderfall: Transformation von Arbeit und Beruf in den neuen Bundesländern

Produktions- und Organisationsstrukturen, des Bildungs- und Beschäftigungssystems, der Berufsstrukturen und Tätigkeitsprofile mit dem Westteil deckungsgleiche Resultate hervorbringt. Eine andersartige vorberufliche Sozialisation, die Ausprägung einer von den Normen des industriell-kapitalistischen Erwerbssystems stark abweichenden ,Moral' und nicht zuletzt der ,Eigensinn' der Subjekte könnten auch gegen gesichtslose Angleichungen von Ost an West ins Feld geführt werden. Aber auch das bleibt Spekulation.

3.3. Zur Neubestimmung des Verhältnisses von Arbeit und Leben oder: „Das Leben, die Arbeit, der Beruf und sein Sinn"

Veränderungen in der industriellen Arbeitswelt

Arbeit ist tot, es lebe die Arbeit! Die Verengung des Begriffs im Sinne einer entfremdeten Lohnarbeit in der Fabrik macht nicht nur blind für reale Vorgänge in der industriellen Arbeitswelt

- Technisierung der Arbeit mit der Ausprägung qualitativ höherwertiger Kontroll- und Überwachungsaufgaben, Wandel von strikter Arbeitsteilung und Kontrolle hin zu mehr Kooperation, Kommunikation, Interaktion, Aufwertung des Arbeitssubjekts u.a.;
- Strukturwandel hin zur Dienstleistungsarbeit (Tertiarisierung) mit stofflichen Veränderungen, Janusköpfigkeit von Arbeit mit hochgelobter schöpferischer, produktiver Seite und historisch ,vergessener' Destruktivkraft (Lars Clausen),

sondern trübt auch den Blick für Arbeitsformen jenseits der Berufsarbeit (Hausarbeit, Eigenarbeit im Sinne selbsterbrachter Dienstleistungen, Konsum- und Freizeitarbeit (Bernward Joerges), Beziehungs- und Gefühlsarbeit). Diese nur begrenzt marktfähigen Eigen- und Gemeinschaftsleistungen werden dem in Zukunft bedeutungsvolleren Quartärsektor zugerechnet. Im Prozeß dieser ,Entmythologisierung der Berufsarbeit' (Randolph Vollmer) erfährt die Bedeutung der Erwerbsarbeit im herkömmlichen Sinn eine Relativierung, keinesfalls wird der Erwerb aber für unwichtig gehalten. Was bedeutet diese Entwicklung für die Zukunft des Verhältnisses von Arbeit, Beruf und Leben? Da es keine endgültigen Antworten oder ewige Wahrheiten gibt, soziologische Phantasie jedoch weiterhelfen kann, folgende perspektivische, durchaus unkonventionelle Überlegungen, die u.a. auch auf Diskussionsergebnisse der Selbstverwaltungs,szene' (wie sie beispielsweise im Februar 1992-Heft der Zeitschrift ,Contraste' wiedergegeben sind) zurückgreifen:

Neues Arbeitsverständnis

Das *neue Arbeitsverständnis* zielt auf Tätigkeiten, die Konzentration und Wachheit des Subjekts erfordern; Arbeit steht nun in einem bewußt reflektierten wirtschaftlichen, sozialen und kulturellen Kontext. Ihre Befriedigung und ihr Sinn erwachsen mehr und mehr aus den Beziehungen zur Welt, durch die Arbeit vermittelt ist. Erhält Erwerbsarbeit neue Konturen, bleibt davon die alte Identität von Beruf und Erwerbstätigkeit in der Berufsarbeit nicht unberührt, ein neues Verständnis von Beruf ist aufzuspüren: das Interesse an der bewußten Gestaltung von Arbeit gegen Fremdbestimmung verlangt die ‚Aufrechnung' von Arbeit in der Gesamtbedeutung des individuellen Lebens, dessen Inhalt sich nun nicht mehr qualitativ aus dem Beruf ergibt, vielmehr aus der Freiheit und dem Zwang, Beruf selbst zu definieren und der Arbeit darin einen angemessenen Platz zuzuordnen. Einen lebenswirklichen Sinn erhält Arbeit also dann, wenn sie nicht beliebig irgendwo, sondern sich in dem Raum, an dem Platz vollzieht, den das Arbeitssubjekt für sich selbst finden muß. *Arbeit* auf das je individuelle Leben bezogen, auf die je individuellen sozialen Kontexte — *Beruf* als Ausdruck dieser subjektivistischen Spezialisierung, definiert durch das individuelle Anliegen an die Welt: die Spannbreite reicht von persönlichen Bedürfnissen, sozialen Orientierungen und Zusammenhängen über die Konsumenten ‚meiner' Arbeitsprodukte bis hin zur persönlichen Betroffenheit über Menschen, die in der Sahelzone hungern.

Chancen für Subjektivierung und Autonomisierung der Arbeitsentwicklung

Jede Aussage ist strittig, zugegeben; erst recht unter praktischem Aspekt. Wie soll ein Müllwerker oder eine Verkäuferin sein / ihr individuelles Anliegen an die Welt leben wollen? Eine Antwort weiß auch der Autor (noch) nicht, statt dessen sucht er nach Hilfen. Und meint sie in folgendem zu finden:

— Die Modernisierung der Industriearbeit prägt Arbeitskulturen aus, die rudimentäre Elemente dieser Überlegungen enthalten (Neueinschätzung der Arbeitstätigkeit zwischen Profession und Job; Aufstieg des Subjekts; Verschränkung von Erwerbsarbeit, Freizeit und Eigenarbeit).
— Das Aufkommen der Dienstleistungsgesellschaft verändert die Arbeitslandschaft in Richtung auf Tätigkeitsgruppen mit Führungs-, Entscheidungs-, Beratungs-, Entwicklungsaufgaben. Dieser Entwicklung entsprechen neue Berufe wie Müll-Experte, Freizeit-Berater u.a.m. Wann sich welcher dieser neuen Berufe durchgesetzt haben mag, ist hier irrelevant, entscheidend sind die Folgen für den einzelnen Beschäftigten: er / sie wird mehrere Berufe im Leben haben, in denen Tätigkeiten nach dem Sinn erlebt werden.
— In Szenarien künftiger Berufsarbeit (Gerald Heidegger u.a.) erlangt das Konzept flexibler Arbeitsgruppen für die Orientierung, Arbeit zum individuellen Anliegen zu machen, Zentralität — die Vielfalt solcher Arbeitsgruppen wiederum stellt tendenziell eine *Entberuflichung* der Erwerbsarbeit dar, weil verschiedene Menschen sich sehr unterschiedliche Kombinationen von Fähigkeiten während des Berufslebens aneignen.
— In neuen Arbeitsformen des kooperativen Wirtschaftssektors (neue Genossenschaften, selbstorganisierte Betriebe u.a.) gerinnt Arbeit vielfach zum Teil des eigenen Lebens (Umweltgruppen, Eine-Welt-Aktivitäten, Erzeuger-Verbraucher-Gemeinschaften).
— Die Auseinandersetzung mit dem Zusammenhang Arbeit und Beruf hat gezeigt, daß dem Beruf im Selbstverständnis der Menschen wie auch für seine Zuordnung zu bestimmten gesellschaftlichen Funktionsfeldern (als Dreher, Lehrer, als Professorin) nach wie vor enorme Bedeutung zu. Jedoch (mit Karl Martin Bolte / Günter Voß): die Qualifikationsprofile von Menschen werden autonomer entwickelt und weitergebildet, und da scheint Spielraum zu sein, dieses entsprechend der Orientierung, Arbeit und Beruf zu meinem Anliegen zu machen, zu tun.

Zurück zur Einleitung: Sind Arbeit und Beruf ein antiquiertes Thema? Verfallen diese zentralen soziologischen Kategorien? Vermutlich nicht, und die eingangs gestellte Frage nach den Zukunftsplänen läßt sich hervorragend mit der Frage nach dem Beruf zusammenfügen.

Informationsteil

1. Zitierte Literatur

Baethge, M.: Arbeit, Vergesellschaftung, Identität — zur zunehmenden normativen Subjektivierung der Arbeit. In: Zapf, W. (Hrsg.): Die Modernisierung moderner Gesellschaften. Verhandlungen des 25. Deutschen Soziologentags in Frankfurt/M. 1990. Frankfurt/M. 1991, 260-278

Beck, U./Brater, M. (Hg.): Die soziale Konstitution der Berufe. Band 1 und 2. Frankfurt/M. und München 1977

Beck, U./Brater, M./Daheim, H.: Soziologie der Arbeit und der Berufe. Reinbek 1980

Beckenbach, N.: Geschichte der Arbeit. Kurseinheit 1 und 2. FernUniversität Hagen, Lehrgebiet Arbeitssoziologie. Hagen 1987

Bolte, K.M./Voß, G.G.: Veränderungen im Verhältnis von Arbeit und Leben. In: Reyher, L./Kühl, J. (Hg.): Resonanzen. Arbeitsmarkt und Beruf, Forschung und Politik. Nürnberg 1988, 72-93

Clausen, L.: Produktive Arbeit, destruktive Arbeit. Berlin 1988

Durkheim, E.: La division du travail social. Paris 1893

Franke, H./Buttler, F.: Arbeitswelt 2000. Strukturwandel in Wirtschaft und Beruf. Frankfurt/M. 1991

Heidegger, G. u.a.: Berufsbilder 2000. Soziale Gestaltung von Arbeit, Technik und Bildung. Opladen 1991.

Jäger, W.: Industrielle Arbeit im Umbruch. Zur Analyse aktueller Entwicklungen. Weinheim 1989

ders.: Neue Unternehmen und Alternative Betriebe. Kulturelle Aspekte des betrieblichen Handelns. Wiesbaden 1991

Jahoda, M.: Wieviel Arbeit braucht der Mensch? Weinheim 1983

Joerges, B.: Berufsarbeit, Konsumarbeit, Freizeit: In: Soziale Welt 2/1981, 168-195

Kern, H./Schumann, M.: Das Ende der Arbeitsteilung? Rationalisierung in der industriellen Produktion. München 1990 (4. Auflage)

Kuchenbuch, L./Sokoll, Th.: Vom Brauch-Werk zum Tauschwert: Überlegungen zur Arbeit im vorindustriellen Europa. In: Sozialphilosophie der industriellen Arbeit. Sonderheft 11/1990 der Zeitschrift Leviathan, 26-50

Littek, W./Heisig, U./Gondek, H.-D.: Dienstleistungsarbeit. Berlin 1991

Opaschowski, H.W.: Arbeit, Freizeit, Lebenssinn? Opladen 1983

Pawlowsky, P.: Arbeitseinstellungen im Wandel. München 1986
Smith, A.: Der Wohlstand der Nationen. Eine Untersuchung seiner Natur und seiner Ursachen. München 1974 (orig. engl. 1776)
Sombart, W.: Der moderne Kapitalismus. 1 Band, 1. Halbband, Die vorkapitalistische Wirtschaft. Berlin 1962
Thomssen, W.: Arbeit, Bewußtsein, Subjektivität. Zur Dekonstruktion einiger Kategorien der Soziologie. In: König,H. u.a. (Hg.): Sozialphilosophie der industriellen Arbeit. Leviathan Sonderheft 11 / 1990. Opladen 1990, 301 - 321
Vollmer, R.: Die Entmythologisierung der Berufsarbeit. Über den sozialen Wandel von Arbeit, Familie, Freizeit. Opladen 1986
Voß, G. G.: Lebensführung als Arbeit. Stuttgart 1991
Weber, M.: Soziologie — Weltgeschichtliche Analysen — Politik. Stuttgart 1956
Wittwer, W.: Annäherung an die Zukunft. Zur Entwicklung von Arbeit, Beruf und Bildung. Weinheim 1990

2. Empfohlene und kommentierte Literatur

1. Arbeit

Clausen, L.: Produktive Arbeit, destruktive Arbeit. Berlin 1988 (fast schon ein Standardwerk!)

Matthes, J. (Hrsg.): Krise der Arbeitsgesellschaft? Verhandlungen des 21. Deutschen Soziologentags in Bamberg 1982
(Dokumentation der beginnenden soziologischen Krisendebatte mit teilweise ‚bahnbrechenden' Vorträgen von Dahrendorf, Offe, Joerges, Clausen, Kern / Schumann, an denen sich noch heute die Soziologenschar reibt)

Leviathan Sonderheft 11 / 1990: Sozialphilosophie der industriellen Arbeit.
(Gibt einen guten Überblick zum Stand der aktuellen Diskussion um die ‚Kulturbedeutung' der Industriearbeit. Nicht immer leicht lesbar, vermittelt der Band Kritisches, fordert aber auch zur Kritik heraus)

2. Beruf

Beck, U. Brater, M. / Daheim, H.: Soziologie der Arbeit und Berufe. Reinbek bei Hamburg 1980
(Gefragt wird vor allem nach den Folgen von Berufsstrukturen für die von ihnen betroffenen Arbeitenden; dieser Ansatz einer subjektorientierten Berufssoziologie hat sich fest in der Fachdebatte verankert. Bei durchgängig guter Lesbarkeit zählt diese Publikation schon zu den jüngeren Klassikern der Berufsdiskussion, mit vielen brauchbaren zusätzlichen Literaturhinweisen. Sicherlich ein Standardwerk)

Bolte, K.M. (Hrsg.): Mensch-Arbeit-Betrieb. Beiträge zur Berufs- und Arbeitskräfteforschung. Weinheim 1988
(Ein hervorragender Überblick über 15 Jahre theoretische und empirische Arbeit der subjektbezogenen Berufssoziologie in breitgestreuten Bereichen (Familie, Arbeitsmarkt, Gesundheit u. a., insgesamt eine sinnvolle Ergänzung zu Beck / Brater / Daheim)

Unter *Einzelgesichtspunkten*, die auch im vorliegenden Beitrag angesprochen werden, sind in einem ersten Zugriff folgende Bücher interessant:

- Geschichte der Arbeit: Neben den im Literaturnachweis angeführten entsprechenden Schriften zusätzlich Mikl-Horke, G.: Industrie- und Arbeitssoziologie, München 1991, bes. Kap. I. Darüber hinaus einführend Littek, W. / Rammert, W. / Wachtler. G. (Hg.): Einführung in die Arbeits- und Industriesoziologie. Frankfurt / M. 1982, bes. Kap. I.
- Arbeit und Subjekt: Dieser Aspekt taucht in fast allen jüngeren Publikationen des Genres auf; verweisen möchte ich hier besonders auf Schmiede, R. (Hrsg.): Arbeit und Subjektivität. Bonn 1988, der Band versammelt zahlreiche Artikel zur Subjektivitätsfrage in unterschiedlichen Bereichen, er zählt gegenwärtig zu den industriesoziologisch aufschlußreichsten Interpretationen.
- Zukunft von Arbeit und Beruf: Die bereits genannte Veröffentlichung von Franke / Buttler ist eher populärwissenschaftlich geschrieben, informativ, mit zahlreichen Tabellen. Ähnlich die Arbeit von Klauder, W.: Ohne Fleiß kein Preis. Die Arbeitswelt der Zukunft. Osnabrück 1990. Alle genannten Autoren sind Angehörige der Bundesanstalt für Arbeit in Nürnberg, als Ökonomen mit sozialwissenschaftlichem Interesse grundsätzlich marktwirtschaftlich ausgerichtet.

Im übrigen gilt: Die Auswahl der empfohlenen Publikationen erfolgt nach subjektiven Merkmalen des Autors, die nicht mit den Kriterien der Leser / Leserinnen übereinstimmen müssen. Sie dient zwar der Anregung, dennoch soll sie eigene Wege, zu einem angestrebten Informationsstand und Reflexionsniveau zu gelangen, nicht verschließen. Das gilt auch mit Blick auf den vorliegenden Beitrag. Dessen Konzeption und Ergebnisse stellen keinen unreflektiert zu übernehmenden Pool von Resultaten, Meinungen und Argumenten dar. Der Artikel ist u.a. auch als ein Mittel zum Erreichen von Zwecken und Zielen zu begreifen, die aus der persönlichen Konstitution des Verhältnisses von Arbeit, Beruf und Leben hervorgehen.

3. Anleitung zur Eigenlektüre

Empfohlen wird ein Text von Friedemann Stooß aus dem Schwerpunktheft „Fernsicht" der Zeitschrift ‚Mitteilungen aus der Arbeitsmarkt- und Berufsfor-

schung' (Heft 1 / 1984, S. 48 - 51). Der Beitrag von Stooß trägt den Titel: „Nach der Berufsgesellschaft — Clemens Hemming blickt zurück".
Darin beschäftigt sich Stooß in einer Art Reportage aus dem Jahr 2010 mit den Entwicklungspotentialen von Arbeit und Beruf. An den Beispielen eines Arbeitsalltags im Jahr 2010, einer Rekonstruktion der Biographie des Clemens Hemming und eines Interviews mit Hemming zu nachberuflichen Erwerbsformen könnte geprüft werden:

— In welchen Hauptpunkten unterscheiden sich der Arbeitsalltag der Gegenwart von dem der Zukunft?
— Lassen sich trotz der Alltagsunterschiede bereits *heute* Anzeichen für Entwicklungen finden, die erst im Jahr 2010 ausgeprägt sind? Hilfreich ist dabei der vorliegende Text „Arbeit und Beruf".
— Welche Einstellungen, Haltungen, Orientierungen kommen in der Biographie des Clemens Hemming zu Arbeit und Beruf zum Ausdruck? Gibt es ähnliche oder gleiche Argumente im Text von Jäger?
— Stooß hat seine Reportage im Jahr 1984 veröffentlicht. Wenn der Text von Jäger zugrundegelegt wird: Welche Überlegungen sind im Jahr 1993 aktuell, die Stooß 1984 *nicht* erwähnt? (Hinweis: Im Interview mit Hemming liegen Anhaltspunkte).

Lektion VI
Industrie- und Betriebssoziologie

Volker Eichener, Rolf G. Heinze

Inhalt

1. Traditionelle Konzepte der Industriearbeit: Taylorismus und Fordismus

In der Erwerbsstruktur ist der sekundäre, industrielle Sektor längst vom tertiären Sektor als dominierender Sektor abgelöst worden. Daß der Industriearbeit jedoch weitaus mehr soziologische Aufmerksamkeit zuteil geworden ist als allen anderen Arbeitsformen zusammen — der Landarbeit, der Büroarbeit, der Dienstleistungsarbeit sowie der informellen Arbeit für Haushalt, Selbstversorgung oder Ehrenamt — hängt mit wissenschaftshistorischen und theoretischen Gründen zusammen.

Industriearbeit als Grund für Entfremdung

Die Industriesoziologie beanspruchte für sich, unter den speziellen Soziologien eine besondere Stellung einzunehmen; wurden doch die westlichen Gegenwartsgesellschaften als kapitalistische Industriegesellschaften angesehen, in denen die Entfremdung des Menschen von sich selbst im wesentlichen auf die inhumanen Bedingungen der Industriearbeit zurückgeführt wurde, die eine Konsequenz der Subsumtion der menschlichen Arbeit unter dem Primat der Kapitalverwertung darstellten.

Diese negative Bewertung der Industriearbeit war angesichts der inhärenten Inhumanität der beiden wichtigsten Konzeptionen der Industriearbeit, des *Taylorismus* und des *Fordismus*, durchaus berechtigt.

Frederick Winslow Taylors „wissenschaftliche Betriebsführung" basierte auf einem grundsätzlich negativen Menschenbild. Aus „angeborenem Instinkt", bewußtem, arbeitgeberfeindlichem Kalkül und sozialem Druck durch Kollegen und Gewerkschaften neigten die Arbeiter grundsätzlich dazu, sich vor der Arbeit zu drücken (Taylor 1919, 17ff.). *Taylor*s explizites Ziel war es, die menschliche Initiative, die noch die ganzheitliche handwerkliche Tätigkeit charakterisierte, durch die Unterordnung unter eine arbeitsteilige Betriebsorganisation so weit wie möglich zu unterdrücken, um den menschlichen Störfaktor auszuschalten.

Elemente der „wissenschaftlichen Betriebsführung"

Dabei orientierte er sich an folgenden Leitlinien:

- Wissenschaftliche Studien des Arbeits- und Produktionsprozesses, um das Management vom tradierten Wissens- und Erfahrungsmonopol der Handwerker unabhängig zu machen (34ff.).
- Zerlegung, Optimierung, mechanische Unterstützung und Standardisierung der einzelnen Arbeitsgänge aufgrund systematischer Arbeitsstudien (130f.).
- Horizontale und vertikale Arbeitsteilung und Spezialisierung (41).
- Systematische Personalselektion, Qualifizierung und Arbeitsverteilung (38).
- Vertikale Ausdifferenzierung eines „Arbeitsverteilungsbureaus" (Arbeitsvorbereitung), das die Arbeit im Detail plant und disponiert (41, 139).
- Schriftliche Festlegung detaillierter Arbeitsanweisungen, des exakten Arbeitspensums und der dafür zu benötigenden Zeit für die einzelnen Arbeiter; Bindung sämtlichen Arbeitshandelns an diese schriftlich fixierten Regeln (41).
- Optimierung des Arbeitspensums unter Berücksichtigung des Arbeitsvermögens und notwendiger Erholungspausen (41f.).
- Horizontale Ausdifferenzierung funktionaler Leiter (Meister) für verschiedene produktionstechnische Funktionen, für die Wartung und Instandhaltung,

für die Zeitnahme und Leistungskontrolle, für die Disposition und für die Arbeitsdisziplin, d.h. Trennung direkt produzierender und indirekter Funktionen (132f.).
- Begrenzte Prämien für die Erfüllung des Arbeitspensums, aber keine Gewinnbeteiligung (130, 99f.).
- Einführung einer nachträglichen Qualitätskontrolle, um den Qualitätsstandard auch bei hoher quantitativer Leistungssteigerung zu sichern (94ff.).
- Arbeitszeitverkürzung bei gleichzeitiger Leistungsverdichtung, d.h. Steigerung der Effizienz (97).
- Soziale Isolation am Arbeitsplatz zur Förderung der Konzentration auf die Arbeit (97).
- Straffe Personalführung und Disziplin (86f.).

Der Arbeiter als Automat

Die tayloristische Arbeitsorganisation zielt bewußt auf eine Entmündigung des qualifizierten, verantwortlichen und verhaltenssouveränen Handwerkers ab. *Taylor* gesteht ein, daß die autoritäre Führung und strikte Regelbindung dazu führe, „aus dem Arbeiter eine Maschine, einen bloßen Automaten zu machen" (133f.). „Die gleiche Kritik", so fährt er fort, „und der gleiche Einwurf kann jedoch gegen alle moderne Spezialisierung der Arbeit erhoben werden." (134) Eine gewisse Kompensation dieser negativen Folgen sieht *Taylor* in der Möglichkeit zum beruflichen Aufstieg und in der Prämierung von Verbesserungsvorschlägen.

Tayloristische Arbeitsorganisation im deutschen Maschinenbau

Wenngleich sich in der Unikat- und Kleinserienfertigung, wie sie etwa für den deutschen Maschinenbau typisch ist, die Trennung von dispositiven und manuellen Funktionen nicht ganz so konsequent realisieren ließ, wie es *Taylor* vorschwebte, und die qualifizierte Facharbeit trotz aller ingenieurwissenschaftlichen Forschung weiterhin benötigt wurde (Brödner 1985: 42ff.), gründet sich die Arbeitsorganisation auch im deutschen Maschinenbau auf einige Prinzipien, die wesentlich auf *Taylor* zurückgehen, nämlich

- die vertikale und horizontale Entmischung ganzheitlicher Arbeitsvollzüge,
- das arbeitsteilige Verrichtungsprinzip, d.h. die Zusammenfassung gleichartiger Verrichtungen in funktional ausdifferenzierten Werkstätten,
- die Ausdifferenzierung direkt produzierender und indirekter Funktionen (z.B. Instandhaltung),
- die Trennung von Produktion und Qualitätskontrolle,
- die Ausdifferenzierung und Zentralisierung dispositiver Funktionen im technischen Büro (Arbeitsvorbereitung),
- die Entwicklung einer hierarchisch-autoritären Kontroll- und Koordinationsbürokratie.

Vom *Taylorismus* zum *Fordismus*

Taylor dachte bei der Konzeption der „wissenschaftlichen Betriebsführung" in erster Linie an die Teilefertigung, wie sie z.B. in der Maschinenbauindustrie dominiert. Für Industrien wie die Automobilindustrie, in denen Montagetätigkeiten vorherrschen, mußte das Taylor'sche Konzept modifiziert werden. Henry *Ford* nahm Taylors Prinzipien auf und entwickelte sie zum „Fordismus" — wie es heute heißt — weiter, indem er sie mit der Strategie der standardisierten Großserienproduktion und dem Prinzip der Fließfertigung verknüpfte.

Fords Produktionsziel war die Deckung der Massennachfrage durch Güter, die einfach und zweckmäßig (15f.), standardisiert (54f., 173) sowie dauerhaft und zeitlos (174) waren und entsprechend billig hergestellt werden konnten, was wiederum den Absatz förderte (171). Dieser Marktstrategie entsprach der Übergang von der traditionellen, handwerklichen Auftragsfertigung zur standardisierten Großserienfertigung (54).

Standardisierte Massenfertigung durch Fließband

Die Arbeitsorganisation folgte weitgehend Taylors Prinzipien, die jetzt, in Form des Fließbandes, auf eine standardisierte Massenfertigung angewandt wurden. Die hochgradige Arbeitszerlegung und Mechanisierung am Fließband sollte die Wege reduzieren (93), die Arbeitsbewegungen minimieren (93, 102f.) sowie die „Ansprüche an die Denktätigkeit" (93) und die Qualifikation vermindern (119).

Fords Ziel bestand darin, möglichst mit ungelernten Arbeitern auszukommen, was ihm auch weitgehend gelungen ist, wenn 43 % seiner Arbeiter eine Anlernzeit von maximal einem und weitere 36 % von einem bis maximal acht Tagen benötigten, während qualifizierte Kräfte nur für wenige (1 %) Spezialfunktionen wie die Werkzeugherstellung oder den Prototypenbau eingesetzt wurden (89ff., 128).

Dominanz horizontaler und vertikaler Arbeitsteilung

Die horizontale und vertikale Arbeitsteilung dominiert die gesamte Betriebsorganisation, die sich durch eine strikte Linienorganisation ohne interfunktionale Kommunikation auszeichnet (107). Wie bei *Taylor* dient eine rigorose Disziplin dazu, die notwendige Koordination der differenzierten Verrichtungen zu gewährleisten (129). Soziale Kontakte zwischen den Arbeitnehmern sollten vermieden werden; Traditionen, persönliche Fühlungnahme oder andere Elemente dessen, was wir heute als „Unternehmenskultur" bezeichnen (Dierkes 1988), werden ebenfalls ausgeschlossen (131, 308, 114).

Lohn als Leistungsanreiz und Kaufkraft

In der Lohnfrage ging *Ford* allerdings wesentlich weiter als *Taylor*, weil er hohe Löhne, auch in Form einer Gewinnbeteiligung, nicht nur als Leistungsanreiz auffaßte, sondern auch mit nachfragetheoretischen Überlegungen verband, d.h. hohe Löhne als kaufkraft- und nachfrageschaffend und damit auch als absatzstimulierend ansah (135ff., 145).

Kern der Fordismus

Großserienfertigung preiswerter, standardisierter Massengüter mit einer durch das Fließband verschärften tayloristischen Arbeitsorganisation stellt damit den Kern des fordistischen Produktionskonzeptes dar, das in allen Ländern einen raschen Siegeszug durch die Automobilindustrie und zahlreiche andere industrielle Branchen hielt. Voraussetzung des Fordismus sind allerdings Massenmärkte mit ungesättigter, wenig differenzierter Nachfrage, die *Ford* zu seinen Zeiten nicht als gefährdet ansah (180f.).

Taylorismus für Einzel- und Kleinserienfertigung

Für die Einzel- und Kleinserienfertigung, etwa im Bereich des Maschinenbaus, entwickelte sich der Taylorismus, für die Großserienfertigung, insbesondere in der Automobilindustrie, der Fordismus zum dominierenden Produktionskonzept, das in einer Hinsicht den optimistischen Erwartungen *Taylors* und *Fords* zweifellos entsprach: nämlich der effizienten Nutzung der menschlichen Arbeitskraft mit entsprechender Steigerung der industriellen Produktivität und damit des gesamten volkswirtschaftlichen Wohlstands.

Für die Masse der Arbeiter wurde die Steigerung des materiellen Wohlstands allerdings mit einem Verlust ihrer Produzentensouveränität, mit Dequalifizierung, mit monotoner, belastender Arbeit und mit der Unterwerfung unter eine strikte Fabrikdisziplin und Managementkontrolle erkauft.

Auswirkungen auf die Arbeiter

Der Taylorismus und — im Bereich der standardisierten Massenproduktion — der Fordismus traten ihren Siegeszug nicht nur in den kapitalistischen Industrieländern an. Die Marx'sche Kritik konnte nicht verhindern, daß die tayloristische Arbeitsorganisation auch in den Produktionsstätten des „realen Sozialismus" eingeführt wurde, wobei sie in der DDR sogar eine besondere Ausprägung durch die Symbiose mit der sozialistischen Arbeitsdisziplin und preußisch-sozialistischer Tradition erhielt.

Taylorismus auch im „realen Sozialismus"

Dennoch gab es in West- und Ostdeutschland auch Grenzen des Taylorismus. Die insbesondere im Maschinenbau dominierende Arbeit an Werkzeugmaschinen hatte sich lange Zeit gegen eine vollständige Taylorisierung gesperrt, vereinigte doch die Arbeit an konventionellen Maschinen manuelle und kognitive Tätigkeitselemente (vgl. Böhle / Milkau 1988). Die letzten Barrieren gegen die absolute Eliminierung von Kopfarbeit aus der Werkstatt schienen jedoch mit der Entwicklung der Informationstechnik, d.h. der numerischen Steuerungen zu fallen, die die kognitiven Tätigkeitselemente in die Generierung des Programms verlagerten, die — als Büroprogrammierung — arbeitsorganisatorisch von der eigentlichen Produktionsarbeit abgelöst werden konnte.

So wurde in den siebziger Jahren überwiegend eine Verschärfung tayloristischer Arbeitsstrukturen infolge der Einführung neuer Technologien erwartet. Als eine der markantesten Formulierungen der These einer weiter fortschreitenden Taylorisierung erwarteten 1970 **Kern** und **Schumann** eine weitere Polarisierung der Qualifikationsprofile in hochqualifizierte Systemspezialisten einerseits und dequalifizierte Produktionsarbeiter, die nur noch repetitive Teil- und Restarbeiten verrichten, andererseits (Kern / Schumann 1970). Die Taylorisierungs- bzw. Dequalifizierungsthese stellte bis Anfang der achtziger Jahre die wohl dominierende Perspektive für die Entwicklung von Industriearbeit dar, wenngleich es bereits in den siebziger Jahren Analysen gab, die lediglich temporäre Automatisierungslücken für die beobachtete Zunahme unqualifizierter Tätigkeiten verantwortlich machten.

Verschärfung des Taylorismus durch neue Technologien?

Dequalifizierungsthese

Die Anzeichen für eine gewisse Abkehr von der seit mehr als einem Jahrhundert anhaltenden Entwicklung einer zunehmenden Arbeitsteilung und Dequalifizierung verdichteten sich Anfang der achtziger Jahre, als u.a. Sorge u.a. (1982) eine „Renaissance der Facharbeit" konstatierten. Am eloquentesten wurde die Frage nach dem „Ende der Arbeitsteilung?" von *Kern / Schumann* (1984) formuliert, die ihre Polarisierungsthese nach einer Auswertung von Fallstudien aus der Automobilindustrie, dem Werkzeugmaschinenbau und der chemischen Industrie einer Revision unterzogen und nunmehr „neue Produktionskonzepte" vorfanden, die sich durch ganzheitliche Aufgabenzuschnitte und die Rückverlagerung dispositiver Kompetenzen in die Fertigung auszeichneten und damit den „geschickten, diagnosefähigen, verhaltenssouveränen Arbeiter" benötigen und folglich zur „Reprofessionalisierung der Produktionsarbeit" führten (Kern / Schumann 1984: 81).

Ende des Taylorismus?

Zwei Produktionskonzepte im Widerstreit

Zwar muß sich das neue, „empirisch-unideologische“ Produktionskonzept erst gegen das alte, von *Kern / Schumann* (1984: 155ff.) als „technokratisch-borniert“ bezeichnete Produktionskonzept durchsetzen, und sie betonen auch, daß die arbeitsorganisatorischen Innovationen keineswegs das Ende des Taylorismus bedeuteten, aber sie stellen ein wachsendes „Interesse an ‚nicht-tayloristischen‘ Organisationsansätzen und -instrumenten“ fest (1984: 49).

Technozentrischer und anthropozentrischer Entwicklungspfad

Auch *Brödner* (1985), der in analoger Weise zwischen dem „technozentrischen“ und dem „anthropozentrischen“ Entwicklungspfad in die Fabrik der Zukunft differenzierte, sah steigende Chancen für post-tayloristische Formen der Arbeitsorganisation. Er betonte jedoch ebenfalls, daß der anthropozentrische Entwicklungspfad lediglich einen Extrempol eines Spektrums alternativer Optionen für die Fabrik der Zukunft darstellt, dem die technozentrische Option gegenübersteht. Wenngleich das anthropozentrische Produktionskonzept von den veränderten Anforderungen an eine flexible, qualitätsorientierte Produktion profitiert, identifizierte *Brödner* (1985: 166) die betrieblichen Herrschaftsansprüche des Managements als wohl wichtigstes Hemmnis für dezentrale, teilautonome Arbeitssysteme, die den Kriterien anthropozentrischer Arbeitsorganisation am ehesten entsprechen.

Der technozentrische und der anthropozentrische Entwicklungspfad grenzen sich dadurch voneinander ab, daß sie auf verschiedene Potentiale — einerseits (Informations-) Technik, andererseits qualifizierte menschliche Arbeit — setzen, um die zunehmend notwendiger werdende Flexibilisierung der Produktion (vgl. Piore / Sabel 1985) zu erreichen. Dementsprechend wurden auch zwei alternative Konzeptionen für die rechnerintegrierte Fertigung (CIM) entwickelt: Die technozentrische, auf einer tayloristischen Betriebs- und Arbeitsorganisation beruhende CIM-Option sieht eine zentralistische, monolithische CIM-Struktur vor, bei der der gesamte Produktionsbereich informationstechnisch durchdrungen und einer zentralisierten Planung, Programmierung, Steuerung und Kontrolle unterworfen ist. Demgegenüber besteht das alternative, menschenzentrierte CIM-Konzept aus einem System miteinander vermaschter, teilautonomer Regelkreise, bei dem planerische und dispositive Funktionen dezentralisiert werden, um auf der Werkstattebene menschliche Eingriffsspielräume zu schaffen (CIM-Fertigungsinseln).

Optionen für Entwicklungspfade bei gleicher Technologie

Die alternativen Arbeits- und Technikeinsatzkonzepte, die als Extrempole eines Spektrums von Gestaltungsoptionen zu verstehen sind, können wie folgt skizziert werden: Der technozentrische, in tayloristisch-fordistischer Tradition stehende Entwicklungspfad zeichnet sich aus durch: zentrale Steuerung, hohe horizontale und vertikale Arbeitsteilung, geringe Arbeitsinhalte, relativ einseitige und niedrige Qualifikationsanforderungen, isolierte Einzelarbeitsplätze, steile betriebliche Hierarchien. Der anthropozentrische Entwicklungspfad ist demgegenüber charakterisiert durch: dezentrale Steuerung kleiner, teilautonomer Einheiten, verringerte horizontale und vertikale Arbeitsteilung, ganzheitliche Aufgabenzuschnitte, polyvalente und hohe Qualifikationen, Kooperation und Gruppenarbeit, flache Hierarchien.

So gibt es in Deutschland Experimente mit anthropozentrischen Modellen der Arbeitsorganisation beinahe so lange wie den Taylorismus selber. Die tayloristische Arbeitsteilung rief schon bald nach ihrer Einführung sowohl fertigungstechnische als auch arbeitswissenschaftliche Kritik hervor. Aus technischer Sicht erwies sich das Verrichtungsprinzip insofern als problematisch, weil es zu Unübersichtlichkeit und langen Transportwegen führte. Die psychologische Kritik beklagte die Entfremdung und Demotivierung, mit der die Aufgabenfragmentierung zwangsläufig verbunden ist (Böhrs 1977). So wurde bereits Anfang der zwanziger Jahre bei Daimler-Benz mit einem Gruppenarbeitskonzept experimentiert, das sehr an das moderne Fertigungsinselkonzept erinnert und das im wesentlichen auch aus den gleichen Gründen eingeführt wurde (Böhrs 1977). Die Zeit war jedoch noch nicht reif, um das Vordringen technikzentrierter Organisationskonzepte, d.h. des Ford'schen Fließbands, aufhalten zu können.

Frühe Gruppenarbeitskonzepte

In den sechziger Jahren wurden die schwedischen und norwegischen Versuche mit (teilautonomen) Arbeitsgruppen aufmerksam verfolgt, bevor in den siebziger Jahren das Regierungsprogramm „Humanisierung der Arbeitswelt" (HdA) in der Bundesrepublik Deutschland zu zahlreichen betrieblichen Projekten führte, mit denen mehr oder minder umfassende Verbesserungen der Arbeitstätigkeit erreicht werden sollten. Die meisten HdA-Projekte markierten noch keine Abkehr vom technozentrischen Produktionskonzept, sondern waren eher defensiv orientiert, d.h. auf die Korrektur (weiterer) Taylorisierung bzw. Dequalifizierung, zu denen die Einführung der Datenverarbeitung in den siebziger Jahren zwangsläufig zu führen schien.

„Humanisierung der Arbeitswelt"

In den achtziger Jahren verdichteten sich dagegen die Anzeichen für eine „stille Revolution" in der bundesdeutschen Industrie, die wohl am deutlichsten von *Kern / Schumann* (1984) konstatiert wurde. Tatsächlich sprechen heute eine Reihe von Entwicklungen innerhalb und außerhalb der Betriebe dafür, daß Humanisierung und wirtschaftliche Effizienz keine Gegensätze mehr darstellen, sondern daß anthropozentrische Organisationsformen auch wirtschaftlich erfolgreicher als die tayloristisch-fordistischen Produktionskonzepte sind. Bevor wir auf die Diffusion der neuen Produktionskonzepte eingehen, sollen die Ansätze zu neuen, jenseits des Taylorismus und Fordismus liegenden Formen der Arbeitsorganisation aus Deutschlands wichtigsten (und am besten erforschten) Industriezweigen, der Automobilindustrie und dem Maschinenbau, vorgestellt werden.

Humanisierung und wirtschaftliche Effizienz keine Gegensätze

2. Ansätze anthropozentrischer Arbeitsorganisation in der westdeutschen Industrie

2.1. Arbeitsorganisatorische Innovationen in der Automobilindustrie

Die Automobilindustrie ist die Branche, in der der Fordismus entstanden ist und in der unqualifizierte, repetitive Fließbandarbeit ein halbes Jahrhundert lang die dominierende Arbeitsform darstellte. Seit Anfang der achtziger Jahre werden je-

Abkehr von der Fließfertigung durch drei Innovationen

doch zunehmend Formen der Arbeitsorganisation eingeführt, die auf eine allmähliche Abkehr von der Fließfertigung hindeuten. Zu den wichtigsten arbeitsorganisatorischen Innovationen in der Automobilindustrie zählen die Modulfertigung, die Aufgabenintegration und die Gruppenarbeit.

2.1.1. Modulfertigung

Die fordistische Fließfertigung korrespondierte eng mit standardisierter Massenproduktion. In dem Maße, in dem auch in der Automobilindustrie die Zahl der Modelle und Varianten steigt und damit die Arbeitsinhalte von Fahrzeug zu Fahrzeug variieren, führt die Fließfertigung mit ihren konstanten Taktzeiten zu systematischen Zeitverlusten. Eine Möglichkeit, den Modell- und Variantenmix zu bewältigen, stellt die Entkoppelung bestimmter, besonders variationsreicher Baugruppen vom Fließband dar.

In der Modulfertigung werden gewisse Baugruppen, z.B. Türen, Armaturenbretter oder auch Motoren, vom Fließband entkoppelt und von einem Arbeiter komplett gefertigt. In der Regel erfolgt die Modulfertigung unter Einsatz führerloser Transportfahrzeuge. Die Fahrzeuge bringen zunächst das Bauelement vom Rohbau oder Rohteilelager zum Bestückungsplatz. Dort werden sie dann, gemäß der jeweiligen Ausstattungsvariante, mit allen Einbauteilen bestückt. Anschließend dienen die Fahrzeuge als Montageplatz, wobei sie meist eine Hub- und Neigevorrichtung für ergonomisch günstiges Arbeiten in verschiedenen Positionen aufweisen. Abschließend bringen sie das fertige Teil zu einem Puffer, von dem es in das Fließband eingekoppelt wird.

Die Modulbauweise allein bietet zwar noch kein *job enrichment* mit einem entsprechenden Zuwachs an Dispositionsspielräumen und dem Eintreten in eine höhere Qualifikationsstufe. Allerdings beinhaltet auch die rein horizontale Aufgabenerweiterung eine erweiterte Qualifizierung, da sich die Zahl der zu beherrschenden Teiltätigkeiten gegenüber der Arbeit am Fließband vervielfacht, auch wenn es sich dabei nur um Anlerntätigkeiten handeln sollte.

Modulfertigung als Ausgangspunkt für Sekundärtätigkeiten

Darüber hinaus stellt die entkoppelte Modulfertigung einen Ausgangspunkt für die Integration von Sekundärtätigkeiten, insbesondere von Qualitätssicherungstätigkeiten, sowie für Gruppenarbeit dar (s.u.). Allerdings bedeutet die Entkoppelung vom unmittelbaren Takt keineswegs, daß die Modulfertigung keinem Zeitdruck unterliegen würde. Zwar weist die Modulfertigung keinen konstanten Takt, sondern Bearbeitungszeiten auf, die mit der Ausstattungsvariante, d.h. dem Arbeitsumfang variieren. Gegenüber dem konstanten Fließbandtakt von 1 bis 3 Minuten sind z.B. Arbeitszyklen von 3,5 bis 10,5 Minuten (Türen) oder von 4,5 bis 8,5 Minuten (Cockpits) festzustellen (Jürgens / Malsch / Dohse 1989: 190). Allerdings unterliegt auch die Modulfertigung einer strikten, automatisierten Zeitüberwachung, die sogar einen höheren, weil individualisierten Leistungsdruck ermöglicht als das Fließband mit seinem konstanten Takt, der auch Reservezeiten enthält.

Durch die flexibilisierte Zeitkontrolle und die effizientere Zeitnutzung, die aus dem Wegfall von Puffer-, Warte- und Wegezeiten resultiert, ergibt sich insgesamt eine erhebliche Leistungsverdichtung, die sich z.B. in Personaleinsparungen von 16 % bei den Türen und 19 % bei den Cockpits niederschlägt (Jürgens / Malsch / Dohse 1989: 190).

2.1.2. *Aufgabenintegration*

Die Taylor'sche Funktionsteilung führt zwangsläufig zu Koordinationsproblemen. Mit zunehmender Anlagenkomplexität, d.h. der Multiplikation von Störungswahrscheinlichkeiten durch die Verkettung von Maschinen und Anlagen, wird insbesondere die Koordination von Produktion und Instandhaltung virulent. Ein Ansatz zur Begrenzung der störungsbedingten Ausfallzeiten einschließlich der Diagnose- und Wartezeiten besteht in der Integration bestimmter Instandhaltungsaufgaben. Dadurch kommt es zu einer neuen Differenzierung zwischen einer hochspezialisierten Instandhaltung für komplexe Probleme und einer Routine-Instandhaltung für einfache Probleme.

Begrenzung störungsbedingter Ausfallzeiten

Die komplexe Instandhaltung wird von Spezialisten übernommen, die nicht nur Facharbeiter der entsprechenden Berufsrichtungen sind (Schlosser, Elektriker, zunehmend auch spezialisiertere Berufe wie Energieanlagenelektroniker), sondern darüber hinaus Zusatzqualifikationen (vor allem in Elektronik, Steuerungstechnik, Programmierung und maschinenspezifischen Kenntnissen) aufweisen, die bis zu neuen Berufsbildern wie dem **„Hybrid-Facharbeiter"** weisen, der die Berufsbilder Maschinenschlosser und Elektroanlageninstallateur integriert.

Neues Berufsbild des „Hybrid-Facharbeiters"

Die einfachere Routine-Instandhaltung wird dagegen in die Produktionsarbeit aufgenommen, die dann allerdings Qualifikationen auf Facharbeiterniveau voraussetzt. Als integrationsfähig gelten dabei vor allem folgende Teiltätigkeiten aus der Instandhaltung: Anlagenbetreuung; Wartungsarbeiten; Austausch von leicht zugänglichen Verschleißteilen; exakte Störungsdiagnose und Herbeiholen des richtigen Spezialisten; Helfen bei Reparaturen; selbständiges Ausführen kleinerer Reparaturen.

Empirisch haben *Kern / Schumann* (1984: 79ff.) die Integration von Instandhaltungsaufgaben in die Produktionsarbeit vor allem am Beispiel des neuen, integrierten Tätigkeitsprofils „Straßenführer im Rohbau" sowie an Pilotprojekten zum „integrierten Arbeitseinsatz in der mechanischen Fertigung" aufgezeigt. Selbst in der Montage, in der die arbeitsorganisatorischen Veränderungen zum Zeitpunkt ihrer Untersuchung am schwächsten waren, wurde eine „fließende Arbeitsteilung" zwischen den Instandhaltungshandwerkern und den Straßenführern, denen bereits die Diagnostik oblag, mit der Tendenz zur weiteren Aufgabenintegration beobachtet.

Auf der Basis einer international vergleichenden Studie bezeichnet *Malsch* (1988: 75f.) die Integration von Instandhaltungstätigkeiten in die Anlagenbetreuung im Rohbau sogar als „generelles" Prinzip, das ausnahmslos in allen untersuchten Werken realisiert wurde. Aufgabenintegration bringt denjenigen Arbeitnehmern Vorteile, deren Aufgabenspektrum durch höherwertige (qualifiziertere, besser entlohnte) Aufgaben angereichert wird. Sie kann aber auch eine Herabstufung bedeuten, wenn qualifizierte Arbeitsplätze um einfachere Tätigkeiten erweitert werden. In jedem Fall kann die Aufgabenintegration die Demarkationen zur nächstniedrigeren Qualifikationsstufe verschärfen:

Aufgabenintegration als Qualifizierungssteigerung

Kein Ende der Arbeitsteilung

Wie auch immer die Integrationsrichtung verläuft — mit einem Ende der Arbeitsteilung hat das herzlich wenig zu tun. Aufgabenintegration an einer Stelle führt stets zur Aufgabenabgrenzung an anderer Stelle (Malsch 1988: 75).

Eine zweite Form der Aufgabenintegration, die inzwischen ebenfalls generell praktiziert wird, stellt die Integration der Qualitätssicherung in die Fertigung bzw. Montage dar (Kern / Schumann 1984: 78f., 84f.; Jürgens / Malsch / Dohse 1989: 213f.). Die Selbstinspektion hat zwar nur marginale Auswirkungen auf die Arbeitsqualität, weil sie in der Regel nicht mit einem Qualifikationszuwachs verbunden ist, stellt jedoch „einen partiellen Kontrollverzicht des Managements" (Jürgens / Malsch / Dohse 1989: 214), d.h. einen radikalen Bruch mit einem zentralen Prinzip Taylors, der Trennung von Ausführung und Kontrolle, dar.

2.1.3. Teilautonome Arbeitsgruppen

Ganzheitlicher Aufgabenzuschnitt

Teilautonome Arbeitsgruppen mit ganzheitlichem Aufgabenzuschnitt stellen die weitestgehende Abkehr vom tayloristisch-fordistischen Produktionskonzept dar. Bei teilautonomen Arbeitsgruppen handelt es sich um Kleingruppen, die ca. 3 bis 12 Mitglieder umfassen. Das Aufgabenspektrum teilautonomer Gruppen schließt in der Regel neben der eigentlichen Fertigungs- oder Montagetätigkeit Sekundärtätigkeiten, z.B. Aufgaben aus der Instandhaltung, Qualitätssicherung oder Material- und Betriebsmittelversorgung ein. Die Arbeitsplanung, z.T. auch die Fertigungssteuerung, liegt in der Regel ebenfalls innerhalb der Autonomie der Gruppe. Im Unterschied zum Team wird bei teilautonomen Arbeitsgruppen angestrebt, daß alle Gruppenmitglieder eine gleich hohe, polyvalente Qualifikation aufweisen bzw. durch gegenseitige Anlernung und Weiterbildung erwerben, so daß im Idealfall jedes Mitglied jede Arbeitsaufgabe übernehmen kann. Innerhalb der Gruppe soll, um maximale Flexibilität zu wahren, keine feste Arbeitsteilung, sondern Aufgabenrotation praktiziert werden.

Gruppenarbeit an Montageboxen

Die konsequenteste arbeitsorganisatorische Abkehr von der Fließbandmontage stellt z.Zt. die Gruppenarbeit an Montageboxen dar. Montageboxen sind stationäre Gruppenarbeitsplätze, an denen jeweils eine Karosse von einer Arbeitsgruppe montiert wird. Durch die Parallelisierung mehrerer Montageboxen, die die Rohkarosse vom Fließband erhalten, werden auch bei kurzem Bandtakt größere und ausstattungsspezifisch variierende Arbeitsinhalte möglich. Die weitgehende Enttaktung ermöglicht der Arbeitsgruppe, ihre Arbeitsgeschwindigkeit und den Arbeitseinsatz selbst zu steuern. Statt 90 Sekunden Bandtakt umfassen die Arbeitsinhalte an Montageboxen für jedes Gruppenmitglied beispielsweise — je nach Ausstattungsvariante — 6 bis 18 Minuten (Audi in Ingolstadt) oder sogar 15 bis 40 Minuten (Mercedes-Benz in Bremen).

Bei Mercedes-Benz stellte die Qualifizierung aller Mitarbeiter auf eine universellere Qualifikation, die fünf bislang vorhandene Einzelqualifikationen zusammenfaßte, die Voraussetzung für die Aufgabenrotation innerhalb der Gruppen dar. Als Konsequenz der erweiterten Arbeitsinhalte und Kompetenzen waren weit überdurchschnittliche Anteile von Facharbeitern und jüngeren

Arbeitern zu verzeichnen (Hesse / Oelker 1986) — eine Tendenz, die auch in anderen Automobilwerken, die inzwischen Gruppenarbeit eingeführt haben, festzustellen ist (z.B. in den Mercedes-Benz-Werken in Sindelfingen und Rastatt, wo die Gruppenarbeit zudem eine überwiegend männliche Angelegenheit ist; vgl. Namuth 1992).

Nach positiven Experimenten im kalifornischen NUMMI-Werk und im Werk Aspern (bei Wien) soll Gruppenarbeit im General Motors-Konzern flächendeckend eingeführt werden. In der Bochumer Werksgruppe der Adam Opel AG, wo bis 1993 ca. 70 % der Beschäftigten (= 10.000 Mitarbeiter), in Arbeitsgruppen tätig sein sollen (Muster / Wannöffel 1989, Stroink 1990), berichteten die in Gruppen tätigen Produktionsarbeiter,

Bewertung der Gruppenarbeit

— daß die Kommunikation zwischen den Kollegen durch die Gruppengespräche verbessert wird,
— daß die soziale Kohäsion und Solidarität durch die Gruppenarbeit gesteigert wird,
— daß die Arbeit abwechslungsreicher ist,
— daß der Arbeitsplatz durch die Verlagerung der dispositiven Kompetenzen vom Meister auf die Gruppe fester geworden ist, d.h. daß weniger Verleihungen von Arbeitskräften an andere Bereiche stattfinden,
— daß die Qualifizierungs- und Rotationsmöglichkeiten attraktive finanzielle Chancen bieten,
— daß das Verantwortungs- und Qualitätsbewußtsein steigt,
— daß die Arbeitsverteilung von der Willkür der Meister befreit ist und auf individuelle Präferenzen Rücksicht nimmt,
— daß auch der gesamte Arbeitsablauf durch die Selbststeuerung der Gruppe reibungsloser und effizienter wird (Stroink 1990: 123ff.).

Nachteil der Gruppenarbeit

Als Nachteil der Gruppenarbeit steht diesen Vorteilen die Arbeitsintensivierung gegenüber, die vor allem für ältere Gruppenmitglieder problematisch ist. Als Probleme der Gruppenarbeit werden darüber hinaus genannt (Stroink 1990: 132f.):

— die (organisatorische) Mehrarbeit für die Gruppensprecher, die nicht ausreichend vergütet wird,
— zu wenig Zeit für Qualifizierungsmaßnahmen, so daß das Ziel universeller Qualifikationen für alle Gruppenmitglieder nicht erreicht werden konnte,
— die gruppeninterne Kooperation mußte erst erlernt werden, funktionierte dann aber gut,
— die hervorgehobene Position des Gruppensprechers, die von den übrigen Gruppenmitgliedern als „Herabwürdigung“ empfunden wird.

Neue Konfliktquellen

Weitere Konfliktpunkte liegen in der gefährdeten Rolle der Meister, die wesentliche Kompetenzen an die Gruppen abgeben und von denen deshalb auch der stärkste Widerstand gegen die Einführung von Gruppenarbeit bis hin zu Boykottversuchen ausgeht. Außerdem fürchten die Instandhaltungsfacharbeiter durch die Integration in die Fertigungsgruppen einen Verlust ihrer privilegierten Position und auch eine Dequalifizierung. Schließlich stellt die „gleichberechtigte, gleichqualifizierte und gleichbezahlte Einbeziehung von Frauen, Ausländern und Leistungsgeminderten" (Buchholz 1989: 467) in die Arbeitsgruppen ein Problem dar.

2.2. Arbeitsorganisatorische Innovationen im Maschinenbau

Grenzen tayloristischer Arbeitsorganisation

Angesichts der auch im Maschinenbau steigenden Flexibilitätsanforderungen, die durch kundenindividuelle Fertigung, sinkende Losgrößen sowie steigende Anforderungen an die Lieferbereitschaft und Qualität markiert werden, stoßen die Taylor'sche Trennung von Disposition und Produktion sowie die verrichtungsorientierte Werkstattfertigung zunehmend an die Grenzen der Produktivität. Daher beinhalten auch hier die „neuen Produktionskonzepte" die (Re-) Integration von programmierenden und dispositiven Funktionen in Form von werkstattorientierter Programmierung, dezentraler Steuerung und Fertigungsinseln in die Produktionsarbeit.

2.2.1. Werkstattorientierte Programmierung (WOP)

Trennung kognitiver und manueller Elemente

Die Technik der numerischen Steuerungen ermöglicht es, die kognitiven Elemente der Arbeit an Werkzeugmaschinen, nämlich die Umsetzung der Konstruktionszeichnung in Maschinenoperationen, von den manuellen arbeitsorganisatorisch zu trennen. Als tayloristische arbeitsorganisatorische Gestaltungsoption führt die Büroprogrammierung zu einer Entwertung und Dequalifizierung der Maschinenführung, die auf bloße Maschinenbedienung reduziert wird.

Unter hohen Flexibilitätsanforderungen — insbesondere kleinen Losgrößen und kurzen Durchlaufzeiten — weist die Büroprogrammierung jedoch auch wirtschaftliche Nachteile auf: Zumindest zur Optimierung der Programme werden häufig Kenntnisse und Erfahrungen benötigt — über Maschineneigenschaften, Werkzeugzustand, Materialbeschaffenheit etc. —, die auf der Werkstattebene, nicht aber im technischen Büro vorhanden sind.

Drei Dimensionen der NC-Programmierung

Daher dominierten stets Mischlösungen, die zumindest Elemente werkstattorientierter NC-Programmierung einschließen. Dabei sind drei Dimensionen mit jeweils unterschiedlichen Graden werkstattorientierter Programmierung zu unterscheiden: (1.) Der physische Programmierort: Die NC-Programmierung kann im technischen Büro, werkstattnah (z.B. im Meisterbüro), maschinennah (z.B. in einer schallgeschützten Kabine) oder direkt an der Maschine erfolgen. (2.) Die personelle Programmierzuständigkeit: Die NC-Programmierung kann durch spezialisierte Programmierer (meist Techniker), durch Semi-Spezialisten aus dem Werkstattbereich (Meister, Vorarbeiter oder Einrichter) oder durch die Maschinenführer erfolgen. (3.) Der Programmieraufgabenumfang: Die werkstattorientierte Programmierung kann eigenständig oder in Kooperation mit einem Büroprogrammierer erfolgen, wobei die Zuständigkeit des Werkstattprogrammierers die vollständige Programmierung sämtlicher Teile einschließlich der Erstprogrammierung von Neuteilen umfassen kann, lediglich die Variantenprogrammierung und die Erstprogrammierung einfacher Teile oder nur die Optimierung von im Büro erstellten Programmen. Die Kooperation zwischen zentraler Erstprogrammierung und Programmoptimierung an der Maschine ist der empirisch häufigste Fall, der den Maschinenführer allerdings bereits vor einer Dequalifizierung bewahrt.

Entwicklung der werkstattorientierten Programmierung

Die Bedingungen für die werkstattorientierte Programmierung werden sich im Zuge der wirtschaftlichen und technischen Entwicklung eher verbessern als verschlechtern: Lediglich die zunehmende Komplexität der Programmieraufgaben (v.a. für Bearbeitungszentren) spricht gegen eine Dezentralisierung. Dagegen favorisiert die Mehrzahl der Determinanten die Werkstattprogrammierung, so die zunehmende Variantenprogrammierung bzw. die anwachsenden NC-Makrobibliotheken, die sinkenden Losgrößen, WOP-fähige Maschinensteuerungen (CNC-Steuerungen mit Hintergrundprogrammierung), zunehmende Benutzerunterstützung durch mächtige Programmfunktionen (graphische Simulation, Makrofunktionen, Werkzeugbibliotheken etc.), die automatische Geometriedatenübergabe im Rahmen der CAD / CAM-Integration, benutzerfreundliche Bedienoberflächen (Formular-, Menü-, graphisch-interaktive Systeme etc.) und nicht zuletzt die Diffusion informationstechnischer Kompetenzen auch in der Facharbeiterschaft.

2.2.2. Fertigungsinseln

Definition Fertigungsinsel

Fertigungsinseln sind teilautonome Arbeitsgruppen mit ganzheitlichem Aufgabenzuschnitt, die alle Arbeitsplätze, Betriebsmittel und Maschinen, die zur Komplettfertigung einer Teilefamilie erforderlich sind, räumlich und organisatorisch zusammenfassen. Die Werkstattsteuerung erfolgt mit hohen Autonomiegraden innerhalb der Insel selbst, die zahlreiche dispositive und planerische Funktionen integriert (Arbeitsplanung, Maschinenbelegung, Auftragsreihenfolgeplanung und Feinterminierung, Terminverfolgung, NC-Programmierung, Betriebsmittelverwaltung). Weiterhin können Sekundärtätigkeiten, insbesondere die Maschinenwartung und -instandhaltung sowie die Qualitätssicherung nach dem Prinzip der Selbstkontrolle in das Aufgabenspektrum der Insel integriert werden. Innerhalb der Arbeitsgruppe herrscht weitgehende Aufgabenrotation. Um die maximale Flexibilität der Insel zu gewährleisten, wird angestrebt, daß jeder Inselmitarbeiter in der Lage ist, jede in der Fertigungsinsel anfallende Teiltätigkeit auszuführen.

Einsatzorte der Fertigungsinseln

Fertigungsinseln können in betrieblichen Teilbereichen, in denen die Flexibilitätsanforderungen besonders hoch sind (z.B. Ersatzteilefertigung, Unikatfertigung, Zubehörfertigung etc.), eingesetzt werden; es gibt jedoch auch Betriebe, die vollständig nach dem Inselprinzip reorganisiert sind. In diesem Fall folgt die Betriebsorganisation nicht dem Taylor'schen Verrichtungsprinzip, d.h. gleiche Verrichtungen werden in Werkstätten zusammengefaßt, die von allen Produkten durchlaufen werden, sondern dem Produktprinzip, d.h. die Organisationseinheiten, d.h. Fertigungsinseln, sind durch Teilefamilien definiert und fassen alle

Verrichtungen zusammen, die für die Komplettfertigung der jeweiligen Teilefamilie benötigt werden. Das Resultat ist eine zelluläre Fabrikstruktur aus kleinen, teilautonomen Einheiten mit ganzheitlicher Aufgabenbearbeitung, die nur noch von einer zentralen Rumpfsteuerung koordiniert werden.

Vorteile der Fertigungsinseln

Die wirtschaftlichen Vorteile des Fertigungsinselprinzips beruhen auf einer drastischen Verkürzung der Durchlaufzeiten und Bestände, auf einer Vereinfachung der Transport- und Kommunikationsvorgänge, auf einer Steigerung der Flexibilität, Termintreue, Kundennähe und Reaktionsgeschwindigkeit am Markt, auf einer Steigerung der Qualität sowie nicht zuletzt auch der Produktivität (vgl. empirisch Pieper / Strötgen 1990, Maßberg 1993).

Die Mitarbeiter der Inseln profitieren von *job enlargement* und *job enrichment,* d.h. abwechslungsreicher Mischarbeit, der Reduzierung einseitiger Belastungen sowie erweiterten und vielfältigen Qualifizierungsmöglichkeiten, vom Abbau von Arbeitsplatzisolation zugunsten von Gruppenarbeit, der Reduzierung autoritärer Führung zugunsten eigenverantwortlichen Handelns, erweiterten Identifikations- und Entfaltungschancen sowie nicht zuletzt von der Beteiligung am Produktivitätsgewinn der Inseln.

Nachteile der Fertigungsinseln

Diesen, auch empirisch nachgewiesenen Vorteilen stehen jedoch auch Risiken gegenüber: Aus der steigenden Verantwortung können neue psychische Belastungen erwachsen; aus Aufgabenrotation und Aufgabenintegration kann sich Leistungsverdichtung ergeben (die für den Produktivitätszuwachs verantwortlich ist); die Selbststeuerung der Gruppe kann zur Überidentifikation und Selbstausbeutung führen; und an die Stelle formaler Autorität kann ein sozial subtilerer und unausweichlicherer Gruppenzwang treten.

Die problematischste Konsequenz aus allen Formen von Aufgabenintegration, die jedoch bei Fertigungsinseln besonders weitgehend erfolgt, ist die bereits von *Kern / Schumann* (1984) aufgewiesene Gefahr der Segmentation der Belegschaft in Rationalisierungsgewinner — gut qualifizierte, meist jüngere Produktionsfacharbeiter — und Rationalisierungsverlierer — die Un- und Angelernten, die ausgesteuert werden, aber auch die Mitarbeiter der dispositiven und indirekten Abteilungen, die Funktionen an die Inseln abgeben und von Statusverlusten bedroht sind.

3. Empirische Daten zur Entwicklung der Industriearbeit

„Ende der Arbeitsteilung“

Als *Kern* und *Schumann* 1984 vom „Ende der Arbeitsteilung“ sprachen, ernteten sie innerhalb der Industriesoziologie heftige Kritik, die u.a. die empirische Signifikanz und Relevanz der „neuen Produktionskonzepte“ in Zweifel stellte. Inzwischen ist eine Fülle weiterer Forschungsergebnisse erarbeitet worden, die empirisch fundiertere Aussagen über die Entwicklung der Industriearbeit erlauben.

Empirische Bestätigung für Abkehr vom Taylorismus

In der **Automobilindustrie** sind die Tendenzen, die *Kern / Schumann* erst ansatzweise aufweisen konnten, weitgehend bestätigt worden. So stellen Jürgens / Malsch / Dohse (1989: 213) fest, daß „die neue Strategie der Arbeitsintegration (..) mit der alten Polizeiphilosophie" des Taylorismus breche, wenngleich sie die „alte Effizienzphilosopie" forciere. Die von *Kern / Schumann* erst in Ansätzen festgestellte Arbeitsintegration sei inzwischen „breit eingeführt" (dies. 1989: 213), ebenso wie die von *Kern / Schumann* nur angedeutete Modulfertigung.

3.1. Entwicklung der Gruppenarbeit

Die Abkehr vom tayloristisch-fordistischen Produktionskonzept ist bis heute jedoch noch weiter und wohl auch noch schneller fortgeschritten, als vermutet wurde. Während *Jürgens / Malsch / Dohse* (1989: 213) Gruppenarbeit noch als „marginale Versuche" bezeichnen, wird Gruppenarbeit mittlerweile in zahlreichen Werken im Normalbetrieb praktiziert. Im Sindelfinger Mercedes-Werk soll bis Mitte der 90er Jahre die Hälfte der Belegschaft in Gruppen arbeiten; im Bochumer Opel-Werk ist sogar die flächendeckende Umstellung auf Gruppenarbeit in Angriff genommen und im VW-Werk Salzgitter bereits weitgehend realisiert worden. Für *Schmahl* (Audi AG) stellt entkoppelte Team- und Gruppenfertigung *das* Szenario für die Modell-Mix- und Variantenfertigung der näheren Zukunft dar, während im Bereich der standardisierten Massenproduktion die fordistische Bandarbeit fortbestehen wird (Schmahl 1988: 181ff.). In den neuen Bundesländern scheint diese Entwicklung in Neugründungs-Situationen sogar noch rascher voranzuschreiten, wie die besonders konsequente Einführung der Gruppenarbeit im Opel-Werk Eisenach zeigt.

Strittig bleibt allerdings die Reichweite der arbeitsorganisatorischen Innovationen. Vor allem im Bereich der Montagetätigkeiten lassen sich die Qualifikationsveränderungen durch Aufgabenintegration durch die von *Kern / Schumann* (1984: 317) geprägte Formel „null plus null gleich null" beschreiben (vgl. auch Springer 1991).

3.2. Entwicklung in den Klein- und Mittelbetrieben

Schwierige Einschätzung der Entwicklung in Klein- und Mittelbetrieben

Im Bereich des klein- und mittelbetrieblich strukturierten, sehr heterogenen Maschinenbaus ist die Datenlage weitaus schwieriger. Die „härtesten" Daten lieferte die ISF-Studie zur Organisation der NC-Programmierung. Im Vergleich zur älteren Untersuchung von Rempp / Boffo / Lay (1981) zeigte sich nach wie vor eine Dominanz von Mischformen der NC-Programmierung, allerdings mit einem leichten Trend in Richtung werkstattorientierter Programmierung (Nuber / Schultz-Wild 1989: 38): Der Anteil reiner Büroprogrammierung ist, wenn man die beiden Studien vergleichen kann, von 38 % auf 28 % zurückgegangen; der Anteil der dominanten Werkstattprogrammierung durch die Maschinenführer betrug in der älteren Studie 14 %, in der jüngeren 12 %, wenn man die kooperative Programmerstellung durch die Maschinenbediener zusammen mit dem Meister, Vorarbeiter oder Einrichter hinzuzählt, 27 %.

Während sowohl in der ISF-Betriebserhebung (Schultz-Wild u.a. 1989) als auch in der FIR-Expertenbefragung (Köhl u.a. 1989) mit nahezu identischen

Zahlen mit steigenden Qualifikationsanforderungen gerechnet wird (Betriebe: 56 % steigende, 3 % sinkende Qualifikationsanforderungen; Experten: 57 % steigende, 0 % sinkende Anforderungen), sind die Resultate zur Entwicklung der Arbeitsorganisation bei Einführung der rechnerintegrierten Fertigung (CIM) ambivalent: So wird zum Teil eine Verstärkung (Betriebe: 27 %; Experten: 17 %), zum Teil eine Verringerung der Arbeitsteilung erwartet (Betriebe: 13 %; Experten: 50 %). Für eine verstärkte Taylorisierung spricht die Einschränkung von Handlungsspielräumen (Betriebe: 17 %, Experten: 31 %), für posttayloristische Tendenzen dagegen die Entlastung von Routinetätigkeiten zugunsten kreativer Tätigkeiten (Betriebe: 55 %; Experten: 45 %).

3.3. Uneinheitliche Entwicklungspfade

Zwischen Strukturerhaltung und -veränderung

Daß in den alten Bundesländern zur Zeit mehrere Entwicklungspfade beschritten werden, zeigt sich auch an einer qualitativen Untersuchung des ISF, die 60 Fallstudien umfaßte (Schultz-Wild u.a. 1989): Danach wurde gut die Hälfte der untersuchten Betriebe als *strukturkonservativ*, in technozentrisch-tayloristischen Strukturen verharrend, eingeschätzt, ein gutes Drittel als *strukturverändernd*, d.h. mit post-tayloristischen Modellen der Arbeitsorganisation in Teilbereichen experimentierend, und ein Zehntel als *strukturinnovativ*, d.h. anthropozentrische Personal- und Technikeinsatzkonzepte verfolgend.

Die aktuellsten und repräsentativsten Daten liefert z.Zt. die Repräsentativbefragung von 1.713 Maschinenbaubetrieben, die im Rahmen des Bochumer Sonderforschungsbereichs „Neue Informationstechnologien und flexible Arbeitssysteme" durchgeführt wurde (Widmaier 1992, Mitteilungen für den Maschinenbau 1992). Auch diese Daten bestätigen das bisher gezeichnete, ambivalente Bild. In dieser Untersuchung wurde der Grad der Aufgabenintegration auf der Werkstattebene nach dem *fachlichen* Aufgabenspektrum und nach dem *funktionalen* Aufgabenspektrum — damit ist die etwaige Integration von dispositiven Tätigkeiten gemeint — differenziert.

Aufgabenspektrum zwischen Taylorismus und job *enlargement / enrichment*

Hinsichtlich des technisch-fachlichen Aufgabenspektrums ergab sich, daß nur 5 % der Betriebe ihren Mitarbeitern ein sehr enges (tayloristisches) Aufgabenspektrum zuweisen, während man bei 60 % von einem erweiterten (im Sinne von *job enlargement*) und bei 35 % von einem angereicherten (im Sinne von *job enrichment*) Aufgabenspektrum sprechen kann. So werden den Maschinenbedienern bei ca. 90 % der Betriebe auch das Umrüsten und Einrichten zum großen Teil zugewiesen, bei rund 70 % die Qualitätskontrolle und bei ebenfalls knapp 70 % auch die Werkzeugeinstellung, bei gut 50 % die NC-Programmoptimierung, bei knapp 50 % die NC-Programmerstellung und bei rund einem Drittel immerhin noch die Wartung und Inspektion der Maschinen. Der Grad der fachlichen Aufgabenintegration vermindert sich allerdings mit steigender Betriebsgröße.

Integration dispositiver Tätigkeiten

Die Integration dispositiver Tätigkeiten (z.B. Kapazitätsbedarfsrechnung, Feinterminplanung, Arbeitsverteilung, Auftragsüberwachung) stellt eine noch weitergehende Abkehr von der Taylor'schen Arbeitsteilung dar. Dementsprechend ergab die Erhebung, daß der Anteil der Betriebe mit einer weitgehenden Dezentralisierung der dispositiven Tätigkeiten erst bei knapp 10 % liegt, der Anteil mit einer teilweise dezentralen Werkstattsteuerung dagegen zwischen ca. 55 % (Kleinbetriebe) und ca. 35 % (Großbetriebe) schwankt.

3.4. Fertigungsinseln und Gruppenarbeit

Eine Kombination von hoher fachlicher und funktionaler Aufgabenintegration, wie sie das Merkmal von Fertigungsinseln darstellt, ist allerdings in konsequenter Form nur bei 3 % der Betriebe angetroffen worden, in relativer Form aber bei immerhin 22 % der Betriebe, wobei hier wiederum die Kleinbetriebe mit 40 % eher zu einer dezentralen Fertigungsstruktur neigen als die Großbetriebe mit nur 7 %.

Gruppenarbeit erst in Ansätzen

Auch die Gruppenarbeit als ein weiteres Definitionsmerkmal von Fertigungsinseln wird — zumindest in konsequenter Form — erst von einer kleinen Gruppe von Pionierbetrieben praktiziert. Zwar setzen 23 % der Betriebe Gruppenarbeit — mit einer Gruppengröße von 3 bis 15 Mitarbeitern — in der mechanischen Fertigung ein, jedoch reduzieren sich die Anteile für Gruppen, denen auch indirekt-produktive Aufgaben zugeordnet sind, auf 5 % und für Gruppen mit dispositiven Aufgaben auf 2,5 %. Legt man die ganz strengen Kriterien für das Idealmodell der Fertigungsinsel an — homogenes Qualifikationsniveau und Aufgabenrotation —, verringert sich der Anteil auf 0,9 % und in der Spitze — Gruppen ohne festen Vorgesetzten — sogar auf 0,6 % bzw. 9 Betriebe (die vermutlich mit den aus der Literatur bekannten Modellbetrieben weitgehend identisch sind).

3.5. Offenheit der Entwicklung: Drei Richtungen des Strukturwandels

Die empirischen Daten lassen Raum für Interpretationen offen. Dasselbe Glas kann halbvoll oder halbleer genannt werden. Man kann aus den Diffusionsraten gleichermaßen auf die Persistenz der tayloristisch-fordistischen Produktionskonzepte schließen wie auf einen säkularen Strukturwandel von Industriearbeit.

Insgesamt lassen sich hinsichtlich der Richtung des Strukturwandels drei Positionen unterscheiden (vgl. auch Malsch / Seltz 1987):

Richtungen des Strukturwandels

1. Die Hypothese einer Persistenz oder auch einer Verstärkung tayloristisch-fordistischer Technik- und Arbeitseinsatzeinkonzepte.
2. Die Hypothese eines mittelfristigen Übergangs zu neuen Produktionskonzepten, die jenseits des tayloristisch-fordistischen Modells liegen.
3. Die Hypothese einer zyklischen Oszillation der Produktionskonzepte zwischen der technozentrischen und der anthropozentrischen Option.

Die Ambivalenz der empirischen Befunde läßt allerdings noch eine weitere Interpretation zu, die sich nicht nur auf die **Mittelwerte** der betrieblichen Verortung innerhalb des Spektrums zwischen technozentrisch-tayloristischem und anthropozentrisch-post-tayloristischem Entwicklungspfad bezieht, sondern auch auf die **Varianz** der betrieblichen Strategien: nämlich die Interpretation, daß die Entwicklungspfade von Industriearbeit gegenwärtig **divergieren**, d.h. daß innerhalb derselben Branche und z.T. auch innerhalb desselben Betriebs sowohl eher technozentrische als auch eher anthropozentrische Modelle der Arbeitsorganisation praktiziert werden.

Varianz der Entwicklungspfade

Determinanten der Arbeitsorganisation und Nachfrageentwicklung

Für die Divergenzthese spricht auch eine theoretische Analyse der Determinanten der Arbeitsorganisation, die hier allerdings kursorisch bleiben muß: Seitens der Märkte ist einerseits mit weiter steigenden Flexibilitätsanforderungen zu rechnen, die arbeitsorganisatorische Innovationen begünstigen: Zum einen schreitet die — für die investitionsgüterproduzierende Industrie wesentliche — ökonomisch-technische Differenzierung weiter voran, u.a. erzwungen durch die Weltmarktkonkurrenz (vgl. Piore/Sabel 1985). Zum anderen führt in der Konsumgüterindustrie die soziale Differenzierung bzw. Individualisierung in Lebensstilgruppen zu einer weiteren Differenzierung der Nachfrage. Andererseits wird es weiterhin eine erhebliche Nachfrage nach preisgünstigen Massenprodukten geben, zum einen — komplementär zur wohlstandsinduzierten Individualisierung der Nachfrage — in Form von Zweit- und Drittgeräten, zum anderen im Aufholkonsum der Bevölkerungsschichten, die bisher kaum am Wohlstandszuwachs partizipiert haben — u.a. der Bewohner der neuen Bundesländer, aber auch der ausländischen Arbeitnehmerfamilien. Während die flexible Qualitätsproduktion post-tayloristische Produktionskonzepte begünstigt, ist zu erwarten, daß im Bereich der preisorientierten Massenproduktion, die kaum vollständig den fernöstlichen Ländern überlassen werden wird, fordistische Formen der Arbeitsorganisation bestehen bleiben.

Beharrungsfaktor Managementstrategien

Betriebe sind jedoch keine rational handelnden Subjekte, deren Verhalten vollständig von den Umweltanforderungen determiniert würde. Arbeits- und Technikeinsatzkonzepte sind auch Elemente von Managementstrategien, die aus einer komplexen Figuration betrieblicher Einzelakteure — aus Geschäftsleitung, mittlerem Management, Belegschaft und Betriebsrat — mit unterschiedlichen Machtchancen resultieren (vgl. zu ähnlichen Ansätzen auch Birke/Schwarz 1990, Crozier/Friedberg 1979 und Küpper/Ortmann 1988). Empirische Studien haben hinsichtlich der aus solchen Figurationen erwachsenden Managementstrategien eine hohe Heterogenität aufgewiesen, die mit der Vielfalt der arbeitsorganisatorischen Konzepte korrespondiert (Fiedler/Regenhard 1989). Managementstrategien, die in komplexe Figurationen eingebunden sind, wandeln sich in der Regel nur langfristig — und meist in Sprüngen zwischen Unternehmer- und Managergenerationen. Auch deshalb ist zu erwarten, daß sich die Variationsbreite der verschiedenen Rationalisierungsmodelle zwischen Massenproduzenten und flexiblen Spezialisten, zwischen eher traditionell orientierten und eher fortschrittlichen, zwischen technozentrisch und anthropozentrisch ausgerichteten Betrieben eher vergrößern wird.

Informationsteil

1. Empfohlene Literatur zur Einführung/Vertiefung

Kern, H./Schumann M. 1984: Das Ende der Arbeitsteilung? München
Eine einflußreiche, heute beinahe „klassische" Fallstudie über die „neuen", post-tayloristischen Produktionskonzepte.

Malsch, T./Seltz, R. 1987 (Hg.): Die neuen Produktionskonzepte auf dem Prüfstand. Berlin
Sammelband, der das Spektrum der kritischen Auseinandersetzung der Industriesoziologie mit den „neuen Produktionskonzepten" dokumentiert.

Piore, M. J./Sabel, C. F. 1985: Das Ende der Massenproduktion. Berlin
Die ökonomischen Hintergründe der „neuen Produktionskonzepte": „Flexible Spezialisierung" als Antwort auf die veränderten Anforderungen der Absatzmärkte.

Brödner, P. 1985: Fabrik 2000. Alternative Entwicklungspfade in die Zukunft der Fabrik. Berlin
Stark normativ geprägte Darstellung der alternativen Optionen für die Gestaltung von Arbeit und Technik aus ingenieurwissenschaftlicher Perspektive.

Küpper, W./Ortmann, G. (Hg.) 1988: Mikropolitik. Opladen
Sammelband über ein jüngeres analytisches Paradigma, das sich als Alternative zur industriesoziologischen Perspektive versteht.

Pries, L./Schmidt, R./Trincek, R. (Hg.) 1989: Trends betrieblicher Produktionsmodernisierung. Chancen und Risiken für Industriearbeit. Expertenberichte aus sieben Branchen. Sozialverträgliche Technikggestaltung, Bd. 7.1. Opladen
Sammelband mit Kurzberichten über die Entwicklung der Industriearbeit in sieben Branchen, der zugleich einen Überblick über die industriesoziologische Forschung in den achtziger Jahren bietet.

Schmid, J./Widmaier, U. (Hg.) 1992: Flexible Arbeitssysteme im Maschinenbau. Ergebnisse aus dem Betriebspanel des SFB 187. Opladen
Aktuelle empirische Daten über Arbeit und Technik im westdeutschen Maschinenbau.

2. Zitierte Literatur

Bahrdt, H.P. 1982: Die Industriesoziologie — eine „spezielle Soziologie“? In: G. Schmidt/H.-J. Braczyk/J.v. Knesebeck (Hg.): Materialien zur Industriesoziologie. Kölner Zeitschrift für Soziologie und Sozialpsychologie Sonderheft 24, Opladen, S. 11-15

Beckenbach, N. 1991: Industriesoziologie. Berlin, New York

Benz-Overhage, K./Brumlop, E./Freyberg, Th. von/Papadimitriou, Z. 1982: Neue Technologien und alternative Arbeitsgestaltung. Auswirkungen des Computereinsatzes in der industriellen Produktion. Frankfurt a.M./New York

Berggren, Ch. 1991: Von Ford zu Volvo. Berlin, Heidelberg, New York u.a.

Birke, M./Schwarz, M. 1990: Betrieb als arbeitspolitische Arena der Arbeits- und Technikgestaltung. Soziale Welt 41: 167-182

Böhle, F./Milkau, B. 1988: Vom Handrad zum Bildschirm — Eine Untersuchung zur sinnlichen Erfahrung im Arbeitsprozeß. Frankfurt a.M., New York

Böhrs, H. 1977: Gruppenfabrikation 1972 in einer deutschen Automobilfabrik. REFA-Nachrichten 1/1977: 47-50

Braverman, H. 1977: Die Arbeit im modernen Produktionsprozeß. Frankfurt a.M./New York

Brödner, P. 1985: Fabrik 2000. Alternative Entwicklungspfade in die Zukunft der Fabrik. Berlin

Buchholz, G. 1989: „Das geistige Potential bekommt VW gratis mitgeliefert“. Die Mitbestimmung Nr. 8/1989: 464-467

Crozier, M./Friedberg, E. 1979: Macht und Organisation. Königstein/Ts.

Dierkes, M. 1988: Unternehmenskultur und Unternehmensführung. Zeitschrift für Betriebswirtschaft, 58, 554-575

Eichener, V. 1991: Gestaltung teilautonomer Arbeitsgruppen. In: Eichener, V./Mai, M. (Hg.): Arbeitsorientierte Technikgestaltung. Wiesbaden: 185-216

Fiedler, A./Regenhard, U. 1989: Mit CIM in die Fabrik der Zukunft? Abschlußbericht des SOTECH-Projektes Nr. 69. FU Berlin

Ford, H. o.J.: Mein Leben und Werk. 13. Aufl. Leipzig

Gesamtmetall (Gesamtverband der metallindustriellen Arbeitgeberverbände) 1989: Mensch und Arbeit. Gemeinsame Interessen von Mitarbeitern und Unternehmen in einer sich wandelnden Arbeitswelt. Köln

Hesse, R./Oelker, K.-C. 1986: Zukunftsorientiertes Montagesystem mit automatischen Flurförderzeugen. REFA-Nachrichten 6/1986: 5-15

Hildebrandt, E./Seltz, R. (Hg.) 1987: Managementstrategien und Kontrolle. Berlin

IG Metall 1988: Arbeitsorientierte Gestaltung von Arbeit und Technik in der mechanischen Fertigung. Soziales Pflichtenheft: Fertigungsinseln. Frankfurt a.M.

Jürgens, U./Malsch, T./Dohse, K. 1989: Moderne Zeiten in der Automobilfabrik. Berlin, Heidelberg, New York, London, Paris, Tokyo

Kern, H./Schumann M. 1970: Industriearbeit und Arbeiterbewußtsein. Frankfurt a.M.

Kern, H./Schumann M. 1984: Das Ende der Arbeitsteilung? München

Köhl, E. / Esser, U. / Kemmner, A. / Förster, U. 1989: CIM zwischen Anspruch und Wirklichkeit. Eschborn
Küpper, W. / Ortmann, G. (Hg.) 1988: Mikropolitik. Opladen
Lattmann, Ch. 1972: Das norwegische Modell der selbstgesteuerten Arbeitsgruppe. Bern
Lehner, F. 1991: Anthropocentric Production Systems. The European Response to Advanced Manufacturing and Globalization. Commission of the European Communities, FAST Occasional Paper FOP 248, Brussels
Malsch, T. 1988: Konzernstrategien und Arbeitsreform in der Automobilindustrie am Beispiel der Arbeitsintegration. In: Dankbaar, B. / Jürgens, U. / Malsch, T. (Hg.): Die Zukunft der Arbeit in der Automobilindustrie. Berlin: 62-82
Malsch, T. / Seltz, R. 1987: Zur Einführung: Die aktuelle Diskussion über die Entwicklung neuer Produktions- und Rationalisierungsmodelle. In: dies. (Hg.): Die neuen Produktionskonzepte auf dem Prüfstand. Berlin: 11-34
Maßberg, W. (Hg.) 1993: Fertigungsinseln in CIM-Strukturen. Berlin, Heidelberg, New York u.a.
Mitteilungen aus dem Maschinenbau, Nr. 2 (Mai 1992), hrsg. vom Sonderforschungsbereich 187 der Ruhr-Universität Bochum
Muster, M. / Wannöffel, M. 1989: Gruppenarbeit in der Automobilindustrie. Gemeinsame Arbeitsstelle Ruhr-Universität Bochum / IG Metall
Namuth, M. 1992: Eine feine Sache für alle, die gut drauf sind. Die Mitbestimmung Nr. 10 / 1992, S. 34-38
Nuber, C. / Schultz-Wild, R. 1989: Werkstattprogrammierung - Setzt sich das Konzept durch? Technische Rundschau Nr. 19 / 1989: 34-41
Pieper, A. / Strötgen, J. 1990: Produktive Arbeitsorganisation. Köln
Piore, M. J. / Sabel, C. F. 1985: Das Ende der Massenproduktion. Berlin
Pöhler, W. 1979: ... damit die Arbeit menschlicher wird. Forschungsinstitut der Friedrich-Ebert-Stiftung, Reihe Arbeit, Bd. 4, Bonn.
Popitz, H. / Bahrdt, H.-P. / Jüres, E.A. / Kesting, H. 1957a: Technik und Industriearbeit. Tübingen
Popitz, H. / Bahrdt, H.-P. / Jüres, E.A. / Kesting, H. 1957b: Das Gesellschaftsbild des Arbeiters. Tübingen
Projektgruppe Automation und Qualifikation 1987: Widersprüche der Automationsarbeit. Ein Handbuch. Berlin
Rempp, H. / Boffo, M. / Lay, G. 1981: Wirtschaftliche und soziale Auswirkungen des CNC-Werkzeugmaschineneinsatzes. Eschborn
Rohmert, W. / Weg, F.J. 1976: Organisation teilautonomer Gruppenarbeit. München, Wien
Rose, H. (Hg.) 1990: Programmieren in der Werkstatt: Perspektiven für Facharbeit mit CNC-Maschinen. Frankfurt a.M. / New York
Schmahl, K. 1988: Arbeit in der Automobilindustrie im Jahr 2000 — ein Szenario. In: Roth, S. / Kohl, H. (Hg.): Perspektive Gruppenarbeit. Köln: 173-186
Schmid, J. / Widmaier, U. (Hg.) 1992: Flexible Arbeitssysteme im Maschinenbau. Ergebnisse aus dem Betriebspanel des SFB 187. Opladen
Schultz-Wild, R. / Nuber, C. / Rehberg, F. / Schmierl, K. 1989: An der Schwelle zu CIM. Eschborn

Schumann, M. / Baethge-Kinsky, V. / Neumann, U. / Springer, R. 1990: Breite Diffusion der neuen Produktionskonzepte — Zögerlicher Wandel der Arbeitsstrukturen. Soziale Welt 41, 47-69

Sorge, A. 1985: Informationstechnik und Arbeit im sozialen Prozeß. Frankfurt a.M., New York

Sorge, A. u.a. 1982: Mikroelektronik und Arbeit in der Industrie. Frankfurt a.M.

Springer, R. 1991: Auf dem Weg zur Facharbeiterbranche? Strukturveränderungen der Arbeit in der deutschen Automobilindustrie. Automobil-Industrie 1 / 1991: 47-53

Stroink, K. 1990: Umstrukturierung der Automobilindustrie und neue Formen der Arbeitsorganisation — am Beispiel der Einführung von Gruppenarbeit bei der A. Opel AG. Diplomarbeit, Ruhr-Universität Bochum, Fakultät für Sozialwissenschaft

Taylor, F.W. 1919: Die Grundsätze wissenschaftlicher Betriebsführung. 19.-28. Tsd. München, Berlin

VDI (Verein Deutscher Ingenieure) 1989: Handlungsempfehlung: Sozialverträgliche Gestaltung von Automatisierungsvorhaben. Düsseldorf: VDI

Voskamp, U. / Wittke, V. 1991: Aus Modernisierungsblockaden werden Abwärtsspiralen — zur Reorganisation von Betrieben und Kombinaten der ehemaligen DDR. Berliner Journal für Soziologie, 1, 17-39

Lektion VII
Wirtschafts- und Konsumsoziologie

Hans Joachim Klein

Inhalt

Meinem akademischen Lehrer
Hans Linde zum 80. Geburtstag

1. Der Gegenstandsbereich von Wirtschaft und Wirtschaftssoziologie

Die Begriffe „Wirtschaft“ und „Konsum“ stehen bei wirtschaftswissenschaftlicher wie auch soziologischer Betrachtung in einem Über- bzw. Unterordnungsverhältnis zueinander. Das kommt auch darin zum Ausdruck, daß „Wirtschaft“ von einer wichtigen Größe unter anderen in der allgemeinen Soziologie sich in den zentralen Gegenstandsbereich einer „speziellen Soziologie der Wirtschaft“ verwandelt. Darin wiederum bildet die „spezielle Wirtschaftssoziologie des Konsums“ einen Teilbereich.

Definition Wirtschaft

Als abstraktes Aggregat steht *Wirtschaft* gleichrangig neben Staat, Kultur oder eben auch Gesellschaft, in die sie andererseits einbezogen ist. Wirtschaft umfaßt Strukturen und Prozesse der Produktion, Disposition und Konsumtion knapper, also nur begrenzt verfügbarer Güter und Dienstleistungen. Wirtschaftliches Handeln folgt dem deskriptiv oder präskriptiv gemeinten Basisaxiom der Wirtschaftstheorie, dem Prinzip strikter *Rationalität.* Dies bedeutet, vorgegebene Ziele mit dem geringsten Mittelaufwand anzustreben oder — gleichbedeutend dazu — mit gegebenem, begrenztem Mitteleinsatz (Budget) einen maximalen Nutzen oder Gewinn zu verwirklichen.

Das Rationalitätsprinzip

Ökonomische Prinzipien und wirtschaftliches Handeln finden sich in allen Teilen der Gesellschaft und im alltäglichen Handeln aller Menschen: z.B. arbeiten, einkaufen, Umgang mit Geld und mit erworbenen Gütern. Dennoch läßt sich — besonders für ausdifferenzierte moderne Gesellschaften — ein *Strukturbereich* bzw. ein abgrenzbares *Teilsystem* angeben, dessen Einrichtungen und Tätigkeiten der *Daseinsfürsorge* dienen und dem gewisse Eigengesetzlichkeiten und Sonderverwirklichungen „des Wirtschaftlichen“ zukommen. In einem geläufigen Sinne werden darunter bestimmte Arten *gesellschaftlicher Institutionen* verstanden wie Betriebe oder Unternehmen, Verbände und Organisationen, Märkte und Ordnungen. Deren letztlich produktive und distributive Funktionen, die jeweiligen Formen und Inhalte der Gewinnung, Verarbeitung und Weitervermittlung von Gütern und Dienstleistungen unter zweckbestimmtem Einsatz von Produktionsfaktoren (Arbeit, Kapital, Boden, Wissen) prägen spezifische *Wirtschaftsbereiche* wie Landwirtschaft, Handwerk, Industrie, Handel, Banken, Versicherungen, Verkehr oder Nachrichtenwesen.

Wirtschaftsbereiche

Womit beschäftigt sich nun *Wirtschaftssoziologie*? Die Wirtschaftswissenschaften ihrerseits beschränken sich nicht auf die Analyse ökonomischer Strukturen und Prozesse innerhalb wirtschaftlicher Institutionen. Sie befassen sich auch mit den finanziell-ökonomischen Aspekten anderer gesellschaftlicher Strukturbereiche, z.B. des Bildungswesens und der Kultur, sowie staatlicher Ordnungs- und Lenkungsaufgaben (Sozialökonomie, Sozialpolitik). Reziprok dazu geht es der Wirtschaftssoziologie einerseits um *außerökonomische soziale*

Tatbestände in wirtschaftlichen Institutionen wie Arbeitsorganisation in Gruppen, Verhaltensroutinen und Berufsrollen, Statusstreben oder Ausübung von Herrschaft. Dazu sollen im 2. Abschnitt einige Schlüsselbegriffe näher betrachtet werden. Diese Felder institutionenbezogener soziologischer Forschung und Theoriebildung haben zur Ausbildung zahlreicher spezieller Wirtschaftssoziologien geführt. Exemplarisch wird der für das moderne Alltagsleben besonders bedeutsame Bereich der *Konsumsoziologie* im 4. Abschnitt vertiefend behandelt.

Zuvor soll im 3. Abschnitt das *Verhältnis von Wirtschaft und Gesellschaft* sowohl im Sinne der Verflechtung inter-institutioneller Fragestellungen als auch allgemeiner gesellschaftlicher Entwicklungstheorie dargestellt werden. Anreger, Gründerväter und „Klassiker" in der Zeit, in der Soziologie als eigenständige Wissenschaft entstand, waren (zugleich) oft Nationalökonome. Sie setzten sich mit der Doppelfrage auseinander (a) welche Rolle Wirtschaft als bewegende Kraft gesellschaftlicher Entwicklung spielt und (b) welche gesellschaftlichen Bedingungen für wirtschaftliche Prosperität einen günstigen oder restriktiven Rahmen bilden. Die Aktualität dieser Grundfrage ist u.a. durch die nach der deutschen Vereinigung eingetretenen Verhältnisse schlagend unter Beweis gestellt worden.

2. Soziologische Aspekte wirtschaftlicher Grundbegriffe

2.1. Arbeit und Beruf

Arbeit als Grundform wirtschaftlichen Handelns

Eine Grundform wirtschaftlichen und zugleich sozialen Handelns ist die *Arbeit.* Von dem ursprünglichen Wortsinn von „Mühe" und „Plage" hat sich der Begriff durch die Sichtweise der „protestantischen Ethik" und der Philosophie des 19. Jahrhunderts (Hegel) zu einem Grundelement und Grundrecht humanitären Daseins gewandelt. Mit dem Begriff „protestantische Ethik" verbindet die Soziologie vor allem die wirtschafts- und kulturhistorische Abhandlung Max Webers (1864-1920) über den Erfolg der Idee oder — wie er es genannt hat — den „Geist" des Kapitalismus. Für dessen Ursprünge, nämlich das Entstehen eines asketisch denkenden und dominant wirtschaftlich handelnden Unternehmertums, hat die Einstellung zur Arbeit, wie sie von Martin Luther und vor allem von Johannes Calvin (1509-1564, „wer nicht arbeitet, soll auch nicht essen") vertreten wurde, demnach eine ausschlaggebende Rolle gespielt (vgl. auch Abschnitt 3.1.).

Ausdifferenzierung der Arbeit und der Arbeitsverhältnisse

Maßgeblich für die strukturbildende Kraft der Arbeit und der Arbeitsverhältnisse in der modernen Gesellschaft sind deren enorme Ausdifferenzierung, Spezialisierung und Prozesse der Professionalisierung, d.h. die durch besondere, anforderungsbedingt festgeschriebene Ausbildungsgänge und Qualifikationen erfolgenden *Berufsbestimmungen*. Ein anderer Klassiker der Soziologie, Emile Durkheim (1858-1917), hat in seinem Buch über die Arbeitsteilung (1893) gesellschaftlichen Fortschritt anhand des Übergangs vom Typus „mechanischer Solidarität" (segmentierte Gesellschaft) zum Typus „organischer Solidarität" (arbeitsteilige Gesellschaft) beschrieben. Parallelen dazu finden sich im Begriffspaar „Gemeinschaft und Gesellschaft" bei Ferdinand Tönnies (1855-1936) und im Evolutionsgesetz gesellschaftlicher Entwicklung von Herbert Spencer (1820-1903), der von einem „Wandel von unzusammenhängender Gleichartigkeit zu zusammmenhängender Verschiedenartigkeit" gesprochen hat. (vgl. dazu Bd. II dieses Einführungswerkes)

Soziale Reichweite des Arbeitsverhältnisses

Wie, wo und woran Menschen arbeiten, beeinflußt nachhaltig ihre Lebensweise und die Gestalt ihrer sozialen Umwelt. Ferner bestimmt in der Gegenwartsgesellschaft die sozial bewertete ausgeübte Arbeit manifest die *Rangzuweisung* des Einzelnen innerhalb seines Umfeldes und darüber hinaus innerhalb der gesamten „Leistungsgesellschaft".

Kritik bei Marx

Fundamentale *Kritik* am ausbeuterischen Grundprinzip menschlicher Arbeitskraft durch profitorientierte Unternehmer hat Karl Marx (1818-1883) geübt. Im kapitalistischen System eignen sich die „Expropriateure" (= Enteigner) den „Mehrwert" der durch die fremdbestimmte Arbeit erzeugten Leistung der Arbeitnehmer an. Die *Entfremdung* des Produkts der eigenen Tätigkeit (durch dessen nicht mehr vom Arbeiter = Erzeuger bestimmbare Verwendung) führe zur Entfremdung der Menschen nicht allein vom Produkt ihrer Arbeit, sondern auch von den am kooperativen Arbeitsprozeß beteiligten Mitmenschen.

Abnahme verinnerlichter Arbeitsbeziehungen

Die verinnerlichte Beziehung zur Arbeit als lebensbestimmendes Prinzip hat in den letzten beiden Jahrzehnten eine spürbare Lockerung erfahren. Dazu hat sicher das Bewußtsein beigetragen, daß Entfremdung nicht auf manuelle Industriearbeit beschränkt ist, sondern in subtileren Formen alle Arten fremdbestimmter Arbeit durchzieht. Hinzu tritt der Wertewandel hin zu Freizeitorientierung und individueller Persönlichkeitsentfaltung, der zu neuen selbstbestimmten wirtschaftlichen Tätigkeiten geführt hat.

Neue selbstbestimmte Arbeitsverhältnisse

Aus der Vielfalt dieser Aktivitäten seien hier genannt: Alternativ-Ökonomie mit und ohne Abgabenhinterziehung, Eigenarbeit im Haushalt, Selbst- und Nachbarschaftshilfe sowie karitative Tätigkeiten, die man allesamt als „Bedarfswirtschaft ohne Erwerbscharakter" bezeichnen darf, wobei die Grenze zur sogen. *Schwarzarbeit* manchmal fließend ist. Alles in allem — einschließlich eindeutig illegaler „Geschäfte" — spricht man hierbei vom *„Dualen System"* (nicht zu verwechseln mit dem Ausbildungs- oder dem Müll-Entsorgungssystem!), von *„Schattenwirtschaft"* oder dem *„informellen Sektor"*. Negativ definiert sind dies alle wirtschaftlichen Tätigkeiten außerhalb statistisch und/oder steuerlich erfaßter Arbeit. Den größten Anteil dabei hat zweifelsfrei der größenordnungsmäßig schwer einzuschätzende Sektor der „Konsumarbeit" der Haushalte (Bernward Joerges, 1981/1982), der bisweilen über die sogen. „Opportunitätskosten" (Bewertung mit einem entgangenen Nutzenäquivalent) volkswirtschaftlich auf ein Drittel bis zur Hälfte des Bruttosozialprodukts beziffert wird.

„Informeller Sektor"

Der informelle Sektor spielt in unterentwickelten und in entwickelten Gesellschaften eine sehr unterschiedliche Rolle. Fragen der Größenordnung und einer eventuellen Ausdehnung der Schattenwirtschaft in Deutschland sowie deren

Rückkoppelung an den formellen Wirtschaftsprozeß sind in den letzten Jahren ausgiebig diskutiert worden (s. dazu Literaturangaben).

Die individuelle Angst vor *Arbeitslosigkeit* und die psychischen Folgen längerzeitiger Nichtbeschäftigung weisen andererseits darauf hin, welche Daseinsstabilisierung grundsätzlich von kontinuierlicher Berufstätigkeit, ob fremd- oder selbstbestimmt, ausgeht. Strukturelle Unterbeschäftigung als Folge wirtschaftlichen Versagens, das sogen. „magische Dreieck“ aus Wachstum, Geldwertstabilität und Vollbeschäftigung einzulösen, haben zur These von der *„Zwei-Drittel-Gesellschaft“* geführt, bei der die gegebene Verteilung der Arbeit in der „Arbeitsgesellschaft“ nicht mehr für alle Arbeitswilligen ausreicht.

Arbeit weiterhin Faktor der Daseinsstabilisierung

2.2. Markt, Konkurrenz, Geld

Eng verbunden mit den säkularen Prozessen fortschreitender Arbeitsteilung sind die Prinzipien von *Tausch* und *Markt*. Die Preisgabe autarker Bedarfsdeckungswirtschaft gründet in der Annahme, benötigte, aber nicht selbst erzeugte Güter oder Dienstleistungen gegen anbietbare Überschuß-Produkte z.B. landwirtschaftlicher oder handwerklicher Art als Äquivalent („Naturaltausch“) erhalten zu können oder sich selbst als Arbeitskraft zu „verdingen“. Austausch als reziprokes soziales Handeln kann auch unter Einfluß außerökonomischer Zwecke gesehen werden, z.B. die Abgabe materieller Werte gegen eine Schutzgarantie, den Erwerb von Rechten oder magische Kräfte. Schon in frühen Gesellschaftsformen wurde zur Erleichterung dieses Prozesses in Form von Vieh, Muscheln, Metallen u.ä. *Geld* als universell anerkanntes Zahlungsmittel und als Verrechnungseinheit eingeführt.

Definition Markt

Orte, an denen Tauschvorgänge in organisierter Weise stattfinden, werden als *Märkte* bezeichnet (gr. agora urspr. Versammlungsort, röm. mercatum, arab. souk). In kulturgeschichtlicher Sicht sind Märkte das begründende Element der Stadtbildung schlechthin. Max Weber hat diesen Tatbestand als Ausgangsdefinition seiner großen Abhandlung über die Stadt gewählt (Wirtschaft und Gesellschaft, Bd.II, S.732). Auf dem Markt als der frühesten Form von *Öffentlichkeit* (Hans P. Bahrdt, Die moderne Großstadt, Reinbek 1969) können von den zugelassenen Anbietern und Nachfragern beliebige Kontakte, allerdings nach festgelegten Regeln (Marktrecht) aufgenommen werden. Der ideale Markt sieht neben dem unbeschränkten Zugang die Konkurrenz so vieler Beteiligter auf Angebots- und Nachfrageseite vor, daß keiner auf den sich bildenden Marktpreis Einfluß nehmen kann. Allerdings läßt sich zeigen, daß auch „unvollkommene“ Märkte mit nur wenigen Teilnehmern auf einer Seite (oligopolistische Struktur) oder gar nur einem Teilnehmer (monopolistische Form) funktionsfähig sein können.

Differenzierung der Märkte

Diese wirtschaftstheoretischen Unterscheidungen allein können natürlich die Vielfalt der in modernen Gesellschaften gegebenen Märkte nicht angemessen wiedergeben. Neben ortsgebundenen Einzelhandelsformen (Markthallen, Wochen-, Trödel-, Antiquitätenmärkte) bestehen nichtlokalisierbare Einrichtungen wie Rohstoff-, Arbeits-, Kapital- und Warenmärkte auf regionaler, nationaler und internationaler Ebene, nicht zu vergessen illegale Märkte als „Schwarzer Markt", Drogenmarkt u.a. Vermittlungsagenturen am Rande oder außerhalb der Gesetze. Diese Allgegenwart der Grundfigur des Marktes als Verteilungsmechanismus hat namensprägend für das ökonomische System von Gesellschaften als *„Marktwirtschaft"* gewirkt. „Soziale Marktwirtschaft" als Kennzeichnung für die geltende Wirtschaftsordnung der Bundesrepublik Deutschland stellt mit der Einbringung sozialstaatlicher Komponenten und Wettbewerbsbeschränkungen eine pragmatische Synthese zwischen markt- und planwirtschaftlichen Eckpositionen dar (Alfred Müller-Armack, Ludwig Erhard).

Konkurrenz als Verteilungsmechanismus

Das angesprochene Prinzip der *Konkurrenz* hat eine über den Bereich des Wirtschaftlichen hinausreichende Bedeutung als Verteilungs- und Zuweisungsmechanismus im Fall inkompatibler Interessenlagen, d.h. nur auf Kosten eines anderen oder mehrerer Mitbewerber erreichbarer Ziele. Als gesellschaftliche Rahmenregelung findet Konkurrenz außerhalb der ökonomischen Sphäre auch bei demokratisch-politischen Entscheidungen (Wahlen, Abstimmungen), bei Sport und Spiel oder bei der Partnerwahl („Heiratsmarkt") Anwendung. Die Vorstellung von Konkurrenz als naturgegebenem Ausleseprinzip (Sozialdarwinismus, survival of the fittest) spielt auch in soziologischen Theorien eine Rolle. So etwa in der Sozialökologie der Chicago-Schule der 20er Jahre (Robert E. Park, Ernest W. Burgess, Roderick D. McKenzie, The City, Chicago 1925) im „biotischen Wettbewerb" verschiedener Nutzungsarten und deren Akteuren um Standorte in Stadträumen.

Entwicklung und Definition von Geld

Ebenfalls schon kurz angesprochen wurde das *Geld* als eine der folgenreichsten sozialen Erfindungen der Menschheit. Von den frühen Naturalgeldkonventionen führt der Weg zu immer handlicheren und schließlich abstrakteren Geldformen: nach der Abkehr von der stofflichen Wertdeckung (Gold-, Silbermünzen) erlangten Scheidemünzen und Banknoten, Kredit- und Giralgeld (Schecks, Wechsel, Überweisungen) und in der modernen Gesellschaft die Plastiklegitimation der Scheckkarte Geldfunktion. Geld ist zugleich *Zahlungsmittel*, z.B. in Form des Lohns für geleistete Arbeit, die damit gesellschaftlich bewertet wird, es ist *Verrechnungseinheit* für Güter, die damit zu „Waren" werden. Diesen Tatbestand, den Karl Marx die Verwandlung von Gebrauchs- in Tauschwert genannt hat, beschreibt der Soziologe Georg Simmel (1858-1918) allgemeiner in seiner „Philosophie des Geldes" (1900) als eine „Sonderverwirklichung dessen, was ihnen (den Sachen) wirtschaftlich gemeinsam ist". Schließlich dient Geld zur *Thesaurierung* (=Wertspeicherung). Angelegtes Geld kann über Zinsgewinne zur Bildung von *Vermögen* verhelfen, während in Sachwerten investiertes Geld *„Kapital"* darstellt, ein nach Marx'scher Begriffsbestimmung „durch Sachen vermitteltes Verhältnis zwischen Personen".

Soziale Funktionen des Geldes

Aus soziologischer Sicht ist immer wieder auf den kommunikationstiftenden Charakter des Geldes, d.h. die dadurch mögliche hohe Dichte von Austauschhandlungen hingewiesen worden. Für Talcott Parsons (1902-1979) stellt Geld als interaktiv inspirierendes *symbolisches Medium* eine Art wirtschaftliche „Sondersprache" dar. Eine Teilnahme an den auf dieser Basis geregelten Kommunikationskreisen setzt Verfügbarkeit voraus und grenzt Nichtbesitzende aus (auf bestimmten Märkten, im Spielcasino usw.). Auf Grundbefindlichkeiten im Alltagsleben, auf Motivbildung und Bedürfnisbefriedigungen übt Geld vielfältige und ambivalente Einflüsse aus (Günter Schmölders, 1966), die in dem Sprichwort „Geld macht nicht glücklich, aber es beruhigt", zum Ausdruck kommen.

3. Das Verhältnis von Wirtschaft und Gesellschaft

3.1. Wirtschaft als Antrieb gesellschaftlicher Entwicklung

Die Fragestellung nach dem Wechselverhältnis von Wirtschaft und Gesellschaft zieht sich für Aspekte von Struktur und Dynamik durch die Geschichte der Soziologie.

Bewegungsgesetze der Wirtschaft nach Marx

In Karl Marx' Lehre von Basis und Überbau erhalten die *„Bewegungsgesetze" des Wirtschaftlichen* (=Basis aus Produktivkräften und Produktionsverhältnissen) eindeutig die Rolle des Motors gesellschaftlicher Entwicklung. Für die sich ständig wandelnde und verbessernde Technologie bilden auf einer bestimmten Entwicklungsstufe die Produktions- (=Eigentums)verhältnisse keine geeigneten Entwicklungsbedingungen mehr, sondern werden zu „Fesseln", die mehr oder minder gewaltsam gesprengt werden. Die gesellschaftlichen Entsprechungen: Politik, Kultur, Religion werden von diesen Veränderungen der Wirtschaftsordnung und -strukturen erfaßt, „der ganze ungeheure Überbau wälzt sich langsamer oder rascher um" (Kritik der politischen Ökonomie, 1859).

Grundlage wirtschaftlichen Handelns nach Max Weber

Marx führt also gesellschaftliche Entwicklung im Kern zurück auf materiell-wirtschaftlichen Fortschritt und dessen Widersprüche zu einer von Konflikten zwischen Herrschenden über das Produktionssystem einerseits und ausgebeuteten Arbeitnehmern andererseits gekennzeichneten Klassengesellschaft. Diesem Grundmodell hat Max Weber ein anderes entgegengesetzt (Die protestantische Ethik und der Geist des Kapitalismus, 1905), welches die säkulare Durchsetzung des Kapitalismus als eine allen anderen überlegene Wirtschaftsweise in einer *ethischen Wertorientierung* als Auslösefaktor sieht. Ausgehend von empirischen Befunden über signifikante Einkommenunterschiede zwischen protestantischen und katholischen Bevölkerungsteilen verlegt Weber das ausgeprägtere unternehmerische Denken und Handeln und die berufliche Chancenwahrnehmung innerhalb der ersteren auf ursprünglich puritanisch-calvinistische Lebensentwürfe. Diese religiös-moralische Fundierung hat in späteren (Unternehmer-)Generationen ihre Notwendigkeit abgelegt. Der moderne Berufsmensch ist zwangsläufig in das sich immer mehr ausdifferenzierende Triebwerk der bürokratisch-kapitalistischen Wirtschaftsordnung integriert, deren Siegeszug für Max Weber unentrinnbar ist.

Bedeutung des Unternehmers nach Schumpeter

Die Figur des *Unternehmers*, des aktiv seine Chancen suchenden Wirtschaftsmenschen erhält also bei Weber eine positive, den Gesellschaftsprozeß gestaltende Rolle. Noch viel stärker ist dies der Fall bei Josef Schumpeter (1883-1950), der ebenfalls von empirischen Beobachtungen ausgeht, den von ihm nach einem russischen Wirtschaftswissenschaftler so benannten 50-60jährigen „Kondratieff-Konjunkturzyklen". Schumpeter führt diese auf Innovationen zurück wie Dampfmaschine, Eisenbahn, Chemie- und Elektroindustrie, Auto und Medien. Unternehmerpersönlichkeiten setzen schöpferische Innovationen durch als neue Kombination von Produktionsfaktoren (Erfindungen, neue Techniken, Märkte oder Organisationsformen). Im Kern tragen diese jedoch bereits einen *Prozeß schöpferischer Zerstörung* in sich, d.h. des Niederkonkurrierens anderer, einstmals erfolgreicher Konzepte, und die Perspektive des eigenen Niedergangs als Folge zukünftiger Innovationen.

3.2. Wirtschaft als gesellschaftliches Subsystem

Wirtschaft in struktur-funktionalistischer Sicht

Verglichen mit diesen kulturhistorischen Betrachtungsweisen zum Verhältnis Wirtschaft und Gesellschaft sind die Ansätze späterer Vertreter einer sich etablierenden Wirtschaftssoziologie vorwiegend struktur-funktionalistischer oder systemtheoretischer Art. Talcott Parsons und Neil J. Smelser (geb. 1930) betrachteten Wirtschaft als Subsystem der Gesellschaft. Dies geschieht im Rahmen des einen hohen allgemeinen Geltungsanspruch aufweisenden *AGIL-Schemas*: dahinter stehen die mannigfach angewandten analytischen Funktionen von A-daption, G-oal attainment (Zielerreichung), I-ntegration und L-atent pattern maintenance (Strukturerhaltung). So steht A für das ökonomische Subsystem, G für das politische Subsystem, I für die sozialen Basisstrukturen und L für das kulturell wertestiftende System. Die Wirtschaft ist demnach vorrangig auf die Anpassung der Gesellschaft an Gleichgewichtszustände ausgerichtet, ein deutlicher Gegensatz u.a. zur Marx'schen Konflikt-These. Das ökonomische Subsystem läßt sich nach dem AGIL-Schema seinerseits in seinen Struktur-Funktionen weiter analytisch zerlegen.

Autonomie der Wirtschaft nach Luhmann

Die relative Autonomie der Wirtschaft als eines im Zuge gesellschaftlicher Ausdifferenzierung herausgebildeten Systems hat unter den deutschen Gegenwartssoziologen vor allem Niklas Luhmann (geb. 1927) beschäftigt. Mit Hilfe des Geldmechanismus habe die Wirtschaft nur ihr eigene Werte, Normen, Zwecke und Kriterien für Entscheidungsprozesse herausgebildet. Als spezifische ökonomische Grundoperationen sind nach Luhmann *„Zahlungen"* zu betrachten. Daraus resultiere ein hoher Grad an Selbststeuerung, welche die Wirtschaft zu einem „autopoeitischen System" innerhalb der Gesellschaft mache.

Die Bezeichnung autopoeitisches System hat Luhmann von dem chilenischen Biologen Humberto R. Maturana (geb. 1928) übernommen, der den Begriff auf der Ebene biologisch-ökologischer Systeme eingeführt hat. *Autopoeisis* charakterisiert die Systemeigenart, ihre konstitutiven Elemente selbst zu produzieren und zu reproduzieren. Sie erhalten sich durch sich selbst, sind zirkulär organisiert. Durch diese Form selbst-referentieller Geschlossenheit können sich autopoeitische Systeme in stärkerem Maße der Beeinflussung durch ihre Umwelt entziehen. Sie sind in dem Maße offen, als sie nur innerhalb und in Differenz zu einer Umwelt ihre Wirkung vollziehen können.

Idee des Wirtschaftskreislaufs

Der Begriff Zahlung verweist auf die Idee des *Wirtschaftskreislaufs* als geschlossenes System und die darauf bezogenen ökonomischen Kreislauftheorien.

Dieser Gedanke wird zum erstenmal 1758 mit dem „tableau économique" von François Quesnay (1694-1774), dem Begründer der ökonomischen Schule der Physiokraten (nur Landwirtschaft und Rohstoffgewinnung erzeugen „Mehrwert"), niedergelegt. Quesnay unterschied drei Sektoren, nämlich die produktive Klasse der Bauern, die für die Nahrungsgrundlage der Gesellschaft sorgen, die Grundeigentümer, denen für die Überlassung des Bodens die erwirtschafteten Überschüsse zufließen und die „unproduktive" Klasse der Handwerker (und später der Bürger), die den Bauern ihre Produkte abkaufen. Wenn auch diese letzte Bewertung der Handwerker und Bürger als „unproduktiv" Widerspruch hervorrief, dürfte das Modell Quesnays für die agrarisch-feudale Gesellschaft seiner Zeit gar nicht so unangemessen gewesen sein. Aber es ist die Tatsache der Vorstellung des Grundprinzips eines geschlossenen Wirtschaftskreislaufs aus Leistungen und Zahlungen als solche, welche Quesnays Werk als einen „großen Wurf" auszeichnet (vgl. hierzu auch Bd. II, S. 20ff).

Einfaches Modell des Wirtschaftskreislaufs

Ohne differenzierende Gliederungen sieht das Grundschema des Wirtschaftskreislaufs so aus: Haushalte einerseits und Unternehmen andererseits stehen in einem doppelten Austauschprozeß. Die ersten liefern real an die zweiten ihre Arbeitsleistung, von diesen fließen als realer Gegenstrom Konsumgüter an die ersten. Monetär leisten die Haushalte dafür Zahlungen an die Unternehmen, die wiederum monetär die Arbeitsleistung der ersten durch Einkommen entgelten.

Neben vielfacher interner Ausdifferenzierung ist dieses Grundschema zum einen durch den Sektor Staat zu ergänzen, der als Arbeitgeber und Einkäufer von Sach- und Dienstleistungen „unternehmerisch" auftritt, aber auch als Steuereinnehmer und Umverteiler von Einkommen (Transferzahlungen) Sonderfunktionen ausübt. Zum zweiten wäre das Schema der geschlossenen Volkswirtschaft durch die Beziehungen mit ausländischen Partnern zu öffnen. Und schließlich könnte eine Erweiterung durch expliziten Einbezug der schon erwähnten Schattenwirtschaft erfolgen.

4. Konsum

4.1. Begriffsbestimmung

Während die Meinungen von Wissenschaftlern und Statistikern über wirtschaftliches Handeln und „produktive" Tätigkeiten durchaus auseinandergehen — der Bereich der Haus-(frauen)-Arbeit ist dafür bis in die jüngste Vergangenheit ein beredtes Beispiel — scheint der Begriff Konsum eindeutiger faßbar. Jeder Mensch konsumiert, er versucht seine elementaren (Hunger, Durst, Schutz, Liebe) und komplexeren Bedürfnisse (Anerkennung, Prestige, kulturelle Teilhabe) zu befriedigen. Aus der Gesamtheit aller Konsumakte, genauer: den Käufen von Ein- und Mehrpersonenhaushalten, die als Nachfrager auf Güter- und Dienstleistungsmärkten auftreten, also an der „Schnittstelle der Marktentnahme" wird die volkswirtschaftliche Größe C = Konsumtion erfaßt.

Marktentnahme ist volkswirtschaftlich Konsumtion

Schon diese Definition läßt erkennen, daß die Bestimmung der Konsumvorgänge so einfach und eindeutig nun auch wieder nicht ist. Unzweifelhaft ist das Konsum-Handeln einzelner Wirtschaftssubjekte auf der Mikroebene um ein Vielfaches komplexer als dessen statistische Projektion auf die Makroebene, also zum volkswirtschaftlichen Aggregat C. Das beginnt mit der eben angesprochenen „Schnittstelle Marktentnahme". In der gesellschaftlichen Praxis sind Käufe keineswegs identisch mit oder auch nur Voraussetzung für Konsum. Naturaltausch, Zuwendung oder Geschenke, z.B. die Essenseinladungs-Rituale im Bekanntenkreis können die Grundlage für „Verzehr" bilden, wobei durchaus Kaufvorgänge Dritter beteiligt sein mögen. Auch bei der Eigenproduktion von Haushalten wie Gartenerzeugnissen, Erstellung von Kleidungsstücken oder Bastel-, Hobby- und (Kunst-)Handwerksobjekten („Ipsefakten") sind in der Regel Zukäufe, Werkzeugeinsatz und gegen Entgeld erworbenes know-how im Spiel.

Kauf nur *eine* Voraussetzung des Konsums

Dies führt zur Frage der Abgrenzung zwischen Konsum und Investition. Gemeinhin wird ersterer als Grundtyp wirtschaftlichen Handelns den Haushalten, das zweite jedoch den Unternehmen zugeschrieben. So, wie aber Unternehmen auch konsumieren, *investieren* andererseits Haushalte, wenn sie, wie gezeigt, mit Hilfe von Werkzeug Sachen produzieren, erhalten oder reparieren, zumindest, wenn diese Akte den Eigenbedarf übersteigen. Auch hier sind die Grenzen, die einmal mehr auf die „Schattenwirtschaft" verweisen, schwer zu ziehen. Der Kauf eines Autos als Universaltransportmittel, eines PC, der für Nebentätigkeiten genutzt wird, oder eines Musikinstrumentes, welches nicht nur dem geliebten Hobby, sondern auch dem profitablen Mitwirken in einer Amateurband dient, sind sicherlich keine „reinen Konsumakte". Ausgaben für Bildung und Weiterbildung sind häufig zugleich „Kulturkonsum" und Investition in berufliche und außerberufliche Entwicklung der eigenen Persönlichkeit (bzw. von Kindern u.a. Personen), die sich kaum eindimensional zurechnen lassen.

Abgrenzung von Konsum und Investition

Bei allen erdenklichen, speziellen Kaufobjekten sollte nicht verkannt werden, daß Konsumobjekte in aller Regel profane *Sachen* sind, also Gegenstände menschlicher Absicht und Arbeit. Hans Linde (geb. 1913) hat in einer Zeit, als die Soziologie noch in materielosen social-systems-Ansätzen schwelgte, die Relevanz der Sachen für Sozialverhältnisse in Erinnerung gerufen (vgl. in diesem Bd. S. 170). Indem er u.a. Sachen als Artefakte gegenüber naturgegebenen Dingen ausgrenzte, mahnte er „die institutionelle Qualität der in Sachen implizierten Handlungsmuster und die sozialen Konsequenzen ihres Vollzugs" (Linde, Sachdominanz in Sozialstrukturen, Tübingen 1972, S.9) für den soziologischen Diskurs an. Für Konsumentscheidungen ist dabei von kaum zu überschätzender Bedeutung, daß der Einkauf eines — zumal technischen — Produkts (z.B. Auto, Computer, aber auch eine Ferienreise oder Versicherung) zugleich einen Akt „klientelartiger Vergesellschaftung" in ein „vom Produzenten kontrolliertes sachzentriertes Leistungssystem" (Linde, a.a.O., S.72) beinhaltet. Die bei Linde umrissene subjektive Bedeutungsbesetzung verfügbarer Sachen in der Alltagsumwelt von Menschen und die dadurch gestiftete „Daseinsverortung" ist in der Folge für verschiedene Bezugsobjekte vertieft worden (u.a. Bernward Joer-

Sachdominanzen der Kauf- und Konsumobjekte

ges, Gebaute Umwelt und Verhalten, 1977, Mihaly Csikszentmihalyi und Eugene Rochberg-Halton, The meaning of things, 1981).

Konsumhandeln ein mehrphasiger Prozeß

Ein weiteres, implizit schon angesprochenes Definitionsproblem liegt in der *zeitlichen Erstreckung*. Entgegen der punktuellen Zurechnung auf den Kaufakt bei Definitionen der Ökonomie, muß bei soziologischer Betrachtung Konsumhandeln in der Regel als mehrphasiger Prozeß betrachtet werden. Die dem Erwerb vorangehende Phase der Motivbildung, der Informationsbeschaffung und die entscheidungsvorbereitenden Diskurse sind vermutlich sozial relevanter als der Kaufakt selbst. Unzählige Konsumgespräche, die nicht zu manifesten Käufen führen, füllen den Alltag von Familien und anderen Bezugspersonen. Ebenso gilt, daß der eigentliche Konsum als „Verzehr" oder Gebrauch von Gütern und Dienstleistungen meist viel länger dauert als der Erwerb und als Katalysator für vielfältigstes soziales und kommunikatives Handeln fungiert. Im Extremfall kann mit dem Kauf oder Bau eines Hauses ein Konsumakt zum „life event" werden, d.h. einer oft buchstäblich „einschneidenden Marke" im persönlichen Lebensentwurf, die mit jahrelanger Einschränkung der Lebensführung, Kreditsorgen, Konflikten, Stress und Entsagung verbunden ist.

Ungeachtet dieser Probleme einer eindeutigen Begriffsbestimmung kann zunächst einmal festgestellt werden, daß Konsumdenken und -handeln sehr stark das Alltagsbewußtsein vieler Menschen prägen. Dieses Faktum wird mit dem Begriff *Konsumgesellschaft* ausgedrückt. Schärfer noch werden beobachtbare Vermarktungspraktiken von Kritikern als „Konsumterror" angeprangert. Die nach der deutschen Vereinigung beobachtbaren Nachfrageschübe der Menschen aus den neuen Bundesländern nach typischen Konsumgütern bestätigen die Relevanz der elementaren und sozial normierten Subsistenzmittel und auch das Wort von Berthold Brecht „Erst kommt das Fressen, dann kommt die Kultur".

4.2. Motivation — Normen — Gewohnheiten

Was bewegt Menschen dazu, die Dinge zu begehren, die sie kaufen? Offenbar eine in bestimmter Weise gewichtete, teilweise unterbewußte Struktur von Bedürfnissen, die sich im konkreten „Bedarf" manifestieren können, anders ausgedrückt, ein erwarteter Nutzen im Hinblick auf die nachgefragten Güter und Dienstleistungen.

Nachfragetheorie der Haushalte

Genau dies ist auch der Ansatz der mikroökonomischen *Nachfragetheorie* der Haushalte. Die Grundfrage lautet: Welche Güter werden im Hinblick auf den mit ihrem Kauf angestrebten subjektiven Nutzen in Abhängigkeit von ihrem und dem Preis anderer Güter in welchen Mengen nachgefragt? Dabei liegen zwei Axiome zugrunde: einmal eine mit steigendem Einkommen oder sinkenden Preisen eines Gutes in einem bestimmten Ausmaß steigende Nachfrage („Preiselastizität"); zugelassen wird auch die Umkehrung sinkender Nachfrage bei steigendem Einkommen für sogen. „inferiore" Güter (z.B. Grundnahrungsmittel). Zum anderen wird das Axiom einer Bedarfssättigung unterstellt; der Kauf zusätzlicher Einheiten eines und desselben Gutes bringt immer weniger Befriedigung, so daß sich Nachfrager zum Zwecke der Nutzenmaxierung so verhalten, daß sie stets *die* Güter präferieren, die ihnen den jeweils höchsten, mit dem Güterpreis gewogenen subjektiven Nutzen liefern („Pareto-Optimum“ oder 1. und 2. Gossen'sches Gesetz). Die auftretenden Fragestellungen werden in der „klassischen“ ökonomischen Komsumtheorie mittels der sogenannten Indifferenzkurven oder der Theorie der offenbarten Präferenzen bearbeitet.

„Vershofen'sche Nutzenleiter“

Die empirische soziologische und psychologische Konsumforschung hat sich stärker mit Fragen der *Nutzen- und Bedürfnisarten* und der Rückkopplung von Angebot und Nachfrage beschäftigt. Ein bekanntes Beispiel für ersteres ist die sogen. „Vershofen'sche Nutzenleiter“ (nach dem Nürnberger Verbraucherforscher Wilhelm Vershofen, 1878 — 1960). Hierbei wird zwischen einem „stofflich-technischen Grundnutzen“ und einem „seelisch-geistigen Zusatznutzen“ unterschieden, der sich seinerseits in „sozialen Geltungsnutzen“ und „persönlichen Erbauungsnutzen“ gliedert, der wiederum weiter untergliederbar ist (daher die Bezeichnung „Leiter“).

Bedürfnishierarchie nach Maslow

Allgemeine menschliche Bedürfnis-Taxonomien gibt es — man ist versucht zu sagen — wie Sand am Meer. Wiederum ragt ein Beispiel heraus mit der Maslow'schen Bedürfnis-Hierarchie (Abraham Maslow, Motivation and Personality, New York 1954). Maslow hat fünf Kategorien unterschieden und in einer Entwicklungsreihe von niedrigen bis zu höheren geordnet: beginnend (1) mit physiologischen Bedürfnissen zur Aufrechterhaltung der Körperfunktionen, über (2) Sicherheitsbedürfnisse und (3) Bedürfnisse nach Liebe und Zuwendung bis zu (4) Wertbedürfnissen (Akzeptanz, Status-Anerkennung) und (5) Bedürfnissen nach Selbsterfüllung. Nach Maslow liegt hierbei insofern eine Hierarchie vor, als Bedürfnisse auf den je niedrigeren Ebenen bis zu einem gewissen Grad befriedigt sein müssen, ehe höherrangige Bedürfnisse aktualisiert werden.

Determinanten des Nachfrageverhaltens

Tatsächliches individuelles Nachfrageverhalten folgt zumeist weder den Sättigungsannahmen (statt dessen gilt: „je mehr er hat, je mehr er will, nie schweigen seine Wünsche still“) noch Prinzipien einfacher Rationalität (z.B. Kalorienwert von Nahrungsmitteln: in Notsituationen will man viel davon für sein Geld, in der entwickelten Konsumgesellschaft eher wenig bei hohem Lustgewinn). Rationalität beim Kaufen wird eher zum gesellschaftlich hoch bewerteten „Kulissenmotiv“ (Wiswede, 1972, S.22). Eine Kulturgeschichte des Konsums kann auf verschiedene, in unterschiedlichsten Gesellschaftsformationen immer wieder auftauchende Grundmuster an Motivbildungen hinweisen. Wiederum sei nur ein sehr bekanntes Schema genannt, der aufwendige, Prestige-dominierte Konsum („conspicuous consumption“, nach Thorstein Veblen, 1857-1929, The Theory of the Leisure Class, 1899, dt. Theorie der feinen Leute, 1958). Veblens Grundthese lautet, daß es nicht genügt reich zu sein, um Ansehen zu erwerben, man muß seiner Umwelt diesen Reichtum auch demonstrieren, was am eindrucksvollsten durch zur Schau gestellten Konsum erfolgen kann. Veblen verweist hier auf anthropologische Studien, die entsprechende „Beschämungsriten“ unter Rivalen um Führungspositionen durch verschwenderischen Konsum in unterschiedlichen Stammes-Kulturen nachgewiesen haben. Während also feudale Gesellschaften einen angemessenen Konsum nach der sozialen Position festlegten (Kleidersitten, Regelungen betreffend den Bewirtungsaufwand bei

Prestige-dominierter Konsum nach Veblen

Hochzeiten usw.), bestimmt in der modernen Gesellschaft umgekehrt das Konsumpotential die soziale Rangzuweisung. Natürlich haben sich aber auch längst schon Gegeneffekte eines bewußten „understatement" herausgebildet.

Ob aber *Konsumbedürfnisse* „ur-eigenste" Motive bzw. Mangellagen widerspiegeln oder vielmehr einen Reflex auf Vorgänge im sozialen Umfeld und generell in „der Welt", ist eine ganz andere Frage. Die deutsche Sprache kennt leider nicht die angelsächsische Unterscheidung zwischen „needs" (=organisch-personalen) und „wants" (=sozio-kulturell überformten Bedürfnissen). Für die letzteren gilt jene von Autoren vieler Disziplinen geteilte These einer Zirkularität, die als erster wohl Karl Marx angesprochen hat: „Die Produktion produziert nicht nur einen Gegenstand für das Subjekt, sondern auch ein Subjekt für den Gegenstand. Die Produktion produziert die Konsumtion daher 1. indem sie ihr das Material verschafft, 2. indem sie die Weise der Konsumtion bestimmt, 3. indem sie die erst von ihr als Gegenstand gesetzten Produkte als Bedürfnisse in Konsumenten erzeugt." (Kritik der politischen Ökonomie, NA 1953, S.14)

Differenz von *needs* und *wants*

Der Anthropologe und Soziologe Arnold Gehlen (1904 — 1976) hat dies bestätigt, indem er postuliert, daß die Industrie nicht aus einer traditionellen Bedarfslage heraus produziert, sondern sie (die Bedarfslage, H.J.K.) ganz unabhängig von jeder Nachfrage aus sich selbst heraus entwickelt: „Das System steht nicht nur auf der Voraussetzung des Rechts auf Wohlleben, es tendiert dazu, die Gegenposition, nämlich den Verzicht auf Wohlleben unmöglich zu machen..." (Die Seele im technischen Zeitalter, Hamburg 1957, S.79f.). Ähnlich hat Hans Freyer (1887 — 1969) argumentiert: „Der Mensch hat Bedürfnisse wie jedes Lebewesen, er muß sie befriedigen um zu leben, und er befriedigt sie, indem er konsumiert. Das industrielle System hat in dieser Grundfigur des Lebens eine wesentliche Änderung bewirkt. Es produziert nicht von einer naturgegebenen Bedarfslage aus und auf sie hin, sondern es produziert die Bedürfnisse für die Produkte, die es produziert, laufend mit." (Schwelle der Zeiten, Beiträge zur Soziologie der Kultur, 1965, S.240f.) Und kurz und bündig meint der amerikanische Wirtschaftswissenschaftler Kenneth Galbraith: „Wants are created by the same means by which they are satisfied". (The affluent society, Boston, 1958, S.93)

Nicht nur Produktion *für*, sondern auch *der* Bedürfnisse

Diese hinsichtlich einer „Konsumentensouveränität" skeptischen Beurteilungen werden durch das Walten von *Konsumnormen* noch unterstrichen. Wie generell bei normativ geregelten Tatbeständen des gesellschaftlichen Lebens haben Menschen auch als Verbraucher internalisiert, was für wen unter welchen Bedingungen „angemessener Konsum" ist. Konsumnormen sind milieuspezifisch differenziert und zeitlich variabel: was vor 30 Jahren als „Luxus" galt, was sich also nur bestimmte soziale Schichten „erlauben" durften, steht eine Generation später als „normal" jedermann offen. Konsumnormen betreffen nicht nur direkt das quantitative und qualitative Verbrauchsverhalten (wieviel Taschengeld Kinder erhalten sollten, welchen und wieviel Alkohol man an bestimmten öffentlichen Orten konsumieren sollte, welche Ausstattungsobjekte „man" besitzen sollte usw.). Auch indirekt wirken andere Normen z.B. der Gesundheit, der Sauberkeit oder der sozialen und kulturellen Teilhabe in Richtung bestimmter geregelter Zwänge auf das Konsumverhalten ein.

Einfluß von Konsumnormen

Einfluß von Gewohnheitsbildungen

Normen ergänzen sich häufig mit *Gewohnheitsbildungen*, also inneren, personalen Dispositionen, Güter und Dienste routinemäßig zu erwerben und zu nutzen und sich dabei an Angebotsstrukturen anzupassen. Gewohnheiten bilden sich heraus aufgrund befriedigender Ergebnisse bewußter Entscheidungshandlungen, sie entlasten von ständig neuer Informationssuche und Motivbildung und betreffen bevorzugt den alltäglichen periodischen Bedarf (Markenbindung, Gewöhnung an bestimmte Geschäfte, Lokale und deren Personal).

Verbraucherverhalten nicht nur schichtspezifisch determiniert

Im Verhalten von Verbrauchern beobachtete Regelhaftigkeiten sind in einer zunehmend pluralistischen und individualistischen Gegenwartsgesellschaft in ihren jeweiligen Ausprägungen nur unzulänglich mit konventionellen sozialen Schichtungsindikatoren (Beruf, Einkommen) erklärbar (Stefan Hradil, Soziale Milieus und ihre empirische Untersuchung, in: Wolfgang Glatzer, Hg., Entwicklungstendenzen der Sozialstruktur, Frankfurt 1992). Dies hat zur Suche nach ergänzenden oder konkurrierenden Bestimmungsfaktoren geführt. Manche Autoren glauben diese in bestimmten differenzierenden Werthaltungen, Lebenstilen oder Sozialmilieus festmachen zu können. Derartige, zuerst in pragmatischen Marketingstudien vorgenommene Ausgrenzungen haben auch in grundlegende sozialstrukturelle Ordnungskonzeptionen Eingang gefunden. Allerdings leiden die bislang vorgelegten Ansätze noch unter scheinbarer Beliebigkeit der von der Methodik diktierten ausgewiesenen Determinanten, deren Korrelation zu den spezifischen erklärungsbedürftigen Phänomenen (wie z.B. Konservatismus oder Innovationsbereitschaft) in dem Maß wächst, wie im Explanans (dem erklärenden Faktor) tautologische Momente enthalten sind. (vgl. Lektion IX in Bd. I)

4.3. Mode, Innovation und Wandel der Konsumstrukturen

Bei soviel stabilisierenden und retardierenden Komponenten fragt man sich, wie überhaupt Veränderungen der Nachfrage zustande kommen können. Wir wollen dies an den Phänomenen der Mode und der Innovation aufzeigen.

Definition Mode

„Die *Mode* ist eine besondere unter jenen Lebensformen, durch die man einen Kompromiß zwischen der Tendenz nach sozialer Egalisierung und der nach individuellen Unterschiedsreizen herzustellen sucht", schrieb Georg Simmel in seinem Essay zur „Psychologie der Mode" 1895. Eine zeitgenössisch-soziologische Definition lautet: „Mode ist ein fluktueller Wandel peripherer Verhaltensformen, der durch willkürliche Vorbildsetzung ohne wesentliche Beeinflussung sozialer Strukturen erfolgt und sich auf größere Bevölkerungsteile erstreckt" (Günter Wiswede, 1976). Beiden Begriffsbestimmungen ist bezeichnenderweise gemeinsam, daß sie das kulturelle Haupt-Ausdrucksmittel der Mode, nämlich die Kleidung, mit keinem Wort erwähnen.

Entwicklung des Modebegriffs

Vom lat. modus (=Art und Weise, Brauch, Sitte) hergeleitet, setzte sich die Bezeichnung ab dem 17. Jahrhundert von den höfischen Zentren, vor allem Paris, ausgehend, für jene auswechselbaren Formen des über Kleidung, Schuhe, Haartracht, Kopfbedeckung und Schminke zum Ausdruck gebrachten persönlichen und sozialen Erscheinungsbildes durch, welche — zunächst auf den Adel beschränkt — die standesgemäßen Festlegungen der mittelalterlichen Kleiderordnung ablösten. Mitte des 18. Jahrhunderts, als sich mit der Popularisierung von Theater- und Club-Besuchen und dem „Promenieren" die moderne Bedeutung von Öffentlichkeit etablierte, begannen auch mehr und mehr Stadtbürger, sich an dem spielerischen Umgang mit dem eigenen „Körper als Kleiderpuppe" (Richard Sennett, Verfall und Ende des öffentlichen Lebens, 1983, S.108) zu beteiligen.

Quantitative und qualitative Generalisierung des Modischen

Vollends wurden mit dem Aufkommen der Massenkonfektion alle Sozialschichten in das zyklische Wechselspiel „à la mode sein" zu wollen einbezogen. Die Bedeutung der Mode als Wirtschaftsfaktor erklärt sich vor allem durch die Erweiterung auf andere Konsumgüter, also die Generalisierung des Modischen als einem Wert und einem Lebensgefühl an sich. Mann / Frau bejaht Mode oder beugt sich ihrem Diktat — manchmal murrend und manchmal auch nicht —, weil Mode als semiotisch geprägte Sinnprovinz, einschließlich der Anti-Moden, für eine Vielzahl von Motivbildungen ein Vehikel abgeben kann: Selbstwertgefühl, erotische Interessen der Betonung körperlicher Reize, Rivalitäts- und Wettbewerbsdenken, Schmuck- und Geltungsbedürfnis und soziale Nachahmung. Volkswirtschaftlich verhilft Mode dem Erzeugen sozialer Obsoleszenz, d.h. einer künstlichen, nicht materiell bedingten Veraltung von Sachen und Stilen, die als eine durch Werbung propagierte Werthaltung prinzipiell absatzfördernd wirkt.

Innovationen im Konsumbereich

Anders als bei dem fluktuierenden Modebewußtsein als sozialer Einstellung handelt es sich bei *Innovationen* um grundlegende wissenschaftlich-technische bzw. kulturelle Neuerungen, die sich wie Jahresringe bleibend dem sozioökonomischen Inventar anlagern. Beispiele dafür sind im Konsumbereich Erfindungen, die zu neuen technischen Gebrauchsgütern führen, wie Auto, Telefon, Radio, Fernsehen oder neue Vertriebsformen wie Ratenkauf, Selbstbedienung, Versandhandel oder neue Konsumstile wie do-it-yourself, Camping oder fast-food. Innovationen sind also nicht die Erfindungen oder Entdeckungen selbst („Invention"), noch deren spätere Folgen und Verbreitung (Diffusion), sondern die Schnittstelle der Umsetzung, die etwas Neuem gesellschaftliche Relevanz verschafft.

Durchsetzung von Innovationen

Fragen, die sich im Zusammenhang mit der Durchsetzung von Innovationen stellen, betreffen das „Wie" des Zustandekommens (Patente, Lizenzen, Sponsoren usw.) und die Bedingungen der Akzeptanz für einen Einführungsprozeß sowie die beteiligten Protagonisten. Der amerikanische Konsumforscher E. M. Rogers (1962) hat betont, daß es gewisser „wagnishafter Neuerer" als Konsumpionieren von rund 1 % des Marktanteils bedarf, die dann in einer zweiten Phase die „frühen Verwender" mit einer Quote von 5-10 % zum „Einsteigen" inspirieren, was den Durchbruch für ein Produkt oder eine Idee bedeutet. Die danach in Bewegung kommende Masse der Marktteilnehmer besteht nach Rogers zu zwei Dritteln aus Mitläufern und zu einem Drittel aus Nachzüglern.

Wichtiger noch als die quantitativen Anteile erscheinen Angaben darüber, wer denn die innovationstragenden Schichten sind. George Katona (1901 — 1981), ein anderer bedeutender amerikanischer Konsumforscher, hat kosmopolitisch denkende, mit einschlägigem Fachwissen ausgestattete Personenkreise

Trend-setter nach Katona

als Meinungsführer (trend-setter) ausgemacht. Voraussetzung ist, daß weder festeingefahrene Gewohnheiten noch unkalkulierbare Risiken der Lust am Einstieg entgegenstehen. Ein gesellschaftliches Klima des Aufbruchs, Fortschritts und Wandels schafft prinzipiell günstige Voraussetzungen zum Austausch von Normen und zur Akzeptanz des Umdenkens.

Veränderung der Ausgabenstrukturen

Als Resultat zahlloser Prozesse dieser Art, die auf Angebots- und Nachfrageseite zusammen mit realen Einkommens- und Preisentwicklungen Strukturen modellieren, verändern sich mittelfristig die Ausgabenstrukturen der Haushalte. Für die deutsche Bevölkerung läßt sich dies im Verlauf der Jahrzehnte nach dem II. Weltkrieg sehr deutlich veranschaulichen (s. Graphik auf S. 156): der zunächst dominante Anteil für Ernährungsausgaben ist inzwischen einem „Haupteintrittsgeld" in die Gesellschaft, welches für Wohnen bezahlt werden muß, gewichen. Die Unterschiede in den relativen Belastungen zwischen den statistisch ausgewiesenen Haushaltstypen lassen dabei erkennen, daß Rentnerhaushalte von der Verteuerung der Wohnkosten besonders betroffen sind. Ebenso weist die Abbildung in aller Klarheit nach, daß mit der Vollmotorisierung die Ausgaben für Verkehr (einschließlich Nachrichtenübermittlung), also die Art und Weise, wie Bedürfnisse nach Kommunikation und Mobilität befriedigt werden, die Lebenshaltungskosten gravierend mitbestimmen.

STRUKTUR DER AUSGABEN PRIVATER HAUSHALTE 1960 - 1991

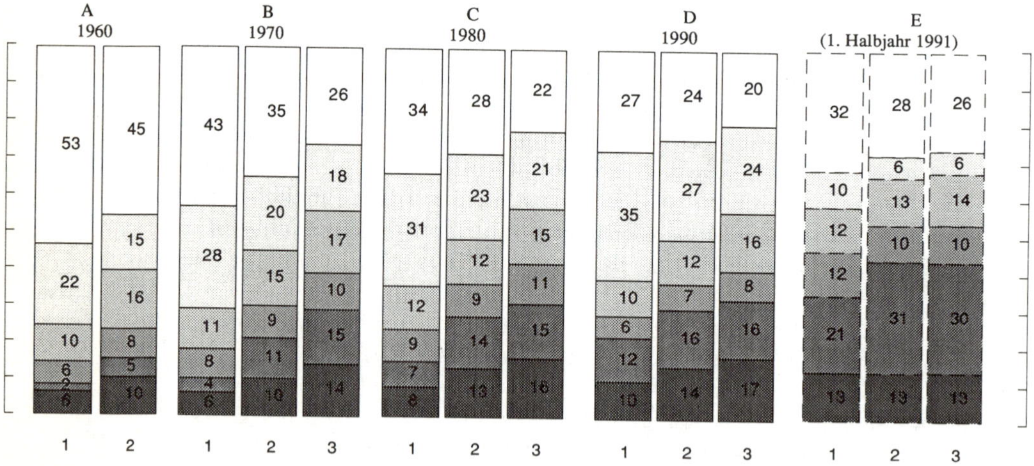

A - D " alte" Bundesländer, E neue Bundesländer

- Nahrungs - und Genußmittel
- Wohnungsmieten, Elektrizität , Brennstoff
- Kleidung, Schuhe, Körper - und Gesundheitspflege
- Haushaltsführung inkl. Möbel
- Verkehr, Kommunikation
- persönl. Ausstattung, Kultur, Reisen

1 = 2 - Personen - Haushalte von Rentnern und Sozialhilfeempfängern
2 = 4 - Personen - Arbeitnehmerhaushalte mit mittlerem Einkommen
3 = 4 - Personen - Haushalte von Angestellten und Beamten mit höherem Einkommen

4.4. Der Einzelhandel

„Geschäfte" in unterschiedlichster Form und spezialisiert auf bestimmte Warengattungen sind die Orte, die Käufer und Verkäufer in ihren spezifischen Rollen zusammenführen. Die jeweilige sach-räumliche Gestaltung dieser Geschäfte ist auf Funktionsabläufe und Verhaltensweisen so konzise angelegt, daß sie typische „behavior settings" (Roger Barker, 1968) oder Handlungsrahmen bilden. Die zu definierende Situation ist für die Beteiligten also von vornherein festgelegt und wird als prinzipiell bekannt vorausgesetzt.

„Geschäft" als Kaufort

Die reiche Palette der Erscheinungsformen des heutigen Einzelhandels mit ihren jeweiligen kulturhistorischen Entstehungsbedingungen ist ein schönes Beispiel für die „Gleichzeitigkeit des Ungleichzeitigen" (Karl Mannheim, der sich dabei auf den Kunsthistoriker Pinder bezogen hat, in: Mensch und Gesellschaft im Zeitalter des Umbaus, 1935): Märkte, Markthallen, „fliegende Händler", Tante-Emma-Läden, Fachgeschäfte, Warenhäuser, Supermärkte, Einkaufszentren (auf der überhaupt nicht mehr „grünen Wiese") — sie alle stehen für bestimmte Vertriebsideen im Einzelhandel und prägen unterschiedliche Umgangsformen von Kunde und Verkäufer. Der Rollenpartner des Kunden ist der/die mehr oder minder geschulte *Verkäufer/in* (zweijährige Grundausbildung mit möglicher einjähriger Zusatzausbildung zum Einzelhandels-Kaufmann/frau). Das Spektrum der Rekrutierung, der Kompetenz (Warenkenntnis) und der Arbeitsinhalte ist weit. Es reicht von „semiprofessionellen", mit hochqualifizierten Mitarbeitern besetzten Positionen mit intensiver Beratungstätigkeit z.B. in Apotheken und Buchhandlungen über mittlere Anforderungen etwa beim Kaufhauspersonal bis zur Dequalifikation im Selbstbedienungs- und Discountbereich mit hohen Anteilen an Teilzeitkräften. Je neuer die Vertriebskonzepte sind, desto mehr sind sie von rationalen Kostenkalküls geprägt, was in der Regel auf Ersatz von Personal durch zusätzliche Verkaufsfläche hinausläuft. Im Versandhandel, im Automatenhandel und im Teleshopping kommt in extremer Weise die Unpersönlichkeit moderner Verkaufsformen zum Ausdruck.

Erscheinungsformen des Einzelhandels

Schon in vorindustrieller Zeit gab es einen gegliederten Einzelhandel, z.B. in die von Zünften organisierte handwerkliche Selbstvermarktung, in „Höker", die mit Lebensmitteln und Kurzwaren handelten und in „Krämer", welche als ortsansässiger, bürgerlicher Stand die von außerhalb der Stadt eingeführten Waren vertrieben. Die Betriebsgröße war gering, nur in wenigen größeren „Handlungen" herrschte ein Prinzipal über Gehilfen und mithelfende Familienangehörige. Frauen hatten schon seit dem 15. Jahrhundert selbständig oder gemeinschaftlich mit dem Ehemann Zugang zur „Innung" als Kauffrau, Krämerin, Marktfrau oder Hausiererin vor allem für den Handel mit Nahrungsmitteln, Blumen, Hausrat oder Wäsche.

Einzelhandel in vorindustrieller Zeit

Mit der Industrialisierung expandierte der Detailhandel. Der Bevölkerungsstrom in die großen Städte und fehlende Massenverkehrsmittel machten ein dichtes Versorgungsnetz erforderlich. Die Zahl der Gemischtwarenläden stieg innerhalb weniger Jahrzehnte auf das Doppelte an. Vor allem entstand die für die innerstädtische Zentralität („urban core") prägende neue Vertriebsform des *Warenhauses* mit den Prinzipien: breites Angebot — kein Kaufzwang, kleine Han-

Entstehung des Warenhauses

delsspanne — große Umsätze, jeder Artikel mit Festpreisen ausgezeichnet — kein Feilschen mehr und maschinengefertigte, beratungsarme Ware. Vom 1852 eröffneten kleinen Kaufhaus „Bon Marché“ des Herrn Boucicault zum Le Printemps und Lafayette in Paris, Burt in London, Potter Palmer in Chicago oder Tietz und Wertheim in Berlin führt ein gerader Weg. Die Prächtigkeit ihrer Architektur, die Lockvogel-Inszenierungen ihrer Schaufenster und Innendekorationen, die sich mit den lichterfüllten breiten Boulevards ergänzten, machten die Warenhäuser zu Tempeln des Konsums und zum „Paradies der Damen“ (E. Zola). Zugleich darf man nicht vergessen, daß der Massenbedarf an Verkäuferinnen diese Tätigkeit — anders als Fabrikarbeitsplätze für Frauen — zum sozialen Aufstiegsberuf für Arbeitertöchter machte.

Verkäuferin als Aufstiegsberuf

In der ersten Hälfte des 20. Jahrhunderts traten keine durchgreifenden Veränderungen der Einzelhandelstruktur in Erscheinung. Drastische Strukturwandlungen wie der Tod der quartiersbezogenen Tante-Emma-Läden, die Verschärfung des Wettbewerbs durch neue Vertriebsformen (Supermärkte, Ladenketten, Selbstbedienung), die durchaus schon Vorgänger in der Zeit vor dem Zweiten Weltkrieg hatten, führten ab den 60er Jahren zur Ausdünnung der wohnungsnahen Versorgung, erst in innerstädtischen, später auch in suburbanen und ländlichen Bereichen zum Nachteil der nicht-anpassungsfähigen (=nicht-motorisierten) Haushalte. Entgegen alles Widerstreben setzte sich die horizontale und vertikale Konzentration (vom Produzenten bis zum Vertrieb) im Handel durch. In den 80er Jahren kam es zur massenhaften Verdrängung der mittelständischen Fachgeschäfte in Citylagen durch Ketten und Discounter. Auch die Kauf- und Warenhäuser waren durch diese Konkurrenz, die eine Abwertung der City als hochwertiger Einkaufsort bewirkte, sowie durch die für kaufkräftige Nachfrager an der Peripherie gut erreichbaren Einkaufszentren existentiell bedroht. Die Kaufhauskonzerne antworteten darauf mit der „Kauferlebnis-Strategie“: Integration von Fachhandelsangeboten (shop-in-the-shop), Serviceleistungen, Kulturaktionen, Luxusofferten, sollen, ergänzt um selbständige Fachhandelsbündelungen in architektonisch reizvollen, witterungsunabhängigen „malls“ Lichterglanz, Flanieren und Kaufkraft in die City zurückholen. Eine wichtige Rolle spielte in diesem Zusammenhang die umstrittene Diskussion um eine Erweiterung oder Verschiebung der durch das Ladenschlußgesetz reglementierten Verkaufszeit, die mit dem sog. „Dienstleistungsabend“ (ehrlicher: verkaufsoffenen Donnerstag-Abend) zu einer Kompromißlösung führte.

Konzentrationsprozesse und Auswirkung auf die City

Neue „Kauferlebnisstrategien“

„Dienstleistungsabend“

4.5. Marktmacht, Werbung und Verbraucherschutz

Von einer gleichverteilten *Macht* zwischen Anbietern und Nachfragern auf Konsumgütermärkten oder gar davon, daß „alle Macht vom Kunden ausginge“, kann man sicher nicht sprechen. Wettbewerbsbeschränkende Vereinbarungen, Unternehmenskonzentration, künstlich herbeigeführte Unübersichtlichkeit des Warenangebots, was Herkunft, Preis-Leistungs-Verhältnis oder Qualitätsmaßstäbe anbetrifft und Überlegenheit in der Verkaufspsychologie bringen Kunden ins Hintertreffen. „Skandale“, die hinsichtlich Gesundheitsgefährdung, Qualitäts-

oder Volumenvortäuschung („Mogelpackungen“) oder bewußter Irreführung in PR-Aussagen zu Prozessen und Aburteilungen führen, sind, gemessen an der alltäglichen Übervorteilung des Kunden, nur die berühmte Spitze des Eisbergs.

Maßgeblich trägt die *Werbung* zur Festigung des Marktungleichgewichts bei. Die jährlich eingesetzte zweistellige Milliardensumme entspricht rund 2 % des Bruttosozialprodukts. Einschließlich der Zulieferbetriebe bietet die Werbewirtschaft in Deutschland 350000 Arbeitsplätze. Am meisten Geld fließt mit Abstand aus der Auto-Branche und von Handels-Organiationen vor Massen-Medien, Alkohol, alkoholfreien Getränken, Süßwaren, Pharmazie, Banken und EDV in die Werbung. Unter den Werbeträgern profitieren mit großem Vorsprung die Tageszeitungen vor Publikumszeitschriften (Illustrierten), Postversand und Fernsehen von Werbeeinnahmen (Stand 1991).

Stellenwert der Werbung

Die meisten Argumente *pro und contra* Werbung sind *umstritten*. Dem Einwand, Werbung sei lästig und überflüssig, kann sowohl mit dem Hinweis auf die den Wirtschaftskreislauf anregende Funktion der Werbung wie auch mit der durch Meinungsumfragen bestätigten Grundhaltung, daß Werbung zu einem Teil unserer Kultur geworden sei, begegnet werden. Der Vorwurf, Werbung verteuere die Produkte, ist sicher bei manchen Artikeln nicht zu leugnen, relativiert sich aber ebenfalls mit Blick auf die mittelfristig preisreduzierende Wirkung der Massenproduktion umworbener Güter. Der Hinweis darauf, Werbung verführe unerfahrere Verbraucher, z.B. Kinder, und propagiere unerwünschte oder gar gefährliche Produkte, hat den 1972 gegründeten Werberat in Form von Selbstbeschränkungsmaßnahmen der Werbewirtschaft aktiv werden lassen: Werbung im Zusammenhang mit Alkohol, Tabak, Sexualität wurde mit Auflagen versehen und teilweise vom Gesetzgeber verboten.

Selbstbeschränkung durch Werberat

Allerdings wird die angebliche Funktion der Werbung als nützliche Informationsquelle nur in begrenztem Umfang und mit großen Vorbehalten akzeptiert. Nicht zuletzt liegt das an dem ausgebauten System der Verbraucherinformation, -aufklärung und des Verbraucherschutzes.

Grundlage des *Verbraucherrechts* ist das Kauf- und Werkvertragsrecht des Bürgerlichen Gesetzbuches. Die weitaus meisten „Bagatell“-Kaufverträge kommen stillschweigend oder aufgrund mündlicher Vereinbarungen zustande, bei höherwertigen Gütern liegen schriftliche Kaufverträge vor, notarielle Beurkundung erfolgt meist nur bei Immobiliengeschäften. Der Gesetzgeber regelt die gegenseitigen Rechte und Pflichten von Käufer und Verkäufer für typische Abweichungen vom erwarteten Ergebnis. Hinzu tritt das spezielle Verbraucherrecht in Form der Allgemeinen Geschäftsbedingungen (AGB-Gesetz von 1977) und nahezu unübersehbare Einzelbestimmungen. Dazu gehören etwa die Lebensmittelkennzeichnungs- und die Preisauszeichnungsverordnung, das Gesetz gegen unlauteren Wettbewerb, Abzahlungsrecht, Handelsklassengesetz oder die Fertigpackungsverordnung. Zu der noch viel längeren Liste treten Prüfzeichen und Gerichtsentscheide für aktuelle Problemsituationen.

BGB als Basis des Verbraucherrechts

Verbraucherberatung erfolgt durch Institutionen, die per Gesetz diesen Auftrag erfüllen sowie sozusagen nebenamtlich durch andere Organisationen wie Print-, Ton- und Bildmedien oder Gewerkschaften. 1953 entstand die von 33 Verbänden getragene Arbeitsgemeinschaft der Verbraucher (AGV). In jedem

Verbraucherberatung und -aufklärung

Bundesland gibt es selbständige Landesverbraucherzentralen als eingetragene Vereine. Ihre Tätigkeiten umfassen Einzelberatungen in zahlreichen lokalen Filialen, Vorträge, Ausstellungen, Medienbeiträge und Publikationen sowie die rechtliche Wahrnehmung von Verbraucherinteressen (Klagebefugnis).

Bedeutendste und bekannteste Einrichtung der Verbraucheraufklärung ist die 1964 mit Sitz in Berlin errichtete *Stiftung Warentest*. Zweck der Stiftung ist laut Satzung die Information der Öffentlichkeit über objektivierbare Merkmale des Nutz- und Gebrauchswertes sowie die Umweltverträglichkeit von Waren und öffentlichen Leistungen zur Verbesserung der Marktbeurteilung. Dazu läßt die Stiftung Untersuchungen vergleichender Art über Waren und Dienstleistungen durchführen, deren Ergebnisse publiziert werden, vor allem in der auflagenstarken Zeitschrift „Test" sowie in Sonderheften und Jahrbüchern.

Probleme der Verbraucherpolitik

Modelle einer umfassenden *Verbraucherpolitik* gehen von der geringen Organisierbarkeit der Konsumenten aus. Dem bestehenden Informationssystem wird vorgehalten, daß es vorwiegend bürgerlichen Mittelschichten zugute komme. Konsequenz könnte etwa die Integration einer Verbraucherkunde in den schulischen Sozialisationsprozeß sein. Fragwürdig bliebe eine solche Bevormundungs-Pädagogik gleichwohl. Denn in einer erdrückend vorgeregelten und verrechtlichten Alltagswelt erfüllt der individuelle Kauf-Wahlakt die Funktion eines „Ersatz-Jagd-Erlebnisses" mit der Lust am Risiko, den Mühen der Pirsch und dem Beuteglück des erstandenen Besitzes.

4.6. Schlußbemerkungen

Die Vertiefung des Themas Konsum hat von eher allgemein-theoretischen zu mehr und mehr speziell-pragmatischen Aspekten geführt. Innerhalb der speziellen Wirtschaftssoziologie „Konsum" sind wiederum spezielle Konsumsoziologien sichtbar geworden: eine Soziologie der Mode etwa oder der Werbung, die schon zahlreiche Bearbeitungen aufweisen, während für soziologische Studien zum Einzelhandel und zum Berufsfeld des Verkäufers / der Verkäuferin noch Nachholbedarf zu bestehen scheint.

Konsumbereiche und Erweitung des Konsumbegriffs

Beachtlich sind auch die vielen vorliegenden Befunde zu Konsumbereichen wie Freizeit, Tourismus, Verkehr und „Kulturkonsum". Gerade der letzte Themenkreis ist mit der Erweiterung des Konsumbegriffs um Dimensionen der Sozio- und Alltagskultur, mit der „Entdeckung" von Kulturinvestitionen als Wirtschaftsfaktor und mit der Popularisierung des Sinngebungspotentials des kulturellen Erbes und kulturell-kreativen Handelns für eine „Kulturgesellschaft" in den Mittelpunkt zahlreicher Studien und Diskurse gerückt.

Unterbelichtung des Nicht-Konsums (Sparens)

Gemessen an der Bedeutung des Themas liegen demgegenüber über Arten und Motive des Nicht-Konsums, also des Sparens, vergleichsweise wenig empirische Erkenntnisse vor, was bei dem Tabu-Charakter, der diese Thematik umgibt, nicht überraschen kann. Sparen als Mittelansammlung für geplanten Konsum ist diesem als instrumentelle Vorgabe leicht zuzuordnen. Anders sieht es aus mit Sparmotiven wie Alterssvorsorge, Rücklage für Krisenzeiten, Sicherung von Lebensrisiken, deren gesellschaftliche Rückkopplung ebenso offensichtlich ist wie die Bewertung von Sparsamkeit als ethischer Grundtugend und die doch von „Geiz“ nur ein kleiner Schritt trennt. Über das Verhältnis von Menschen zu Geld, über Geldillusion, über Geldumgang und Schuldenmachen in Anbetracht der Geschäftspraktiken von Banken und Sparkassen und dem Finanzierungsgebahren öffentlicher Hände in der modernen Gesellschaft scheinen also mehr soziologische Befunde ebenfalls wünschenswert zu sein.

Schließlich sei noch vermerkt, daß sich das Schwergewicht konsumkritischer Arbeiten in jüngster Zeit verlagert hat. Galt die Schelte aus den 60er Jahren bis in die frühen 80er Jahre vorwiegend dem (kapitalistischen) Warenfetischismus, den Kaufrausch-Inszenierungen und der Eindimensionalität des verbreiteten Konsumdenkens, so ist in den 90er Jahren — buchstäblich — die „Kehrseite“ des Konsums, der Müll, in den Mittelpunkt gerückt. Es hat lange gedauert, bis die Diskussion von einer umweltgerechten Ablagerung bzw. Beseitigung über die Zwischenstufe der (Wieder-)Verwertung zum Bewußtsein anzustrebender Müllvermeidung als oberster Priorität gelangt ist. Inwieweit die vom Bundesverband der Deutschen Industrie getragene Initiative „Duales System Deutschland“ bzw. deren Aktion der „Grüne Punkt“, zu einer garantierten und sinnvollen Wiederverwertung des abgenommenen Verpackungsmülls führt, ist derzeit noch offen — für die „klientelartige Vergesellschaftung in ein von Produzenten kontrolliertes sachzentriertes Leistungssystem“, von der Linde gesprochen hat, ist damit ein ganz aktueller und umfassender Beleg geliefert worden.

Kehrseite des Konsums: der Müll

Informationsteil

1. Einführende Arbeiten zur Wirtschafts- und Konsumsoziologie

Buß, Eugen (1985), Lehrbuch der Wirtschaftssoziologie, Berlin, (de Gruyter) New York

Auf 270 Seiten konzentrierte Einführung ausgehend von einer Auswahl wirtschaftssoziologischer Lehrmeinungen bis zu sytemtheoretischen Betrachtungsweisen und Strukturprinzipien der Wirtschaft. Weitere Kapitel behandeln Steuerungsformen der Wirtschaft, Investitionen der sozialen Marktwirtschaft sowie Probleme des modernen Kapitalismus und des Strukturwandels. Am Ende aller Kapitel eine Zusammenfassung und Fragen zur Stoff-Wiederholung.

Fürstenberg, Friedrich (1961), Wirtschaftssoziologie, Berlin

Eine schon etwas ältere, knapp gefaßte Einführung (Göschen-Band, 110 Seiten). Im Mittelpunkt stehen die „Wirtschaftsinstitutionen“, womit zum einen Prinzipien von Arbeitsteilung, Tausch, Verteilung, zum anderen Unternehmen, private und öffentliche Haushalte angesprochen werden. Es schließen sich Ausführungen zur Wirtschaftsdynamik und zum Verhältnis Wirtschaft und Gesellschaft an.

Hillmann, Karl-Heinz (1988), Allgemeine Wirtschaftssoziologie, Eine grundlegende Einführung, (Vahlen) München
In 5 größere Kapitel gegliederte Darstellung auf ca. 280 Seiten: geschichtliche Entwicklung, Wirtschaft als soziokulturelles Subsystem und soziokulturelle Bestimmungsgründe ökonomischen Verhaltens; anschließend bei gesamtgesellschaftlicher Betrachtung Darstellungen zu Wirtschaftssystemen, -modellen und zu wirtschaftlicher Entwicklung. Literaturhinweise zu jedem Kapitel ausgewiesen.

Katona, George (1960), Das Verhalten der Verbraucher und Unternehmer, Über die Beziehungen zwischen Nationalökonomie, Psychologie und Sozialpsychologie, (Mohr) Tübingen
Das 1951 im Original erschienene Buch gilt längst als Klassiker der Wirtschaftspsychologie. Es behandelt im ersten Teil der insgesamt 450 Seiten das Verhältnis der Disziplinen Ökonomie und Psychologie zueinander. Darauf folgen die beiden großen Hauptabschnitte: das Verhalten von Verbrauchern und das Verhalten von Unternehmern. Anschließend kommen noch die Themen wirtschaftliche Schwankungen und Forschungsmethoden zur Darstellung.

Kutsch, Thomas, und Günter Wiswede (1986), Wirtschaftssoziologie, Grundlegung — Hauptgebiete — Zusammenschau, (Enke) Stuttgart
Strikt gegliederter Aufbau in 4 Hauptkapitel auf ca. 270 Seiten: sozio-ökonomische Grundlagen (Arbeit, Beruf, Markt, Geld), produktiver Bereich (Industrie, Betriebe, Dienstleistungen), intermediärer Bereich (Verbände, Politik), konsumtiver Bereich mit Haushalten und Werbung. Ausführliches Literatur-, Namen- und Sachverzeichnis.

Lange, Elmar (1989), Marktwirtschaft, Eine soziologische Analyse ihrer Entwicklung und Strukturen in Deutschland, (Westdeutscher Verlag) Opladen
Eine auch nach Verständnis des Autors sowohl einführende wie vertiefende und empirisch explizierende Abhandlung zur Marktwirtschaft (auf 290 Seiten). Nach wirtschaftshistorischer Grundlegung folgt das Hauptkapitel Marktwirtschaftliche Prozesse und Strukturen mit der Untergliederung in Produktion, Distribution, Konsum, industrielle Beziehungen und Staat.

Pierenkemper, Toni (1980), Wirtschaftssoziologie, Eine problemorientierte Einführung mit einem Kompendium wirtschaftssoziologischer Fachbegriffe, (Bund) Köln
Nach Vorbemerkungen des Autors kein dialektisch aufbereiteter Überblick über die Wirtschaftssoziologie, „weil es einen solchen etablierten Zweig gar nicht gibt“. Danach wird aber doch ein Objektbereich der Wirtschaftssoziologie definiert und in 4 Kapiteln (Wirtschaft — Kultur — Gesellschaft, Grundstrukturen der Wirtschaft, institutionelle Probleme und Wandel der Industriegesellschaft) auf ca. 290 Seiten dargestellt; zusätzlich Kompendium von Fachbegriffen, Literatur-, Personen-, Stichwortregister.

Scherhorn, Gerhard: Konsum, in: René König (1977), Hg., Handbuch der Empirischen Sozialforschung, Bd. 11, Stuttgart
Knappe Einführung (ca. 70 Seiten) zur Soziologie des Konsums als Teil des Bandes Freizeit und Konsum. Behandelt sind: Konsum als Ergebnis von Interaktionen, die Marktposition des Konsumenten (Käuferrolle), Konsumentenrollen im Haushalt, die Sozialisation der Verbraucher sowie Wandlungen des Konsums. Als erste Orientierung geeignet.

Wiswede, Günter (1972), Soziologie des Verbraucherverhaltens, (Enke) Stuttgart
Noch enger als bei Katona behandelt die facetten- und materialreiche Arbeit Wiswedes ausschließlich die Konsumsoziologie. Der erste, grundlegende Teil „Elemente der Verbraucher-Soziologie" gilt auf 220 Seiten Zielen (Konsum als wert- und güterorientiertes Verhalten), Konsumnormen, -gewohnheiten, -standards, Zusammnenhängen zu Rolle, Gruppe, Schicht, sowie Mitteln des Konsumverhaltens. Der zweite Teil (100 Seiten) ist sozialhistorischen, -kritischen und -politischen Perspektiven gewidmet. Sehr ausführliches Literatur-, Namen- und Sachregister.

2. Zum Verhältnis Wirtschaft und Gesellschaft

Durkheim, Emile (1893), De la division du travail social, Paris, (dt. 1988), Über soziale Arbeitsteilung, Frankfurt a.M.

Luhmann, Niklas, Die Wirtschaft der Gesellschaft als autopoietisches System, in: Zeitschrift für Soziologie, Heft 4, 1984, S.308-327

Parsons, Talcott (deutsch: 1976), Zur Theorie sozialer Systeme, insbes. der Aufsatz: „Grundzüge des Sozialsystems", Abschnitt III über „Gesellschaftliche Ressourcen" und „Kontrollmechanismen", Opladen

Parsons, Talcott und Neil J. Smelser ([1]1956), Economy and Society, A Study in the Integration of Economic and Social Theory; New York (gewidmet dem Andenken an Alfred Marshall und Max Weber)

Smelser, Neil J. (1968), Soziologie der Wirtschaft, (Juventa) München (=Grundfragen der Soziologie. 13.)

Sombart, Werner (1902), Der moderne Kapitalismus, 3 Bde., wirtschaftshistorisch interessant: II. Bd. 1. Halbband über den Güterumsatz sowie der II. Bd. über „Das Wirtschaftsleben im Zeitalter des Hochkapitalismus", München, Leipzig

Weber, Max, Die protestantische Ethik und der Geist des Kapitalismus, in: Archiv für Sozialwisenschaft und Sozialpolitik, Bd. 20, 21, 1905 ([1]Tübingen 1920, [2]München, Hamburg 1969)

Weber, Max, Wirtschaft und Gesellschaft, insbes. Kapitel II im 1. Halbband „Soziologische Grundkategorien des Wirtschaftens", Heidelberg [1]1921, Tübingen [4]1956

3. Wirtschaftspolitik und Wirtschaftssystem

Adam, Hermann (1991), Wirtschaftspolitik und Regierungssystem der Bundesrepublik Deutschland, (Leske + Budrich) Opladen

Albert, Hans (1967), Marktsoziologie und Entscheidungslogik, Ökonomische Probleme in soziologischer Perspektive, (Luchterhand) Neuwied am Rhein, Berlin

Buß, Eugen (1983), Markt und Gesellschaft, Eine soziologische Untersuchung zum Strukturwandel der Wirtschaft, (Duncker & Humblot) Berlin

4. Schattenwirtschaft

Gretschmann, Klaus, u.a. (1984), Hg., Schattenwirtschaft, Wirtschafts- und sozialwissenschaftliche Aspekte, internationale Erfahrungen, (Vandenhoeck & Ruprecht) Göttingen

Jessen, Johann, Siebel, Walter, u.a., Mythos informelle Ökonomie, in: Leviathan, 13. Jg., Heft 3, S.398-419

Joerges, Bernward, Konsumarbeit — Zur Soziologie und Ökologie des „informellen Sektors", in: Joachim Matthes (1983), Krise der Arbeitsgesellschaft, Verhandlungen des 21. Deutschen Soziologentages 1982, Frankfurt, New York, S.249-264

ders., Berufsarbeit, Konsumarbeit, Freizeit, in: Soziale Welt, Jg. 32, Heft 2, 1981, S.168-195

Niessen, Hans-Joachim, und Rainer Ollmann (1987), Schattenwirtschaft in der Bundesrepublik, Versuch einer empirischen Bestandsaufnahme der sozialen und räumlichen Verteilung schattenwirtschaftlicher Aktivitäten, (Leske + Budrich) Opladen

Pelzmann, Linde (1985), Wirtschaftspsychologie, Arbeitslosenforschung, Schattenwirtschaft, Steuerpsychologie, Wien, New York

Teichert, Volker, Das Modell der dualen Ökonomie, Möglichkeiten und Grenzen für ökologisch orientiertes Wirtschaften, In: Öko-Institut/Projektgruppe Ökologische Wirtschaft (1985), Hg., Arbeiten im Einklang mit der Natur, Bausteine für ein ökologisches Wirtschaften, (Dreisam) Freiburg i.Br., S.308-336

5. Geld

Gerloff, Wilhelm (1952), Geld und Gesellschaft, Versuch einer gesellschaftlichen Theorie des Geldes, (Klostermann) Frankfurt

Heinemann, Klaus (1969), Grundzüge einer Soziologie des Geldes, (Enke) Stuttgart

Knapp, Georg Friedrich (1918), Staatliche Theorie des Geldes, (Duncker & Humblot) Leipzig, Berlin

Schmölders, Günter (1966), Psychologie des Geldes, (Rowohlt) Reinbek bei Hamburg

Schmölders, Günter (1969), Der Umgang mit Geld im privaten Haushalt, (Duncker & Humblot) Berlin
Simmel, Georg (1900), Philosophie des Geldes, München, Leipzig

6. Konsum und Verbraucherverhalten

Giesecke, Hermann ([3]1974), Hg., Freizeit- und Konsumerziehung, Göttingen, darin besonders die Aufsätze von Jürgen Habermas, Soziologische Notizen zum Verhältnis von Arbeit und Freizeit (1958), Karl Bednarek, Die Kultur an der Konsumfront (1957) und Reinhold Bergler, Das Unbehagen des Konsums (1965)
Gretschmann, Klaus, u.a. (1984), Hg., Schattenwirtschaft, Wirtschafts- und sozialwissenschaftliche Aspekte, internationale Erfahrungen (Vandenhoeck & Ruprecht) Göttingen
Jessen, Johann, u.a. (1988), Arbeit nach der Arbeit, Schattenwirtschaft, Wertewandel und Industriearbeit, (Westdeutscher Verlag) Opladen
Niessen, Hans-Joachim, und Rainer Ollmann (1987), Schattenwirtschaft in der Bundesrepublik, Eine empirische Bestandsaufnahme der sozialen und räumlichen Verteilung schattenwirtschaftlicher Aktivitäten, (Leske + Budrich) Opladen
Rapin, Hildegard (1990), Hg., Der private Haushalt — Daten und Fakten, (Campus) Frankfurt am Main, New York (=Stiftung „Der private Haushalt", Bd. 9.)
Rüttinger, Bruno, Rosenstiel, Lutz von, und Walter Molt (1974), Motivation des wirtschaftlichen Verhaltens, Bd.4: Sozioökonomie, Stuttgart, Berlin, Köln, Mainz, Zur Theorie und Methodik der Messung von Konsummotivation
Schweitzer, Rosemarie von (1988), Lehren vom Privathaushalt, Eine kleine Ideengeschichte, (Campus) Frankfurt am Main, New York (=Stiftung „Der private Haushalt", Band 3.)
Shields, Rob (1992), Hg., Lifestyle Shopping, The Subject of Consumption, London, New York
Szallies, Rüdiger, und Günter Wiswede (1990), Hg., Wertewandel und Konsum, Landsberg, hier neben den einführenden Beiträgen der beiden Herausgeber u.a. die Aufsätze von Harald Weinberg, Wertewandel im Spiegel der Konsumklima-Forschung, Horst W. Opaschowski, Freizeit, Konsum und Lebensstil und Peter Adelt / Horst Müller / Axel Zitzmann, Umweltbewußtsein und Konsumverhalten
Teichert, Volker (1988), Hg., Alternativen zur Erwerbsarbeit?, Entwicklungstendenzen informeller und alternativer Ökonomie, (Westdeutscher Verlag) Opladen (= Beiträge zur sozialwissenschaftlichen Forschung. 111.)
ders. (1993), Das informelle Wirtschaftssystem, Analyse und Perspektiven von Erwerbs- und Eigenarbeit, (Westdeutscher Verlag) Opladen (= Studien zur Sozialwissenschaft. 125.)
Verbraucher-Zentrale Nordrhein-Westfalen e.V. (1991), Hg., Verbraucherpolitische Hefte, Zeitschrift für Verbraucherpolitik und Verbraucherarbeit, Heft 12: Haushalt und Familie

Wiswede, Günter ([2]1973), Motivation und Verbraucherverhalten, Grundlagen der Motivforschung, (Reinhardt) München

7. Innovation und Mode

Boehn, Max von (1976, [1]1923), Die Mode, Bd. I-II, München, bearbeitet und in Bd. III, Mode im 20. Jahrhundert, München 1984, fortgeführt von Ingrid Loschek (das kulturgeschichtliche Standardwerk zum Thema)
König, René (1967), Kleider und Leute, Zur Soziolgie der Mode, Frankfurt a.M.
Rogers, E.M.(1962), The Diffusion of Innovations, New York
Sennett, Richard (dt. 1983), Verfall und Ende des öffentlichen Lebens, Die Tyrannei der Intimität, Frankfurt
Simmel, Georg, Zur Psychologie der Mode, zuerst 1895 in: Die Zeit, Wien; abgedr. in: Soziologie, Untersuchungen über Formen der Vergesellschaftung, Berlin 1908, [5]1968
ders. (1905), Philosophie der Mode, Berlin
Wiswede, Günter, Theorien der Mode aus soziologischer Sicht, in: Karl Gustav Specht und Günter Wiswede (1976), Hg., Marketing-Soziologie, Soziale Interaktionen als Determinanten des Marktverhaltens, (Duncker & Humblot) Berlin, S.393-409

8. Einzelhandel und Verbraucher

Biervert, Bernd, u.a. (1977), Hg., Verbraucherforschung, Frankfurt a.M.
Dauenhauer, Erich (1978), Verbraucherkunde und ihre Didaktik, Paderborn
Eckert, Werner (1978), Konsument und Einkaufszentrem, Grundlagen privater und kommunaler Einkaufszentrenplanung, (Gabler) Wiesbaden
Goldmann, Monika, und Ursula Müller (1986), Junge Frauen im Verkaufsberuf — Berufliche Sozialisation, Arbeits- und Lebensperspektiven, Stuttgart, Berlin, Köln, Mainz (Untersuchung der Sozialforschungsstelle Landesinstitut Dortmund, Bd.187 der Schriftenreihe des Bundesministers für Jugend, Familie, Frauen und Gesundheit)
Silberer, Günter, und Hans Raffée (1984), Hg., Warentest und Konsument, Nutzung, Wirkungen und Beurteilung des vergleichenden Warentests im Konsumentenbereich, (Campus) Frankfurt am Main, New York (= Campus Forschung. 361.)
Tietz, Bruno (1983), Konsument und Einzelhandel, Strukturwandlungen in der Bundesrepublik Deutschland von 1970 bis 1995, 3. Auflage, (Lorch) Frankfurt am Main
Wald, Renate (1985), Verkaufen — eine Dienstleistung im Strukturwandel, (Campus) Frankfurt a.M., New York (die Untersuchung zeigt die Folgen der Umstrukturierung für einen wesentlichen Sektor der Frauenarbeit auf).

Lektion VIII
Techniksoziologie

Bernhard Schäfers

Inhalt

1. Technik und Technologie, Gerät und sachliche Artefakte. Zum Gegenstandsbereich einer Techniksoziologie

1.1. Technik — Techniken — Technologie

Technik etymologisch

Der Begriff *Technik* wurde in Deutschland seit dem 18. Jahrhundert gebräuchlich. Obwohl der Begriff etymologisch auf griech. *technikós* („kunstvoll"; „sachgemäß"; „fachmännisch") und *téchne* zurückzuführen ist („Handwerk"; „Kunstfertigkeit", aber auch: Wissenschaft), wurde er in Deutschland — wie viele andere Begriffe der politischen, sozialen und technisch-wissenschaftlichen Sprache — aus dem Französischen entlehnt.

Wie bei vielen wissenschaftlichen Themen lohnt ein kurzer Rückblick auf die griechischen Ursprünge und ihre Rezeption in der abendländischen Geistes-, Kultur- und Wissenschaftsgeschichte. Niemand hat hinsichtlich der Auffassungen über Natur und Naturwissenschaften und die Begriffe *technikós* und *téchne* einen vergleichbaren Einfluß gehabt wie *Aristoteles* (384 - 322); er war dominant von der Antike bis ins 17. Jahrhundert.

Technik bei Aristoteles

Bezogen auf die Entwicklung des Technikbegriffs interpretiert Alois Huning (1990, S. 11 f.), daß für Aristoteles Technik zwischen dem Erfahrungswissen und dem durch strenge Forschung gewonnenen wissenschaftlichen Wissen stehe. Technik sei für Aristoteles ein auf Tun gerichtetes Wissen oder ein auf Wissen gegründetes Handeln. Auf der einen Seite sehe Aristoteles in vielen technischen Geräten Nachahmungen der Natur zur Wirkungssteigerung, auf der anderen sei Technik eine „Fortsetzung" der Natur im Hinblick auf das, was sie nicht selbst hervorbringt. Der Mensch ist jedoch ein Wesen, das die „Gestalt" des zu Schaffenden im Denken und in Bildern vorwegnehmen kann.

Das französische Vorbild

Im Französischen bedeutet *technique* genau das Gleiche wie im griechischen Wortursprung; der Begriff wurde jedoch seit dem Ende des 18. Jhs. mehr und mehr auf die Ingenieurwissenschaften und das maschinell Erzeugte bezogen. Mit der 1794 in Paris gegründeten „Ecole polytechnique" wurden diese revolutionären, der alteuropäischen Universität entgegengesetzten Prinzipien der Ingenieurskunst in den Rang einer Staatswissenschaft erhoben. Nur am Rande sei vermerkt, daß die ältesten Technischen Hochschulen in Deutschland, so vor allem in Karlsruhe, ihre Gründung Initiativen verdanken, die seit den 20er Jahren des vorigen Jhs. die Tradition der Ecole Polytechnique auch für die Entwicklung der Ingenieurskunst in Deutschland übernehmen wollten. Auch der Vorrang der polytechnischen Gymnasien und des polytechnischen Unterrichts in der DDR hatten hier ihren Ursprung.

Definition Technik

Ausgehend von diesen Wortbedeutungen läßt sich *Technik* definieren (a) als Fertigkeit zur systematischen Hervorbringung von Erzeugnissen (Produkten) vor allem materieller Art und (b) als Verfahren zur Erleichterung und Effizienzsteigerung von Arbeitsprozessen und zur Beherrschung bestimmter Sachverhalte.

Obwohl sich der Begriff Technik in der Alltags- und Wissenschaftssprache vor allem auf die Erzeugung bestimmter Produkte bezieht (Produktionstechniken), aber auch für die Produkte selbst (Auto, Telefon, Strom usw.) verwandt wird, ist er auf diesen dominanten Bereich der materiellen „wissenschaftlich-technischen Zivilisation" keineswegs beschränkt.

Dies wird deutlich in frühen, sozialwissenschaftlich orientierten Einteilungen der Techniken. So unterschied der Sozialökonom Friedrich von Gottl-Ottlilienfeld (1868 - 1958) in „Wirtschaft und Technik“ (1923) vier Techniken:

Einteilung der Techniken nach Gottl-Ottlilienfeld

- *Realtechnik* (Technik im traditionellen Sinn als Erzeugung und Verarbeitung; der Ausdruck *Realtechnik* findet sich aber auch im Sinne von *Sachtechnik* zur Bezeichnung von Werkzeugen, Maschinen etc.);
- *Individualtechnik*,
- *Sozialtechnik*,
- *Intellektualtechnik*.

Die von Gottl-Ottlilienfeld gewählten Bezeichnungen machen deutlich, daß der Begriff der Technik auch auf jene Bereiche Anwendung findet, die mit geistigen und psychischen Phänomenen zu tun haben und sich auf Verfahren beziehen, die spezifische Wirkungen hervorrufen, z.B. Lerntechniken, Propagandatechniken (zur Aufnahme und Weiterführung der techniktheoretischen Arbeiten Gottl-Ottlilienfelds aus den 20er Jahren vgl. v. Borries 1980).

In einer in den 50er und 60er Jahren sehr bekannten Sozialphilosophie unterschied der französische Sozialphilosoph Jacques Ellul (1954 / 1964) ähnlich wie Gottl-Ottlilienfeld als die drei großen Anwendungsgebiete der Technik:

Einteilung nach Jacques Ellul

- Techniken der Produktion;
- Techniken der Organisation;
- Techniken zur Veränderung, Beherrschung und Erzeugung bestimmter geistiger und psychischer Inhalte beim Menschen (Schelsky, 1961 / 65, faßt diese Techniken als *Humantechniken* zusammen).

Weiterer und engerer Technikbegriff

Es ist offenkundig, daß der so differenzierte (weitere) Technikbegriff abzielt auf die Verfahrensweisen methodischen Tuns, um einen vorgestellten Zweck zu erreichen; hierunter fallen also auch Verhaltensweisen und Handlungsreihen, die Max Weber mit dem Begriff der „methodischen Lebensführung“ umschrieben hat oder die „socialisation méthodique“ von Emile Durkheim. Die Übergänge zu einem zweckrationalen und instrumentellen Handeln sind fließend; technisch fundierte Handlungsweisen haben es immer mit einer methodisch angeleiteten Form von Wirkungssteigerung zu tun.

Technik als soziales Totalphänomen

Daß auch die o.g. engeren und weiteren Technikbegriffe nicht zureichen, die Gesamtheit des „sozialen Totalphänomens der Technik“ (in Anlehnung an Marcel Mauss' Begriff des Tausches als „phénomène social total“) angemessen zu erfassen, wird deutlich, wenn die neueren Entwicklungen seit dem Zeitalter der *Kybernetik* (griech. Kybernetes = Steuermann; ein von Norbert Wiener geprägter Begriff), der Automation und der neuen Technologien des Medien- und Informationszeitalters einbezogen werden — alles Entwicklungen, die erst nach dem Zweiten Weltkrieg in eine neue Phase der (Post-)Industrialisierung geführt haben.

Das technische *Gerät* selbst bekommt auf dieser Entwicklungsstufe technischer Systeme einen neuen Stellenwert: „Die einzelnen Maschinen und Geräte sinken zu variablen einfachen Elementen von technischen Systemen herab, die je nach ihrer Stelle im *Netzwerk* und je nach aktualisiertem Programm mal als Rechen-, mal als Kontroll-, mal als Lern- und mal als Spielmaschine wirken. Dieser *informations- und systemtheoretische Technikbegriff* markiert den Übergang zu einer nachindustriellen Technikentwicklung“ (Rammert 1989, S. 726).

Systemtheoretischer Technikbegriff

Definitionen von Technologie

Auf einen weiteren Begriff ist kurz einzugehen, den der *Technologie*. Überraschenderweise ist der Begriff *Technologie* so alt wie der Begriff *Technik*. Schon 1728 hatte der Aufklärungsphilosoph Christian Wolff in seiner „Philosophia rationalis ..." definiert: „Technologie ist die Wissenschaft von dem, was die Menschen mit Hilfe ihrer Körperorgane, vor allem der Hände, hervorbringen". Die Technologie lehre uns, „alle Arbeiten, ihre Folgen und ihre Gründe, vollständig, ordentlich und deutlich" zu erklären (zit. bei G. Ropohl 1973, S. 152).

Neuere Definitionen von *Technologie* zeigen wenig Einheitlichkeit. Einige Autoren wollen zwischen Technik und Technologie keinen Unterschied machen; andere verstehen unter Technologie „die Lehre von der Gesamtheit der technischen Möglichkeiten und Verfahrensweisen zur Umwandlung naturgegebener Materie in die für menschliche und gesellschaftliche Bedürfnisse benötigten Stoffe, Güter, Apparate, Aggregate usw." (Wb.d.Soz., Hartfiel / Hillmann). Die hier implizierte Einbeziehung sozialer Elemente in den Begriff findet sich expliziert in Ropohls „Grundlegung der Allgemeinen Technologie" (1979). Auf einer anderen Ebene liegt die Unterscheidung, daß „technologisches Wissen" sich vom „technischen Wissen" durch größere Nähe zur Praxis auszeichne (Urban 1986, S. 135).

1.2. Gerät — Sachtechnik — materielles Substrat

Im Anschluß an den Begriff *Realtechnik* von Gottl-Ottlilienfeld wurde bereits darauf hingewiesen, daß dieser Begriff auch im Sinne von *Sachtechnik*, von *technischem Gerät* und damit zur Bezeichnung des gesamten *materiellen Substrats* (Durkheim) einer Gesellschaft (bzw. jedes beliebigen sozialen Systems) verstanden werden kann.

Technik als soziale Tatsache und materielles Substrat

Nach Durkheim ist es eine Aufgabe der Soziologie, die Entstehung und Wirkung *sozialer Tatsachen* (faits sociaux) zu erklären: wie wirkt Soziales auf Soziales? Unter dem Sozialen bzw. den sozialen Tatsachen sind aber nicht nur Handlungen und soziale Situationen zu verstehen, sondern das gesamte *materielle Substrat* einer Gesellschaft („geronnener Geist" hieß das in der Tradition des deutschen Idealismus), also Werkzeuge ebenso wie Geld und die Infrastruktur der Gesellschaft.

Alles dies sind, so heißt es in Durkheims „Regeln der soziologischen Methode" (zuerst 1895), ‚Gußformen' für unsere Handlungen", konstitutive Bedingungen des „inneren sozialen Milieus". Diese „Gußformen" besitzen gegenüber dem einzelnen Handelnden Aufforderungs- und Anpassungszwänge.

Technik als Sachdominanz in Sozialstrukturen

In diesem Zusammenhang sprach Hans Linde (1972) von der „Sachdominanz in Sozialstrukturen". Werner Rammert faßt die Elemente des *materiellen Substrats* mit dem Begriff „sachliche Artefakte" zusammen; Bernward Joerges sprach von der „Soziologie der Sachverhältnisse" (1979) und nahm damit einen Begriff wieder auf, den Herman Schmalenbach in seinem Aufsatz „Soziologie der Sachverhältnisse" (1927) bereits verwandt hatte.

1.3. Gegenstandsbereich der Techniksoziologie

Mit obiger Gegenstandsumschreibung der Techniksoziologie ist deutlich: die Techniksoziologie ist eigentlich keine typische spezielle Soziologie; sie rückt Phänomene ins Blickfeld, die von viel allgemeinerer Natur sind als sonst die Objekte spezieller Soziologien. Zu diesen Phänomenen gehören die Tatbestände, daß der Mensch ohne Technik(en) nicht denkbar ist und daß die technisch mitbedingte „Sachdominanz in Sozialstrukturen" auf allen Stufen der Menschheitsgeschichte nachweisbar ist.

Die Themenbreite einer Techniksoziologie dokumentiert der von Burkart Lutz herausgegebene Tagungsband des 23. Deutschen Soziologentages in Hamburg 1986, der das Leitthema hatte: „Technik und sozialer Wandel":

Themenbereich der Techniksoziologie

- Technik und Arbeit
- Technik und Alltag
- Räumliche Folgen der Technik
- Technik und Entwicklungsländer
- Technik und Gesellschaft
- Der gesellschaftliche Umgang mit technischen Risiken
- Probleme des technischen Wandels: Beschäftigungschancen und soziale Sicherheit
- Technischer Staat und neue soziale Kontrolle
- Wandel der Einstellung zur Technik
- Neue Kommunikationstechniken und Sozialisation.

Angrenzende Themenbereiche

Wegen der Breiten- und Tiefendimensionen der Technik als „sozialem Totalphänomen" kann in dieser Lektion nur ein Teilausschnitt angesprochen werden. Zentrale Themen der Industrie- und Betriebssoziologie wie der Arbeits- und Berufssoziologie, die am Beginn der (später verselbständigten) Techniksoziologie stehen, werden nur gestreift (wie in Kap. 3.4) oder gar nicht aufgegriffen (z.B. die so wichtige Diskussion um den *Taylorismus* oder die Fragen, ob der technische Fortschritt zur Höherqualifikation und gleichzeitig zur Dequalifizierung führt; zum Taylorismus vgl. die Lektion VI „Industrie- und Betriebssoziologie").

Auch der aus vielen Gründen so wichtige Themenbereich des *Techniktransfers* in Entwicklungs- und Schwellenländer und die damit verbundenen Fragen der Kompatibilität von unterschiedlichen Kultursystemen mit bestimmten Techniken oder technischen Systemen können nicht behandelt werden (vgl. hierzu die Lektion X von J.H. Wolff).

2. Zur Anthropologie der Technik. Technik als Verhältnis des Menschen zur Natur

2.1. Der Mensch — ein „werkzeugbenutzendes Tier"?

Technik als „Zweite Natur"

In Band I dieses Einführungskurses wurde in Lektion II, „Die Grundlagen des Handelns", darauf hingewiesen, daß der Mensch ohne eine bestimmte Dingwelt, ohne Kultur als seiner „zweiten Natur" (Gehlen), nicht überleben könne. Ob Faustkeil oder Pflug, ob (systematisch repetierbares) Feueranzünden oder die organisierte Jagd: der Mensch ist nicht denkbar ohne die Erstellung von Gerät, die Organisation von Arbeit und die Tradierung dieses Wissens bzw. dieser Techniken.

In einem Vortrag Arnold Gehlens vor dem *VDI* („Verein deutscher Ingenieure"; gegründet 1856) im Jahre 1953 über „Die Technik in der Sichtweise der Anthropologie" (in: Gehlen 1986) heißt es daher einleitend: „Die Technik ist so alt wie der Mensch". So würde erst aus Spuren der Werkzeugbenutzung überhaupt erschlossen, daß wir es mit Menschen (und nicht mit sonstigen Hominiden) zu tun haben.

Organersatz und -entlastung durch Technik

Gehlens anthropologischer Ansatz basiert, so läßt sich ohne Übertreibung sagen, auf dem Grundgedanken, daß die Technik mit ihrem immanenten Trend des *Organersatzes,* der *Organentlastung* und der *Organüberbietung* das Grundlegende und das Vorwärtstreibende der Menschheitsentwicklung ist. Gehlen spricht von einem „Wesenszusammenhang von Mensch und Technik" und erläutert ihn an vielen Einzelphänomenen:

Beispiele für den Zusammenhang von Technik und Kulturentwicklung

- Entwicklung der Magie (umschreibbar als Absicht, „Veränderungen zum Vorteil des Menschen hervorzubringen, indem man die Dinge von ihren eigenen Wegen zu unserem Dienst hin ablenkt", so zit. Gehlen zustimmend eine frz. Quelle; 1986, S. 96);
- Zusammenhang von erfinderischer Intelligenz, Technik und Expansion der Bedürfnisse;
- die nur über Techniken (gleich welcher Art) mögliche Stabilisierung von Handlungskreisen, die Verstetigung von Gewohnheiten und die Automatisierung von Bewegungsabläufen;
- die nur über Technik erreichbare „Faszination durch den Automatismus", der bereits durch Magie befriedigt wurde, aber „erst in jüngster Zeit seine vollkommene Erfüllung in Uhren, Motoren und rotierenden Maschinen jeder Art fand".

Gerade dieses zur menschlichen Natur gehörende „Resonanzphänomen" mache deutlich, daß man die Technik nicht nur unter Kategorien der Nützlichkeit oder der Macht verstehen könne.

Technische Innovationen als Kulturschwellen

Es sind letztlich technische Innovationen und Revolutionen, die die zwei entscheidenden Kulturschwellen der Menschheitsgeschichte mitbedingen: der

Übergang von den Jäger- und Sammlerkulturen zur Seßhaftigkeit im Neolithikum (Ackerbau *und* Stadtentstehung) und der Übergang zum „technisierten Industrialismus" seit der Industriellen Revolution (Gehlen 1953 / 1986, S. 99).

Lewis Mumford, der einen der umfassendsten Versuche einer Technik-, Sozial- und Kulturgeschichte vorgelegt hat (1977), hält die Bezeichnung des Menschen als *„werkzeugbenutzendes Tier"* oder als *homo faber* eher für irreführend als aufschlußreich. Für entschieden wichtiger als das Herstellen von Faustkeilen, Handäxten usw. hält Mumford die Entstehung der Sprache als Steigerung primitiver Ausdrucks- und Übermittlungsformen und „seinen eigenen, vom Geist aktivierten Körper" (1977, S. 17). Ergänzen lassen sich Mumfords Anmerkungen durch einen Hinweis auf die Prägekraft der Technik für die Sprachentwicklung selbst, ihre Begrifflichkeit und ihre Metaphorik.

Überbewertung des Werkzeuggebrauchs

Ebenso muß der Entwicklung der Zeichen und Symbole ein bedeutender Stellenwert bei der Evolution des Menschen zugestanden werden; doch auch hier gibt es einen immer wichtigeren Einfluß der Technik (Hörning 1985).

Richtig ist, daß aus der Sicht der heutigen wissenschaftlich-technischen Zivilisation nicht der Fehler gemacht werden darf, das vermeintlich Eigen-Evolutive der Technik, ihren Appellwert zur Nutzung, Nachahmung und Verbesserung zu überschätzen. Wie sonst wäre es zu erklären, daß vom ersten *homo erectus* (vor ca. 2 Mio. Jahren) die gleichen Werkzeuge (Handbeile und zweischneidige Faustkeile) genutzt wurden wie vom späten *homo erectus* vor ca. 300 Tsd. Jahren? Kontinuierliche Entwicklungslinien von Kultur und Werkzeugen gibt es erst seit dem Auftreten des *homo sapiens* bzw. des *homo sapiens sapiens* vor ca. 60 Tsd. Jahren. Gleichwohl ist erstaunlich, wieviel an technischen Innovationen der Antike oder auch des Hochmittelalters entweder nicht genutzt wurden oder wieder verloren gingen.

Keine kontinuierliche Entwicklung der Technik

2.2. Technik und Differenzierung der Geschlechter

Ein weiterer Gesichtspunkt, der zu den anthropologischen Elementen der Technikbetrachtung gerechnet werden kann, sei hervorgehoben: die vom Geschlecht (vgl. Bd. I, S. 60 ff.) ausgehenden Differenzierungen sowohl in der Technikgenese wie im Technikgebrauch und die damit gegebenen Verstärkerwirkungen der ohnehin männlich dominierten Technik. Hierzu heißt es in der Technikgeschichte von Joachim Radkau (1989, S. 53 ff.): „An dem Umgang mit der Technik entwickelten sich in hohem Maße geschlechtsspezifische Mentalitäten. Wie schon im frühen 19. Jahrhundert erkannt wurde, wirkte die moderne Technik ganz überwiegend dahin, den Bereich der männlichen Kompetenz zu erweitern. An Werkzeugen und Maschinen bildeten sich männliche Selbstdarstellung und Körpererfahrung aus. Die Vermutung ist begründet, daß die Verbindung von Technik und Männlichkeit auf den Gang der technischen Entwicklung rückwirkte und zu einem „harten" Bild vom technischen Fortschritt beitrug. Der Aufstieg der Technik im 19. Jh. konvergiert deutlich mit der Auseinanderentwicklung der Geschlechterrollen und der Neubelebung patriarchalischer Strukturen".

Doppelte Dominanz des Männlichen

3. Zur Geschichte und Methodologie der Techniksoziologie

3.1. War und ist die Soziologie technikvergessen?

Zwei Thesen zur Technikvergessenheit

Zwei gegenläufige Thesen ließen sich vertreten: die Soziologie ist *technikvergessen* und erfaßt dadurch die immer auch technisch (bzw. sachlich-materiell) mitbedingten Strukturen des Handelns nur unvollkommen. Eine zweite These könnte lauten: die Soziologie verdankt einen ihrer Entstehungsimpulse dem Tatbestand, daß die Bedingungen und Auswirkungen von Technik und Industrie zum Gegenstand einer neuen Wissenschaft gemacht wurden. Für die letzte These spräche z.B. der wichtige Ausgang der Soziologie bei Claude Henri de Saint-Simon (1760 - 1825; vgl. *Einführungskurs Soziologie,* Bd. II) und der sich auf ihn berufenden Saint-Simonisten, bei denen Technik- und Fortschrittsgläubigkeit, verbunden mit nationalstaatlicher Interessendurchsetzung, zu einem ersten Credo der „wissenschaftlich-technischen Zivilisation" zusammenkommen.

Saint-Simonismus als erste Technokratie

Der damit implizierte Herrschaftsanspruch, ausgehend vom „Zeitalter der Organisation" (Saint-Simon) und der Technik, ist die erste industriegesellschaftliche *Technokratie,* also eine auf Technik basierende Ideologie der Herrschaftsgestaltung.

Rechnet man das Werk von Karl Marx und Friedrich Engels auch zur Entstehungsgeschichte der Soziologie, dann könnte der Vorwurf der Technikvergessenheit vollends widerlegt werden, wenn nicht im weiteren Verlauf der Soziologiegeschichte — in Abwehr des Materialismus und des Marxismus — die Bedeutung der Technik für das soziale Handeln und die gesellschaftliche Entwicklung wieder rückläufig gewesen wäre.

3.2. Technik und ihr Einfluß auf die Produktions- und Gesellschaftsstruktur im Werk von Marx und Engels

> „Ist Achilles möglich mit Pulver und Blei? Oder überhaupt die Iliade mit der Druckpresse, und gar Druckmaschine? Hört das Singen und Sagen und die Muse mit dem Preßbengel nicht notwendig auf, also verschwinden nicht notwendige Bedingungen der epischen Poesie?"
> Karl Marx, Einleitung zu: „Grundrisse ..." (1857/58).

Im Werk von Marx und Engels findet sich keine Techniksoziologie im heutigen Sinn, sondern der Versuch, Technik als „soziales Totalphänomen" zu erfassen. Grundzüge dieser „Techniksoziologie" finden sich im ersten Band von „Das Kapital" (zuerst 1867), vor allem im 13. Kapitel („Maschinerie und große Industrie"; MEW Bd. 23).

Anthropologie der Technik bei Marx

Der Mensch kann sich nur durch Arbeit, d.h. ein tätiges Einlassen auf die ihn umgebende Natur und ihre Umgestaltung zu seinen Bedürfnissen und Zwecken, erhalten. Durch Arbeitsmittel schafft er Produkte, und diese sind „ein durch

Formveränderung menschlichen Bedürfnissen angeeigneter Naturstoff" (MEW 23, S. 195).

Wie eng der Zusammenhang zwischen Technologie und Gesellschaftsstruktur gesehen wird, belegt eine berühmte Sentenz aus „Das Elend der Philosophie" (1847): „Die Handmühle ergibt eine Gesellschaft mit Feudalherren, die Dampfmühle eine Gesellschaft mit industriellen Kapitalisten".

Folgt man den Grundzügen der Marxschen Geschichtsphilosophie, so tritt mit der bürgerlichen Gesellschaft der Mensch aus den Bindungen heraus, die in der Gestaltung des Produktionsprozesses gelegen hatten: Technik bekommt durch Ermöglichung ihrer Effizienzsteigerung (Industrielle Revolution) und durch die kapitalistische Profitorientierung an Arbeit und Produktion einen neuen Stellenwert im Produktions- und Reproduktionsprozeß.

Neuer Stellenwert der Technik im Kapitalismus

Bereits im „Kommunistischen Manifest" (1847/48) hatten Marx und Engels darauf hingewiesen, daß „die Bourgeoisie in ihrer kaum hundertjährigen Klassenherrschaft massenhaftere und kolossalere Produktionskräfte geschaffen (habe), als alle vergangenen Generationen zusammen. Unterjochung der Naturkräfte, Maschinerie, Anwendung der Chemie auf Industrie und Ackerbau, Dampfschiffahrt, Eisenbahnen, elektrische Telegraphen, Urbarmachung ganzer Weltteile, Schiffbarmachung der Flüsse ..." (MEW 4, S. 4).

Unter diesen Voraussetzungen mußte der stets vorhandene (Klassen-)Gegensatz von Produktivkräften und Produktionsverhältnissen, wozu ja auch die Formen des Besitzes und der Aneignung der Produkte gehören, zum Systemwiderspruch werden: „auf einer gewissen Entwicklungsstufe geriet die große Industrie auch technisch in *Widerstreit* mit ihrer handwerks- und manufakturmäßigen Unterlage" (MEW 23, S. 403). Die revolutionäre Umgestaltung der bürgerlichen Gesellschaft war damit unabweisbar: Die entfesselten Natur- und Produktionskräfte können weder bürgerlich-privatwirtschaftlich sinnvoll für alle genutzt noch die resultierenden Produkte gerecht verteilt werden. Da aber, wie es im Vorwort zu Bd. I von „Das Kapital" heißt, mit eben diesem Werk das „ökonomische Bewegungsgesetz der modernen Gesellschaft" definitiv enthüllt ist, kann die „Vorgeschichte der Menschheit" beendet werden. Das Zeitalter der bewußten Planung und Gestaltung, auf der Basis von Wissenschaft, Technik und Industrie, kann beginnen. So gesehen, setzten Marx und Engels fort, was im Werk von Saint-Simon bereits als Anspruch vorlag oder Auguste Comte mit dem Anbruch des „positiven Zeitalters" gemeint hatte.

Technik als Element bewußter Gesellschaftsplanung

Die Bedeutung der Marxschen „Techniksoziologie" liegt wohl weniger im makrosoziologischen Bereich als in seinen Analysen zur „Formbestimmtheit der Arbeit". Unter Aufnahme entsprechender Marxscher Kategorien und der Figurationssoziologie von Norbert Elias macht Volker von Borries (1980) einen Versuch, Technik, z.B. eine Maschine, „als Sonderform sozialer Beziehungen" zu verstehen.

Technik als Sonderform sozialer Beziehung

3.3. Technik — Herrschaft — Planung

Dieser Themenbereich einer Techniksoziologie läßt sich seit Saint-Simon (natürlich auch schon in den frühbürgerlichen Utopien) verfolgen.

Lassen wir Zwischenstufen außer Betracht, so bekommt dieses Denken über Zusammenhänge von Technik und Herrschaft einen deutlichen Entwicklungsschub durch die „Materialschlachten“ des Ersten Weltkrieges, der sich in höherem Maße als alle Kriege zuvor durch neue Techniken der Kriegsführung und des Materialeinsatzes auszeichnete.

Technikgläubigkeit totalitärer Ideologien

Ein zweiter Impetus lag in den sich im und nach dem Ersten Weltkrieg verfestigenden totalitären Ideologien. Sowohl der Bolschewismus (namentlich Lenin) als auch der Nationalsozialismus waren in außerordentlichem Maße „technikgläubig“ (bis hin zu den Techniken der Organisation und Propaganda) und haben dadurch dem Thema Technik und Herrschaft völlig neue Dimensionen gegeben.

Die neuen Dimensionen der Technik

Es waren wohl eher Sozialphilosophen und Literaten, nicht Soziologen, die diese neue Situation zuerst reflektierten. Oswald Spengler (Der Untergang des Abendlandes, 1918 - 1922) und Ernst Jünger (In Stahlgewittern, 1920) sind hier als besonders einflußreich zu nennen. Auch Jüngers Buch „Der Arbeiter. Herrschaft und Gestalt“ (1932) gehört in diesen Zusammenhang (der Arbeiter als „neuer Typus“ des Menschen, dessen Lebensbedingungen — und dies erstmalig in der Menschheitsgeschichte — durch Technik geprägt sind; vgl. v.a. das Kap. „Die Technik als Mobilisierung der Welt durch die Gestalt des Arbeiters“).

Die frühe Techniksoziologie Freyers

In der Soziologie und Sozialphilosophie sind aus den späten 20er und 30er Jahren die Beiträge Hans Freyers zu nennen. „Wer herrscht, macht den Plan. Und wer plant, der gestaltet die Zukunft“ heißt es in „Herrschaft und Planung“ (1933; Neuausgabe 1987). Auch dieses Denken ist wie der Nationalsozialismus ein Epochenphänomen (Ernst Nolte).

Technikbegeisterung als Element des Nationalsozialismus

Der Nationalsozialismus, einmal zur Herrschaft gelangt, setzte in Kalkulation der Massenbegeisterung auf technische, z.T. ästhetisierte Elemente: die systematisch entfachte Begeisterung für das Auto („Volkswagen“) und die Autobahnen gehört ebenso in diesen Zusammenhang wie der Rundfunk („Volksempfänger“), die „Lichtdome“ der Parteitage in Nürnberg oder begeisternde neue Flugzeugtypen.

Neue Diskussion von Technik, Planung, Herrschaft durch Schelsky

Von großer Resonanz war in den 60er Jahren auch die Wiederaufnahme der Diskussion um Technik und Herrschaft durch Helmut Schelskys Beitrag „Der Mensch in der wissenschaftlichen Zivilisation“ (1961 / 1965). Unter anderem wurde in der Zeitschrift „atomzeitalter“ eine intensive Diskussion um eine der Zentralthesen von Schelsky geführt: daß der Spielraum für politische Entscheidungen mit der Verwissenschaftlichung der Zivilisation und ihren inhärenten „Sachzwängen“ immer kleiner würde (zu dieser Kontroverse um Technik und Herrschaft vgl. auch Ullrich 1979).

Schelskys Beitrag steht auch am Beginn der seit Mitte der 60er Jahre intensivierten Planungsdiskussion, die einen heute kaum mehr vorstellbaren Stellenwert im Hinblick auf eine rational-technisch angeleitete Umgestaltung des politischen und gesellschaftlichen Systems hatte (zusammenfassend Schäfers 1973).

3.4. Von der Industrie- und Betriebssoziologie zur Techniksoziologie

Die sich nach dem Zweiten Weltkrieg entwickelnde Techniksoziologie hat die vorstehend genannten Zusammenhänge zunächst nicht thematisiert, sondern sich in der Industrie- und Betriebs-, der Berufs- und Arbeitssoziologie mit den sozialen Auswirkungen des Maschinensystems, dann der Automation (Pollock 1956) beschäftigt.

Erst die Kritik dieser Ansätze machte den Weg frei für eine eigenständige Techniksoziologie. „Methodisch folgten alle Projekte soziologischer Technikforschung in den 50er und 60er Jahren dem gleichen Schema: in dem jeweils zu untersuchenden Feld wurde ein Fallbeispiel besonders fortschrittlichen Technikeinsatzes, also z.B. ein voll kontinuierliches Walzwerk, eine durchmechanisierte Tiefbaustelle oder eine öffentliche Verwaltung mit elektronischer Datenverarbeitung ausgewählt und einem ... rekonstruierten Zustand vor der letzten Innovation ... gegenübergestellt“ (Lutz 1987, S. 36f.).

Späte Entwicklung der Techniksoziologie

Ein neuer Ansatz in der Techniksoziologie bzw. ihre Verselbständigung konnte erst Platz greifen, als der „Technikdeterminismus“ im Stile von Marx und Ogburn (vgl. Kap. 4.1) überwunden war und die Loslösung von der „Konzeption der Technik als gesellschaftlich exogenem Faktor sozialen Wandels“ geleistet war (Lutz 1987, S. 14). Das Programm einer neuen Techniksoziologie umschrieb Lutz wie folgt:

Programm einer neuen Techniksoziologie

— „die technische Entwicklung, das Auftreten und die Ausbreitung neuer technischer Produkte und Verfahren als sozialen Prozeß sichtbar zu machen, dessen Impulse und Steuerungsmechanismen mit sozialwissenschaftlichen Begriffen und Methoden erfaßbar sind;
— die Nutzung von Technik in den wichtigsten gesellschaftlichen Lebensbereichen mit deren jeweiliger Konstitutionslogik, mit den bereichsspezifischen Interessen und Problemlagen, mit den hier dominanten Typen von Akteuren und Institutionen und ähnlichem in Beziehung zu setzen;
— die bei der Nutzung bestimmter technischer Produkte oder Verfahren entstehenden sozialen Effekte hiermit und mit den sozialen Mechanismen zu vermitteln, die für die Genese und Ausbreitung dieser Produkte und Verfahren maßgeblich sind.“

Erst seit etwa 1970 bildete sich, in enger Kooperation mit der Wissenschaftssoziologie, eine eigenständige Techniksoziologie heraus. Sie hat, von allen ihren Spezialisierungen und Differenzierungen der Technik aus sozialwissenschaftlicher Sicht abgesehen, sicher auch den Nachteil, daß sie z.T. Spezialwissen für Spezialisten erzeugt und damit keineswegs gewährleistet ist, die Technikvergessenheit der allgemeinen soziologischen Theorie und aller anderen speziellen Soziologien zu beheben.

Einige weitere Etappen einer Geschichte der Techniksoziologie, so die These vom *cultural lag,* werden im folgenden Kapitel behandelt.

4. Technikgenese und technische Entwicklung

4.1. Fragwürdige sozialwissenschaftliche Deutungen der Technikgenese und -entwicklung

a) Die These Ogburns vom cultural lag

Es gibt eine bekannte soziologische Theorie, die sowohl bei der Erklärung von Phänomenen des sozialen Wandels wie bei Fragen der Technikgenese lange Zeit eher irreführend als erhellend gewirkt haben dürfte: William F. Ogburns (1886 - 1959) These vom *cultural lag*. Dieser seit 1914 von ihm verwandte Begriff wurde zum Forschungsprogramm: „Ein ‚cultural lag' tritt ein, wenn von zwei miteinander in Wechselbeziehungen stehenden Kulturelementen das eine sich früher oder stärker verändert als das andere und dadurch das zwischen ihnen bisher vorhandene Gleichgewicht gestört ist" (Ogburn 1967, S. 328).

Definition cultural lag

Der Begriff „cultural lag" („kulturelles Hinterherhinken") macht bereits deutlich, welche Elemente sich (stets?) im Zustand des Hinterherhinkens befinden: die kulturellen. Damit sind, wie in der Marxschen These von Basis und Überbau, Phänomene wie Recht, Sitte, Sprache und „angemessene" Verhaltensweisen gemeint.

Ogburn wehrte sich gegen den Vorwurf einer „technologischen Geschichtsinterpretation", beharrte aber darauf, daß seit der Industriellen Revolution der „technische Wandel" dem kulturellen und sozialen Wandel vorausgegangen sei (zuvor habe es durchaus sozialen Wandel gegeben, bei dem z.B. durch neue Rechtsfiguren ökonomische und technische Innovationen im Landbau erfolgt seien).

Trotz berechtigter Kritik im Detail hat Ogburn dazu beigetragen, die sozialen und kulturellen Faktoren zu identifizieren, die bestimmte technische „Errungenschaften" erst ermöglichten, sowohl im Hinblick auf die Innovation selbst wie im Hinblick auf Akzeptanz und Eingliederung in das soziale und kulturelle Leben.

Die Umkehrung von Ogburns These

Ogburns Perspektive ist jedoch zu ergänzen: technische Neuerungen haben nicht als solche eine Implementierungs- und Durchsetzungschance, weil sie im Sinne der Techniker so *smart* sind, sondern weil es kulturelle und soziale, historische oder weltgesellschaftliche Zustände gibt, die ihre Anwendung und Verbreitung befördern. Dies gilt z.B. auch für „Erfindung" und Anwendung der ersten Atombombe: Es war das politische Umfeld, das ihre Entwicklung beflügelte und ihren Einsatz möglich machte.

b) Technik als angewandte Naturwissenschaft

Das Dreierbündnis von Naturwissenschaften, Technik und Industriesystem

Eine andere Irrfahrt der modernen Technikssoziologie hat mit der Vorstellung zu tun, daß Technik „angewandte Naturwissenschaft" ist. Zwar ist richtig, daß „heute ein Zustand erreicht ist, in dem man die Naturwissenschaften, die Technik und das Industriesystem funktionell im Zusammenhang sehen muß" (Gehlen 1986, S. 153), aber Zusammenhang bedeutet keineswegs eine direkte Abhängigkeit und Zuordnung.

Naturwissenschaften, Technik und Industriesystem stehen in unterschiedlichen kognitiven, institutionellen und sozialen Zusammenhängen. Trotz aller Bezogenheit aufeinander gilt auch hier die generelle These von der Ausdifferenzierung der einzelnen sozialen Systeme und ihrer relativen Autonomie. Der Zusammenhang der Technikgenese und ihrer Akzeptanz darf also nicht so gedacht werden, daß die Natur- und / oder Ingenieurswissenschaften eine Erfindung machen (vielleicht sogar in den Forschungslabors der Industrie) und dann die Anwendung erfolgt.

Komplexer Zusammenhang von Technikgenese und Akzeptanz

Es gibt nicht nur die Frage nach den vielleicht noch zu weckenden Bedürfnissen, sondern auch die nach der Erteilung von Patenten, ihrer „gezielten" Nichtanwendung (weil andere Produkte / Techniken noch erfolgreich am Markt sind) und natürlich die der allgemeinen Akzeptanz.

Beispiele dafür, daß technische Innovationsprozesse völlig anders verlaufen, als ihre Urheber sich das denken, sind eher die Regel als die Ausnahme (auch für das Automobil verlief bis zum Ersten Weltkrieg bzw. bis in die 30er Jahre hinein die Entwicklung viel langsamer als man heute vermutet; vgl. Sachs 1984).

4.2. Technikentwicklung unter heutigen Bedingungen

Nach Werner Rammert (1992a) ist die Technikentwicklung heute unter völlig anderen Bedingungen zu sehen als in früheren industriegesellschaftlichen Phasen:

Beispiele für unzureichende Begründungen der Technikgenese

- „neuere Techniken entstehen immer seltener aus einem primären Bedürfnis, sondern aus der Kombination von Techniken, für die dann Nutzungsformen erst gesucht und erprobt werden. Die wachsende Verwissenschaftlichung der Technikentwicklung verursacht diesen Trend. Die Entwicklung erfolgt zunehmend in Reaktion auf selbst erzeugte Mängel";
- ebenso sei die Perspektive, daß die Logik ökonomischer Verwertung („Logik des Kapitals") die Technikgenese steuere, so nicht haltbar. Als Einwände werden u.a. das Informations-Entscheidungs-Dilemma und das Innovations-Kontroll-Dilemma genannt. Beide Dilemmata sind mit hohen Kosten verbunden (S. 10f.);
- auch gegen den Erklärungsansatz, der die Technikentwicklung auf die „Logik der Herrschaft und Kontrolle" zurückführt, werden Bedenken erhoben. Sowohl in der Entwicklung wie in der Durchsetzung von Techniken haben sich jeweils unterschiedliche Machtkonstellationen gezeigt, z.T. in derselben Klasse sehr gegensätzliche.

Als wichtigste Akteure bei der Entwicklung und Steuerung der technischen Entwicklung nennt Rammert (1992a, S. 14f.):

Akteure der Entwicklung und Steuerung des technischen Fortschritts

1. Der Staat
Er vergibt Forschungsaufträge an die industrielle und freie wissenschaftliche Forschung. Die Großforschungsanlagen oder auch Atomkraftwerke entstehen nur durch

Zustimmung staatlicher (nicht immer auch: der demokratischen) Gremien. Weiterhin setzt der Staat den Rechtsrahmen von einzelnen Normen bis hin zu Gesetzen über Gentechnologie.

2. Soziale Bewegungen

Soziale Bewegungen wirken u.a. „korrigierend und kompensierend auf Formen und Folgen des technischen Fortschritts. Ihr Einfluß schlug sich z.B. in staatlichen Normierungen zum Arbeitsschutz, zur Verbrauchersicherheit, zum Datenschutz, zur Sozialverträglichkeit oder zum Umweltschutz nieder" (S. 15). Überall dort, wo der „technische Fortschritt" besondere Risiken produziert, ist heute mit entsprechenden Gegenbewegungen zu rechnen, die — wie in der Öko-Bewegung überdeutlich — nicht nur Verweigerungsstrategien entwickeln (z.B. Zahlungsboykott gegenüber Stromlieferanten), sondern auch *alternative Technologien* aufzeigen und ihre Entwicklung propagieren.

3. Die Wirtschaftsunternehmen

Hier werden vor allem die multinationalen Konzerne genannt. Sie verfügen zwar über die größten Forschungs- und Entwicklungslabors, über die größte Zahl der eigenen und der aufgekauften (und zumeist nicht angewandten) Patente, aber ob die Größe der Labors proportional zum tatsächlichen Beitrag zum technischen Fortschritt ist, mag sehr bezweifelt werden.

4. Die Wissenschaft

Je nach Gesellschaftssystem und Bereich ist die Wissenschaft auf mehr oder weniger direkte und intensive Art mit der staatlichen Steuerung oder dem Einfluß der Wirtschaftsunternehmen auf ihr Tun verknüpft. In der DDR war die Situation anders als in der Bundesrepublik oder in Japan; in der Psychologie stellt sich das Thema anders als in den Ingenieurwissenschaften oder der Chemie.

Zur neueren Entwicklung gehört, daß sich wissenschaftlicher Fortschritt und technologische Anwendung bis zur Ununterscheidbarkeit durchdringen. Als Beispiel führt Rammert die wissenschaftliche Aufklärung über die Gene an; diese sei von den Techniken zu ihrer Manipulation nicht mehr praktisch, sondern nur noch analytisch zu trennen (S. 16).

Weites soziales und psychisches Umfeld der Technikgenese

Die Nennung dieser „Akteure" ist nicht zureichend, um Technikgenese und Technikentwicklung in der „wissenschaftlich-technischen Zivilisation" zu erfassen. Die sehr wichtigen Fragen nach der Organisations- und Kommunikationsstruktur in den einzelnen Bereichen und zwischen den „Akteuren" sind noch gar nicht berührt; aber auch sie sind ein entscheidender Faktor für Technikgenese, -entwicklung und -akzeptanz. Damit sind zugleich die Mentalitätsfragen und das gesamte psychische und soziale Umfeld der Technikentwicklung angesprochen.

Neue Paradigmen: Interaktionismus und Ethnomethodologie

Es ist daher nur folgerichtig, daß die bisherigen theoretischen Ansätze zur Analyse der Technikgenese (z.B. der sozialökonomische, der soziopolitische oder der soziokulturelle Ansatz) durch neuere Paradigmen ergänzt bzw. ersetzt werden. Hierzu rechnet Rammert (1992b, S. 200) das Vordringen „institutionalistischer" Ansätze und die Öffnung für interaktionistische und ethnomethodologische Verfahren (in ethnomethodologischer Perspektive müßte betont werden, daß die gesellschaftliche Wirklichkeit ein „Ergebnis" von interaktiven Aushandlungsprozessen ist).

4.3. Entwicklung zur Informationsgesellschaft

Mit dem Begriff *Informationsgesellschaft* ist ein Thema berührt, das im Zentrum der Diskussion über Technikentwicklung steht und damit auch der Technikfolgenabschätzung (vgl. nächstes Kapitel).

In einer der ersten Analysen zur Heraufkunft der Informationsgesellschaft schreibt Daniel Bell (1975, S. 353): „War die Industriegesellschaft eine güterproduzierende, so ist die nachindustrielle Gesellschaft eine Informationsgesellschaft".

„Informationeller Faktor" als dritter Grundstoff

Um den „informationellen Faktor" in seiner Bedeutung für die künftige gesellschaftliche Entwicklung zu charakterisieren, bezeichnet ihn Helmut F. Spinner neben Materie und Energie als „dritten Grundstoff, aus dem die Welt besteht" (1992, S. 132).

Mit dem durch die Neuen Technologien zur Wirkung kommenden „informationellen Faktor" sind nach Spinner folgende Entwicklungstendenzen verknüpft:

Elemente der Informationsgesellschaft

— Wissenschaft und Technologie haben ihr exponentielles Wachstum nochmals gesteigert und werden zur wichtigsten Produktivkraft;
— in den alten und neuen Medien, aber auch in Industrie und Verwaltung ist eine Informationsexplosion zu beobachten; „Massendaten" können in größerer Menge erzeugt und bewältigt werden (entsprechend intensiv waren die Diskussionen in der Bevölkerung um die Novellierung des ersten Bundesdatenschutzgesetzes von 1978);
— zu Lasten des tertiären Sektors wächst der vierte Produktionssektor, der die Informationsökonomie, -technologie und -verwaltung umfaßt;
— von z.T. kaum erfaßbarer Wirkung seien die Auswirkungen auf die Komplexität und Kontingenz der gesellschaftlichen Entwicklung: mit steigendem Informationsniveau gebe es mehr Möglichkeiten, aber eben auch mehr Unbestimmtheit und Unsicherheit.

Die Auswirkungen der Informationsgesellschaft auf das Informationsverhalten der Menschen, ihre Sozialisation, ihre Psyche (durch „informationelle Reizüberflutung") etc. können hier nicht behandelt werden (vgl. u.a. Neil Postman: Das Verschwinden der Kindheit; Wir amüsieren uns zu Tode). Hervorgehoben sei abschließend, daß das Bundesverfassungsgericht im Zusammenhang der Diskussion um das Volkszählungsgesetz vom 15. 12. 1983 den Begriff der *informationellen Selbstbestimmung* aus Bestimmungen des Grundgesetzes heraus einführte (BVerfGE 65, 1 ff.).

„Informationelle Selbstbestimmung" als abgeleitetes Grundrecht

4.4. Ein Beispiel: Telefon als Großes Technisches System und als Technik im Alltag

Das weltweite Telefonnetz ist einerseits das größte der *Großen Technischen Systeme* und andererseits hat es sich zu einem der wichtigsten technischen Geräte im Alltagsleben, sowohl privat wie beruflich, entwickelt. Am Telefon lassen sich einige weitere Begriffe der Techniksoziologie und des Gebrauchs und der Akzeptanz von Technik gut erläutern.

Begriff und Elemente „Großer Technischer Systeme"

Der Begriff „Große Technische Systeme" wurde 1983 durch den Technikhistoriker Thomas P. Hughes eingeführt (Mayntz 1988; 1993). Hughes hat nicht nur die weit- und engmaschige technische Vernetzung und das Zusammenspiel verschiedener Techniken der Großen Technischen Systeme — Telefonnetz, Eisenbahn, Elektrizitätsversorgung — ins Auge gefaßt, sondern nachdrücklich auf die sozialen Systemkomponenten dieser Systeme verwiesen: soziale Akteure, Organisationsstrukturen, verfügbares Wissen und Anwendung bestimmter (technischer und sonstiger) Normen.

Unter diesem Aspekt sind auch militärische Verteidigungssysteme oder die Versorgungs- und Entsorgungsinfrastruktur von Städten, ja selbst Organtransplantationssysteme als Große Technische Systeme zu bezeichnen.

Das weltweite Telefonnetz ist jedem das vielleicht vertrauteste Große Technische System. Wie die heranwachsende Generation die erste ist, die mit einer Vollversorgung an Fernsehgeräten in (fast) allen Haushalten groß geworden ist, so ist sie es auch mit einer fast hundertprozentigen Versorgung an Telefonen im Privat- und Arbeitsbereich. Beide technischen Geräte dienen auf sehr unterschiedliche Weise der Kommunikation und gehören seit ca. 1960 zu den „kulturellen Selbstverständlichkeiten" (ein Begriff von Peter R. Hofstätter) in unserer Gesellschaft. So muß aus heutiger Sicht bzw. der Sicht der jungen Generation überraschen, wie langsam die Diffusion und die Akzeptanz des Telefons vonstatten ging: „Erst 1973 — also über 100 Jahre nach der Erfindung des Telefons 1876 in den USA und 1878 in Deutschland — gehörte das Telefon zur Standardausstattung der bundesdeutschen Haushalte" (Rammert 1992a, S. 20). Nunmehr besaßen 50 % der Haushalte ein Telefon. Diffusion und Akzeptanz verliefen in den USA unvergleichlich zügiger: 1900 gab es 21,2 Telefonanschlüsse auf tausend Einwohner; in Deutschland nur 5,2 (Rammert 1992a, S. 22).

In der Techniksoziologie, der Medien- und Kommunikationssoziologie, aber auch in der Geschichtswissenschaft, wurde herausgearbeitet, welche Bedeutung das Telefon für die Veränderung politischer, ökonomischer und sozialer Prozesse hatte. Einige Punkte seien hervorgehoben:

Sozial- und Kulturbedeutung des Telefons

— hatte bereits der in den 40er und 50er Jahren des vorigen Jahrhunderts eingeführte elektrische Telegraf (nach Samuel Morse, 1791 - 1872; Morse-Alphabet) zu einer Veränderung politischer und militärischer Entscheidungsstrukturen geführt, so ist dies für das Telefon in noch viel größerem Ausmaß gegeben (erinnert sei an den „Heißen Draht" zwischen Washington und Moskau während des Kalten Krieges);

— ökonomisch wurde durch Telegrafie und Telefonie das rasche Wachstum von Großunternehmen und „die forcierte Internationalisierung von Handel und Produktion“ allererst ermöglicht (Schneider 1993);
— im Alltagshandeln der Menschen hat das Telefon nicht nur die Nachbarschaftsverhältnisse (mit-)verändert, sondern auch die Formen der Kommunikation und des Sprachverhaltens; selbst Kinder verabreden sich über das Telefon; beim Nachbar „einfach so“ mal reinzuschauen ist nicht mehr üblich (auch nicht mehr auf dem Lande); die Aufrechterhaltung von Familien-, Verwandten- und Freundschaftskontakten geschieht vor allem über das Telefon;
— in der Arbeitswelt wird das Telefon ebenfalls alltäglich von der Mehrheit der beruflich Tätigen genutzt, auch wenn hier in den letzten Jahrzehnten neue „Subsysteme“ hinzugetreten sind: Funktelegrafie und Funktelefonie; Fernschreiber (Telex) und Faksimileübertragung in der ersten Hälfte dieses Jahrhunderts; in den vergangenen Jahrzehnten „ein nicht mehr zu überblickendes Spektrum neuer Telekommunikationsformen wie z.B. Datex-Dienste, Bildschirmtext, Teletext, Email, Mobilfunk, Videokonferenzen etc., bei denen die Grenzen zwischen den unterschiedlichen Kommunikationsmedien wie Sprache, Bild, Text etc. zunehmend verschwimmen“ (Schneider 1993);
— erwähnt seien noch einige besondere „Nutzungsarten“: das Telefon eignet sich für die „Botschaften“ terroristischer Gruppen ebenso wie für den (vermutlich) verbreiteten „Telefonterror“ (aus privaten und „politischen“ Gründen), aber auch für Absichten der (Telefon-)Überwachung.

5. Technikfolgenabschätzung und Sozialverträglichkeit der Technik

5.1. Die Technikfolgenabschätzung als politische Aufgabe

Dieser in den letzten Jahren geradezu populär gewordene Begriff bezeichnet wichtige Arbeitsgebiete der Techniksoziologie, wie aus der folgenden Definition von Werner Rammert (1989, S. 731) hervorgeht:

Definition Technikfolgenabschätzung

> „Die Technikfolgenabschätzung („technology assessment“) ist ein politisch eingerichtetes Verfahren, die mit der gesellschaftlichen Durchsetzung einer neuen Technik zu erwartenden Folgeprobleme und Risiken mit wissenschaftlichen Methoden möglichst frühzeitig zu ermitteln. Sie übernimmt die Funktion, öffentliche Debatten über die soziale Akzeptanz bestimmter technischer Entwicklungen zu versachlichen, über die Möglichkeiten und Implikationen alternativer Entwicklungspfade aufzuklären und politisch-rechtliche Gestaltungsmaßnahmen und moralische Grenzsetzungen für Erzeugung und Verwendung neuer Techniken vorzuschlagen. Zur Untersuchung, Prognose und Simulation der sozialen Folgen von Techniken bedarf sie der Konzepte, Methoden und Ergebnisse techniksoziologischer Forschung“.

Begriff Technology Assessment

Dieter Urban (1986, S. 3) hebt hervor, daß der Begriff „technology assessment" 1966 in einem Unterausschuß des amerikanischen Kongresses geboren wurde, um durch ein „Frühwarnsystem" die Menschen vor ihren eigenen Erfindungen zu schützen (technische Innovationen als „social trap"). Urban hebt aber auch hervor, daß die Sache älter ist und der bereits erwähnte Pionier der Techniksoziologie, William F. Ogburn, an ihrer Gestaltung erheblichen Anteil hatte. Bereits 1929 habe US-Präsident Hoover ein „Research Committee on Social Trends" eingerichtet und Ogburn zum Direktor ernannt. Der 1937 vorgelegte Bericht trug den Titel: „Technological Trends and National Policy. Including the Social Implications of New Inventions". Ogburn habe zur Abschätzung (Evaluation) der politischen und sozialen Folgen von technischen Innovationen bereits moderne Prognose-Techniken, wie die Delphi-Methode, eingesetzt.

Technik und politischer Prozeß

Wenn es im obigen Zitat heißt, daß es sich bei der Technikfolgenabschätzung um ein „politisch eingerichtetes Verfahren" handelt, dann ist damit für die Bundesrepublik u.a. gemeint, daß es — nach langer Vorbereitung — beim Bundestag nunmehr ein „Büro für Technikfolgenabschätzung" gibt (Eichener et al. 1991; zur Diskussion um die Technikbewertung vgl. auch die Texte von Dierkes et al. 1986; Ropohl et al. 1990). Dieses „Büro" soll die Voraussetzungen der Abgeordneten im Hinblick auf kompetente Mitwirkung bei anstehenden Gesetzesverfahren (z.B. zur Gentechnologie; Atomgesetzgebung; Umweltpolitik) verbessern helfen.

Die schon in früheren, politisch relevanten Planungstheorien (z.B. bei Karl Mannheim) behandelten Fragen tauchen verschärft auf und erfordern neue Lösungen: wie z.B. angesichts des beschleunigten wissenschaftlich-technischen Fortschritts der politische Prozeß im Hinblick auf neue Techniken gestaltet werden kann, um unabhängig von Verbänden, aber auch von Wissenschaftler-Lobbies (wie in der Atomindustrie überdeutlich) angemessene Entscheidungen zu fällen.

Es ist unmittelbar einsichtig, daß eine fundierte Technikfolgenabschätzung das implizierte Problem, wie in Demokratien die Technikentwicklung sinnvoll gesteuert werden kann, mitbehandeln muß. Sowohl bei der Kernenergie wie bei der Implementierung Großer Technischer Systeme (z.B. Kabelfernsehen; Btx) handelt es sich kostenmäßig, finanziell oder vom Kreis der Betroffenen um Dimensionen, die jenseits privatwirtschaftlicher Verantwortung liegen. Damit sind auch die Fragen berührt, die unter dem Stichwort „Technik und Ethik" in den letzten Jahren intensiv bearbeitet wurden (vgl. hierzu Lenk / Ropohl 1987).

Als besondere Aufgabengebiete der Technikfolgenabschätzung seien hervorgehoben:

Aufgabengebiete der Technikfolgenabschätzung

— die Sozialverträglichkeitsanalyse;
— die Akzeptanzforschung;
— die Risiko- und Katastrophenforschung.

Nur der letzte Punkt sei kurz erläutert.

5.2. Katastrophenforschung und Risikogesellschaft

a) Katastrophen und Katastrophenforschung

Katastrophen sind zwar ein altes Thema zunächst der religiösen und philosophischen Reflexion — sei es die Sintflut oder der Untergang von Sodom und Gomorrha —, aber erst das Erdbeben von Lissabon 1755 führte zu einer säkularisierten Betrachtung: Katastrophen sind nicht mehr Strafgerichte Gottes, sondern haben etwas mit menschlichem Fehlverhalten zu tun (Dombrowsky 1993).

Neue Sicht auf Katastrophen

Trotz dieser in der Aufklärungsphilosophie thematisierten sozialen und politischen Dimensionen von Katastrophen blieben sie soziologisch lange unterbelichtet. Zwar erschien 1932 in den USA eine erste Soziologie der Katastrophen, und in der BRD gab es am Soziologischen Institut der Universität Kiel seit 1973 eine Katastrophenforschungsstelle (Clausen et al. 1983), aber den Durchbruch schafften erst Ulrich Beck mit seiner „Risikogesellschaft" (1986) und die Rezeption von Charles Perrow von der Yale-Universität mit seinem Werk „Normal Accidents", „Normale Katastrophen" (1984 / 1987).

Späte Entwicklung einer Katastrophensoziologie

Die Technikgeschichte ist auch eine Geschichte der Katastrophen. Sie trugen nicht unerheblich dazu bei, dem technikgläubigen Fortschrittsoptimismus immer wieder Dämpfer zu verpassen. Zu Beginn dieses Jahrhunderts war es z.B. der Untergang der Titanic 1912, der die Gemüter bewegte. Aus den letzten Jahren sind vor allem die Unfälle in Kernkraftwerken (der GAU in Tschernobyl 1986) und die Giftgasunfälle (in Seveso / Norditalien und Bhopal / Indien) zu nennen, die das Katastrophenbewußtsein und die Katastrophenforschung beflügelten.

Die Katastrophenforschung hat auch dazu beigetragen, die Schuldzuweisung „menschliche (Mit-)Verursachung" und „menschliches Versagen" bei Katastrophen zu relativieren und auf sehr komplexe Problembündel zurückzuführen. Bedienungsfehler würden, so schreibt Perrow (1992, S. 61), zu etwa 80 % für Unfälle in großtechnischen Anlagen verantwortlich gemacht; dieser Anteil sei auf ca. 40 % zu reduzieren. Unfälle lägen eher in der „Konsequenz der Struktur, in der die Bedienung erfolgt". Durch das unerwartete Zusammentreffen von zwei oder mehreren Irrtümern würde das Training auf Pannen, würden alle Sicherheitsentwürfe, Redundanzen, Alarmsignale usw. zunichte gemacht. Dies sei das „Normale" der Katastrophen.

„Menschliches Versagen" als komplexes Problem

b) Entwicklung zur Risikogesellschaft

Seitdem der Begriff *Risikogesellschaft* durch Ulrich Beck (1986) zu einem Schlüsselbegriff der Analyse fortgeschrittener Industriegesellschaften wurde (vgl. auch Bd. I, S. 204 ff.), ist in den Sozialwissenschaften und Medien das Bewußtsein vom Gefährdungspotential moderner Technologien gewachsen. Beck betont zwar, daß wir noch nicht in einer Risikogesellschaft leben, aber der Gesellschaftswandel, der aus den bisherigen Kategorien und Bahnen des Denkens und Handelns herausführe, sei vorgezeichnet: Die Formen der Produktion und die mit ihnen verknüpften Risiken der Umweltverschmutzung und der Katastrophen schaffen völlig neue „soziale Gefährdungslagen", „jenseits von Stand und Klasse" bisheriger industriegesellschaftlicher Sozialstrukturen. Angesichts

Das Schichtungsspezifische der Risikogesellschaft

dieser Problemlagen ist „das Verhältnis von politischer Steuerung und technisch-ökonomischem Wandel in der Risikogesellschaft“ (so der Titel zum VIII. Kap. von „Risikogesellschaft“) nicht mehr stimmig, da alten Mustern verhaftet.

Beck zieht, auch in seinen auf die „Risikogesellschaft“ folgenden Schriften, soziologisch und politologisch die Konsequenz aus dem, was Philosophen und Schriftsteller bereits früher antizipiert hatten: Technik und technische Zivilisation sind ubiquitär geworden.

Die Omnipräsenz der Technik

Für diese Auffassung der Omnipräsenz von Technik sei abschließend ein Zitat von Günter Anders (1902 - 1992) wiedergegeben: „Unter ‚Technokratie‘ verstehe ich nicht die Herrschaft von Technokraten ..., sondern die Tatsache, daß die Welt, in der wir heute leben ..., eine technische ist — was so weit geht, daß wir nicht mehr sagen dürfen, in unserer geschichtlichen Situation gebe es u.a. auch Technik, vielmehr sagen müssen: in dem ‚Technik‘ genannten Weltzustande spiele sich nun die Geschichte ab, bzw. die Technik ist nun zum Subjekt der Geschichte geworden, mit der wir nur noch ‚mitgeschichtlich‘ sind“ (1980, S. 9).

Informationsteil

1. Empfohlene Literatur zur Einführung und Grundlegung

1.1. Zur Technikgeschichte

Mumford, Lewis, Mythos der Maschine. Kultur, Technik und Macht, Frankfurt 1977 u.ö. (Taschenbuch; amerik. 1964/66)

Einer der umfassendsten Versuche, Technik im Zusammenhang der menschlichen Kulturentwicklung und Herrschaftsordnungen zu sehen, von den Anfängen der Menschheit bis zu den 60er Jahren dieses Jhs. Beispiel einer ersten Großtechnologie ist für Mumford die „Konstruktion der Megamaschine“ (S. 219), d.h. die soziale Planung und Organisation des Baus der ägyptischen Pyramiden.

Radkau, Joachim, Technik in Deutschland. Vom 18. Jahrhundert bis zur Gegenwart, Frankfurt 1989 (es 1536)

Das Buch behandelt u.a., ob es einen spezifisch „deutschen Weg“ der Technikgeschichte gibt. Vor allem die 2. Hälfte des 19. Jhs. zeichne sich dadurch aus, daß für soziale und politische Probleme zunehmend technische Lösungen gesucht werden (ob bei der Steigerung der Arbeitsproduktivität oder in der Sozialhygiene oder im Transport, in der Kriegsvorbereitung oder der Infrastruktur der Städte).

Schnabel, Franz, Deutsche Geschichte im neunzehnten Jahrhundert, Bd. 3: Erfahrungswissenschaften und Technik, München 1987 (dtv 4463; Nachdruck der Erstausgabe von 1934)

Eine der frühesten Darstellungen der Entwicklung von Technik im Zusammenhang der politischen Umbrüche des 19. Jhs., der Entfaltung der Naturwissenschaften und des neuen Universitäts- und Bildungssystems. An vielen Beispielen sehr anschaulich in den vielfältigen Verflechtungen dargestellt.

Troitzsch, Ulrich/Wolfhard Weber, Hg., Die Technik. Von den Anfängen bis zur Gegenwart, Braunschweig 1987
Dieses sehr umfangreiche, reich mit Abbildungen versehene Werk gibt in insgesamt 29 Kapiteln einen technik-, sozial- und kulturwissenschaftlichen Überblick. Von den Kapiteln seien hervorgehoben: Anfänge der Textiltechnik; Glas — das erste künstliche Material; Energietechnik; Computer; Technik im Alltag des Haushalts und Wohnens.

1.2. Zur Techniksoziologie

Borries, Volker von, Technik als Sozialbeziehung. Zur Theorie industrieller Produktion, München 1980
In diesem Ansatz wird versucht, Technik sehr konsequent als vermitteltes und vermittelndes Glied im Handeln der Menschen zu begreifen, im Ausgang von Marxschen Analysen zur Formbestimmtheit der Arbeit und der Theorie von Norbert Elias über „soziale Figurationen" und soziale Prozesse.

Joerges, Bernward, Hg., Technik im Alltag, Frankfurt 1988.
Aus sehr unterschiedlichen theoretischen Sichtweisen wird die Bedeutung, die Technik in der (Mit-)Gestaltung alltäglicher Handlungen erreicht hat, dargestellt.

Jokisch, Rodrigo, Hg., Techniksoziologie, Frankfurt 1982 (stw 379)
Der erste deutschsprachige Reader zur Techniksoziologie. Der Band enthält verschiedene Ansätze zur Techniksoziologie aus verschiedenen Bereichen (Arbeit, Alltag, Herrschaft, Stadtplanung, Sozialer Wandel).

Rammert, Werner, Art. „Techniksoziologie", in: Günter Endruweit/Gisela Trommsdorff., Hg., Wörterbuch der Soziologie, 3 Bde, Stuttgart 1989, S. 724-735
Dieser erste größere deutschsprachige Lexikonartikel gibt einen Überblick über die Entwicklung der Techniksoziologie und ihre wichtigsten Arbeitsgebiete; der Art. enthält ein ausführliches Lit.-Verz.

Rammert, Werner, Technik und Gesellschaft. Ein Überblick über die öffentliche und sozialwissenschaftliche Technikdiskussion, in: Technik und Gesellschaft, Jahrbuch I, Frankfurt/New York 1982, S. 13-47
Technik und Gesellschaft, hg. von Werner Rammert (zs. mit G. Bechmann et al.), Frankfurt 1982 ff.

Bisher sind 6 Jahrbücher, zu unterschiedlichen Themengebieten, erschienen (1992: Großtechnische Systeme. Risiko und gesellschaftliche Steuerung).
Die Jahrbücher zeichnen sich aus durch Fallbeispiele und Lehrbeispiele.

Rammert, Werner, Technik aus soziologischer Perspektive. Forschungsstand. Theorieansätze. Fallbeispiele. Ein Überblick, Opladen 1993
Dieser auch als Einführungswerk konzipierte Band gibt in 15 Kapiteln einen Überblick zu: Von den Folgen der Technik zur sozialen Dynamik technischer Entwicklungen; Technischer Wandel zwischen Steuerung und Evolution; Die verschlungenen Bande zwischen Technik und Alltagsleben.

Technik und sozialer Wandel. Verhandlungen des 23. Deutschen Soziologentages in Hamburg 1986, hg. von Burkart Lutz, Frankfurt/New York 1987
Der Band eignet sich gut, wie bereits auf S. 171 hervorgehoben, für einen Überblick zu wichtigen Gebieten der Techniksoziologie.

Weingart, Peter, Hg., Technik als sozialer Prozeß, Frankfurt 1989 (stw 795)
Der Band ist eine wichtige Ergänzung zu Jokisch. Folgende Beiträge seien hervorgehoben: Bernward Joerges, Soziologie und Maschinerie — Vorschläge zu einer „realistischen" Techniksoziologie; Werner Rammert, Technisierung und Medien in Sozialsystemen — Annäherungen an eine soziologische Theorie der Technik; Peter Weingart, „Großtechnische Systeme" — ein Paradigma der Verknüpfung von Technikentwicklung und sozialem Wandel?

1.3. Zur Philosophie, Sozial- und Naturphilosophie der Technik. Technik und Ethik

Anders, Günther, Die Antiquiertheit des Menschen, Bd. II: Über die Zerstörung des Lebens im Zeitalter der dritten industriellen Revolution, München 1980; Bd. I: Über die Seele im Zeitalter der zweiten industriellen Revolution, 7. unveränd. Aufl. München 1985 (zuerst 1956)

Großklaus, Götz/Ernst Oldemeyer, Hg., Natur als Gegenwelt. Beiträge zur Kulturgeschichte der Natur, Karlsruhe 1983.
(Darin u.a.: Hans Lenk, Der Macher der Natur? Fehldeutungen von Naturbegriffen; Günter Ropohl, Technik als Gegennatur).

Lenk, Hans, Zur Sozialphilosophie der Technik, Frankfurt 1982 (stw 414)
In diesem Band finden sich u.a. folgende Beiträge: Technik zwischen Philosophie, Wissenschaft und Gesellschaft. Technik als soziale Prägekraft; Technik und Alltagswelt; Herausforderungen der Ethik durch technologische Macht; Technisierung der Ersten und der Zweiten Natur? Zum Mythos von der Machbarkeit der Natur.

Lenk, Hans/Günter Ropohl, Hg., Technik und Ethik, Stuttgart 1987 (Reclam Bd. 8395)

In diesem TB finden sich u.a. folgende Beiträge: Theodor W. Adorno, Über Technik und Humanismus; Hans Jonas, Warum die Technik ein Gegenstand für die Ethik ist; Hans Lenk, Über Verantwortungsbegriffe und das Verantwortungsproblem in der Technik; Alois Huning, Technik und Menschenrechte.

In einem Anhang sind verschiedene Ethik-Kodices für Ingenieure abgedruckt.

Ropohl, Günter, Technologische Aufklärung. Beiträge zur Technikphilosophie, Frankfurt 1991 (stw 971)

Auf folgende Beiträge sei hingewiesen:

Einleitung in die Technikphilosophie; Technik als Gegennatur; die Maschinenmetapher; Technische Kultur.

2. Weitere zitierte Literatur

Bechmann, Gotthard, Hg., Risiko und Gesellschaft, Opladen 1992

Beck, Ulrich, Risikogesellschaft. Auf dem Weg in eine andere Moderne, Frankfurt 1986 u.ö. (es 1365)

Bell, Daniel, Die nachindustrielle Gesellschaft, Frankfurt/New York 1975 (amerik. 1973)

Clausen, Lars/Wolf R. Dombrowsky, Einführung in die Soziologie der Katastrophen, Bonn 1983

Dierkes, Meinolf et al., Hg., Technik und Parlament. Technikfolgen-Abschätzung: Konzepte, Erfahrungen, Chancen, Berlin 1986

Dombrowsky, Wolf R., Schicksalsschläge oder Menschenwerk? Über Gegenstand und Ergebnisse der Katastrophensoziologie, in: GEGENWARTSKUNDE, Jg. 42/1993, H. 1, S. 29-40

Eichener, Volker/Rolf G. Heinze/Helmut Voelzkow, Von staatlicher Technikfolgenabschätzung zu gesellschaftlicher Techniksteuerung, in: Beilage zur Wochenzeitung DAS PARLAMENT, B 43/1991

Ellul, Jacques, La technique ou l'enjeu du siècle, Paris 1954, amerik. The Technological Society, New York 1964

Gehlen, Arnold, Anthropologische und sozialpsychologische Untersuchungen, Neuausgabe von: Die Seele im technischen Zeitalter, 1957; Anthropologische Forschung, 1961. Reinbek 1986 (rowohlts enzyklopädie)

Gottl-Ottlilienfeld, Friedrich von, Wirtschaft und Technik, Grundriß der Sozialökonomik Bd. I/2; 2. Aufl. Tübingen 1923

Hörning, Karl, Technik und Symbol. Ein Beitrag zur Soziologie alltäglichen Technikumgangs, in: SOZIALE WELT, Jg. XXXVI/1985, S. 185-207

Huning, Alois, Der Technikbegriff, in: Technik und Philosophie, hg. von Friedrich Rapp, Bd. I des 10-bändigen Werkes „Technik und Kultur", Düsseldorf 1990, S. 11-25

Joerges, Bernward, Überlegungen zu einer Soziologie der Sachverhältnisse, in: Leviathan 7/1979, S. 125-137

Lenk, Hans/Simon Moser, Hg., Techne. Technik. Technologie. Philosophische Perspektiven, Pullach bei München 1973 (UTB 289)

Linde, Hans, Sachdominanz in Sozialstrukturen, Tübingen 1972

Lutz, Burkart, Das Ende des Technikdeterminismus und die Folgen — soziologische Technikforschung vor neuen Aufgaben und neuen Problemen, in: ders., Hg., 1987, Technik und sozialer Wandel, a.a.O., S. 34-53

Marx, Karl, Das Kapital. Kritik der politischen Ökonomie. Bd. I, Marx-Engels-Werke (MEW) Bd. 23, Berlin (Ost) 1962 (zuerst 1867)

Mayntz, Renate / Thomas P. Hughes, Hg., The Development of Large Technical Systems, Frankfurt 1988

Mayntz, Renate, Große Technische Systeme: Zur gesellschaftstheoretischen Einordnung eines Konzepts, in: Bernhard Schäfers, Hg., 1993, a.a.O.

Ogburn, William F., Die Theorie des ‚Cultural Lag', in: Hans Peter Dreitzel, Hg., Sozialer Wandel. Zivilisation und Fortschritt als Kategorien der soziologischen Theorie, Neuwied und Berlin 1967, S. 328-339 (amerik. 1957)

Perrow, Charles, Normale Katastrophen. Die unvermeidbaren Risiken der Großtechnik, Frankfurt / New York 1987 (amerik. 1984)

Perrow, Charles, Unfälle und Katastrophen — ihre Systembedingungen, in: Journal für Sozialforschung, 32. Jg. / 1992, S. 61-75

Rammert, Werner, Wer oder was steuert den technischen Fortschritt? Technischer Wandel zwischen Steuerung und Evolution, in: Soziale Welt, Jg. 43 / 1992a, S. 7-25

Rammert, Werner, Entstehung und Entwicklung der Technik: Der Stand der Forschung zur Technikgenese in Deutschland, in: Journal für Sozialforschung, 32. Jg. / 1992b, S. 177-208

Ropohl, Günter, Prologemena zu einem neuen Entwurf der allgemeinen Technologie, in: Lenk / Moser 1973, a.a.O., S. 152-172

Ropohl, Günter, Eine Systemtheorie der Technik. Zur Grundlegung der Allgemeinen Technologie, München / Wien 1979

Ropohl, Günter / Wilgart Schuchardt / Rainer Wolf, Hg., Schlüsseltexte zur Technikbewertung, Dortmund 1990

Sachs, Wolfgang, Die Liebe zum Automobil. Ein Rückblick in die Geschichte unserer Wünsche, Reinbek 1984

Schäfers, Bernhard, Hg., Gesellschaftliche Planung. Materialien zur Planungsdiskussion in der BRD, Stuttgart 1973

Schäfers, Bernhard, Schelskys Theorie des technischen Staates. Sachgesetzlichkeiten als Bezugsrahmen der Handlungsführung und Sozialkontrolle, in: Burkart Lutz, Hg., 1987, Technik und sozialer Wandel, a.a.O., S. 502-510

Schäfers, Bernhard, Hg., Lebensverhältnisse und soziale Konflikte im neuen Europa. Verhandlungen des 26. Deutschen Soziologentages in Düsseldorf 1992, Frankfurt / New York 1993

Schelsky, Helmut, Der Mensch in der wissenschaftlichen Zivilisation, in: ders., Auf der Suche nach Wirklichkeit, Gesammelte Aufsätze, Düsseldorf-Köln 1965, S. 439-480 (als Einzeldruck 1961)

Schneider, Volker, Das Welt-Telekommunikationssystem, in: B. Schäfers, Hg., 1993, a.a.O.

Spinner, Helmut F., Informationsgesellschaft oder neue Wissensordnung? Soziologische Probleme des Informationszeitalters, in: GEGENWARTSKUNDE, Jg. 40 / 1991, S. 405-419

Ullrich, Otto, Technik und Herrschaft. Vom Handwerk zur verdinglichten Blockstruktur industrieller Produktion, Frankfurt 1979 (stw 277)

Urban, Dieter, Technikentwicklung. Zur Soziologie technischen Wissens, Stuttgart 1986

Lektion IX
Rechtssoziologie

Bernhard Schäfers

Inhalt

1. Recht im bürgerlichen Rechtsstaat

Selbstdefinition als Rechtsstaat

Eine der Selbstdefinitionen der Bundesrepublik Deutschland wie vergleichbarer Gesellschaften und Staaten ist, *Rechtsgesellschaft* zu sein.

Mit diesem Begriff wird historisch und inhaltlich darauf verwiesen, daß der seit dem 18. und 19. Jahrhundert sich herausbildende *bürgerliche Rechtsstaat* das Recht zum alle öffentlichen und privaten Beziehungen mitbestimmenden Faktor machte. Die für Bürger *und* Staat verbindlichen, schriftlich niedergelegten (kodifizierten) Gesetze sollten sowohl die „Grenzen der Wirksamkeit des Staates" (Wilhelm von Humboldt 1792) bestimmen wie für den Bürger *Rechtssicherheit* — als Basis der öffentlichen Sicherheit überhaupt — gewährleisten.

Nehmen wir einige Bestimmungen des Rechts und des bürgerlichen Rechtsstaats dort auf, wo ihre Begründung und Intention besonders deutlich und für die deutsche Rechts- und Verfassungsgeschichte höchst wirkungsvoll werden, weil sie mit am Beginn der bürgerlichen Staats- und Gesellschaftsentwicklung stehen: bei Immanuel Kant (1724 - 1804) und bei Georg Wilhelm Friedrich Hegel (1770 - 1831).

1.1. Recht und bürgerliche Gesellschaft bei Kant und Hegel

Die Natur des Menschen erfordert den Rechtszustand

Besonders Kant läßt jene Schritte gut nachvollziehen, die von der antagonistischen Doppel-„Natur" des Menschen zwangsläufig zur Begründung einer rechtlichen, d.h. „zivilen" Gesellschaft führen.

„Was ist Recht?" — so ist ein Abschnitt in Kants „Metaphysik der Sitten" überschrieben, deren erster Teil über die „metaphysischen Anfangsgründe der Rechtslehre" handelt. Hinzuweisen ist jedoch darauf, daß die Frage nach *dem* Recht bei Kant immer gleichbedeutend ist mit der Frage nach dem *richtigen* Recht.

> „Was ist Recht? Diese Frage möchte wohl den Rechtsgelehrten, wenn er nicht in Tautologie verfallen, oder, statt einer allgemeinen Auflösung, auf das, was in irgend einem Lande die Gesetze zu irgend einer Zeit wollen, verweisen will, eben so in Verlegenheit setzen, als die berufene Aufforderung: Was ist Wahrheit? den Logiker. Was Rechtens sei (quid sit iuris), d.i. was die Gesetze an einem gewissen Ort und zu einer gewissen Zeit sagen oder gesagt haben, kann er noch wohl angeben, aber, ob das, was sie wollten, auch recht sei, und das allgemeine Kriterium, woran man überhaupt Recht sowohl als Unrecht (iustum et iniustum) erkennen könne, bleibt ihm wohl verborgen, wenn er nicht eine Zeitlang jene empirischen Prinzipien verläßt, die Quellen jener Urteile in der bloßen Vernunft sucht (wiewohl ihm dazu jene Gesetze vortrefflich zum Leitfaden dienen können), um zu einer möglichen positiven Gesetzgebung die Grundlage zu errichten. Eine bloß empirische Rechtslehre ist (wie der hölzerne Kopf in Phädrus' Fabel) ein Kopf, der schön sein mag, nur schade, daß er kein Gehirn hat". (Kant, Bd. 7, S. 336).

Inhalt und Aufgabe des Rechts

Nachdem Kant diese und weitere Fragen der Rechtslehre aufgeworfen hat, definiert er: „Das Recht ist also der Inbegriff der Bedingungen, unter denen die

Willkür des einen mit der Willkür des anderen nach einem allgemeinen Gesetz der Freiheit zusammen vereinigt werden kann" (S. 337).

Zentrales (Natur-) Recht: Freiheit

Das einzige (Natur)-Recht des Menschen sei das der Freiheit; gerade diese gebiete, „aus dem Naturzustande, in welchem jeder seinem Kopfe folgt, herauszugehen und sich mit allen anderen (mit denen in Wechselwirkung zu geraten er nicht vermeiden kann) dahin (zu) vereinigen, sich einem öffentlich gesetzlichen äußeren Zwange zu unterwerfen, also in einen Zustand (zu) treten, darin jedem das, was für das Seine anerkannt werden soll, gesetzlich bestimmt und durch hinreichende Macht" gesichert ist (Bd. 7, S. 430).

Bürgerliche Gesellschaft als Rechtsgesellschaft

Die Konsequenz dieser von der Vernunft diktierten Rechtsvereinigung und zugleich „das größte Problem für die Menschengattung ... ist die Erreichung einer allgemein das Recht verwaltenden bürgerlichen Gesellschaft" (Bd. 9, S. 39).

Nur in dieser Gesellschaft könne auch die Freiheit des einzelnen gesichert werden: „Die das Recht verwaltende bürgerliche Gesellschaft" vermag „die größte Freiheit, mithin einen durchgängigen Antagonismus ihrer Glieder, und doch die genaueste Bestimmung und Sicherung der Grenzen dieser Freiheit" zu garantieren. Diese Sicherung geschieht durch Gesetz. „Freiheit und Gesetz (durch welche jene eingeschränkt wird) sind die zwei Angeln, um welche sich die bürgerliche Gesellschaft dreht" (Bd. 10., S. 686).

Definition Staat

Daß die Fundierung der Rechtsnormen und eine vernunftsgeleitete Erziehung einen sehr engen Zusammenhang haben, ist von Kant nicht nur in seinen Schriften zur Pädagogik herausgearbeitet worden (Schäfers 1978). Nur hieraus ergibt sich auch die Grundlage des Staates. „Der Staat (civitas) ist die Vereinigung einer Menge von Menschen unter Rechtsgesetzen" (Bd. 7, S. 431); er allein verfügt über das Gewaltmonopol, mit dem er „diesen Prinzipien (Freiheit und Gesetz, B.S.) Erfolg verschafft". Dieses Kunstwerk, die Rechtsgesellschaft als das System der „äußeren Freiheit", ist die Bedingung zur Möglichkeit der Entfaltung sittlich-autonomer Persönlichkeiten. (Über die Ideengeschichte von Recht und Gerechtigkeit von der Antike bis zur Gegenwart vgl. Loos / Schreiber 1984; zu Kants Rechtsbegriff und seine gegenwärtige Bedeutung vgl. Dreier 1986; Habermas 1992).

Primat des Vernunftrechts

Da Kant von einem naturrechtlichen Vernunft-Begriff des Rechts und der Rechtsentwicklung ausging, kann es bei ihm heißen: „Das Recht muß nie der Politik, wohl aber die Politik jederzeit dem Recht angepaßt werden" (Bd. 7, S. 642).

In Hegels „Grundlinien der Philosophie des Rechts" (zuerst 1821) geht es im Abschnitt über „das abstrakte Recht" (§§ 34 - 104) um die Eckpfeiler der bürgerlichen Rechtsordnung: Eigentum und Vertrag; und um die drei Säulen der bürgerlichen Gesellschaftsordnung: die bürgerliche Familie, die bürgerliche Gesellschaft und den Staat.

Die „Rechts-" Persönlichkeit nach Hegel

Nachdem Hegel in seiner „Vorrede" zu den „Grundlinien..." bereits deutlich gemacht hat, daß das Römische Recht einen abstraktiven Begriff vom Menschen nicht ausbilden konnte (weil die Sklavenhaltung konstitutiv war), definiert er in § 36: „Die Persönlichkeit enthält überhaupt die Rechtsfähigkeit und macht den Begriff und die selbst abstrakte Grundlage des abstrakten und daher *formellen* Rechtes aus. Das Rechtsangebot ist daher: *sei eine Person und respektiere die anderen als Personen*". Und in §209 heißt es: „Der Mensch gilt so, weil er Mensch ist, nicht weil er Jude, Katholik, Protestant, Deutscher, Italiener u.s.f. ist".

Recht als Fundament der Sittlichkeit etc.

Wie bei Kant gehört auch bei Hegel das Recht zur Menschennatur im zivilen Zustande; es ist Fundament der Sittlichkeit, der Familie, der Gesellschaft und des Staates.

1.2. Aktuelle Bestimmungen zum Rechtsstaat

Der Begriff „Rechtsstaat" entstand um die Wende vom 18. zum 19. Jahrhundert, hat aber inhaltlich eine sehr lange Tradition, die Teil der europäischen Ideen- und Institutionengeschichte ist (hierzu: Schmidt-Aßmann 1987, S. 992ff.; Böckenförde 1976, S. 66ff.).

Definition Rechtsstaat

„Rechtsstaat" heißt zunächst: der staatliche, v.a. im Grundgesetz aufgestellte Ordnungsrahmen ist durch „Recht und Gesetz" fixiert; er begrenzt die Staatszwecke und zugleich die Willkür des staatlichen Handelns. Es geht also um Gewährleistung *und* Begrenzung staatlichen Handelns.

Hiermit kommen die großen Themen und Forderungen der bürgerlichen Revolutionen zur Sprache: Gewährleistung von Freiheit, Gerechtigkeit, Menschenwürde, Rechtssicherheit — aber nicht nur, worauf sehr nachdrücklich hinzuweisen ist, im Verhältnis Individuum — Staat, sondern auch der Individuen untereinander.

Zu den formellen und institutionellen Grundlagen des Rechtsstaates gehören:

Formelle und institutionelle Grundlagen des Rechtsstaats

- eine geschriebene Verfassung, auf deren Menschenrechte bzw. Grundrechte sich jeder einzelne Bürger berufen kann; vgl. den Grundrechtskatalog des Grundgesetzes, Art. 1-19. Die Grundrechte dienen vor allem der Garantie einer staatsfreien Sphäre individueller Entfaltung;
- die Bindung der Gesetzgebung an die verfassungsmäßige Ordnung;
- die Gewaltenteilung und die Unabhängigkeit der Justiz;
- die Gesetzmäßigkeit der Verwaltung;
- die Einklagbarkeit des individuellen Rechtsschutzes gegenüber Akten der öffentlichen Gewalt (auch hier gibt es ein sehr differenziertes System vom Petitionsrecht des Bürgers bis zur „Normenkontrollklage" und der Klage vor dem Verwaltungsgericht).

Im Grundgesetz für die Bundesrepublik Deutschland (GG) taucht der Begriff „Rechtsstaat" nur einmal explizit auf: in Art. 28 GG. Wichtige Bestimmungen zu seinem Inhalt finden sich in Art. 20 GG und im gesamten „Grundrechtskatalog" (Art. 1-19).

2. Recht in soziologischer Perspektive

2.1. Rechtsvergessenheit der Soziologie — trotz Max Weber?

Weil „das Recht unmittelbar oder mittelbar in wohl alle Lebensbereiche ausstrahlt", ist es soziologisch und empirisch „schwer als Sonderphänomen zu isolieren" (Luhmann 1972, S. 2). Gerade hierin mag ein Grund liegen, daß — so paradox es klingt — die Soziologie *rechtsvergessen* ist, daß sie der Bedeutung des Rechts für die Vorstrukturierung der Handlungsfelder und als Element der Sozialstruktur zu wenig Aufmerksamkeit schenkt, obwohl bei einem ihrer einflußreichsten Klassiker, Max Weber (1864 - 1920), Recht und Rechtsordnung neben Religion, der Wirtschaftsordnung und der Herrschaftsordnung die Eckpfeiler der sozialen Ordnung und Sozialstruktur sind.

Recht als Element der Sozialstruktur

Die „Soziologischen Grundbegriffe" Webers sind nicht zuletzt um die Frage nach den Chancen der Geltung einer „legitimen Ordnung" gruppiert, wobei dem Recht eine besondere Funktion zukommt. Nicht nur wird das Recht abgegrenzt zu sonstigen *Arten einer legitimen Ordnung* wie Brauch, Sitte und Konvention, sondern auch gegenüber ihren *Geltungsgründen* Tradition und Glauben (die „Satzung" als Geltungsgrund hat dann bereits das Recht zur Voraussetzung).

„Recht", so heißt es in §6 der „Soziologischen Grundbegriffe", soll eine *Ordnung* dann heißen, „wenn sie äußerlich garantiert ist durch die Chance physischen oder psychischen Zwanges durch ein auf Erzwingung der Innehaltung oder Ahndung der Verletzung gerichtetes Handeln eines eigens darauf eingestellten Stabes von Menschen".

Definition Recht bei Max Weber

In den insgesamt 17 Paragraphen der Weberschen „Grundbegriffe" handeln die letzten sechs ganz explizit von sozialen Ordnungen, die seit der Entwicklung des modernen Rechtsstaats ohne „gesatzte Ordnungen" nicht mehr denkbar sind: Verband; Betrieb; Verein; Anstalt. Aber auch „Herrschaft" ist an die Geltung einer legitimen gesatzten Ordnung gebunden.

Ob Max Weber seine Idealtypen der „okzidentalen Stadt", des modernen Fabrikbetriebs, der Bürokratie, des modernen Staates oder der Wirtschaftsordnung herausarbeitet: immer spielt hierbei das Recht und eine auf Recht basierende „legitime Ordnung" eine überragende Rolle.

Recht als Basis „legitimer Ordnungen"

Bei Max Weber und auch Emile Durkheim (1858 - 1917) ist die Rechtsverfaßtheit sozialer Tatsachen noch völlig unstrittig — mit der Spezialisierung der Soziologie als selbständiger Disziplin geht dieser Zusammenhang jedoch weitgehend verloren. Wie und warum es zu diesen Verflüchtigungen des Rechts und seiner Ausblendung in der weiteren Theorieentwicklung kam, hat Werner Gephart (1993) nachgezeichnet.

2.2. Recht als Element der Sozialstruktur

Recht in soziologischer Perspektive kann definiert werden

Definitionselemente des Rechts

- als die Summe der mit Sanktionsmöglichkeiten versehenen sozialen Normen und gesatzten Ordnungen in einem Rechtssystem und für eine Rechtsgemeinschaft (die inhaltliche und geographische „Reichweite" differiert nach dem jeweils geltenden Recht: vom Völkerrecht und Verfassungsrecht bis zum Familien- oder Vereinsrecht ist die Gesamtheit der sozialen Ordnung berührt);
- als Element der Sozialstruktur (neben Wirtschaftsordnung, Herrschaftsordnung, religiöser und Wertordnung);
- als „Instrument" des sozialen Wandels (vgl. w.u.);
- als „Struktur", die „Grenzen und Selektionsweisen des Gesellschaftssystems" zu definieren (Luhmann 1972, S. 134).

Aus diesen strukturellen und systemischen Eigenschaften des Rechts ergeben sich u.a. folgende Qualitäten und Eigenschaften für das soziale Handeln und das jeweilige Sozialsystem:

Bedeutung für das Handeln und das Sozialsystem

- das Recht hat für das Handeln von Personen und Institutionen vorstrukturierende und damit entlastende, die Orientierung erleichternde Funktionen; zugleich werden die Folgen von Handlungen kalkulierbar. Nach Luhmann (1972, S. 134) ist „Recht als Struktur unentbehrlich, weil ohne kongruente Generalisierung normativer Verhaltenserwartungen Menschen sich nicht aneinander orientieren können";
- das Recht sichert (unter der Voraussetzung einer freiheitlich-demokratischen Rechtsentwicklung) die Handlungsspielräume der Individuen (z.B. durch das Eigentumsrecht; die Grund- und Freiheitsrechte usw.);
- das Recht ist ein Ordnungsrahmen, in dem soziale Konflikte „geregelt" ablaufen können;
- das Recht ist ein „Instrument" der sozialen Kontrolle (schon in der jedem Individuum möglichen Androhung des Rechtsweges in bestimmten Streitfällen);
- auf Systemebene wird erst durch das Recht „das Erreichen hoher und strukturierter Komplexität in sozialen Systemen ermöglicht" (Luhmann 1972, S. 7). Recht erleichtert in dieser Perspektive zum einen den Aufbau sozialer Komplexität und hilft, diese wiederum zu strukturieren und zu reduzieren;
- nach Talcott *Parsons* hat das Recht (hier in der Tradition Durkheims) die Funktion, *Solidarität* zu verbürgen: die Lebensverhältnisse sind anonym und vor allem über die Teilung der Arbeit vermittelt; das Recht, sofern es als bindend anerkannt wird, hat hier eine vermittelnde Funktion im Hinblick auf die Vergewisserung gemeinsamer Normen und Werte (der amerikanische Rechtssoziologe, Karl N. Llewellyn, 1893 - 1962, sah in der Institutionalisierung des Rechts den wichtigsten Integrationsmodus komplexer, arbeitsteiliger Gesellschaften).

2.3. Die Geltung der Rechtsnormen als Sozialnormen

Das Recht bzw. die Rechtsordnung ist nicht nur ein tragendes Element der Sozialstruktur, sondern selbst wiederum auf bestimmte Voraussetzungen und Eigenschaften des Sozialsystems angewiesen. Hierzu rechnen:

Voraussetzungen der Rechtsgeltung

— das Recht kann nur dann *gelten*, wenn ihm Dauer und Verbindlichkeit verliehen wird. Von der Legislative über Exekutive und Justiz ist hier an das gesamte, institutionell und personell höchst ausdifferenzierte System staatlichen Handelns auf allen Ebenen (Bund, Länder, Gemeinden) und Bereichen (Gesundheit, Familie, Schule, Städtebau usw.) zu denken;

— Recht und Rechtsordnung bedürfen, um auf Dauer wirksam zu sein, der Akzeptanz in der „Rechtsgemeinschaft". Ohne Akzeptanz ist Recht entweder wirkungslos oder wird als „ungerecht" und bloßer Zwangsapparat empfunden (und bekämpft). Daher wurde Webers Definition (Soziologische Grundbegriffe), daß für die soziale Geltung des Rechts „die Existenz eines Erzwingungs-Stabes entscheidend" sei, immer wieder kritisiert. Schon im alten Rom hieß es: leges sine moribus vanae.

Spannungsverhältnis von Rechtsnormen und Sozialnormen

Soziologisch relevant wird Recht durch seine tatsächliche Geltung. Damit treten die Rechtsnormen (hier als Gesamtheit des positiven Rechts verstanden) in ein Spannungsverhältnis zu den Normen des sozialen Handelns überhaupt. Sie können mit diesen Normen (bzw. ihrer Geltung in bestimmten sozialen Gruppen) in Übereinstimmung sein — man denke an das Eigentumsrecht, das Mietrecht, das Scheidungsrecht —, sie können sich aber auch in erheblichem Widerspruch befinden (was an den o.g. Beispielen und vielen anderen Bereichen der Rechtsordnung demonstriert werden könnte).

Dieses Spannungsverhältnis kann durch die einführend genannten sonstigen *Arten einer legitimen Ordnung*, wie Brauch, Sitte, Konvention gegeben sein oder durch alle nur denkbaren Formen des abweichenden Verhaltens.

2.4. Mögliche Einteilungen des Rechts

Bei der großen Sozialbedeutung des Rechts, seiner Allgegenwärtigkeit bis in die privaten und auch die intimen Beziehungen hinein, überrascht nicht, daß es eine Vielzahl von Unterteilungen und Differenzierungen des Rechts und der Rechtsordnung gibt. Nur die wichtigsten werden hier, insofern sie soziologisch relevant sind, angeführt:

1) Gesatztes Recht und Gewohnheitsrecht

Kodifizierung des Rechts

Gesetztes Recht (auch: gesatztes oder positives Recht) ist Recht i.e.S.: hier werden Normen durch Gesetze verbindlich gemacht. Sie finden sich in den für eine Gesellschaft wichtigsten Gesetzesbüchern. Für die Bundesrepublik sind u.a. zu nennen: das Grundgesetz; das Bürgerliche Gesetzbuch; das Strafgesetzbuch; aber auch das Handelsrecht, das Arbeitsrecht usw.

Gewohnheitsrecht. Der Begriff umfaßt jene Rechtsnormen, die sich für bestimmte Handlungsbereiche in einer Rechtsgemeinschaft durch längere „Übung" als verbindlich herauskristallisiert haben, ohne durch Gesetz explizit geregelt zu sein. Gewohnheitsrecht ist mit Sitten und Bräuchen, dem Anstand und „guten Ton" etc. oft eng verknüpft. In der deutschen Rechtstradition wird das Gewohnheitsrecht als eine selbständige Rechtsquelle angesehen; es kann mit dem gesetzten Recht in Widerspruch sein oder auch zu gesetzlichen Regelungen führen.

Gewohnheitsrecht als selbständige Rechtsquelle

2) Öffentliches und privates Recht

Fortwirken der römischen Rechtstraditionen

Da die Rechtsentwicklung in Deutschland sehr stark von der römischen Rechtstradition und der Rechtsauffassung der bürgerlichen Gesellschaft geprägt ist, kommt der Unterscheidung von öffentlichem und privatem Recht große Bedeutung zu.

Öffentliches Recht ist der Inbegriff für alle gesatzten Ordnungen, die sich auf den Staat und die Verfassung wie auf alle staatlichen und quasi-staatlichen Organe beziehen. Kant definierte: „Der Inbegriff der Gesetze, die einer allgemeinen Bekanntmachung bedürfen, um einen rechtlichen Zustand hervorzurufen, ist das öffentliche Recht" (Bd. 7, S. 429).

Zum innerstaatlichen öffentlichen Recht zählen: das Verfassungs- und Staatsrecht; das Verwaltungsrecht; das Strafrecht incl. Prozeßrecht.

Das *private Recht* (üblicherweise Zivilrecht genannt) regelt die Rechtsbelange des autonomen (bürgerlichen) Subjekts. Seinen wichtigsten Ausdruck fand es im 1896 verabschiedeten (und seit 1900 gültigen) Bürgerlichen Gesetzbuch (BGB). Dessen fünf Bücher umfassen neben dem Allgemeinen Teil das Recht der Schuldverhältnisse; das Sachenrecht; das Familienrecht und das Erbrecht.

Fünf Bücher des BGB

3) Materielles und formelles Recht

Das *materielle Recht* ist das inhaltliche, auf die Regelung bestimmter Sachverhalte (Adoption; Scheidung; Kaufvertrag usw.) hin orientierte Recht; das *formelle Recht* ist jenes Recht, das die Verfahrensvorschriften regelt: von der Prozeßordnung bis zum Recht auf Klage, Einspruch, Widerspruch usw.

4) *Positives Recht und Naturrecht*

Kaum eine andere Unterscheidung des Rechts hat — und dies seit Jahrhunderten — zu ähnlichen Kontroversen geführt wie diese (und wird es weiterhin tun).

Bei der Differenz von Naturrecht und positivem Recht geht es um die Frage, ob es in Zweifelsfällen höherrangiges Recht als das gesetzte (positive) Recht gibt bzw. ob nicht alles gesatzte Recht der naturrechtlichen Fundierung und Legitimierung bedarf.

Der Streit um höherrangiges („außerrechtliches") Recht

Wissenschafts- und sozialgeschichtlich ist darauf hinzuweisen, daß der Ausdruck „positives Recht" auch in der Tradition des „Positivismus" von Auguste Comte (vgl. Bd. II, S. 35) zu sehen ist: das „positive Zeitalter" führt auch in der Rechtsentwicklung zu einer von Menschen gewollten Ordnung, die ihren Ausdruck nicht zuletzt in den umfassenden Kodifizierungen des gesamten

19. Jahrhunderts gefunden hat (beginnend mit dem auch für Deutschland einflußreichen Allgemeinen Preußischen Landrecht (ALR) von 1794). Im 19. Jh. war, auch für Deutschland, der *Code Napoléon* (1804 ff.) von großer Bedeutung.

Definition Naturrecht

Unter *Naturrecht* wird das in der Würde und der Vernunft des Menschen begründete, überzeitliche und überregionale Recht verstanden, von dem auch Kants Rechtslehre ihren Ausgang nimmt.

Naturrecht nach Max Weber

Bereits in der griechischen Antike, zumal der Stoa, gab es eine Diskussion um die Frage, ob bestimmte staatliche Gesetze nur dann Legitimität beanspruchen können, wenn zuvor einige übergeordnete Grundsätze anerkannt sind. In den Soziologischen Grundbegriffen bezeichnet Max Weber das Naturrecht als den „reinsten Typus der wertrationalen Geltung“ einer Ordnung bzw. eines Ordnungsanspruchs.

Die Kontroverse um Einheit und Gegensatz von Naturrecht und positivem Recht begleitet die abendländische Rechtsentwicklung von Anfang an. Durch die Erfahrungen mit dem Nationalsozialismus und seinen auch von führenden Juristen vertretenen Auffassungen („Recht ist, was dem deutschen Volk nützt“ usw.) erhielt die Naturrechtsdebatte nach dem Zweiten Weltkrieg wieder Auftrieb.

Doch wurden auch die Gefahren einer zu weitgehenden Bindung an das Naturrecht gesehen: es läßt sich naturrechtlich kaum Einigung darüber erzielen, ob die Ehe unauflöslich ist oder die Todesstrafe gegen die Menschenwürde verstößt; ob es eine „soziale Indikation“ beim Schwangerschaftsabbruch geben darf oder die Empfängnisverhütung gegen „göttliches Recht“ verstößt.

Hiermit ist deutlich: eine Naturrechtslehre ist immer auch in der Gefahr, zum Sprachrohr religiöser oder fundamentalistischer Rechtsauffassungen zu werden.

Inhaltliche Schranken des positiven Rechts

Die Rechtsentwicklung in der Bundesrepublik ist dadurch gekennzeichnet, daß das positive Recht mit inhaltlichen Schranken versehen ist (z.B. in der Auslegung durch das Bundesverfassungsgericht). Hinsichtlich des Spannungsverhältnisses von positivem Recht und Naturrecht wird häufig auf Gustav Radbruch verwiesen:

Die „Radbruchsche Formel“

> „Bei der Bewältigung des nationalsozialistischen Unrechts beriefen sich die Gerichte, insbesondere das Bundesverfassungsgericht, auf die ‚Radbruchsche Formel‘, wonach zwar prinzipiell auch ungerechtes positives Recht bindend bleibt, „es sei denn, daß der Widerspruch des positiven Gesetzes zur Gerechtigkeit ein so unerträgliches Maß erreicht, daß das Gesetz als ‚unrichtiges Recht‘ der Gerechtigkeit zu weichen hat“ (Loos/Schreiber 1983, S. 307; Gustav Radbruch, 1878-1949, Rechtsphilosoph und Rechtspolitiker; zur Position Radbruchs vgl. auch Kaufmann in: Beilage ... 1991).

Durch die vor allem in der Rechtsphilosophie geführte Naturrechtsdiskussion wird sowohl auf die das Recht begründenden und stützenden wie auch auf seine es begrenzenden Normen verwiesen. Daher ist eher irrelevant, wenn Luhmann (1972, S. 134) aus systemtheoretischer Perspektive davon ausgeht, daß „dem naturrechtlichen Denken alteuropäischen Stils“ die „Basis entzogen“ sei.

3. Zur Entwicklung der Rechtssoziologie

Die vielfältigen Aufgabengebiete einer empirischen Rechtssoziologie, die sich allein aus den bisherigen Erörterungen ergeben, sollen hier ebenso wenig aufgelistet werden wie alle die Problembereiche, die sich aus der Differenz von geltendem Recht und Rechtsanwendung, von Recht und Rechtsbewußtsein und dem konkreten Rechtsverhalten der Bürger ergeben (vgl. zu diesen differenzierten Aufgabengebieten u.a. Rehbinder 1977, S. 42 ff.; Kißler 1984, S. 74 ff.).

Deutschsprachige Rechtssoziologen

In der Entwicklung der (deutschsprachigen) Rechtssoziologie sind neben Karl Marx vor allem Ludwig Gumplowicz, Max Weber und Eugen Ehrlich zu nennen; nach dem Zweiten Weltkrieg vor allem Theodor Geiger, Helmut Schelsky, Niklas Luhmann und neuerlich Jürgen Habermas.

Zu Max Weber sind bereits einführend einige Positionen referiert worden, ebenso zu Niklas Luhmann. Über Helmut Schelskys Ansatz in der Rechtssoziologie wird im Zusammenhang von Kap 4. (Recht und sozialer Wandel) zu sprechen sein. Wegen der hier vorgenommenen Konzentration auf die deutschsprachige Rechtssoziologie darf ein Hinweis auf ihre prinzipiell internationale Orientierung nicht fehlen; vgl. z.B. die Bibliographie in Geiger 1964.

3.1. Zu einigen Klassikern der Rechtssoziologie

a) Die marxistische Rechts- und Staatsauffassung

Die Beiträge zum Verständnis von Recht und Staat, Verfassung und Rechtsgeltung, die sich auf Karl Marx (1818 - 1883) und Friedrich Engels (1820 - 1895) zurückführen lassen, sind so erhellend wie verwirrend, so nützlich wie fatal. Diese Einschätzung ist kurz zu begründen.

Recht ein Überbauphänomen

Marx bricht vollständig mit der Naturrechtstradition des Rechts und der Auffassung des bürgerlichen Rechtsstaats (vgl. hierzu im Kontext der europäischen Entwicklung von Rechts- und Gerechtigkeitsbegriffen Loos / Schreiber 1984; Dahrendorf 1953 / 1971). Das Recht ist ihm ein reines Überbauphänomen; es dient einzig der Sicherung der „Rechts"-Auffassung der Herrschenden; es ist — neben der Religion — das wichtigste Element der Ideologie und der jeweiligen Herrschaftssicherung. In der zusammen mit Friedrich Engels verfaßten „Deutschen Ideologie" (1845 / 46) finden sich ausführliche Stellungnahmen zu Recht, Gerechtigkeit und Staat aus historisch-materialistischer Sicht (vgl. MEW 3, S. 61 ff.; S. 311 f.).

Im bürgerlichen Rechtsstaat kommt dem Privateigentum als Basis der Fundierung von Autonomie des bürgerlichen Subjekts eine überragende Rolle zu; in der Kritik des Privateigentums (vor allem an den Produktionsmitteln) hat der Marxismus jedoch eines seiner Fundamente. In „Zur Judenfrage" (MEW 1, S. 365), also noch in den „Frühschriften", schrieb Marx 1843: „Das Menschenrecht des Privateigentums ist also das Recht, willkürlich, ohne Beziehung auf andre Menschen, unabhängig von der Gesellschaft, sein Vermögen zu genießen und über dasselbe zu disponieren, das Recht des Eigennutzes. Jene individuelle Freiheit ... bildet die Grundlage der bürgerlichen Gesellschaft".

Kritik des Privateigentums als Menschenrecht

Was die bürgerliche Rechts- und Gesellschaftstheorie als Gewinn von Freiheit ausgab, war für Marx Egoismus und schließlich die Basis des fortbestehenden gesellschaftlichen Antagonismus. Bereits in der Kritik der Hegelschen Rechts- und Staatsphilosophie (1841/42) hielt er dem Idealismus der Hegelschen Konstruktionen entgegen, daß die wirklichen, historisch-materialistischen Gesetze der Produktions- und Eigentumsverhältnisse die bürgerlichen Rechts- und Staatstheorien zur Illusion, zur Ideologie machen.

Marx und Engels haben mit ihrer Kritik der Grundlagen des bürgerlichen Rechtsstaats für die selbstkritische Betrachtung des Gesellschafts- und Staatsrechts wichtige und unverzichtbare Grundlagen geschaffen. Ihr Einfluß ist gleichwohl eher negativ gewesen, auch im Hinblick auf die Entwicklung in den sozialistischen Gesellschaften, weil sie eine eigenständige Rechtssphäre (Justiz) nicht anerkannten und die theoretisch „abgeleitete" Aufhebung der Differenz von Staat und Gesellschaft unter dem Primat der Erzeugung des „wirklichen individuellen Menschen ... in seinem empirischen Leben" (MEW 1, S. 370) zur Aufhebung aller Gewaltenteilung führte.

Leugnung einer eigenständigen Rechtssphäre

Im Staat der bürgerlichen Gesellschaft konnten Marx und Engels nichts anderes sehen als einen „Ausschuß, der die gemeinschaftlichen Geschäfte der ganzen Bourgeoisieklasse verwaltet" (Komm. Manifest von 1848/49; MEW 4). Das gibt zwar gute Kritikpunkte an die Hand, ist aber wegen der bei Marx und Engels fehlenden Rechts- und Staatstheorie für eine sozialistische Gesellschaft gerade für deren Existenz fatal geworden.

b) „Interessenjurisprudenz" und „lebendes Recht" (Eugen Ehrlich)

Eugen Ehrlich (1862 - 1922), Zeitgenosse und in der Rechtssoziologie Antipode von Max Weber, hat gegen dessen Vorstellung, Recht sei notwendig mit Zwang verbunden, eingewandt, daß Rechtsnormen auch ohne Rechtszwang erfüllt werden und daß es neben dem staatlichen Zwangsapparat noch eine viel breitere Palette an Sanktionen gibt (Ehrlich 1913/1967). „Die Ordnung in der menschlichen Gesellschaft beruht darauf, daß Rechtspflichten im allgemeinen erfüllt werden, nicht darauf, daß sie klagbar sind" (1967, S. 17).

Recht nicht nur Zwangsapparat

Ehrlich wird auch als Vertreter der sog. *Interessenjurisprudenz* genannt, die im Gegensatz zur *Begriffsjurisprudenz* die tatsächlich gegebene Rechtsvielfalt und Unterschiedlichkeit der Interessenstandpunkte im Hinblick auf das Recht in den Vordergrund rückt. Nach dem Standpunkt der Interessenjurisprudenz liegt jedem Gesetz die Abwägung sehr unterschiedlicher gesellschaftlicher und staatlicher Interessen zugrunde.

Rechtsetzung durch Interessenabwägung

Ehrlich hat immer wieder betont, daß es neben dem (staatlich) gesatzten Recht und dem Juristenrecht ein „lebendes Recht" gebe, das durchaus nicht mit den genannten Formen identisch sei. Das „lebende Recht" sei der eigentliche Gegenstand der Rechtssoziologie.

Die sog. *Rechtstatsachenforschung* verdankt der Sichtweise Ehrlichs auf das („lebendige") Recht und die Rechtswirklichkeit wichtige Impulse.

c) Rechtswissenschaft als Sozialwissenschaft: Theodor Geiger

Einige Prominenz für die Auffassung, die Rechtswissenschaft müsse als Sozialwissenschaft betrieben werden, erlangte Theodor Geiger (1891 - 1952). Ein Zentralsatz in seinen „Vorstudien zu einer Soziologie des Rechts" lautet: „Die Wirklichkeit der Norm ist ihre Wirkungschance" (1964, S. 68).

Theodor Geiger war promovierter Jurist. Mit seinen „Vorstudien zu einer Soziologie des Rechts" (zuerst 1947) hat er einen der systematischsten, auch die Symbole der formalen Logik einbeziehenden Versuche unternommen, Recht und Rechtswissenschaft (incl. Rechtssoziologie) nach strengen Regeln empirisch-analytischer Verfahren zu begründen.

Recht und Rechtswissenschaft ideologiegefährdet

Geiger, der wichtige Analysen zur Stellung der Intelligenz und zur Ideologie vorgelegt hat, sah im Recht bzw. in der Rechtswissenschaft einen besonders ideologiegefährdeten Bereich. Ihn gelte es, von metaphysischen und ideologisch verschleiernden Beimengungen freizuhalten. Im Vorwort zu den „Vorstudien" schreibt Geiger 1947: „Eineinhalb Jahrzehnte zurückgehende ideologiekritische Interessen haben mich vor drei Jahren auf das von Jugend her vertraute Gebiet der Juridik gedrängt — derjenigen Sozialwissenschaft, die bis heute in ihren Grundbegriffen und ihrer Gedankenführung mehr als irgendeine andere von Ideologien durchsetzt ist".

Definition Recht nach Geiger

Nach der Bestimmung des Rechts als „sozialer Ordnung" (mit wichtigen Exkursen zum Normbegriff) wird das „Recht als Ordnungstypus", als „Sonderart sozialer Ordnung" (1964, S. 126) definiert. Der dritte und abschließende Teil der „Vorstudien" ist dem Problembereich „Recht und Moral" gewidmet (hier finden sich Geigers „Anmerkungen zum Thema Rechtsbewußtsein").

3.2. Zu weiteren Ansätzen der Rechtssoziologie

Zu den neueren Ansätzen in der Rechtssoziologie zählen die von der Phänomenologie herkommenden Theorien und die u.a. von Jürgen Habermas entwickelte „Diskurstheorie des Rechts".

a) Phänomenologisch orientierte Ansätze in der Rechtssoziologie
Wie in der Soziologie überhaupt, so haben auch in der Rechtssoziologie phänomenologische Ansätze in den letzten Jahren an Resonanz gewonnen.

Die phänomenologischen Ansätze und der Symbolische Interaktionismus „nähern sich dem Recht viel vorsichtiger und nehmen es nicht so, wie es sich selber darstellt. Juristisches existiert hier nur in der Gestalt der Bedeutungen, wie sie ihm von den Akteuren beigemessen werden (interpretatives Paradigma).

Recht — ein Element sozialer Konstruktionen

Die Annahme hingegen, Recht könne als objektiv gegebene Wirklichkeit untersucht werden (normatives Paradigma), wird als vordergründig abgelehnt" (Lautmann 1989, S. 529).

Wie Berger/Luckmann „Die gesellschaftliche Konstruktion der Wirklichkeit" (1966/69) auf dem Hintergrund der verstehenden Soziologie und der Phänomenologie analysierten, so soll die Rechtssoziologie die „soziale Konstruktion des Rechts" in ihren vielfältigen Entstehungs-, Anwendungs- und Interpretationszusammenhängen aufhellen.

Durch das normativ Vorgegebene, die „offizielle" Rechtswirklichkeit, soll gleichsam hindurchgeschaut werden auf die Tiefenstrukturen des Rechts.

Hierzu bedarf es eines fundierten Eingehens auf die Sprach- und Kommunikationsstrukturen, in denen über Recht gehandelt wird und es im Bewußtsein der Individuen die soziale Ordnung, aber auch ihren Kanon an Sanktionen, Zwang und Gewalt repräsentiert.

Tiefenstrukturen des Rechts

b) Zur „Diskurstheorie des Rechts"

Abschließend sei auf Jürgen Habermas' (geb. 1929) „Beiträge zur Diskurstheorie des Rechts und des demokratischen Rechtsstaats" (1992) kurz eingegangen. Diese Beiträge basieren auf seiner Theorie des kommunikativen Handelns, die in zwei Hauptbänden (und mit weiteren Vorstudien und Ergänzungen) 1983 ff. erschienen ist.

Recht als Ergebnis „kommunikativer Vernunft"

In der „Diskurstheorie des Rechts" unternimmt Habermas den Versuch, das „System der Rechte" und die „Prinzipien des Rechtsstaats" unter Kriterien einer „kommunikativen Vernunft" (die eine Weiterführung der Kantschen praktischen Vernunft ist) neu zu bestimmen. Damit wird Front gemacht vor allem gegen die radikale Trennung von Moral, Politik und Recht. So wird die von Niklas Luhmann unterstellte „Autopoiesis des Rechts" zurückgewiesen und das Recht in die gesellschaftlichen Zusammenhänge von Moral, Politik und die Diskurse über Gerechtigkeit hineingestellt. Das Erbe der Aufklärung und der Vernunfttheorie des Rechts wird in Gestalt der „kommunikativen Vernunft" und im Vertrauen auf autonome Individuen zu bewahren versucht.

Zugleich will Habermas unter „funktionalen Gesichtspunkten" begründen, „warum die posttraditionale Gestalt einer prinzipiengeleiteten Moral auf die Ergänzung durch positives Recht angewiesen ist" (1992, S. 21).

Damit ist klar, daß Fragen der Rechtstheorie den Rahmen des als autonom gedachten Rechtssystems (Luhmann) weit übersteigen und sich von hier aus Zugänge zu einer Theorie des (kommunikativen) Handelns und der Gesellschaft bzw. ihrer Subsysteme aufzeigen lassen.

4. Recht und sozialer Wandel

4.1. Ein Modell des sozialen Wandels durch Recht

In der zitierten Auffassung Luhmanns zu den Funktionen des Rechts, daß diese gekoppelt sind an die Möglichkeit gesellschaftlicher Evolution und ihrer zunehmenden Komplexität (1972, S. 106), ist bereits der enge Zusammenhang von Rechts- und Gesellschaftsentwicklung und damit des sozialen Wandels thematisiert.

Unter den Rechtssoziologen der letzten Jahrzehnte hat diesen Zusammenhang kaum jemand nachdrücklicher betont als Helmut Schelsky (1912 - 1984). Er kritisierte, daß das Recht für eine Theorie des sozialen Wandels eine ebenso geringe Rolle spiele wie für die soziologische Theorie überhaupt. Die Textsammlungen zu den Theorien des sozialen Wandels seien „zugleich eine Dokumentation für die grundsätzliche Rechtsblindheit der modernen Soziologie" (1980, S. 185).

Der Standpunkt Iherings

Grundzüge einer rechtssoziologischen Theorie des sozialen Wandels gewinnt Schelsky anhand der Rechtstheorie Rudolf von Jhering's (auch Ihering, 1818 - 1892), einem bis heute einflußreichen Vertreter der Interessenjurisprudenz. Jhering war als Kind seiner naturwissenschaftlich dominierten Zeit davon überzeugt, daß das Recht sich kausalgesetzlich aus der „Natur" der jeweiligen Gesellschaft erklären lasse und es den Zweck habe, die Interessen des einzelnen wie der Gesellschaft durchsetzen zu helfen. Damit wandte sich Jhering sehr scharf gegen die „aprioristische Naturrechtslehre der Aufklärung" und die „ideengeschichtliche Auffassung des Rechts" in der Tradition des deutschen Idealismus.

Schelsky entwickelt anhand zentraler Schriften von Jhering (Der Zweck im Recht; Der Kampf ums Recht; Die Entstehung des Rechtsgefühls) ein „Modell des sozialen Wandels" durch Recht (1980, S. 158ff.), in dem er die folgenden vier Stufen hervorhebt:

Schelskys Modell des sozialen Wandels durch Recht

(1) Jede Analyse des sozialen Wandels durch Recht muß von der bestehenden Rechts- und Institutionenordnung ausgehen; sie ist die empirische Basis für die Zurechnung bestimmter Veränderungen durch neues bzw. geändertes Recht.

(2) Rechtsgefühl und Rechtsempfindungen gehen jedoch über die jeweilige Rechtsordnung immer hinaus. Jhering durchbricht den positivistischen Zirkel der Zuordnung von Rechtswirklichkeit und Rechtsgefühl dadurch, daß er dem Menschen die Fähigkeit zuspricht, über ein bestimmtes Abstraktionsvermögen zu verfügen, daß dann auch das Rechtsgefühl in Widerspruch zu den Rechtseinrichtungen setze (zit. bei Schelsky, S. 160). In dieser Verallgemeinerungsfähigkeit zur *Ideierung,* wie Schelsky das im Anschluß an Max Scheler (1874 - 1929) nennt, liegt natürlich eine Kraft und ein Wille zur Veränderung der bestehenden Rechtsordnung und damit zum sozialen Wandel.

(3) Ein den Rechtstatsachen vorauseilendes Rechtsbewußtsein führt nur dann zu Veränderungen der Rechtswirklichkeit, wenn es sich mit bestimmten sozialen Interessen und Gruppen verbindet. Schelsky im Anschluß an Jhering: „Es bedarf des praktischen sozialen Druckes zur Durchsetzung von neuem Recht". Das ist nach Jhering / Schelsky aber nicht nur eine Frage der vorhandenen Machtkonstellationen, sondern der sozialen Entwicklung im Hinblick auf Konflikte, Notstände (soziale Not), die zu einer „historisch-sozialen Rechtssetzungssituation" führen.

(4) Die vierte Stufe konzentriert sich auf die (sozialen) Ziele des sozialen Wandels durch Recht. Auch wenn Jhering nichts von idealistischen oder naturrechtlichen Prinzipien hält, ist seine Auffassung der Abstraktionsfähigkeit (Ideierung) des geltenden Rechts diesen Grundlagen nicht ganz fremd: „für ihn enthält alles geltende Recht immer einen Gehalt an ‚Gerechtigkeit', der verallgemeinernd ... weitergedacht werden kann und muß, so daß die Forderung der Veränderung und Aufhebung geltender Rechtsbestimmungen ge-

rade mit einer Bestätigung und Anerkennung des positiven Rechts als solchem zusammenfällt" (Schelsky 1980, S. 165). In dieser Auffassung vom geltenden und zu verwirklichenden Recht liegt auch Jherings Impuls für einen dauernd zu führenden „Kampf ums Recht" (1872; 20. Aufl. 1921; Neuauflage 1965).

Mit der letzten Stufe ist die empirisch-positivistische Basis der unbefragten Geltung bestehender Rechtsordnungen verlassen, denn der „Kampf ums Recht" ist immer auch ein Kampf um das „Wesen" der Gerechtigkeit, um das Rechtsempfinden und -gefühl und letztlich der nur philosophisch hinterfragbaren Auffassungen nach „Faktizität und Geltung" (Habermas 1992) des Rechts in der menschlichen Gesellschaft.

Der „Kampf uns Recht"

4.2. Ein aktuelles Beispiel des sozialen Wandels durch Recht

Das gewachsene Bewußtsein von der Bedeutung des Rechts als Instrument des sozialen Wandels hat dazu geführt, daß es von verschiedenen gesellschaftlichen Gruppen immer umfänglicher für eine Veränderung gegebener rechtlicher und sozialer Tatbestände genutzt wird.

Aus der jüngsten Rechtsentwicklung kann folgendes Beispiel genannt werden: vor der 1976/77 in Kraft getretenen Reform des Ehe- und Familienrechts (Viertes Buch des BGB) konnte die Frau aufgrund des Leitbilds der „Hausfrauenehe" (§ 1356 BGB) bei Einspruch des Mannes auf die Führung von Haushalt und die Betreuung der Kinder verwiesen werden; sie durfte nur erwerbstätig sein, „soweit dies mit ihren Pflichten in Ehe und Familie vereinbar" war. In der Neufassung des genannten § 1356 heißt es: „Beide Ehegatten sind berechtigt, erwerbstätig zu sein. Bei der Wahl und Ausübung einer Erwerbstätigkeit haben sie auf die Belange des anderen Ehegatten und der Familie die gebotene Rücksicht zu nehmen".

Beispiel: Reform des Ehe- und Familienrechts

Gerade an diesem Beispiel ließe sich gut verdeutlichen, daß das Rechtsempfinden und die Rechtswirklichkeit lange auseinanderklafften, ohne daß es zu einer entsprechenden Reform gekommen wäre. Erste Referentenentwürfe zur Änderung der entsprechenden Paragraphen des BGB reichen bis in die 50er Jahre zurück. Der „Kampf ums Recht" (Jhering) gestaltete sich angesichts der vielen sozialen Gruppen, die sich wegen einer für sie optimalen Gesetzgebung in den öffentlichen Diskurs einschalteten, aber auch angesichts der immer komplizierteren Instanzenwege, als zunehmend schwieriger und langwieriger.

Bei dem oben genannten Beispiel sollte daher eher von sozialem Wandel *im Recht* als *durch Recht* gesprochen werden, denn bestimmte Elemente dieses sozialen Wandels hatten sich bereits ohne gesetzliche Rechtsbasis vollzogen, so daß die Gesetzgebung von 1976/77 zu einem Teil nur noch nachträglich legitimierte, was sich schon als Gewohnheitsrecht oder „Richterrecht" zuvor angekündigt hatte.

Wandel *im* Recht und *durch* Recht

Empirisch kann also leicht nachgewiesen werden, daß das Recht als Instrument des sozialen und kulturellen Wandels von immer mehr sozialen Gruppen und für immer neue Sozialbereiche instrumentell eingesetzt wird. Aus Sicht der

Soziologie ist Schelsky daher zuzustimmen, daß dies in den Theorien des sozialen Wandels nur ungenügend berücksichtigt wird.

5. Zur Problematik der Rechtsentwicklung. Verrechtlichung oder Entrechtlichung?

Idealisierung des Rechts

Indem bei der Definition des Rechts und den Grundlagen des (bürgerlichen) Rechtsstaats vor allem von Kant ausgegangen wurde, ist eine gewisse Idealisierung der Sozialbedeutung des Rechts unabweisbar: das Recht zur Sicherung der Grund- und Menschenrechte und damit der Freiheiten des autonomen bürgerlichen Subjekts.

Ist diese Idealisierung auch gerechtfertigt? Die Entwicklung des Rechts in der Rechtsgesellschaft hat eine eigene Dynamik der Verrechtlichung aller noch rechtsfreien Sozialverhältnisse gewonnen, die — so scheint es — durch keine der vielen bisher auf Bundes- und Landesebene eingesetzten Kommissionen zur „Eindämmung der Gesetzesflut" gebremst werden konnte.

Definition Verrechtlichung

Verrechtlichung wird definiert als „Ausdehnung des Rechts zulasten rechtlich bisher nicht erfaßter Bereiche einerseits und die Detaillierung und Spezialisierung des Rechts andererseits" (Voigt 1983, S. 17). Auf den drei Ebenen der Gewaltenteilung seien damit folgende Teilprozesse verbunden: „Vergesetzlichung" als Zunahme der parlamentarischen Gesetzesproduktion; „Bürokratisierung" als Kompetenzzuwachs der Verwaltung „durch Schöpfung eigenen Rechts" und „Justizialisierung" als Kompetenzzuwachs der Gerichte (Voigt 1983, S. 17f.).

Voigt weist darauf hin, daß mit dem Begriff „Verrechtlichung" behutsam umgegangen werden muß und damit nicht nur die negativ zu bewertenden Phänomene des Rechtsstaats bezeichnet werden; es gebe auch rechtsfreie Räume, z.B. im Umweltschutz oder bei der Gleichberechtigung von Mann und Frau, wo der „Ausbau des Rechts als soziales Unterstützungssystem" noch in den Anfängen stecke.

Die eher negativen Wirkungen der Verrechtlichung werden in den Schlagworten „Gesetzesflut", „Normierungswut", „Gesetzesperfektionismus" oder „Paragraphendschungel" zusammengefaßt. Was ist im einzelnen daran negativ? Folgende summarische Aufzählung soll einige Hinweise geben (vgl. Voigt 1980; 1983):

Negative Folgen der Verrechtlichung

- die Möglichkeiten bürokratisch-rechtlicher Zugriffe auf die Lebenswelt werden gesteigert; die positiven Absichten (z.B. im Bereich des Sozialstaats) und die negativen, zumeist unbeabsichtigten sozialen Folgen (Zunahme sozialer Kontrolle) sind immer schwieriger abzuwägen;
- ein immer geringerer Teil der Normierungen (Gesetze, Verordnungen) wird „vor Ort" tatsächlich umgesetzt, weil entweder die durchsetzenden Instanzen überfordert sind und / oder es keine wirksamen sozialen Kontrollen gibt und / oder die erforderlichen Informationen (auch im Sinne von Aufklärung über das Gesetzesvorhaben) für

eine erfolgreiche Rechtsanwendung fehlen (man denke z.B. an die Normierungsflut im Schulbereich, der dadurch pädagogisch ausgehöhlt wird);
- die Verrechtlichung auf ihren verschiedenen Ebenen führt aber auch zu einer (nicht gewollten) Entrechtlichung der Bürger in dem Sinne, daß es immer schwieriger wird, im angemessenen Zeitrahmen und vertretbaren Aufwand („sein") Recht zu bekommen.

Reaktionen auf Verrechtichung

Die Folgen dieser Entwicklung bestehen zum Teil im Aufsuchen (vermeintlich) rechtsfreier Räume einerseits (wofür die „nichteheliche Lebensgemeinschaft" ein prominentes Beispiel ist; vgl. die Gesetzessammlung zum „Recht der nichtehelichen Lebensgemeinschaft") und im Abschluß von immer mehr privaten Rechtsschutzversicherungen für alle Eventualfälle des Lebens (Auto; Reisen; Mietverhältnis etc.) andererseits.

Ambivalente Folgen der Verrechtlichung

Hier seien nur zwei ambivalente soziale Folgen der zunehmenden Verrechtlichung auf privater Ebene hervorgehoben: Zum einen bedeutet dies, daß nun auch diejenigen Bürger, die sonst eher vor Klagen zurückschreckten, sich rechtssicherer fühlen und den Rechtsweg beschreiten. Zum anderen bedeutet es auch, daß im Konfliktfalle nicht mehr der individuelle (z.B. nachbarschaftliche) Weg der Verständigung gesucht, sondern sofort (vergleichbar der Inanspruchnahme bei anderen Versicherungssystemen) der Rechtsweg beschritten wird.

Selbstreferentialität des Rechts

Ob die Versuche der „Entrechtlichung", der „Deregulierung", der „Entstaatlichung", der „Entbürokratisierung" etc. Erfolg haben, ob es Alternativen zum Recht (z.B. durch mehr Beratung) gibt, muß nach allen Erfahrungen des seit langem bekannten Phänomens der Verrechtlichung bezweifelt werden. Die zunehmende Autopoiesis und Selbstreferentialität des Rechts- und Verwaltungssystems könnte zuguterletzt darin bestehen, daß es vor allem sich selbst reguliert.

Schlußbemerkung

Es sollte deutlich geworden sein, daß die Soziologie von ihrem Gegenstandsbereich her, bei dem es in jeder Analyse immer auch um soziale Normen geht, dem Recht und der Rechtsordnung als Summe der staatlich-gesellschaftlich formalisierten und sanktionierten Normen große Aufmerksamkeit schuldet.

Neben den genannten Bereichen sind für die Relevanz des Rechts als Eckpfeiler der Sozialordnung (Max Weber) auch die Probleme des abweichenden Verhaltens, der Anomie, des jeweils vorherrschenden Rechtsbewußtseins und der Rechtsakzeptanz zu nennen.

Nachlassen der Sanktionsgewalt

Wegen dieser Strukturbedeutung des Rechts ist der soziologisch aufweisbare Tatbestand des Nachlassens der Sanktionsgewalt in allen Gesellschaftsbereichen soziologisch höchst bemerkenswert. Für den Bereich der Strafverfolgung ist dies mit dem Problem zu verknüpfen, „ob Strafe sein muß" (Peters 1993) und was sie letztlich bewirkt.

Mag Skepsis angebracht sein im Hinblick auf die Wirkungen des Strafvollzugs und die beabsichtigte Rehabilitation, so bleibt die seit Emile Durkheim zentrale soziologische Frage, wie ein Sozialsystem, z.B. das bundesrepublikanische Staats- und Gesellschaftssystem, die strukturell und integrativ wichtigen Normen verbindlich machen kann: bei Wahrung des im Anschluß an Kant hervorgehobenen zentralen (Natur-)Rechts der Freiheit.

Informationsteil

1. Empfohlene Literatur

1.1. Zum Rechtsbegriff und zur Rechtstheorie

Beilage zur Wochenzeitung DAS PARLAMENT, B 33/1991, die folgende Beiträge enthält: Arthur Kaufmann, Die Naturrechtsdiskussion in der Rechts- und Staatsphilosophie der Nachkriegszeit; Joachim Detjen, Naturrecht in der pluralistischen Demokratie? Wolfgang Waldstein, Zur Frage des Naturrechts im Grundgesetz und in der Europäischen Menschenrechtskonvention; Bernhard Irrgang, Naturrechtliche Begründung der Umweltethik?

Dreier, Ralf, Rechtsbegriff und Rechtsidee. Kants Rechtsbegriff und seine Bedeutung für die gegenwärtige Diskussion, Frankfurt 1986.
Diese kleine Schrift von nur 37 Seiten enthält grundlegende Aussagen von Kant und Hinweise darauf, warum sie immer noch aktuell sind.

Kant, Immanuel, Werke in 10 Bänden, hg. von Wilhelm Weischedel, Darmstadt 1968.
Die Zitate finden sich in folgenden Schriften:
Die Metaphysik der Sitten, v.a. Erster Teil: Metaphysische Anfangsgründe der Rechtslehre; Über ein vermeintes Recht, aus Menschenliebe zu lügen; beide in: Bd. 7; Idee zu einer allgemeinen Geschichte in weltbürgerlicher Absicht, in: Bd. 9; Anthropologie in pragmatischer Absicht, in: Bd. 10.

Maihofer, Werner, Hrsg., Begriff und Wesen des Rechts, Darmstadt 1973
Diese Sammlung umfaßt Arbeiten aus der Sicht des „juristischen Historismus" (z.B. Carl von Savigny), des „juristischen Positivismus" (z.B. Hans Kelsen); des „juristischen Realismus" (z.B. Rudolph von Jhering, Georg Jellinek, Otto von Gierke, Eugen Ehrlich) und des „juristischen Idealismus" (z.B. Rudolf Stammler und Gustav Radbruch).

1.2. Zur Rechtsgeschichte

Hattenhauer, Hans, Europäische Rechtsgeschichte, Heidelberg 1992, 825 S.
Im ersten Kapitel, „Archaische Rechtskulturen", geht es u.a. über das Recht bei Kelten, Germanen, Slawen. Hier wie in den folgenden Kapiteln wird das Recht

hineingestellt in die politische, soziale und kulturelle Geschichte des betrachteten Raumes, zeitlich und geographisch. Von den folgenden 12 Kapiteln seien genannt: Römisches Recht; Die Christianisierung des Rechts; Aufklärung und Revolution; Europäische Weltherrschaft; Der Europäische Bürgerkrieg; Neuaufbruch Europas (u.a. über die Römischen Verträge und die EG; über die KSZE).

1.3. Recht und Gesellschaft, Rechtssoziologie

Kaulbach, Friedrich, Werner Krawietz, Hrsg., Recht und Gesellschaft. Festschrift für Helmut Schelsky zum 65. Geburtstag, Berlin 1978.
Nach einer 65 Seiten umfassenden Einführung von Werner Krawietz über „Helmut Schelsky — ein Weg zur Soziologie des Rechts" folgen 38 Beiträge von Philosophen und Rechtsphilosophen, von Soziologen und Rechtssoziologen, von Politologen und Juristen zum breiten Spektrum von „Recht und Gesellschaft" (das ethische Fragen ebenso berührt wie Zusammenhänge von Sprachpragmatik und Rechtstheorie).

Rehbinder, Manfred, Rechtssoziologie, Berlin / New York 1977 (Göschen-TB 2853, 2. Aufl. 1989).
Das Taschenbuch enthält u.a. ein ausführliches Kapitel zur „Geschichte und Literatur der Rechtssoziologie", S. 35-80.

Röhl, Klaus F., Rechtssoziologie. Ein Lehrbuch. Köln et al. 1987.
In dieser sehr umfangreichen Darstellung des Ordinarius für Rechtssoziologie und Rechtsphilosophie an der Ruhr-Universität Bochum ist der Rückbezug auf das Rechtssystem, die Rechtsdogmatik und -systematik, besonders ausgeprägt. Von den insgesamt 12 Kapiteln seien hervorgehoben: Geschichte der Rechtssoziologie (S. 5-64); Theorie der Rechtssoziologie (S. 65-104); von den theoretischen Ansätzen in der Rechtssoziologie die „verhaltens- und handlungstheoretischen Ansätze" (S. 133-198) und die „normtheoretischen Ansätze" (S. 199-308).

Schelsky, Helmut, Die Soziologen und das Recht. Abhandlungen und Vorträge zur Soziologie von Recht, Institution und Planung, Opladen 1980.
In diesem Sammelband finden sich u.a. die folgenden rechtssoziologischen Beiträge: Die Soziologen und das Recht; Systemfunktionaler, anthropologischer und personenfunktionaler Ansatz der Rechtssoziologie; Das Jhering-Modell des sozialen Wandels durch Recht.

Weber, Max, Wirtschaft und Gesellschaft. Grundriß der verstehenden Soziologie, Studienausgabe in 2 Halbbänden, Köln und Berlin 1964.
Neben dem ersten Kap. des Ersten Teils, Soziologische Grundbegriffe, ist vor allem auf das erste Kap. des Zweiten Teils zu verweisen, das in drei Paragraphen folgende Themen behandelt: Rechtsordnung und Wirtschaftsordnung; Rechtsordnung, Konvention und Sitte; Bedeutung und Grenzen des Rechtszwanges für die Wirtschaft.

Dem ersten Halbband der o.g. Ausgabe ist auf den Seiten 495 - 656 die „Rechtssoziologie" beigegeben, die auch separat erschienen ist.

1.4. Übersichtsartikel Recht und Rechtssoziologie

Gerhard-Teuscher, Ute, Art. „Recht", in: Frauenhandlexikon, hg. von Johanna Beyer et al., München 1983.

Lautmann, Rüdiger, „Rechtssoziologie", in: Wörterbuch der Soziologie, hg. von Günter Endruweit und Gisela Trommsdorff, Bd. 2, Stuttgart 1989, S. 525 - 531.

Loos, Fritz, Hans-Ludwig Schreiber, Art. „Recht, Gerechtigkeit", in: Geschichtliche Grundbegriffe. Historisches Lexikon zur politisch-sozialen Sprache in Deutschland, Bd. 5, Stuttgart 1984, S. 231 - 312.

Röhl, Klaus F., Soziologischer Rechtsbegriff, in: Ergänzbares Lexikon des Rechts, Ordner 1/Gruppe 3, Luchterhand 1986 (März 1986; 3/2 40).

Weis, Kurt, Art. „Recht", in: Bernhard Schäfers, Hrsg., Grundbegriffe der Soziologie, 3. Aufl., Opladen 1992, (UTB 1416).

Willke, Helmut, Rechtssoziologie und Allgemeine Soziologie, in: Ergänzbares Lexikon des Rechts, a.a.O., 3 / 200.

2. Weitere zitierte Literatur

Bachofen, Johann Jakob, Das Mutterrecht, hg. (in Auswahl) von Hans-Jürgen Heinrichs, Frankfurt 1975 (stw 135); zuerst 1861 (hierzu vom gleichen Hrsg.; Materialien zu Bachofens „Das Mutterrecht"; Frankfurt 1975, stw 136).

Böckenförde, Ernst-Wolfgang, Entstehung und Wandel des Rechtsstaatsbegriffs, in: ders., Staat, Gesellschaft, Freiheit. Studien zur Staatstheorie und zum Verfassungsrecht, Frankfurt 1976, S. 65 - 92 (stw 163).

Dahrendorf, Ralf, Marx in Perspektive. Die Idee des Gerechten im Denken von Karl Marx, 2. Aufl. Hannover 1971 (1953).

Ehrlich, Eugen, Grundlegung der Soziologie des Rechts, 1913 (3. Aufl. 1967).

Geiger, Theodor, Vorstudien zu einer Soziologie des Rechts. Mit einer Einleitung und internationalen Bibliographie zur Rechtssoziologie von Paul Trappe, Neuwied und Berlin 1964 (zuerst 1947); 3. Aufl. 1970.

Gephart, Werner, Gesellschaftstheorie und Recht. Das Recht im soziologischen Diskurs der Moderne, Frankfurt 1993.

Habermas, Jürgen, Faktizität und Geltung. Beiträge zur Diskurstheorie des Rechts und des demokratischen Rechtsstaats, Frankfurt 1992.

Kißler, Leo, Recht und Gesellschaft. Einführung in die Rechtssoziologie, Opladen 1984 (UTB 1301).

Luhmann, Niklas, Rechtssoziologie, 2 Bde., Reinbek bei Hamburg 1972 (Neuausgabe 1983).

Peters, Helge, Hrsg., Muß Strafe sein? Zur Analyse und Kritik strafrechtlicher Praxis, Opladen 1993.

Schäfers, Bernhard, Über einige Zusammenhänge und Differenzen von Recht und Erziehung in der Gesellschaftstheorie, unter besonderer Berücksichtigung von Emile Durkheim und Max Weber: in Kaulbach / Krawietz, Hrsg., a.a.O., S. 527 - 549.

Schmidt-Aßmann, Eberhard, Der Rechtsstaat, in: Handbuch des Staatsrechts der Bundesrepublik Deutschland, hg. von Josef Isensee und Paul Kirchhof, Bd. I, Heidelberg 1987, S. 987 - 1 041.
Voigt, Rüdiger, Hrsg., Verrechtlichung. Analysen zu Funktion und Wirkung von Parlamentarisierung, Bürokratisierung und Justizialisierung sozialer, politischer und ökonomischer Prozesse, Königstein / Ts. 1980.
Voigt, Rüdiger, Hrsg., Gegentendenzen zur Verrechtlichung, Opladen 1983 (Jb. für Rechtssoziologie und Rechtstheorie, Bd. 9).

3. Hinweis auf „Leseliste der DGS“

Die Deutsche Gesellschaft für Soziologie (DGS) hat ihre „Leseliste“ mit den Literaturempfehlungen ihrer Sektionen und Arbeitsgruppen 1993 in 2. Aufl. erscheinen lassen:

Sociologica. Leseliste der Sektionen und Arbeitsgruppen der Deutschen Gesellschaft für Soziologie, Sonderheft der Zeitschrift SOZIOLOGIE. Mitteilungsblatt der DGS, Opladen 1993 (über den Buchhandel erhältlich).

Die Leseliste der Sektion Rechtssoziologie enthält u.a. folgende Gliederungspunkte: Lehrbücher und Einführungen; Klassiker; Periodica und Fachzeitschriften; Nachschlagewerke und Bibliographien.

Lektion X
Soziologie der Entwicklungsländer / Soziologie der Entwicklung / Entwicklungssoziologie

Jürgen H. Wolff

Inhalt

1. Grundlagen

1.1. Begriffe und Definitionen

1.1.1. Zur Bestimmung des Gegenstandes und der Terminologie

a) „Soziologie der Entwicklungsländer“ (oder „Entwicklungssoziologie“) rechnet im deutschen universitären Fächerkanon zu den „speziellen Soziologien“. Diese Einstufung ist weder von der demographisch-geographischen Bedeutung, vom thematischen Umfang noch von der Bedeutung des Gegenstandes her zu rechtfertigen: Behandelt werden die gleichen Sozialbereiche wie in der „eigentlichen“ Soziologie, allerdings für die große Mehrheit der Menschen, deren weiteres Schicksal auch unser eigenes maßgeblich mitbestimmen wird.

b) Der Titel reflektiert die Schwierigkeit der präzisen Begriffsbestimmung: „Entwicklungssoziologie“ setzt begrifflich die Definition des wertbeladenen Begriffs „Entwicklung“ voraus;
„Soziologie der Entwicklungsländer“ hebt auf ein geographisches und politisches Kriterium ab, kein soziologisches.

c) Die strenge Isolierung von „Entwicklungssoziologie“, (ökonomischer) Entwicklungstheorie oder -politik, Entwicklungspädagogik usw. ist nicht möglich.

1.1.2. Der Begriff der Entwicklung

Einigkeit besteht inzwischen über folgende Punkte:

Entwicklung und Wandel sind nicht identisch

— Entwicklung und Wandel sind nicht identisch; jede Entwicklung ist zwar Wandel, aber nicht jeder Wandel Entwicklung;
— Wirtschaftswachstum ist nur ein Teil von Entwicklung, nicht Entwicklung selbst.

Elemente von Entwicklung

Einen der überzeugenderen jüngeren Versuche, Entwicklung zu definieren, unternahmen Nohlen und Nuscheler 1982 bzw. 1974. Sie umfaßt danach (ökonomisches) Wachstum, Arbeit (als Voraussetzung für Wachstum und für menschliche Selbstverwirklichung), Gleichheit bzw. soziale Gerechtigkeit, Partizipation (Entwicklung durch die Mehrheit, nicht nur für sie) und Unabhängigkeit (Selbstbestimmung). Ungelöst bleibt freilich auch hier das Problem, wie eine unterschiedliche Entwicklung auf diesen Gebieten zu beurteilen ist (theoretisch: Wie werden die Faktoren gewichtet, um einen Gesamtindex zu errechnen?).

1.2. Zur Konstituierung der Entwicklungsländer durch den Kontakt mit der europäischen Welt:

„Entwicklung“ zu definieren bedeutet noch nicht, „Entwicklungsländer“ zu definieren; ob in diesen Entwicklung stattfindet, ist eine nur empirisch (und normativ, s.o.) zu beantwortende Frage. Verschiedene Ansätze zur Bestimmung von Entwicklungsländern sind möglich und vorgeschlagen worden:

Ansätze zur Bestimmung von Entwicklungsländern

— Entwicklungsland ist, was von der UNO so bezeichnet wird. Hieraus ergeben sich Folgen für die internationale Entwicklungshilfe.
— Entwicklungsländer sind „arme“ Länder. Hier greift indessen P.T. Bauers Kritik, zwischen „Arm“ und „Reich“ gebe es keine scharfe Grenze, sondern ein Kontinuum, so daß die Zuordnung zu den Gruppen willkürlich sei. Zudem ist die relative wie absolute Differenz des Wohlstandsniveaus innerhalb der Gruppe der Entwicklungsländer größer als zwischen diesen und den Industrieländern. Unklar bleibt weiterhin, ob Armut absolut oder relativ zur Bezugsgröße Industrieländer definiert werden soll.
— Es spricht vieles dafür, einem älteren Vorschlag R.F. Behrendts zu folgen (mit einer zu besprechenden Ergänzung): Nicht eigentlich Entwicklungsländer wären hiernach als historischer Ausnahmefall zu begreifen (Hunger, Armut etc. wären sozusagen der Normalfall), sondern Industrieländer. Europa wäre hiernach die historisch wahrhaft revolutionäre Wendung zur modernen Naturwissenschaft und ihrer Nutzung in der neuzeitlichen Technik gelungen (einschließlich ihrer Übertragung auf die europäischen Siedlerkolonien). Die durch die Entfaltung der Produktivkräfte ermöglichte ungeheure Dynamik habe dann zur europäischen Weltbeherrschung geführt. Zugespitzt formuliert: Entwicklungsländer existieren begrifflich nur durch die Gegenüberstellung zu Industrieländern; versänken diese samt ihrer Technik und ihrem Wissen im Meer, dann gäbe es begrifflich keine Entwicklungsländer mehr.

Große Unterschiede der Entwicklungsländer

— Entwicklungsländer haben im übrigen kaum etwas Gemeinsames, das die Zusammenfassung zu einer Gruppe rechtfertigte: Gesellschaft, Sprache, Kultur, wirtschaftliche Lage, politische Verfassung, verfolgte Innen- und Außenpolitik unterscheiden sich wesentlich stärker, als das bei Industrieländern der Fall ist.

1.3. Die Folgen für Wirtschaft und Gesellschaft

1.3.1. Ausrottung und Versklavung

Es unterliegt keinem Zweifel, daß die Entdeckung und koloniale Beherrschung der Welt für viele Völker verhängnisvolle, in nicht wenigen Fällen gar tödliche Folgen gehabt hat. Die Kariben waren wenige Jahre nach der Ankunft der Spanier im karibischen Raum (nur der Name ist geblieben!) ausgerottet; viele Völker sollten folgen. Es ist auch nicht zu bestreiten, daß Rechte wie persönliche

Freiheit (Sklaverei, Zwangsarbeit!) und das Selbstbestimmungsrecht ganzer Völker massiv verletzt worden sind (ein freilich meist anachronistischer Vorwurf) und daß von daher die Verurteilung des Kolonialismus aus heutiger Sicht einhellig ist.

1.3.2. Die wirtschaftliche Bilanz

a) Auch für die Wirtschaften heutiger Entwicklungsländer hat der Kolonialismus in vielen Fällen Probleme mit sich gebracht, die bis heute nachwirken. Inseln der „Modernität" haben zu „dualistischen Wirtschaften" (oder, in anderer, nicht ganz bedeutungsgleicher Terminologie, zu „struktureller Heterogenität" geführt); riesige, kaum noch zu bändigende Städte haben sich gebildet, ganze Volkswirtschaften sind nach den Importinteressen der Kolonialmächte „deformiert" worden — usw.

Strittige Gesamtbilanz des Kolonialismus

Demgegenüber muß es überraschen, daß die wirtschaftliche Gesamtbilanz des Kolonialismus durchaus kontrovers diskutiert wird. Dies hat verschiedene Gründe, die mit der Quellenlage und der Interpretation auch unstrittiger Sachverhalte zusammenhängen.

Entscheidend bleibt indes der Vergleich der tatsächlichen Entwicklung mit einer hypothetischen Entwicklung — und hier sind simple Richtig-Falsch-Entscheidungen unmöglich. Konkret: Die Gesamtbewertung des Kolonialismus in wirtschaftlicher Hinsicht wird wesentlich davon abhängen, ob man ihm dynamisierende oder abbremsende Wirkungen zuschreiben wird. Anders formuliert: hat der Kolonialismus Gesellschaften aus ihrer Statik herausgerissen und damit eine erste Voraussetzung für Entwicklung geschaffen (so etwa Karl Marx) oder hat er, im Gegenteil, autochthone Entwicklungen abgebremst oder zerstört? Gab es weltweit so etwas wie eine zeitlich versetzte, aber eigenständige Dynamisierung von Gesellschaften hin zur Industrialisierung (indische Textilindustrie bis zur Zerstörung durch die Briten) oder haben, im Gegenteil, erst die Kolonialmächte auch nur die Vorstellung, daß eine andere Art des Lebens möglich ist, in die heutigen Entwicklungsländer gebracht (für Schwarzafrika behauptet)? Sind hier überhaupt Generalisierungen für die ganze außereuropäische Welt und für ein halbes Jahrtausend zulässig?

„Rein" wissenschaftliche Diskussion der Probleme kaum möglich

b) Fragen dieser Reichweite und dieser Bedeutung werden selten „wissenschaftlich" (sine ira et studio) diskutiert:

- der in Europa kaum ganz verstandene Schock des Kolonialismus wirkt in vielen Gesellschaften als tiefes Trauma nach; schon die Prüfung der Möglichkeit anderer als negativer Folgen löst Empörung aus;
- auf der Klaviatur von Schuldgefühlen des Westens zu spielen erwies sich für Eliten bestimmter Länder / Regionen jahrzehntelang als überaus rentierlich (Tansania);
- das „Schluchzen des weißen Mannes" (Pascal Bruckner) verstellte auch in Europa eine fruchtbare Auseinandersetzung mit der Dritten Welt und mit der Geschichte unserer eigenen Beziehung zu ihr.

1.3.3. Gesellschaftliche und kulturelle Folgen

Ähnlich kontrovers werden auch gesellschaftliche und kulturelle Folgen des Kolonialismus diskutiert:

Untergang und Deformation von Kulturen

a) Auf der einen Seite ist der Untergang und die „Deformation" von Gesellschaften mit ihren Kulturen offensichtlich, nicht nur durch direkte Gewalteinwirkung, sondern auch durch „Importe", denen sie nicht gewachsen waren (europäische Seuchen, Alkohol, Überwältigtwerden von der technisch-wissenschaftlichen Zivilisation mit der Folge der Verachtung für die eigene Kultur/Tradition, indirekt auch durch die Zerstörung der eigenen Lebensgrundlagen). Hier sind unersetzliche Verluste von kulturellem Reichtum und von Möglichkeiten der Organisation von Gesellschaften zu beklagen.

Neben Überwältigung und Überfremdung: Kulturkontakt und -verstehen

b) Auf der anderen Seite ist die Reaktion von außereuropäischen Gesellschaften nicht auf den Nenner Überwältigung und Überfremdung zu reduzieren; vielmehr findet sich auch eine fruchtbare Auseinandersetzung mit den fremden Elementen, deren selektive Übernahme und ihr Einbau in die eigene Gesellschaft und Kultur, kurz: Kulturkontakt und Kulturwandel, der untraumatisch verlief. Die weltweite Dominanz der westlich-technischen Zivilisation erspart es jedenfalls auf die Dauer keiner Gesellschaft, sich mit ihr — sei es in Anziehung, sei es in Ablehnung — auseinanderzusetzen.

Revitalistische Bewegungen

c) Unter diesen Auseinandersetzungen sind revitalistische Bewegungen bekannt geworden (die Terminologie ist uneinheitlich). Meist auf religiöser Grundlage beruhend (Cargo-Kult, Millenarismen) wirken oder wirkten sie als religiöse Freiheitsbewegungen, Quelle ethnischer Würde, Vehikel zum Abbau von durch Kulturkontakt und -wandel bewirkten sozialen Spannungen — aber auch als Bekräftigung einer passiven Erwartung der Heilsbringung durch numinose außerweltliche Mächte oder als Verweigerung einer ernsthaften Auseinandersetzung mit der technisch-wissenschaftlichen Zivilisation unter Berufung auf eine Tradition, die lebensfähige Gegenkonzepte nicht anzubieten hat. Eine der jüngsten Bewegungen dieser Art dürfte der sogenannte islamische Fundamentalismus darstellen.

1.3.4. Die Übertragung der europäischen Nationalstaatsidee

Mehrzahl von Dritteweltstaaten = Vielvölkerstaaten

Unter die problematischen europäischen Exporte dürfte der Nationalstaat zu zählen sein. Die weit überwiegende Zahl der Drittweltstaaten wird gerade nicht von einer Nation bewohnt; sie sind also Vielvölkerstaaten. Die unsinnigen Folgen des Bestehens auf der „nation une et indivisible" oder des (simplen) Majorz-Systems politischer Organisation haben zu den bekannten „Lösungen" durch autoritäre politische Strukturen beigetragen. — Nationalstaaten sind häufig zur Lösung von Entwicklungsaufgaben einerseits zu groß (weil zu weit von konkreten Problemen und Maßnahmen entfernt), andererseits zu klein (da die Märkte zu eng sind, Umweltprobleme Grenzen überschreiten usw.). Die inzwischen etablierten Interessen nationaler Führungseliten führen aber allzu selten zur Delegation von Verantwortung „nach unten" oder an funktionierende zwischenstaatliche Vereinigungen zur Lösung länderübergreifender Probleme.

2. Einzelaspekte des sozialen Wandels

2.1. Einige Grunddaten zur Bevölkerungsentwicklung und den Folgen für Wirtschaft und Gesellschaft

2.1.1. Daten und Prognosen

Ungewisse Weltbevölkerungsentwicklung

1987 überschritt die Weltbevölkerung 5 Milliarden; nach der Projektion der Vereinten Nationen aus diesem Jahr soll die nächste Milliarde bereits 1999 erreicht sein, 2010 die siebte — eine atemberaubende Vorstellung, bedenkt man, daß die Menschheit hunderttausende von Jahren (bis in die erste Hälfte des 19. Jahrhunderts) brauchte, um die erste Milliarde zu erreichen. Dennoch entspricht die jährliche erwartete Wachstumsrate im ersten Projektionszeitraum nur 1,53, im zweiten 1,41 % (mittlere Variante).

Wie sich zeigt, sinkt die globale Zuwachsrate. Bei einer Fortdauer dieser Entwicklung ist eine Stabilisierung der Zahl der Menschen zu erwarten; wegen der Tücken der Exponentialrechnung können allerdings kleine Veränderungen in den Annahmen zu weitreichenden Verschiebungen a) der absoluten Zahl der Menschen und b) des Zeitpunktes der Stabilisierung führen. Die Weltbevölkerungskonferenz von Mexiko-Stadt 1984 operierte mit einer stabilen Obergrenze von 10,5 Milliarden gegen Ende des 21. Jahrhunderts.

Globalzahlen und Durchschnittswerte — das liegt in ihrem Wesen — verdecken allerdings unter Umständen bedeutsame Unterschiede der zugrundeliegenden Reihen. Grundsätzlich gilt, daß der Schwerpunkt des Wachstums auf Entwicklungländern lag und weiter liegen wird, der Anteil der Industrieländer an der Weltbevölkerung sinkt kontinuierlich.

2.1.2. Theorien der Bevölkerungsentwicklung und des generativen Verhaltens und die Frage ihrer Übertragbarkeit auf die Dritte Welt

Theorie des demographischen Übergangs

Die demographische Entwicklung der Industrieländer wird häufig mit der (zu Unrecht) so genannten Theorie des demographischen Übergangs beschrieben. Verschiedene Phasen lösen sich ab: hohe Geburten- und Sterbezahlen führen zu einer langfristig annähernd stabilen Bevölkerung; Absinken der Sterbeziffer durch moderne Medizin, Hygiene usw. bei anfangs gleichbleibender Geburtenziffer hat die phänomenale Zunahme der Bevölkerung im 19. und frühen 20. Jahrhundert zur Folge; ein Sinken der Geburtenziffer führt zur Abnahme der globalen Wachstumsrate, bis es schließlich in einer letzten Phase bei niedriger

Geburten- und niedriger Sterberate wiederum zu einer quasi-stationären Bevölkerung kommt.

Die spannende Frage ist natürlich, ob sich diese Entwicklung in der Dritten Welt wiederholen wird. Bisher kann folgendes festgestellt werden:

Eckdaten bisheriger Bevölkerungsentwicklung

— die erste Phase (quasi-stationäre Bevölkerung) haben fast alle Länder hinter sich gelassen;
— die meisten Länder befinden sich in Phase 2: die Einführung der vom Westen importierten modernen Gesundheitssysteme, von verbesserter Trinkwasserversorgung usw. haben die Sterblichkeit (insbesondere: die Säuglingssterblichkeit) durchweg drastisch reduziert, die Lebenserwartung drastisch erhöht;
— in sehr vielen Ländern ist die Zahl der Kinder pro Frau erheblich zurückgegangen. Es ist dann nur eine Frage der statistischen Basisdaten (Stärke der Müttergeneration), ob sich dieser Rückgang bereits in einem Rückgang der Gesamt-Wachstumsrate ausdrückt.
— Dies ist indessen bereits in vielen Ländern der Fall.
— Wie die Zahlen oben ausweisen, führt indessen auch eine erheblich reduzierte Wachstumsrate zu einem enormen absoluten Anstieg der Bevölkerung.

Eine Extrapolation dieser Trends ist eine müßige Übung, wenn sie nicht auf einer Theorie des generativen Verhaltens aufbaut (der Rückgang der Sterblichkeit wird i.d.R. als externe Variable betrachtet).

Ansätze zur Erklärung veränderten generativen Verhaltens

Vorgeschlagen wurden u. a.:

— Mikroökonomische Ansätze: Eltern entscheiden sich aus ökonomischen Gründen für ein Kind bzw. bestimmen hiernach die Zahl der Kinder (Becker). Eine Anwendung auf die Dritte Welt, die häufig zitiert wird, hebt auf den Aspekt der Altersversorgung ab. Allgemeiner formuliert: Solange ökonomische Güterströme von der Kinder- zur Elterngeneration fließen (ein Kind also weniger kostet als es „einbringt"), besteht kein Grund, die Kinderzahl zu reduzieren. Im umgekehrten Falle ist das Gegenteil zu erwarten. Da Kinder mit steigendem Lebensstandard relativ immer teurer werden (Ausbildung, Rückgang der Kinderarbeit etc.) und da Eltern (insb. Mütter) höheren Bildungsgrades diesen auch für ihre Kinder anstreben, erklärt dieser Ansatz zwanglos die hier ermittelten engen Korrelationen.
— Mikrosozioökonomischer Ansatz (Siebenstein) erweitert den Begriff von „Kosten" und „Erträgen" um psychologische Faktoren (Freude an bzw. psychische Belastung durch Kinder) und soziale Erfahrungen (Statusbewahrungsmotiv) der Eltern (Easterlin).
— Mikrosoziologische Ansätze (Davis / Blake) stellen Faktoren zusammen, die Geschlechtsverkehr, Empfängnis, Schwangerschaft und Geburt in einer Gesellschaft bestimmen. So richtig es ist, diese Fragen zu stellen: von einer Theorie (die „erklären" will) kann man kaum sprechen.
— Theorien unter Einbeziehung der Makroebene heben auf soziale Normen und Strukturveränderungen (z. B. religiöse Normen, Machismo, Wandel von

traditionsgeleitetem zu zweckrationalem Handeln, sozialer Wandel) ab (Beshers u.a.). Diese müssen freilich auf der Mikroebene wirksam werden.

Eine umfassende Erklärung wird Elemente aller Theorien zu integrieren haben.

Ein Gesamturteil über die Wirkung der in den verschiedenen Theorien enthaltenen Bestimmungsfaktoren ist nicht einfach. Besonders gesellschaftliche Normen und religiöse Vorstellungen dürften sich nur sehr langsam wandeln. Andererseits sind sie nicht starr; die großen Weltreligionen z.B. haben ein erhebliches Maß an Vereinbarkeit mit unterschiedlichem generativem Verhalten bewiesen. Man wird insgesamt vorsichtig von einem weiteren Absinken der spezifischen Fruchtbarkeit ausgehen können. Sie ist jedenfalls — entgegen manchen populären Vorstellungen — in der Dritten Welt nicht weniger „rational" (im Hinblick auf die weltanschauliche, soziale und ökonomische Lage eines Paares) als in Industrieländern.

Auch religiöse Einstellungen wandeln sich

2.1.3. Bevölkerungswachstum, wirtschaftlicher Fortschritt und die Tragfähigkeit der Erde

a) Das schlichte Raisonnement, wirtschaftlicher Fortschritt werde durch das Bevölkerungswachstum wenigstens teilweise wieder aufgezehrt (4 % Wachstum der Wirtschaft bei 2 % der Bevölkerung ergibt Wachstum des Prokopfproduktes von 2 %; bei Nullwachstum der Bevölkerung wäre diese Zahl 4 % gewesen!) geht natürlich von einer unhaltbaren ceteris-paribus-Klausel aus: Steigt die Bevölkerung nicht um 2 %, dann gehen davon so vielfältige Wirkungen auf Wirtschaft und Gesellschaft aus, daß eben nicht alles andere gleichgeblieben ist.

Zahlreiche Modelle versuchen, die im einzelnen verwickelten Zusammenhänge von Bevölkerung und Wirtschaftswachstum zu erklären (Coale-Hoover für Indien, Enke, Krelle, Steinmann, Hirschman, Kuznets, Spengler); sie sind in den Ergebnissen umstritten und hochkomplex. Festzustehen scheint indessen:

Kein eindeutiger und unilinearer Zusammenhang zwischen Bevölkerungs- und Wirtschaftswachstum

— Die kurzfristigen Belastungen für das Wirtschaftswachstum durch eine hohe Rate der Bevölkerungszunahme (Infrastruktur- und Ausbildungskosten, Zunahme der Quote der wirtschaftlich nicht aktiven Bevölkerung, die von dieser mitunterhalten wird, u.a.) und die langfristigen Wirkungen (Zunahme des Arbeitskräftepotentials, segensreich bei der Verfügbarkeit von genügend Kapital) können, müssen aber nicht differieren.

Technischer Fortschritt nichtautonom vorgegeben

— Wenn es richtig ist, daß der technische Fortschritt nicht autonom vorgegeben ist, sondern u.a. vom auftretenden Problemdruck und dieser u.a. vom Zuwachs der Bevölkerung abhängt (Steinmann), und wenn weiter der technische Fortschritt ein Hauptbestimmungsfaktor für das Wirtschaftswachstum ist, wird langfristig jeder Zusammenhang zwischen den uns interessierenden Variablen unsicher.

  Kuznets hat jedenfalls gezeigt, daß 1750-1960 die heutigen Industrieländer weltweit sowohl das höchste Bevölkerungs- wie das höchste Wirtschaftswachstum aufzuweisen hatten.

b) Eine ganz andere Frage ist die nach der Tragfähigkeit der Erde bei Weiterwachsen der Bevölkerung. Wie erinnerlich, sind den frühen Modellen des Club of Rome 1972, die die Diskussion angestoßen haben, eine Reihe von weiteren Modellen und Gutachten gefolgt, darunter auch das recht optimistische lateinamerikanische Bariloche-Modell.

Aus heutiger Sicht kann festgestellt werden: Die Verfügbarkeit von Rohstoffen (bzw. ihre wechselseitige Substituierbarkeit und ihre „Neuentdeckung", d.h. Nutzung von bekannten Stoffen für gänzlich neue Zwecke) hat sich als wesentlich größer erwiesen als vor zwanzig Jahren angenommen. (Eine extreme These — Steinmann — geht sogar davon aus, daß alles zum Rohstoff werden kann, deren Vorrat also unbegrenzt ist). Was Energie angeht, ist die Erde gerade kein geschlossenes System; man kann daher sinnvollerweise nicht von Energievorräten sprechen (sondern allenfalls von „Vorräten an Energie in fossiler Form"). Als regional überaus problematisch (bei unveränderter Technologie, s. o.) kann sich die Verfügbarkeit von Wasser erweisen.

Die Erde kein geschlossenes Energiesystem

Als eigentliches Problemfeld verbleibt damit die Umwelt in ihren vielfältigen Facetten. Hier eröffnet sich ein moralisches Dilemma: Die reichen Industrieländer sind nicht berechtigt, anderen die Vorzüge des einfachen Lebens etc. (kurz, den Verzicht auf Wachstum) zu predigen, wenn sie selbst nicht zu einschneidender Reduktion ihres Lebensstandards bereit sind (und das sind sie bekanntlich nicht). Das Problem wäre bei einer stationären Weltbevölkerung schon schlimm genug, muß sich aber bei wachsender Bevölkerung verschärfen.

Zum Glück ist in keiner Weise ausgemacht, daß wirtschaftliches Wachstum mit einer Verschlechterung der Umwelt einhergehen muß. Zahlreiche Regionen der Dritten Welt weisen eine wesentlich schlechtere Umweltsituation auf als selbst die höchst belasteten Regionen der Industrieländer (ohne den alten Ostblock). Wird hier erneut der technische Fortschritt als problemabhängige Variable eingebaut, dann ist langfristig ein gewisser Optimismus erlaubt. Leider werden die kurzfristigen Umweltprobleme dadurch nicht gelöst.

Wirtschaftliches Wachstum bedeutet nicht zwangsläufig Umweltverschlechterung

2.2. Urbanisierung und Industrialisierung

Das massive Anwachsen der europäischen Städte seit dem 19. Jahrhundert war im wesentlichen eine Folge der in Gang gekommenen Industrialisierung. In fast allen Entwicklungsländern findet z.Z. eine mäßige (Lateinamerika, da bereits weitgehend urbanisiert) bis rasche (alle übrigen Regionen) Urbanisierung statt; im zweiten Fall übersteigt sie alle historischen Erfahrungen. Sie wird — ein weiterer Unterschied — nicht in erster Linie durch rasche Industrialisierung angestoßen (übrigens gibt es mehrere Regionen der Dritten Welt mit einer teilweise uralten autochthonen Stadtkultur!), sondern (als Faustregel: etwa zur Hälfte) durch eine hohe Rate der natürlichen Bevölkerungsvermehrung, sodann durch gewaltige Wanderungsströme (Landflucht), die in letzter Instanz durch Unterschiede in den Lebensbedingungen auf dem Lande und in der Stadt verursacht werden. Dazu gibt es inzwischen eine immer größere Zahl von Untersuchungen; die vieldiskutierte These vom „urban bias" (Michael Lipton) behauptet so-

Urbanisierung z.T. ohne Industrialisierung

These vom „urban bias"

gar, daß städtische Eliten soziale und wirtschaftliche Daten bewußt zum Nachteil des Landes manipulierten. Ein erheblicher Teil der Bevölkerung in der Stadt überlebt durch Aktivitäten im sogenannten „informellen Sektor"; als krisenhafter Ausdruck der überschnellen Urbanisierung erscheinen dem auswärtigen Beobachter Slums und Squatter-Siedlungen (den Krisencharakter bestreitet Turner) riesiger Ausdehnung, in denen oft die Hälfte der Stadtbewohner (oder gar mehr) hausen. Die Interpretation ihrer Sozialstruktur als Stätten erhöhter Kriminalität, des politischen Radikalismus oder gar sozialer Anomie hat sich, grosso mode, nicht halten lassen. Werte und Aspirationen sind die der (unteren) Mittelklasse, die Sozialstruktur durch ein Netz von freiwilligen Vereinigungen der verschiedensten Art (und, allerdings, auch verschiedener Dichte) gekennzeichnet. Solchen Vereinigungen und Verwandtschaftsbeziehungen kommt eine wichtige Funktion bei der Anpassung der Zuwanderer an das Stadtleben zu; die Behauptungen von „cities of peasants" haben sich als überzogen herausgestellt: Je nach Herkunft, Alter, Geschlecht, Ausbildung usw. erfahren die Zuwanderer vielmehr einen unterschiedlich raschen Sozialwandel von dem Idealkonstrukt des „ländlichen" zum „städtischen" Pol mit seinen Normen, Werten und sozialen Organisationsformen.

Slums sind Squatters mit eigener Sozialstruktur

Die auch für Europa inzwischen bezweifelte idealtypische Entwicklung von der (bäuerlichen) Großfamilie zur (städtischen) Kleinfamilie kann in zahlreichen Ländern jedenfalls nicht in dieser Eindeutigkeit (und vor allem Schnelligkeit) beobachtet werden. Die („extended") Familie bleibt jedenfalls für die Mehrzahl der Stadtbewohner eine erstrangige Sozialisationsagentur, Sozialversicherung und Quelle sozialer Anerkennung und sozialer Kontakte.

Hoher Stellenwert der „extended family"

Segregation der Stadtbevölkerung

Stärker als in europäischen Industrieländern ist die Stadt in Entwicklungsländern durch eine massive räumliche Segregation nach sozialen Schichten gekennzeichnet; die periodische Verlagerung der guten Wohnviertel, in denen „man" wohnt, führt immer wieder zu bedeutenden Kapitalverlusten.

Die unbekannten Eliten

Über die Lebensweise der städtischen Eliten ist relativ wenig bekannt: Soziologen haben ein Faible für Unterschichten, und eine teilnehmende Beobachtung der Oberschichten setzt finanzielle Mittel voraus, über die Wissenschaftler selten verfügen. Kein Wunder, daß Verschwörertheorien florieren (Kolumbiens Politik etwa werde beim Cocktail im Country Club in Bogotá gemacht).

Das Management der ungeheuren urbanistischen Probleme wurde und wird in der Regel in Begriffen europäischer administrativ-planerischer Logik begriffen (respektive mißverstanden). Die Landflucht ist nicht zu steuern; für die Entwicklung der Stadt nach einem Masterplan fehlen in der Regel die Instrumente. Das Ergebnis war und ist allzu oft, daß auch die Probleme nicht gelöst wurden, die mit den vorhandenen Mitteln hätten gelöst werden können: Problemverschärfung statt Problemminderung! Das gilt etwa für den öffentlichen Wohnungsbau mit häufig völlig unangemessenen Konzepten.

2.3. Wandel der Familie und der Rolle der Frau

Familie und Verwandtschaft sind für den Soziologen keine biologischen, sondern soziale Begriffe. Mit anderen Worten: Wer mit wem verwandt ist, wer wen heiraten bzw. nicht heiraten darf, unterliegt gesellschaftlicher Normierung und ist in den verschiedenen Gesellschaften der Dritten Welt fast unüberschaubar vielfältig geregelt. (Das folgende nach Bruchhaus / Leßner-Abdin / Wolsky) Das ist von Ethnologen und Kolonialbeamten des 19. Jahrhunderts nicht immer klar gesehen worden, was zu einer männer- bzw. knabenzentrierten Sichtweise auf den verschiedensten Gebieten (Familie, Schule, Politik, Wirtschaft) geführt hat.

Vorherrschende Familienformen

Familienformen unterscheiden sich vor allem nach Umfang, Verwandtschaftsstrukturen und Wahl des Wohnsitzes.

Ein sehr verbreiteter Typ ist die Mehrgenerationen-Großfamilie: Eltern leben mit ihren Kindern und deren Familien zusammen. Polygamie tritt in einfachen und komplexen Gesellschaften auf; Vielweiberei (Polygynie) ist wesentlich häufiger als Vielmännerei (Polyandrie); diese dient gelegentlich als Geburtenregulativ.

In manchen Fällen ist die Familie patrilokal (am Wohnsitz des Vaters ansässig), in anderen matrilokal. In diesem Fall mag der Vater andernorts wohnen und die Mutter-Kind-Gruppe nur besuchen.

Bilaterale Verwandtschaft (nach Industrieländer-Muster) stellt keineswegs die Regel dar. Verwandtschaft besteht meist nur mit den mütterlichen oder väterlichen Vorfahren (Matri- bzw. Patrilinearität).

Schließlich gibt es Familienformen, die auf Geschwisterbasis oder um ein alleinstehendes Elternteil konstruiert sind.

An der Spitze der matrilokalen Familie, in der der Mann nur Besucher ist, steht eine Frau. Im Zuge des Aufbrechens der traditionellen Großfamilien haben immer mehr alleinstehende Frauen für sich und die Kinder zu sorgen.

Strukturen des Patriarchats

Die angeführten Sachverhalte sind nicht mit Matriarchat bzw. Patriarchat zu verwechseln, die einen familiären und gesellschaftlichen Vorrang von Frau und Mann, also ein Herrschaftsverhältnis zwischen den Geschlechtern bezeichnen. Verbreitet ist das Patriarchat, das mit geschlechtsspezifischen Rollenmustern und geschlechtsspezifischem Status (Höherbewertung des Mannes, Minderbewertung der Frau) einhergeht. Es ist nicht mit letzter Sicherheit gelungen, die Gründe hierfür zu bestimmen. Gesellschaften, die soziale Differenzierung nach Körpergröße oder Körperkraft vornehmen, sind uns nicht bekannt; die biologische Rolle der Frau bei der Fortpflanzung sollte über die Wertschätzung der Fruchtbarkeit sogar zu ihrer Höherbewertung führen; Vermögen in der Hand der Frau muß durchaus nicht notwendig ihren Status verbessern, sondern geht oft mit besonders scharfer Kontrolle und totaler Einengung ihres Bewegungsspielraumes einher; die Verbreitung monotheistischer Religionen entspricht der Verbreitung patriarchalischer Gesellschaften, doch sind diese keineswegs auf diesen Raum beschränkt (die nichtmonotheistischen Religionen Asiens — Hinduismus, Buddhismus, Konfuzianismus, Schintoismus — gehen mit einem prägnanten Patriarchat einher), allerdings hat das Vordringen monotheistischer Religionen in ehemals animistische Gesellschaften (z.B. im Sahelraum) eine Pa-

Status der Frau

triarchalisierung mit sich gebracht; technologischer Fortschritt geht überwiegend auf Kosten des sozialen Status der Frau; die Zunahme der Bevölkerungsdichte in agrarischen Gesellschaften kann bei Nachfolgerechten von Frauen die Tendenz zu Kontrolle über die Töchter der Familie verstärken; Zusammenhänge zwischen Produktionsweise und Status der Frau sind uneinheitlich, je nach Region, und keineswegs durchweg durch eine Verbesserung mit fortschreitender Wirtschaftsentwicklung gekennzeichnet: Frauen verfügen meist nicht über das Produkt ihrer Arbeit; schließlich gibt es Anzeichen für einen positiven Zusammenhang zwischen dem Grad gesellschaftlicher und familiärer Hierarchisierung und der Stellung der Frau.

2.4. Eliten und ihr Wandel

Definition Elite

„Unter Eliten sollen hier die Inhaber außergewöhnlicher Macht- und Einflußpositionen in allen Bereichen des Gesellschaftslebens verstanden werden, insofern sie in der Lage sind, einen wesentlichen Einfluß auf (den) Entwicklungsprozeß (...) auszuüben. Der Begriff wird also ... werturteilsfrei verwendet“ (Behrendt).

Eliten zerfallen in der Regel in mehrere deutlich voneinander abgrenzbare Teile; relativ selten ist es zu einer Verschmelzung oder zur Integration verschiedener Teileliten gekommen.

„Alte“ und „neue“ Eliten

Eine erste Unterscheidung trennt „alte“ und „neue“ Eliten, keineswegs immer mit der klassischen Unterscheidung nach zugeschriebenem („ascribed“) und erworbenem („achieved“) Status gleichzusetzen. So gibt es Hinweise auf Statuszuschreibung qua Leistungsorientierung in nigerianischen Ethnien, etwa den Tiv (Marx / Mönikes / Seibel 1988). Die angeführte Unterscheidung wird allerdings in der Literatur häufig „traditionellen“ vs. „modernen“ Gesellschaften zugeschrieben. Alte Eliten umfassen etwa lateinamerikanische Großgrundbesitzer (hacenderos) oder Militärführer — Caudillos (solche auch im nachrevolutionären vorkommunistischen China); Häuptlinge und Dorfälteste in Afrika, „Feudalherren“ (ein unglückliches Catch-all-Wort) und Stammesführer in Asien, Medizinmänner, Großkaufleute, Schamanen, traditionelle Priester praktisch weltweit, Angehörige des hohen Klerus in der lateinamerikanischen Kolonialzeit usw. Für sie ist im Grundsatz eine Status-quo-Orientierung bezeichnend, festhalten am Althergebrachten — aus naheliegenden Gründen. Diese Traditionsverhaftetheit gab und gibt aufsteigenden neuen Eliten eine erstklassige ideologische Waffe in die Hand, um ihren eigenen Herrschaftsanspruch zu begründen. Schon daraus ergibt sich die erwähnte Tatsache der häufigen Abhebung von den alten Eliten statt ihrer Integration.

Rekrutierung moderner Eliten

Auch moderne Eliten zerfallen in verschiedene Gruppen, mit allerdings großen Unterschieden nach Land und Region. Wo sogenannte Nationalstaaten gegründet wurden (etwa in Afrika), war der Bereich, der anfangs den Aufstieg ermöglichte, die Politik. Eintritt hierin setzte häufig eine wenigstens rudimentäre „moderne“ Ausbildung im importierten Erziehungswesen voraus. Politische Führer der ersten Stunde waren so häufig Gewerkschaftsführer und Lehrer —

oder bereits in das politische System der Kolonialmacht integriert (Houphouet-Boigny, Präsident der Elfenbeinküste, der sogar Minister in Paris war). In Umkehr des Marxschen Theorems wird nicht der Staat zum Instrument der Bourgeoisie, sondern dient vielmehr dazu, ökonomische Bereicherung erst zu ermöglichen („Staatsklassen“ laut Elsenhans).

Sonderfall Indien

Einen Sonderfall in dieser Hinsicht dürfte Indien darstellen, wo politische Führer oft einer der (traditionell führenden) Brahmanenkasten angehörten und angehören.

Die Wirtschaftseliten

Eine zweite Elitegruppe mit einem in der Regel prekären Verhältnis zur ersten stellt diejenige der Wirtschaft dar, insbesondere die neuen Unternehmer. In Indien entstand eine Unternehmerschicht (oft aus Mitgliedern eingewanderter Minoritäten, etwa der Parsen) bereits in der Kolonialzeit (19. Jh.); auch in Südostasien bilden häufig Minoritäten (hier Chinesen) die wirtschaftlich führende Schicht bzw. prosperierendste Gruppe überhaupt. Lateinamerika ist stark durch den Unternehmungsgeist der verschiedenen Einwanderungswellen des späten 19. und des 20. Jahrhunderts geprägt worden. Hier ist es vereinzelt zur Aufnahme von Angehörigen der sogenannten „traditionellen Oligarchie“ in die neue Mittelschicht gekommen. Ob in Schwarzafrika (abgesehen zeitweise von fremden Einwanderern, z.B. Libanesen in West-, Indern in Ostafrika) überhaupt von „Unternehmern“ gesprochen werden kann, erscheint fraglich.

Bis Mitte der 80er Jahre: etatistische Entwicklungspolitik

Bis etwa Mitte der achtziger Jahre herrschte weltweit eine etatistische Entwicklungspolitik vor (oft unter dem nichtssagenden Etikett des „Sozialismus“ propagiert); eine der Begründungen gab das Fehlen einer dynamisierenden Unternehmerschicht nach dem Muster der europäischen Bourgeoisie des 19. Jahrhunderts ab. Immerhin ist es eine Überlegung wert, ob nicht die erdrückende Macht des Staatsapparates gegenüber unabhängigen gesellschaftlichen Regungen (Riggs sprach in unserem Zusammenhang von „Pariah-Unternehmern“) erst das Übel hervorgerufen bzw. verstärkt hat, das zu beheben sie behauptete.

Unternehmern stehen nach dem klassischen Modell interindustrieller Beziehungen in Gewerkschaften vereinigte Arbeitnehmer gegenüber — und Gewerkschaftsführer sind fraglos der Elite zuzurechnen. Bei aller Problematik die „Dritte Welt“ resümierender Aussagen seien doch folgende Generalisierungen gewagt:

Zur Typik industrieller Beziehungen

- Gewerkschaften sind oft unter europäisch-amerikanischem Einfluß entstanden;
- zum Unterschied von Gewerkschaften in Industrieländern im 19. Jahrhundert sind sie sehr häufig gerade nicht Notgemeinschaften der besonders Armen / Unterprivilegierten, sondern Privilegiertenkartelle (ihre Mitglieder verfügen über regelmäßige Geldeinkommen, zum Unterschied etwa von Angehörigen des „informellen Sektors“ oder der Bauern, den wirklich Armen);
- ihr Widerpart ist — wegen der beschriebenen Schwäche einer nationalen Unternehmerbourgeoisie — besonders häufig der die Wirtschaft dominierende Staat;
- Gewerkschaften sind deswegen politischer Macht oft besonders nahe, sei es durch Kooptation der Gewerkschaftsführer in den politischen Apparat (dominierende bzw. Einheitsparteien einbegriffen), sei es durch Repression.

Gewerkschaftsführer Teil der Elite

Mit anderen Worten: Gewerkschaftsführer (mit einer Rekrutierungsbasis vom klassischen Arbeiterführer bis zum Hochschulabsolventen aus der Mittelschicht, der Gewerkschaften als Vehikel zu politischer Karriere benutzt) sind Teil der Elite; im Einzelfall können sie freilich ebensogut Minister wie besonders prominente Staatsgefangene abgeben (und unter Umständen zwischen beiden Rollen wechseln!).

Zu den modernen Eliten sind weiter Militärs zu rechnen; diesen wird ein eigener Abschnitt gewidmet.

Der Wandel der Eliten (respektive ihre Zirkulation) war besonders markant beim Übergang von der Kolonialzeit zur Unabhängigkeit. Seither ist eine erhebliche Verlangsamung dieses Prozesses eingetreten: In zahlreichen Ländern ist eine deutliche Tendenz zur Schließung der eigenen Reihen gegenüber sozialen Aufsteigern und zur Selbstprivilegierung festzustellen. Da dieser — anders, als es funktionale Schichtungstheorien postulieren — oft gerade keine entsprechende Leistung für Wandel und Entwicklung entspricht (etwa in Schwarzafrika), ist sie insoweit als parasitär zu bezeichnen. Der blockierte Wandel läßt darüber hinaus soziale und politische Spannungen wachsen, bis es im Extremfall zu jenen Explosionen kommt, für die nicht wenige Länder inzwischen traurige Berühmtheit erlangt haben.

Schließung der Elitepositionen

2.5. Zum Sozialwandel im ländlichen Raum

Dominanz der Agrarbevölkerung

Die Mehrheit aller Menschen, die je gelebt haben, waren Bauern; die Mehrheit der heute lebenden Menschen sind Bauern.

Inhalte von Land- und Agrarsoziologie

Planck/Zicha trennen (1979) „Landsoziologie“ (die Soziologie der Menschen, die „auf dem Lande“ leben) von „Agrarsoziologie“ (der Soziologie der sozialen Erscheinungen im Bereich der Landwirtschaft, insbesondere der Bauern und Farmer und ihrer sozialen Bezugssysteme). Peter Lloyd (1979) unterscheidet für unseren Raum Stammes- von Bauerngesellschaften, wobei Stämme (in reinster Ausprägung im vorkolonialen Afrika) eine politisch autonome Gesamtgesellschaft darstellen, Bauerngesellschaften demgegenüber als Teilgesellschaften (als Gegenpol zur städtischen Gesellschaft) begriffen werden. Diese Dichotomie weist zwar auf wichtige Unterschiede im Verhältnis ländlicher Gesellschaften zu ihrer Umwelt hin, differenziert aber die Gesellschaften selbst nicht genug. Vielmehr sind Agrargesellschaften unter Umständen nicht weniger differenziert als Industriegesellschaften (nach Planck/Zicha). Sie mögen „Schichten“ aufweisen (im alten Afrika nur wenige — im Extremfall „akephaler Gesellschaften“ nur eine; bis hin zu drei — oder noch mehr — Schichten); bei vertikalen (oder „schrägen“) sozialen Trennungslinien ist von „versäulten“ Gesellschaften die Rede, wobei die Trennungslinie häufig nach Rasse oder Religion/Konfession definiert ist.

Differenzierung der Agrargesellschaften

Abstammungs-, Kasten- und Klassengesellschaften

Abstammungsgesellschaften gliedern sich nach Sippe, Klan oder Stamm. Kastengesellschaften erheben angeborene Ungleichheit in extremer Form zum Gliederungsprinzip; Klassengesellschaften wären durch eine zweischichtige Sozialstruktur mit extremer Eigentumskonzentration am Boden und, idealerweise, einem Klassenbewußtsein des Landarbeiterproletariats gekennzeichnet — das Urbild des „Lateinamerika-Stereotyps".

Ebenso können ländliche Sozialsysteme nach den geläufigen Begriffen wie Werte und Normen, Rollen, Kommunikation, Konflikt, Sozialwandel, Religion analysiert werden. Es ist aus Raumgründen völlig ausgeschlossen, auch nur deren Grundprozesse für die ländlichen Räume der Dritten Welt anzugeben. Mit dem umfassenden Begriff der „Agrarverfassung" wird versucht, die Gesamtheit der rechtlichen und sozialen Ordnung des Lebens auf dem Lande (also Boden- und Erbrecht, Besitz- und Betriebsgrößen, Arbeitsverfassung einschließlich des Genossenschaftswesens und, abgeschwächt, der Wirtschaftsgesinnung) zu begreifen. „Offensichtlich bestimmt die Agrarverfassung in Agrarländern die gesamte rechtliche und soziale Ordnung" (v. Dietze). Die Vielfalt der Formen in jedem dieser Bereiche ist auch für den Fachmann kaum zu überblicken.

Komplexität der Agrarverfassung

In allen bäuerlichen Gesellschaften findet ein erheblicher sozialer Wandel statt (dies wie das folgende nach Blanckenburg / Sachs). Induzierter technischer Fortschritt und Einbeziehung in größere Wirtschaftsräume sind hierfür wichtige Faktoren, daneben die Zunahme der Bevölkerung. Die oft behauptete „subculture of peasantry" mit Familienbezogenheit und Konservatismus ist mindestens zum Teil aufs engste mit der Agrarverfassung (etwa Familienwirtschaft) und der Armut verbunden: wer bei Mißlingen einer Neuerung (eines Risikos) buchstäblich von Hunger bedroht ist (also keine Reserven besitzt), wird begreiflicherweise vorsichtig sein; auch der in dem Begriff der „Agrarverfassung" ausgedrückte soziale, technische, kulturelle und rechtliche Gesamtzusammenhang erschwert isolierte Veränderungen. Daß der Boden als wichtigster Produktionsfaktor (Existenzgrundlage) oft einen hohen Grad emotionaler Verbindlichkeit erhält, kann nicht überraschen.

Sozialer Wandel in bäuerlichen Gesellschaften

Zwischen den Menschen, die das Land in Richtung auf die großen Städte verlassen, und denjenigen, die auf dem Lande zurückbleiben, gibt es charakteristische soziale Unterschiede, die sich zum Nachteil des Landes auswirken. Wer abwandert, ist — wie zahlreiche Untersuchungen ergeben haben — im Schnitt besser ausgebildet und dynamischer, dazu meist im wirtschaftlich aktiven Alter. Je nach Region wird unter Umständen auch das Geschlechterverhältnis in der einen oder anderen Richtung verschoben (in Lateinamerika wandern mehr Frauen, in Afrika mehr Männer). Oft bleiben mithin unvollständige Familien, Alte mit niedriger Schulbildung und Kinder zurück. Auch wenn der Zusammenhalt zwischen Familienangehörigen auf dem Lande und in der Stadt und Dorfbewohnern und ehemaligen Dorfbewohnern lange Zeit eng bleibt und das Land damit unter Umständen politische Fürsprecher in der Stadt erhält, kann dieser Aderlaß doch eine schwere Belastung für das Dorf und seinen Sozialwandel darstellen (wir sehen von den bisher wenigen Räumen ab, wo Landknappheit herrscht und die Abwanderung eher eine Entlastung bedeutet).

Damit ist der Bogen zum Verhältnis des Bauern zum Staat (bzw. dieses zum Bauern) gespannt: Staatliche Entwicklungspolitik hat die ländliche Entwicklung über Jahrzehnte vernachlässigt, politische Entscheidungen und Ressourcen in den Ballungsräumen konzentriert, die Frucht bäuerlicher Arbeit zu einem un-

Vernachlässigung der ländlichen Entwicklung

verhältnismäßig hohen Grad abgeschöpft und für städtischen Konsum verwendet. Diese Ausbeutungs- und Abhängigkeitsverhältnisse haben zum weitverbreiteten Mißtrauen des Bauern gegenüber staatlichen Instanzen geführt und ihn oft genug die einzige Waffe ergreifen lassen, die ihm zu Gebote stand, Verweigerung durch Reduktion der Produktion bis hin zum Rückzug in die Subsistenzproduktion (ein wesentlicher Grund für die Ernährungsschwierigkeiten Afrikas), von historisch zahlreichen — übrigens meist erfolglosen — Bauernrevolten abgesehen. Dabei könnte der Landwirtschaft im Zuge einer recht verstandenen Entwicklungspolitik eine unverzichtbare Rolle zukommen (Elsenhans, Reynolds). Falsch ist jedenfalls meist die Vorstellung eines unökonomischen Verhaltens von Bauern etwa durch Angebotseinschränkung bei Preiserhöhungen agrarischer Güter („backward sloping supply curve"). Hervorgerufen durch Hungersnöte oder allgemeine Agrarkrisen ist jedenfalls in den letzten Jahren ein erhebliches Umdenken bei entwicklungspolitisch Verantwortlichen in Bezug auf die Bedeutung der Landwirtschaft festzustellen („Umdenken" ist jedoch nicht immer gleich „erfolgreiche Politik"!).

Agrarreformen sind im Idealfalle ein komplexes Zusammenspiel vieler Faktoren und keineswegs auf „Landumverteilung" zu beschränken.

Ernährungssituation lösbar

Die vieldiskutierte Ernährungssituation der Erde ist technologisch und ökonomisch kein Problem (solche liegen im politischen, insbesondere sozialpolitischen Bereich); die Erde könnte grundsätzlich mehr Menschen ernähren als auch die höchsten Projektionen bis zur Stabilisierung annehmen.

2.6. Das Militär

Bei aller gelegentlich unerträglichen Generalisierung, wie sie diesen Aufsatz durchwegs auszeichnet, scheint der Satz richtig, daß das Militär (als Synonym für bewaffnete Kräfte insgesamt verwendet, also auch die Polizei, Leibgarden, paramilitärische Verbände usw. umfassend) in zahlreichen Ländern der Dritten Welt eine bedeutende politische Rolle wahrnimmt — drücke sich diese nun in direkter Übernahme der Herrschaft aus oder nicht. Die Übertragung der Tradition unpolitischer Berufsmilitärs in Länder der Dritten Welt ist nur ausnahmsweise gelungen (etwa in Indien); das Selbstverständnis hoher Militärs geht über die Verteidigung des eigenen Landes in der Regel weit hinaus. Jenseits von westlich-demokratischen Wertvorstellungen (zivile Kontrolle über das Militär) gewinnt somit die Frage nach den Auswirkungen dieser Tatsache für die Entwicklung Bedeutung.

Frühe Theorien (Löwenthal) postulierten (und einzelne Autoren tun dies heute noch) eine inverse Beziehung zwischen Entwicklung und politischer Freiheit. Für Militärregime wurden besondere Vorteile bei der Induzierung und

Militär als Faktor der Modernisierung?

Steuerung von sozialem und ökonomischem Wandel behauptet: Militärs seien die den „modernen" Werten am meisten ausgesetzte soziale Gruppe. Die Streitkräfte stellen oft einen der zugänglichsten Kanäle für sozialen Aufstieg dar. Dem Offizierskorps wurde eine berufliche Ideologie aus Nationalismus, puritanischer Strenge, Akzeptierung kollektivistischer Formen der Wirtschaft und

Feindschaft gegenüber zivilen Politikern und politischen Gruppen (letzteres zumeist unabhängig von der im übrigen recht unterschiedlichen ideologischen Ausrichtung) zugeschrieben. Kurz: die Konjektur war, daß die Armee ein besseres Instrument der Modernisierung in Übergangsgesellschaften sei als zivile Politiker bzw. die Bürokratie. Schwierigkeiten wurden bei der „Re-Zivilisierung", allgemein beim Einrichten eines lebensfähigen politischen Prozesses gesehen. Politische Stabilität und Reformen der Gesellschaft sollten so Erfolge bringen, die den Zivilregimen unzugänglich bleiben sollten (Pye, Halpern u.a.). Die Opposition gegen diese positive Deutung begann mit Publikationen von Lateinamerikanisten, also Regionalspezialisten; eine vermittelnde Haltung (Huntington) glaubt, daß die Rolle des Militärs vom erreichten Entwicklungsniveau der betreffenden Gesellschaften abhängt. Empirische Überprüfungen der These für das Jahrzehnt 1960-1970 bestätigten entweder Huntington (Nordlinger) oder fanden keinen einheitlichen Zusammenhang zwischen Militär und Entwicklung (Jackman).

Rolle des Militärs als Indikator des Entwicklungsniveaus

Auffällig ist bei all diesen Überlegungen die technokratische Verengung, die Militärregime wie andere Regime begreift, aber die „menschlichen Kosten" oft brutaler Repression und die langfristige Zerstörung einer freiheitlichen Politik („politics") nicht beachtet. Inzwischen sind wir in dieser Hinsicht eines Besseren belehrt und können zusammenfassend formulieren:

Kritik positiver Zuschreibungen bei Militärregimen

— Auch wenn das in Einzelfällen anders sein mag, erweisen sich Militärregime (wie autoritäre Regime allgemein) generell nicht als überlegen, wenn es um wirtschaftliche Entwicklung geht;
— Militärregime erweisen sich weder als systematisch „sauberer" noch als systematisch korrupter als Zivilregime;
— die menschlichen und politischen Kosten der Militärherrschaft sind hoch. Nur langjährig gefestigten demokratischen Systemen (Chile) gelingt eine „Rezivilisierung" ohne größere Probleme; häufiger ist der Fall, daß Ansätze einer zivilen Politik („polity") durch Militärregime auf lange Zeit zerstört werden.
— Auch Militärregime unterliegen dem „ehernen Gesetz der Oligarchie" (Michels), einer Schließung der Reihen, um auf Dauer ungestört Herrschaft ausüben zu können.

Insgesamt ist die westliche Entwicklungspolitik in den letzten Jahren gegenüber Menschenrechtsverletzungen in der Dritten Welt sensibler geworden.

2.7. Die Bürokratie als Herrschaftsorganisation

Drei Positionen zur Deutung von Bürokratien in der Dritten Welt werden in der Literatur vertreten (Wolff):

2.7.1. Die „Technokraten" oder „Empiriker":

Ihre Hauptthesen sind folgende:

a) Öffentliche Verwaltungen sind **zweckgerichtete Sozialgebilde**. Sie verwirklichen durch politische Entscheidungsträger gesetzte Ziele.
b) Als Zweckgebilde unterliegen sie **Rationalitätskriterien**. Diese sind theoretisch zu bestimmen. Soweit empirisch beobachtete Systeme von diesem Idealbild abweichen, sind sie als mangelhaft zu betrachten.
c) Entwicklungshilfe in diesem Bereich hat die Aufgabe, zur Herstellung des Ideals rationaler Verwaltung beizutragen.

Zweck: Durchsetzung politisch bestimmter Ziele

Die „Staatsverwaltung" als Teilbereich des politischen Systems wäre hiernach als Organisation zu kennzeichnen, die ihren Daseinszweck in der Erreichung politisch bestimmter Ziele findet. Aus der Fülle von Begriffsbestimmungen des „Politischen", die hier nicht diskutiert werden können, sei jene herausgegriffen, die auf die legitime Herstellung und Durchsetzung für alle Mitglieder eines Sozialgebildes (Staates) verbindlicher Beschlüsse, im Extremfall mit physischer Gewalt, abhebt. Die beiden Elemente — **Entscheiden** und **Durchsetzen** der Entscheidung — sind analytisch unterschiedliche Funktionen. Die Staatsverwaltung ist hiernach jene Organisation, der die Gewährleistung jenes zweiten Teils der Bestimmung des Politischen, die Durchführung durch das politische System verbindlich gesetzter Entscheidungen, zukommt. Einem empirisch beobachtbaren Sozialgebilde (eben der Verwal*tung*) wird eine präzise abgrenzbare Funktion (das Verwal*ten*) — und sonst nichts — zugeordnet.

Von dieser Auffassung her erschließt sich nun leicht die Betrachtung der Verwaltung unter **Effizienzgesichtspunkten**. Die Form und die Verfahrensweisen sind offensichtlich am Erfolg zu messen; dieser kann mehr oder weniger vollständig, mit mehr oder weniger großem Einsatz erreicht werden. Die Zuordnung der Verwaltung zur politischen Herrschaft läßt darüber hinaus vermuten, daß verschiedenen Herrschaftstypen verschiedene Verwaltungsformen zuzuordnen sind; dies ist in klassischer Weise durch *Max Weber* geschehen, der in die entscheidenden Züge übersteigernder Darstellung („idealtypisch") herausgearbeitet hat, daß „rationaler" Herrschaft (die auf gesatzten Regeln beruht) eine rationale Verwaltung entspricht. Diese zeichnet sich — und zwar, wie nicht genug betont werden kann, unabhängig von jedem empirischen Befund — durch eine Reihe von Merkmalen aus, die zusammengenommen die höchste Verwaltungseffizienz garantieren.

Webers Idealtypus „rationaler" Herrschaft

Wenn die Voraussetzung richtig ist, daß kulturunabhängig eine derart beschaffene Verwaltung die größte Effizienz aufweist und zur Lösung komplexer Aufgaben, wie sie gerade in einem Entwicklungsland zahlreich anfallen, am besten geeignet ist, wird die gegenwärtige Gestalt vieler Entwicklungsländerverwaltungen nur mit negativen Urteilen bedacht werden können. Dies ist das übliche Vorgehen zahlreicher Experten für Organisation und Management im Dienste der Entwicklungshilfe: Sie vergleichen den Befund mit ihren Lehrbuchprinzipien, konstatieren zahlreiche „Mängel" im Bereich Personal, Organisation,

Kluft zwischen Idealtypus und Realität

Finanzen und Verfahren und empfehlen dann die Herstellung des Lehrbuchideals. Um die entscheidende Frage, wie denn dies Ideal zu erreichen sei, drückt man sich allzuoft herum.

2.7.2. Die „Funktionalisten" oder „Politiker"

Grundthesen:

a) Öffentliche Verwaltungen sind Sozialgebilde, deren Aktivitäten und Aufgaben im speziellen Fall nur durch **empirische Untersuchungen** bestimmt werden können; als Ausgangshypothese mag dienen, daß sie über die Verwirklichung von politisch gefaßten Beschlüssen hinausgehen und daß sie wie die meisten Sozialstrukturen **mehreren Funktionen** zugleich dienen.

b) Rationalitätskriterien gelten nur für Teilbereiche des Verwaltungshandelns; was rational ist, kann zudem nur im Kontext des spezifischen gesellschaftlichen Umfeldes bestimmt werden, in dem die Verwaltung tätig ist.

Eingrenzung der Rationalitätskriterien

c) Werturteile wie „Dysfunktionalität" können nicht für vom Betrachter gesetzte Maßstäbe, sondern allenfalls im Hinblick auf jene Ziele bestimmt werden, die die Verwaltung tatsächlich im sozialen Gesamtfeld erfüllt. Wegen ihrer engen Interdependenz wird die Gestalt und die Arbeitsweise einer konkreten Verwaltung vom sozialen Umfeld entscheidend mitgeprägt.

d) Entwicklungshilfe im Verwaltungsbereich hat die Aufgabe, kulturspezifische Lösungen unter Respektierung der *wirklichen* (nicht dem Lehrbuch entnommenen) Aufgaben der Verwaltung zu finden. Dabei ist dem möglichen Konflikt zwischen technischer Lösungskompetenz und politischer Aufgabenstellung besondere Aufmerksamkeit zu widmen.

Respektierung kulturspezifischer Lösungen

Betrachten wir diese Grundthesen im Detail.

Die Aufgaben empirischer Sozialforschung

Die Gründung von Organisationen als Sozialgebilde mit der ausdrücklichen Aufgabe, bestimmte Ziele zu erreichen, bedeutet für den Sozialwissenschaftler keineswegs, daß das tatsächliche Verhalten sich in deren Versuch der Zielverwirklichung erschöpfte oder daß die Strukturen aus diesen Aufgaben restlos abzuleiten wären. Er wird zunächst unvoreingenommen an die Untersuchung herangehen und beobachtend nach den sozialen Strukturmerkmalen und deutend nach der Einordnung der Tätigkeiten im gesellschaftlichen Rahmen zu fragen haben. Keinesfalls wird er die offizielle Gründungsakte einer Organisation, in der ihre Ziele festgelegt sind, für eine Beschreibung der Wirklichkeit halten; sie kann hierfür allenfalls einen ersten Anhaltspunkt liefern. Ebenso ist die Auskunft der Mitglieder der Organisation über deren Ziele eine unzuverlässige Quelle. Motive der Akteure und soziale Funktion können auseinanderfallen.

Funktionen der Verwaltung

Auf dieser ersten Ebene wären also zunächst die wirklichen Funktionen von Verwaltungssystemen im sozialen Ganzen, insbesondere natürlich im politischen Bereich, zu bestimmen, da sie als politisches Subsystem angesehen werden. Werturteile über Effizienz, Effektivität, Rationalität haben hier zunächst keinen Platz; auch die von den „Technokraten" festgestellten „Mängel" werden als „Merkmale" beschrieben; eine Bewertung unterbleibt zunächst. Sie kann erst erfolgen, wenn die wirklichen Systemfunktionen ermittelt worden sind; Kriterium für eine solche Bewertung hat das Maß der Erfüllung dieser Funktionen zu sein. Effizienz im rational-westlichen Verständnis ist zunächst also nur insoweit ein Bewertungskriterium, als sie vom politischen System überhaupt angestrebt wird.

Dient z. B. ein Personalwesen wesentlich der Versorgung politischer Parteigänger und kann ohne diese Patronage ein politisches System in der bestehenden Form nicht aufrechterhalten werden (Kolumbien), dann können isolierte Verwaltungsreformen nur scheitern; eine politische Reform hätte meritokratischer Rekrutierung von Beamten vorauszugehen. Die Nachteile des Patronagesystems werden ganz einfach hingenommen, da sie das Pendant zu politischer Funktionalität darstellen.

2.7.3. Die Dependenz- oder Imperialismustheoretiker

Grundthesen:

Entwicklungsstand: eine relative Größe

a) Die gegenwärtige Lage der Entwicklungsländer ist nicht ohne *Einbeziehung des internationalen Systems* zu begreifen; dieses stellt sogar den überragend wichtigen Bedingungsfaktor dar. Entwicklungsländer sind nicht einfach durch Fehlen von Merkmalen charakterisiert, die Industrieländer besitzen; ihre Unterentwicklung besteht vielmehr wegen der Entwicklung der Industrieländer. Das internationale System ist so strukturiert, daß Abhängigkeit und Schwäche vom und gegenüber dem Imperialismus eine eigenständige Entwicklung verhindern.

Zentrum — Peripherie durch Kapitalismus

b) Die abhängige Situation bedeutet nicht einfach solidarische Ohnmacht der Entwicklungsländer. Sie findet vielmehr ihre Nutznießer in Gestalt bestimmter, mit dem internationalen Kapital (Imperialismus) verbündeter Klassen, die als „Zentrum der Peripherie" an der Ausbeutung der „Peripherie der Peripherie" teilhaben. Die Staatsstruktur ist so einerseits durch weitreichende Ohnmacht im internationalen Bereich charakterisiert, nach innen indessen ein zuverlässiger Garant jener Ausbeutungsverhältnisse.

c) Eine Durchbrechung dieser Situation ist — je nach Autor — nur durch eine sozialistische Revolution, mindestens aber durch eine „Abkoppelung" von den entwicklungshemmenden beziehungsweise -verhindernden Einflüssen des internationalen imperialistischen Systems möglich.

Grundsituation nur durch weltrevolutionäre Veränderungen aufhebbar

d) Aus einer derartigen Analyse folgt, daß zahlreiche Variablen der klassischen politischen Analyse (Parteien, Wahlen, politische Institutionen usw. — und eben auch die Verwaltung) jener Grundsituation gegenüber kein eigenständiges Interesse beanspruchen können. Noch weniger sind „Reform"- oder „Entwicklungshilfe"-Maßnahmen geeignet, zur Überwindung der Grundsituation ausgebeutet-abhängiger Unterentwicklung beizutragen.

Es dürfte deutlich geworden sein, daß aus den drei verschiedenen Sichtweisen von Staat und Verwaltung drei Positionen zur Frage von Verwaltungsreform und Verwaltungshilfe durch Industrieländer folgen.

2.8. Das Überleben traditioneller Sozialstrukturen

Klassische Theorien des Sozialwandels begreifen ihn als Bewegung auf einem Kontinuum zwischen den Polen „Tradition" und „Moderne" (oder Statik-Dynamik), unilinear, gelegentlich von Entwicklungskrisen unterbrochen (z. B. durch unterschiedlich schnellen Wandel in verschiedenen Sozialbereichen) oder, bei Unfähigkeit bestimmter Gesellschaften zur aktiven Auseinandersetzung mit und Übernahme von Elementen der modernen Kultur, deren Untergang (s.o.), aber im Ganzen doch mit unwiderstehlicher Kraft voranschreiten. Nach Behrendt wäre der eine Pol durch Elemente wie traditional und religiös unterbaute, hierarchisch gegliederte rigide Schichtungsstrukturen, große Bedeutung sozialer Primärgruppen mit „Gemeinschafts"-Charakter, deren patriarchalische Struktur, statische Verfahren in Technik und Wirtschaft, erhebliche Bedeutung der Selbstversorgungswirtschaft, autoritäre Herrschaftsordnungen, feudalähnliche Gesellschaftsstrukturen, unbedeutenden Mittelstand und sakrales Recht gekennzeichnet. Man setze überall den Gegenpol oder Gegensatz ein — und man hat das Bild der „modernen" („relativ entwickelten", lt. Behrendt) Gesellschaft vor Augen. Verglichen mit den beobachtbaren „relativ entwickelten" Gesellschaften entbehrt dieses Konstrukt nicht der Komik bzw. kann bestenfalls als Idealtyp begriffen werden — oder, alternativ, zu dem nicht eben umwerfenden Schluß führen, daß alle Länder Entwicklungsländer sind.

Sozialer Wandel zwischen den Polen „Tradition und Moderne"?

Jenseits der generellen skizzierten Vorstellungen von einem dynamischen gesellschaftlichen Ordnungswandel wurde in der Regel (kurzschlüssig) angenommen, die konkreten Formen, auf die hin sich der Wandel bewege, seien notwendigerweise mit den in Industrieländern beobachteten identisch. (Das Beispiel Japan, wo das in vieler Hinsicht definitiv nicht der Fall ist, blieb meist außer Berücksichtigung.) Inzwischen wissen wir: Traditionelle Sozialstrukturen haben sich nicht nur oft zäh behauptet, sondern gelegentlich neue Funktionen bei der Bewältigung des Sozialwandels übernommen. (Die konkreten Formen von Entwicklung oder Wandel können mithin nur empirisch beobachtet, aber nicht durch idealtypische Konstrukte bestimmt werden.) Drei Beispiele, teilweise unter Rückgriff auf bereits Gesagtes, seien aufgeführt:

Neubewertung traditionaler Strukturen

Stellenwert der Familie

— Der Wandel der Familie verläuft durchaus nicht einlinig nach dem Topos „von der Groß- zur Kleinfamilie". Im Zuge regionaler Wanderungsbewegungen mögen Familien neue Funktionen zukommen und alte bestärkt werden: Schüler und Studenten mögen bei Verwandten in der Stadt wohnen (da nur hier die entsprechenden Bildungseinrichtungen zu finden sind); der Zusammenhalt einer Familie durch die Notwendigkeit einer Art privat organisierter prämoderner Sozialversicherung bestärkt werden; der Sozialisation in das städtische Leben neue Bedeutung zukommen usw.

Stellenwert ethnischer und kultureller Bindungen

— Ethnische und kulturelle Bindungen haben sich häufig nicht nur als besonders zählebig erwiesen, sondern öfter an Bedeutung zur Sinn- und Identitätsstiftung bei raschem Sozialwandel gewonnen. Ein klassisches Beispiel wären ethnisch definierte „freiwillige Vereinigungen" in afrikanischen Städten: Zu Hause ist man so fraglos Mitglied der Ethnie X, daß zur Definition der eigenen Identität nicht die Ethnie, sondern der Clan oder das Dorf genutzt wird. In der Stadt hingegen bieten sich, je nach sozialer Situation, verschiedene Möglichkeiten der Definition der Ich-Gruppe an: Afrikaner vs. Libanesen, Yoruba vs. Ibo (unser Thema), Ibos aus Onitsha vs. Ibos aus Owerri, Clan Ubakala vs. Clan Olokoro oder sogar Dorf Nsirimo vs. Dorf Laguru (Hanna u. Hanna).

Falsche Annahmen säkularisierter Wissenschaft(ler)

— Entwicklungssoziologen des 19. und z.T. 20 Jh. glaubten unter Schlagworten wie „Entzauberung der Welt“ oder Entwicklung zum „positivistischen Zeitalter“ u. dgl. eine fortschreitende „Verwissenschaftlichung“ bzw. Säkularisierung, Ersatz mythischer Weltdeutung durch wissenschaftliche Welterklärung feststellen zu können. Die Abnahme der Bedeutung von Religion und Kirche im Laufe der Menschheitsentwicklung stand für sie fest, auch und gerade dann, wenn sie ihnen für die Herausbildung der modernen industriellen Zivilisation eine erstrangige Bedeutung zugemessen hatten (Weber). Die bereits mehrfach vermerkte Neigung zum Ethnozentrismus hielt eine gleichartige Entwicklung in der Dritten Welt für ausgemacht — obwohl bestimmte Inkonsistenzen der Beobachtungen in Industrieländern (z.B. die größere Rolle von Kirchlichkeit und Gottesglauben gegenüber Europa ausgerechnet in den USA) hier zur Vorsicht hätten mahnen sollen.

Säkularisierung — eine europäische Sonderentwicklung

Auch wenn derart epochale Generalisierungen durch Beobachtungen weniger Jahrzehnte nicht zu widerlegen sind, so gilt doch, daß noch viel weniger für ihre Bestätigung spricht. Nach wie vor spielt Religion und — wo der Terminus anwendbar ist — Kirche eine erstrangige Rolle für die große Mehrzahl der Menschen in der Dritten Welt — und keineswegs vorrangig in klerikal-reaktionären Formen wie im Iran oder in jener den Europäer so beunruhigenden Mischung aus Minderwertigkeitskomplexen und Aggressivität wie im fundamentalistischen Islam. Die großen Religionen Asiens haben, weithin unbemerkt, an sinnstiftender und verhaltensprägender Kraft gewonnen — kurz: es ist nicht ausgeschlossen, daß sich die Säkularisierung im Sinne des Rückganges der Bedeutung von Religion und Kirche eines Tages als eine europäische Sonderentwicklung erweisen wird.

2.9. Importierte Erziehungssysteme als Motoren des Wandels oder Hemmnisse der Entwicklung

Erziehungssysteme sind zunächst für den Soziologen als relativ autonome gesellschaftliche Subsysteme zu begreifen, mit den Hauptfunktionen von Sozialisation und Allokation. Für den Ökonomen stellen sie eine Mischung aus Konsum und Investition dar (eines Teiles jenes berühmten „fehlenden Faktors“ beim Wirtschaftsaufschwung, der bei dessen Erklärung durch Kapitalakkumulation übrigbleibt). Schließlich fragt der Politikwissenschaftler nach politischen Wirkungen, die vom Erziehungssystem in seiner konkreten Ausgestaltung ausgehen können (die eigentlich pädagogischen Fragestellungen liegen außerhalb der Thematik dieses Beitrages).

2.9.1. Sozialisation und Allokation

Unterschiedliche Sozialisationsagenturen

Jede Gesellschaft ist zur Aufrechterhaltung ihrer Kultur auf die Sozialisation ihrer Kinder angewiesen. Sehr verschieden sind allerdings die Sozialisationsagenturen: einfache Gesellschaften betonen die Rolle von Familie, Verwandtschaft, Altersgruppen und dergleichen, kennen aber häufig bereits formalisierte Initiationsriten (rites de passage) etwa zur Markierung des Übergangs von der Kindheit zum Erwachsenenstatus, oft mit einer formellen Einführung in Werte, Normen und Mythen der entsprechenden Gemeinschaft verbunden. Hochkulturen haben häufig spezialisierte soziale Subsysteme („Schulen") wie Koran- oder Tempelschulen, Klosterschulen, Medresen, geistliche Hochschulen, Palastschulen usw. Zwischen diesen autochthonen Einrichtungen und dem „modernen" Erziehungswesen besteht weder organisatorisch noch den Bildungsinhalten nach irgendeine Kontinuität: die heutigen Schulen sind „importiert", teils durch Kolonialmächte, teils imitiert (Japan), teils auf dieser Basis von unabhängigen Staaten weiterentwickelt. Aus dieser Tatsache folgen charakteristische Probleme:

Problematik der Verpflanzung von Erziehungssystemen

— Erziehungssysteme sind in Industrieländern in Jahrhunderten gewachsen, immer wieder reformiert und an sich wandelnde gesellschaftliche Anforderungen angepaßt worden. Auch wenn im Einzelfall strittig sein mag, wie funktional sie für die Bedürfnisse unserer eigenen Gesellschaften sind, dürfte als sicher gelten, daß ihre Verpflanzung in einen sehr unterschiedlichen sozialen Hintergrund den Ansprüchen dieser Gesellschaften von Struktur und Curriculum her oft nicht genügt. Bekannt sind die Klagen über die Intellektualisierung des Unterrichts, die Überbetonung des Rechts und der Humaniora zu Lasten naturwissenschaftlich-technisch-agrarischer Fächer und die Alphabetisierung bereits in einer Fremdsprache, der offiziellen Amtssprache. Hohe Abbrecherquoten („Drop-outs"), geringe Übergangsquoten von einer Schulstufe zur anderen, arbeitslose Akademiker, Abneigung gegen Handarbeit und Tätigkeit auf dem Lande hängen mit diesen Sachverhalten zusammen.

Oligarchisierung der Aufstiegschancen

— Wie in Industrieländern bestimmen Schulergebnisse Lebenschancen entscheidend mit (Allokationsfunktion): nur wer mindestens die Primarschule passiert hat, hat als afrikanischer Bauernsohn eine (geringe) Chance, dem Agrarsektor zu entkommen. Eine durchgesetzte Schulpflicht ist aber (außer in Lateinamerika) selten (die Kosten für den Staat respektive die Opportunitätskosten für die Familien sind einfach zu hoch). Mit anderen Worten: Das leistungsorientierte Selektionssystem greift (bestenfalls), nachdem eine ganz sicher nicht primär auf Leistung beruhende fundamentale Selektion (eben Schulbesuch oder nicht) bereits eingetreten ist. (Status bzw. Wohlstand der Eltern ist das durchschlagende Kriterium.) Damit wird eine Tendenz zur Oligarchisierung gefördert, um so stärker, je höher das betrachtete Ausbildungsniveau ist.

2.9.2. Beitrag zum Wirtschaftswachstum

Bildung trägt über die Qualifizierung von Arbeitskräften zum Wirtschaftswachstum bei — so die verbreitete Auffassung. Die Folgerung ist klar: wenn Bildung Wachstum fördert, fördert mehr Bildung es mehr. Entsprechender Optimismus war in den 60er und 70er Jahren verbreitet.

Bildung keine „Wachstumsmaschine"

Inzwischen ist der Katzenjammer allgemein; Bildung hat sich keineswegs als „Wachstumsmaschine" erwiesen. Hauptgründe: Die hohe Korrelation zwischen Indikatoren des Bildungssystems und Sozialprodukts wurde vorschnell bzw. einseitig im Sinne einer unilinearen Kausalität gedeutet. Richtiger dürfte eine wechselseitige Beeinflussung sein: ein reiches Land „leistet" sich mehr an (konsumptiver) Bildung. — Zwischen Real- und Bildungsinvestitionen besteht ein weitgehend limitationales Verhältnis; wird also das Bildungssystem über die Vermehrung des Anlagekapitals hinaus vermehrt, liefert es keinen Wachstumsimpuls und wird im schlechteren Falle zum „Entwicklungshindernis" (Hanf u.a.) — Schließlich ist Bildung kein homogenes Gut, wie vorschnell angenommen, sondern kann für Wirtschaft und Gesellschaft je nach Ausgestaltung mehr oder weniger funktional sein (s.o.): Nicht Ausbildung schlechthin ist entwicklungsrelevant, sondern nur eine solche, die zu den übrigen entwicklungspolitischen Maßnahmen in einem wohlausgewogenem Verhältnis steht.

2.9.3. Politische Wirkungen

Mißlungene Politische Sozialisation

Politische Wirkungen mögen intendiert oder nicht intendiert sein. Die geplante politische Sozialisation ist in der Kolonialzeit mißlungen, aber auch die politischen Führer unabhängiger Staaten haben meist erfahren müssen, daß die beabsichtigte Sozialisation dann mißlingt, wenn ihre Inhalte zentralen Gegebenheiten in der Lebenswirklichkeit der Schüler widersprechen. Es gibt darüber hinaus die Theorie, daß Erziehung politische Integration kaum gefördert, sondern eher behindert habe. Es gibt hier zahlreiche im einzelnen aus Raumgründen nicht darstellbare Konfliktfelder, auch wenn sich manche Destabilisierungs-Prognosen der sechziger und siebziger Jahre als überzogen herausgestellt haben (Hanf).

„Pädagogik der Befreiung"

Radikale Kritiker aus der Dritten Welt selbst (Ivan Illich, Paolo Freire) forderten ein vollständiges Umdenken zu einer Art „Pädagogik der Befreiung" (teilweise unter Rückgriff auf Ideen eines Frantz Fanon); entsprechende Ansätze hatten aus politischen Gründen keine Möglichkeit der praktischen Bewährung und werden eine solche Chance wohl auch nicht mehr erhalten.

2.10. Zum Wandel von Werthaltungen, Normen und Aspirationen

„Revolution steigender Erwartungen"

— Destabilisierungstheorien knüpften sich auch an die „revolution of rising aspirations", eine Steigerung der als legitim betrachteten Ansprüche über die ökonomischen Möglichkeiten eines Landes hinaus. Die allgegenwärtigen Massenmedien transportierten ein Glitzerbild vom Leben in der technisch-

wissenschaftlichen Zivilisation in das hinterste afrikanische Dorf und erzeugten damit ein unrealistisches Aspirationsniveau.
In dieser simplen Form ist die These sicher unzutreffend; allerdings ist schwer zu entscheiden, ob und wie weit der Niedergang afrikanischer Staatlichkeit („polity") hierin eine seiner Ursachen hat. In Lateinamerika gibt es elaborierte Theorien (O'Donnell), die den „bureaucratic-authoritarian state" auf die „Notwendigkeit" der Repression der Aspirationen „des Volkes" im Sinne der Verwertungsnotwendigkeiten des transnationalen Kapitals zurückführen. Dies sind großenteils wilde Konjekturen.

— Soziologen (und Sozialpsychologen) weisen darauf hin, daß eine isolierte Modernisierung durch Übernahme der technischen Artefakte oder der Formen moderner Organisation unter Beibehaltung „traditioneller" Wertstrukturen nicht nur unwahrscheinlich, sondern unmöglich ist: Kultur- und Sozialwandel wird als Gesamtphänomen begriffen. Allerdings ist ungleichgewichtiger Wandel möglich und wird als krisenhaft verstanden; die Theorien weichen allerdings im einzelnen voneinander ab.

Kultur und Sozialwandel ein Gesamtphänomen

Bei David Lerner ist der Schlüsselbegriff „Empathie", „die Fähigkeit, sich selber in der Situation eines anderen zu sehen". Die „natürliche" Umwelt wird durch Massenkommunikationsmittel zur mittelbaren Erfahrung; die soziale Realität erweitert zur „teilnehmenden Gesellschaft". Auf der Basis von ausgedehnten Studien im Vorderen Orient schon in den fünfziger Jahren glaubt er feststellen zu können, daß das „vom Westen geschaffene ... grundlegende Modell praktisch in allen sich modernisierenden Gesellschaften auf allen Kontinenten der Welt auftaucht...".

Schlüsselbegriff „Empathie"

Verschiedene Typen der Anpassung von Gesellschaften an exogen induzierte Wandlungsprozesse (strikte Ablehnung um den Preis des Untergangs einbegriffen) interessieren Eisenstadt, Moore u.a. Soziale Abweichler (prototypisch die „Unternehmer") brechen mit den vorherrschenden sozialen Wertvorstellungen und leiten damit den Wandel ein oder fördern ihn (Hoselitz); für McClelland ist die individuelle Leistungsmotivation (angelegt in der Erziehung zur Selbständigkeit in der Kindheit) der zentrale Wirtschaftswachstum bedingende Faktor. Kurz: Psychische und gesellschaftliche Wandlungsprozesse sind miteinander verbunden; verschiedene Gesellschaften entwickeln auf der Basis unterschiedlicher Strukturen und Werte unterschiedliche Reaktionen auf externe Stimuli; die Vielfalt im einzelnen ist kaum zu überschauen, folgt aber auf einer sehr hohen Abstraktionsstufe im Prinzip immer dem gleichen (Industrieländer-)Modell.

Leistungsmotivation nach McClelland

3. Theorien von Entwicklung und Unterentwicklung

Mobilisierungstheorien der eben angesprochenen Art gehören der großen Gruppe der „Modernisierungstheorien" an. Die Vielfalt der Ansätze ist auch für den Spezialisten kaum mehr zu überblicken, doch hat sich eine Einteilung in zwei bis drei Gruppen eingebürgert:

Einteilung der Modernisierungstheorien

— Endogene (Modernisierungs-) Theorien
— Exogene (Dependenz-) Theorien, von denen man
— Marxistische Theorien im engeren Sinne unterscheiden kann.

Dabei besteht ein enger Zusammenhang zwischen den Erklärungen für Industrieländer-Entwicklung und Entwicklungsländer-Unterentwicklung einerseits, zwischen Theorien und Handlungsempfehlungen andererseits.

3.1. Modernisierungstheorien (oder „endogene" Theorien nach Ochel)

Grundthesen, bei aller Verschiedenheit im Detail:

— Entwicklungsländer unterscheiden sich von Industrieländern durch das Fehlen bestimmter Faktoren, die die Entwicklung der Industrieländer möglich gemacht (bzw. verursacht) haben.

These der Behebbarkeit von Entwicklungsrückständen

— Grundsätzlich ist es möglich, diese Differenz durch gezielte Maßnahmen aufzuheben.
— Wie bereits angedeutet, ergeben sich damit historische Abläufe in Entwicklungsländern, die grundsätzlich der historischen Erfahrung der Industrieländer gleichen.

Nach Ochel sind insbesondere zu unterscheiden:

— Theorien, die partielle Faktoren (natürliche Ressourcen: Rohstoffmangel, Boden, Klima, Bevölkerungswachstum oder Mangel an Sach- bzw. Humankapital — s.o. —, u.U. mit Verursachungszirkeln) für die Unterentwicklung verantwortlich machen;
— Sozialpsychologische Theorien (etwa Leistungsmotivation nach McClelland);
— Stufentheorien („Stadien des Wirtschaftswachstums", Rostow); sie liegen freilich logisch auf einer anderen Ebene und integrieren Elemente der ersten beiden Gruppen;
— Dualismustheorien (die „Koexistenz" „moderner" und „traditioneller" Wirtschafts- und Sozialbereiche ohne nennenswerte Ausstrahlungseffekte des modernen Bereichs); hier gilt das gleiche.

Hoher politischer Stellenwert dieser Theorien

Bewußt oder unbewußt beruht die Entwicklungshilfe der Industrieländer (die ehemals „sozialistischen" Industrieländer einbegriffen) und der internationalen Organisationen auf diesen Theorien; wäre eine nachholende Entwicklung bzw. Industrialisierung nicht möglich, dann verlöre Entwicklungshilfe ihren Sinn; bestenfalls eine Art internationaler Armenfürsorge (oder Sozialhilfe) wäre möglich.

3.2. Exogene (Dependenz-) Theorien

Zu den Hauptthesen s.o. Der Hauptbeitrag zu diesen Theorien stammt in seiner differenzierten Ausgestaltung von lateinamerikanischen Autoren, doch sind die Grundelemente bereits beträchtlich früher in den den Westen angreifenden Reden afrikanischer Führer der Unabhängigkeitsperiode (Nkrumah, Nyerere u.a.) zu finden. Der Rückgriff vieler Dependenztheorien auf frühe „marxistische“ Imperialismustheorien (die ihrerseits, wie bei Lenin, Hilferding oder Luxemburg, eine nahezu komplette Revision der Gedanken von Marx darstellen, der ein klassischer Modernisierungstheoretiker war) ist deutlich.

Zusammenhang mit frühen Imperialismustheorien

3.3. Marxistische Imperialismustheorien der jüngeren Zeit

Sie behandeln drei Themenkomplexe:

— die von den multinationalen Konzernen getragene Internationalisierung der Produktion und die damit verbundene Herausbildung einer neuen internationalen Arbeitsteilung;
— die mit internationalen Kapitalbewegungen und insbesondere Direktinvestitionen in Entwicklungsländern verbundene Einkommensumverteilung zwischen Industrieländern und Entwicklungsländern und
— den ungleichen Tausch (das Theorem, daß durch den Tausch ungleicher Arbeitsquanten mit Industrieländern in Entwicklungsländern deren Ausbeutung stattfinde).

Eine kritische Würdigung der verschiedenen Ansätze im Rahmen dieser Einführung ist unmöglich. Zum Stand der Diskussion sei folgendes bemerkt:

Wie deutlich geworden sein dürfte, stehen die Modernisierungstheorien in der Entwicklungslinie der Soziologie und Nationalökonomie seit dem 19. Jahrhundert. Dependenz- und Imperialismustheorien mit ihrem radikalen Paradigmenwechsel bestimmen die Diskussion etwa von der Mitte der sechziger bis in die achtziger Jahre hinein. Seither ist wiederum ein Umschwung zu bemerken, nicht losgelöst zu sehen von der konservativen Grundwelle in den achtziger Jahren und dem immer deutlicher werdenden Scheitern der radikalen Gegenentwürfe zur Marktwirtschaft („Kapitalismus“) selbst in dem Bereich, wo behauptete Überlegenheit zur Begründung eine zentrale Rolle gespielt hat, der Ökonomie. Die Debatte um den Wert der Dependenztheorien wurde nicht entschieden, sondern abgebrochen: die Versuche empirischer Überprüfung ergaben überaus widersprüchliche Resultate. Nur vereinzelt wurden Elemente der radikalen Kritik in traditionelle Theorien eingebaut; z.B. wird als Grenzfall des an sich segensreichen Außenhandels erörtert, daß er auch negative Folgen haben kann (durch Aufbrechen der Hypostasierung „Staat“ bzw. „nationale Wirtschaft“ durch die Frage nach den gesellschaftlichen Trägern und Nutznießern des Außenhandels; Hemmer).

Nur unzulängliche empirische Überprüfung vorhandener empirischer Theorien

Das umfangreiche Feld der Entwicklungshilfe kann aus Raumgründen im Rahmen dieses Aufsatzes nicht behandelt werden.

Informationsteil

Zitierte Literatur

Die mit * gekennzeichneten Literaturangaben werden zur Einführung und Vertiefung empfohlen.

Bauer, P.T.: Dissent on Development, (London 1971)

Becker, Gary S.: Der ökonomische Ansatz zur Erklärung menschlichen Handelns, (Tübingen 1982)

* Behrendt, R.F.: Soziale Strategie für Entwicklungsländer. Entwurf einer Entwicklungssoziologie, (Frankfurt/M. 1965)

Beshers, James M.: Population Processes in Social Systems, (New York 1967)

Blanckenburg, Peter von; Sachs, R.: Die bäuerliche Gesellschaft in der Entwicklung. In: Handbuch der Landwirtschaft und Ernährung in den Entwicklungsländern. Bd. 1: Sozialökonomie der ländlichen Entwicklung, S. 53-68, (Stuttgart 1982)

Bruckner, P.: Das Schluchzen des weißen Mannes. Europa und die Dritte Welt, eine Polemik, (Berlin 1984)

Club of Rome: Grenzen des Wachstums. Dennis Meadows et al., (Stuttgart 1972)

Coale, Ansley J.; Hoover, Edgar M.: Population Growth and Economic Development in Low-Income Countries. A case study of India's prospects, (Princeton 1958)

Cohen, S.I.: Agrarian Structures and Agrarian Reform. Exercises in development theory and policy. In: Studies in Development and Planning, vol. 8, Monographie der Martinus Nijhof Social Sciences Division, S. 136, (Leiden; Boston 1978)

Cohen, Youssef: The Impact of Bureaucratic-Authoritarian Rule on Economic Growth. In: Comparative Political Studies, vol. 18, No. 1 (April), S. 123-136, (1985)

Davis, K.; Blake, J.: Social structure and fertility: an analytic framework. in: Economic Development and Cultural Change, Bd. 4, S. 211-235, (1956)

Dennert, J.: Entwicklungshilfe geplant oder verwaltet? Entstehung und Konzeption des Bundesministeriums für wirtschaftliche Zusammenarbeit, (Bielefeld 1968)

Dietze, C.: Art. Agrarverfassung, aus: Görres-Gesellschaft (Hrsg.), Staatslexikon, 6., völlig neu bearb. u. erw. Aufl., S. 152-163, (Freiburg 1957)

Easterlin, Richard A.: Population, Labor Force, and Long Swings in Economic Growth. The American Experience, (New York 1968)

Eisenstadt, S.N.: Tradition, Wandel und Modernität, (Frankfurt 1979)

Elsenhans, H. (Hrsg.): Agrarreform in der Dritten Welt, (Frankfurt/M.; New York 1979)

Enke, Harald: Zur Problematik von Zielordnung und Zielsystem. In: Priebe, H. (Hrsg.), Beiträge zur Beurteilung von Entwicklungsstrategien, (Berlin 1974)

* Fanon, Frantz: Die Verdammten dieser Erde, (Frankfurt 1966)

Freire, Paolo: Pädagogik der Unterdrückten. Bildung als Praxis der Freiheit, (Reinbek 1977)
Fremerey, M.: Erziehung und Entwicklung als Gegenstand deutscher Forschung. In: Bildung und Erziehung, 33. Jg., H. 5, S. 475-496, (Okt. 1980)
Halpern, M.: Middle Eastern Armies and the New Middle Class. In: Johnson, J.J. (Hrsg.), The Role of the Military in Underdeveloped Countries, (Princeton 1962)
Hanf, Th.: Erziehung und politischer Wandel in Schwarzafrika. In: KZfSS, Sonderheft 13, S. 276-327, (Köln 1969)
Hanf, Th.: Wenn Schule zum Entwicklungshindernis wird. Bildungspolitik und Entwicklung in der Dritten Welt, in: Hanf, Th. / Oberndörfer, D. (Hrsg.), Entwicklungspolitik, S. 118-131, (Stuttgart; Berlin; Köln; Mainz 1986)
Hanna, W.J.; Hanna, J.: Urban Dynamics in Black Africa. An interdisciplinary approach, 2. ern. Aufl., (New York 1981)
* Hemmer, H.-R.: Wirtschaftsprobleme der Entwicklungsländer. Eine Einführung, 2., neubearb. und erw. Aufl., (München 1988)
Hilferding, Rudolf: Das Finanzkapital. Bd. 1 u. 2, (Frankfurt 1974)
Hirschmann, Charles: Die Strategie der wirtschaftlichen Entwicklung, (Stuttgart 1967)
Hoselitz, B.F.: Wirtschaftliches Wachstum und sozialer Wandel, (Berlin 1969)
Huntington, S.P.; Dominguez, J.I.: Political Development. In: Greenstein, F.I. / Polsby, N.W. (Hrsg.), Handbook of Political Science, (Reading / Mass. 1975)
Illich, Ivan: Schulen helfen nicht. Über das mythenbildende Ritual der Industriegesellschaft, (Reinbek 1977)
Jackmann, R.W.: Politicians in Uniform: Military Governments and Social Change in the Third World. In: American Political Science Review, Bd. 70, S. 1078-1097, (1976)
Krelle, W.: Theorie des wirtschaftlichen Wachstums. 2. Aufl., (Berlin 1988)
Kuznets, Simon: Population, Capital and Growth. Selected Essays, (London 1974)
Leibenstein, H.: The Theory of Economic Development, (New York 1969)
Lenin, Wladimir Ilijtsch: Der Imperialismus als höchstes Stadium des Kapitalismus. 12. Aufl., (Berlin 1970)
Lerner, David: The Passing of Traditional Society. Modernizing the Middle East, (Glencoe 1964)
Leßner-Abdin, D.; Bruchhans, E.-M.; Wolsky, M.: Frauen in Entwicklungsländern. Situationsanalyse und europäische Ansatzpunkte unter besonderer Berücksichtigung von Nicht-Regierungs-Organisationen, (Freiburg 1979)
Lipset, Seymour M.: Some Social Requisites of Democracy: Economic Development and Political Legitimacy. In: The American Political Science Review, vol. 53, No. 1 (March), S. 69-105, (1959)
Lipset, Seymour M.: Political Man, (London 1959)
Lipton, M.: Why Poor People Stay Poor. Urban Bias in world development, (London 1976)
Lloyd, P.C.: Agriculture in Development Theory, (New Haven; London 1975)
Löwenthal, R.: Staatsfunktionen und Staatsform in den Entwicklungsländern. In: ders., Hrsg., Die Demokratie im Wandel der Gesellschaft, (Berlin 1963)

Luxemburg, Rosa: Die Akkumulation des Kapitals. Ein Beitrag zur ökonomischen Erklärung des Imperialismus, (Leipzig 1921)

Marx, Karl: Das Kapital. Kritik der Politischen Ökonomie, Bd. 1-3, (Berlin 1962/64)

Marx, M.T.; Mönikes, V.; Seibel, H.D.: Sozio-kulturelle Faktoren der Entwicklung in afrikanischen Gesellschaften. Entwicklung von oben oder unten?, (Saarbrücken, Fort Lauderdale 1988)

McClelland, David C.: Die Leistungsgesellschaft. Psychologische Analyse der Voraussetzungen wirtschaftlicher Entwicklung, (Stuttgart 1966)

Merton, Robert K.: Social Theory and Social Structure. 9. Aufl. (1. Aufl. 1949), (New York; London 1965)

Michels, Robert: Zur Soziologie des Parteienwesens in der modernen Demokratie. Untersuchungen über die oligarchischen Tendenzen des Gruppenwesens, Hrsg. und mit einer Einführung versehen Frank R. Pfetsch, 4. Aufl., (Stuttgart 1989) (1911))

Moore, Wilbert E.: Strukturwandel der Gesellschaft, (München 1973)

Nkrumah, K.: Consciencismus. Philosophie und Ideologie zur Entkolonialisierung und Entwicklung unter besonderer Berücksichtigung der afrikanischen Revolution, (Köln; Opladen 1965)

Nkrumah, K.: Neo-Colonialism. The last stage of imperialism, (London 1965)

* Nohlen, D.; Nuscheler, F.: Entwicklungstheorie und Entwicklungsbegriff. In: Handbuch der Dritten Welt. Bd. 1, Unterentwicklung und Entwicklung: Theorien — Strategien — Indikatoren, 2. Aufl., S. 13-37, (Hamburg 1982)

Nordlinger, Eric: Soldiers in Mufti: The Impact of Military Rule upon Economic and Social Change in the Non-Western States. In: American Political Science Review, Bd. 64, S. 1 131 - 1 148, (1970)

Nyerere, Julius, K.: Freedom and Unity. A Selection from Writings and Speeches 1952-65, (Daressalaam 1966)

Oberndörfer, D.; Hanf, Th. (Hrsg.): Entwicklungspolitik, (Stuttgart u.a. 1986)

Ochel, W.: Die Entwicklungsländer in der Weltwirtschaft. Eine problemorientierte Einführung mit Kompendium entwicklungstheoretischer und entwicklungspolitischer Begriffe, (Köln 1982)

O'Donnell, Guillermo A.: Modernization and Bureaucratic-Authoritarianism. Studies in South American politics, (Berkeley 1973)

Planck, Ulrich; Zicha, Joachim: Land- und Agrarsoziologie. Eine Einführung in die Soziologie des ländlichen Siedlungsraumes und des Agrarbereiches, (1979)

Pye, L.: Armies in the Process of Political Moderniziation. In: Johnson, J.J. (Hrsg.), The Role of Military in Underdevelopment Countries, S. 68, (Princeton 1962)

Pye, Lucian W.: Aspects of Political Development, (Boston; Toronto 1966)

Remmer, Karen L.: Democracy and Economic Crisis: The Latin American Experience. In: World Politics, vol. XLII, No. 2 (April), S. 315-335, (1990)

Reynolds, Llyod G. (Hrsg.): Agriculture in Development Theory, (New Haven u.a. 1975)

* Riggs, F.W.: Administration in Developing Countries. The theory of prismatic society, (Boston 1964)

Roberts, J.M.: Der Triumph des Abendlandes, (Düsseldorf; Wien 1986)
Rostow, W.W.: Stadien wirtschaftlichen Wachstums. Eine Alternative zur marxistischen Entwicklungstheorie, (Göttingen 1960)
Senghaas, D.: Weltwirtschaftsordnung und Entwicklungspolitik. Plädoyer für Dissoziation, (Frankfurt/M. 1977)
Shils, E.: Center and Periphery, (Chicago 1975)
Spengler, J.J.: Population change, Modernization, and Welfare., (Englewood Cliffs 1974)
Steinmann, G. u.a.: Bevölkerungswachstum, Ressourcen und wirtschaftliche Entwicklung. In: Steinmann, G. u.a. (Hrsg.), Probleme und Chancen demographischer Entwicklung in der Dritten Welt. Proceedings d. 22. Arb.-tagung d. dt. Ges. f. Bev.-wiss. an der Universität-GH Paderborn, S. 36-59, (Berlin; Heidelberg 1988)
Turner, M.M.: Housing by People: Towards autonomy in building environments, (New York 1977)
Weber, Max: Gesammelte Aufsätze zur Religionssoziologie, (Tübingen 1963)
Weber, Max: Wirtschaft und Gesellschaft. Grundriß der verstehenden Soziologie. 5., rev. Aufl., (Tübingen 1976)
* Weltbank: Weltentwicklungsbericht 1990, (Washington D.C. 1991)
Wolff, J.H.: Entwicklung durch Verwaltung? Unterschiedliche Ansätze und ihre Bedeutung für die Entwicklungshilfe, in: Hanf, Th./Oberndörfer, D. (Hrsg.), Entwicklungspolitik, S. 140-153, (Stuttgart u.a. 1986)

Lektion XI
Stadt- und Regionalsoziologie

Ulfert Herlyn

Inhalt

1. Einführung

Die revolutionären Umwälzungen in der ehemaligen DDR im Herbst 1989 sind zum nicht geringen Teil durch kommunale Mißstände in Gang gekommen, so daß von einer „kommunalen Revolution" (*B. Hunger*) gesprochen wurde. Wenn in der Krise der Stadt krisenhafte Entwicklungen der Gesellschaft zum Ausdruck kommen, dann wird schlagartig deutlich, wie notwendig es ist, daß Soziologen die Stadt bzw. die Region zum Objekt ihrer Analyse machen und versuchen, an ihren Besonderheiten Prinzipien des gesellschaftlichen Zusammenlebens zu erkennen. Auf der anderen Seite ist aber auch unverkennbar, daß im Verlauf von Industrialisierung, Verstädterung und Bürokratisierung das Determinationssystem der einzelnen Gemeinde an Bedeutung für das alltägliche Leben verloren hat. Man denke nur an Chancen zu erhöhter räumlicher Mobilität, an die Verbreitung neuer Kommunikations- und Verkehrssysteme (Telefon und Auto) sowie an der Ausbreitung von Massenmedien (Rundfunk und Fernsehen), die tendentiell einer Entlokalisierung des sozialen Lebens Vorschub geleistet haben. Das betrifft zwar überwiegend die kleineren Gemeinden, ist aber auch zu berücksichtigen bei der Analyse des (groß)städtischen Lebens.

Kommunales System als Indikator für Gesellschaftskrisen

Stadt als soziales Erkenntnisobjekt?

So lange es eine intensive soziologische Beschäftigung mit der Stadt bzw. der Region gibt, wird auch der eigentliche Gegenstand bezweifelt. Schon Anfang dieses Jahrhunderts sagte *W. Sombart* (1907): „die Großstadt sei kein möglicher Gegenstand einer speziellen Soziologie" und auch neuerdings wird angesichts der fortgeschrittenen Verstädterung die Frage aufgeworfen, ob die Stadt sinnvoll noch zum Erkenntnisobjekt einer Teilsoziologie gemacht werden könne. So sollte die Soziologie der Stadt überführt werden in eine Siedlungssoziologie mit dem Ziel einer generellen Theorie über Zusammenhänge räumlicher und sozialer Organisation der Gesellschaft (vgl. *J. Friedrichs* 1977). Es ist sicherlich unbestreitbar, daß es in einer hochgradig verstädterten Gesellschaft, in der ca. zwei Drittel der Bevölkerung in Städten über 20000 Einwohnern leben, zunehmend schwieriger wird, das typisch Städtische aus den sozialen Verhaltens- und Daseinsformen herauszufiltern. Das, was sich an politischen, kulturellen und sozialen Erscheinungen in Städten und Regionen zeigt, ist jedoch nicht nur als allgemeiner Ausdruck der Gesellschaft zu verstehen, sondern stellt in ihrem materiellen und kulturellen Substrat ein grundlegendes Aufbauelement dieser Gesellschaft dar. Städte, besonders Großstädte waren und sind nicht nur Vorreiter der Technisierung, der Medienverbreitung, der Wissensproduktion, sondern auch Orte der Unabhängigkeit von der Natur, der kulturellen Innovation und politischen Machtkonzentration — kurz: „alle Hochkultur ist Stadtkultur" (*A. Rüstow*).

Stadt als Forschungsobjekt und als Forschungsfeld

Bevor ich auf die wichtigsten stadt- und regionalsoziologischen Fragestellungen und Befunde eingehe, soll ein weit verbreitetes Mißverständnis ausgeräumt werden. Die Gemeinde bzw. Stadt als Forschungsobjekt muß prinzipiell von der Gemeinde bzw. Stadt als Forschungsfeld getrennt werden (vgl. *C.M. Ahrensberg* 1962). Im ersten Fall geht es um die konkreten sozial-räumlichen Zusammenhänge einzelner Siedlungen, Städte und Regionen als Ziel der Forschung.

Im zweiten Falle steckt die jeweilige Gemeinde oder Stadt lediglich das Untersuchungsfeld ab, innerhalb dessen etwas anderes als die Gemeinde selbst erforscht werden soll; in diesem Fall ist Gemeindeforschung also ein methodologisches Instrument zur Erforschung gemeindeübergreifender sozialer Zusammenhänge. Auch wenn sich beide Fragestellungen in konkreten Forschungsvorhaben oft vermischen können, soll uns hier in erster Linie die Stadt bzw. Region als Forschungsobjekt interessieren.

Nach einer groben Sortierung verschiedener Stadtbegriffe (1) werden zentrale Etappen und Inhalte der Verstädterung erörtert (2), in Abschnitt 3 geht es um die Diskussion sozial-räumlicher Zusammenhänge (Raumverteilung, Raumaneignung und raumbezogene Politik) bevor am Schluß ein kurzes Resümee gezogen wird.

2. Ansätze zur soziologischen Bestimmung von Stadt und Region

Es gibt neben den seit über 100 Jahren gültigen statistischen Stadtdefinitionen eine Vielzahl von Stadtbegriffen, die im wesentlichen den im folgenden dargestellten sozialökologischen (a), idealtypischen (b) und neo-marxistischen (c) Ansätzen zugeordnet werden können (vgl. dazu *P. Saunders*, 1987; *Th. Krämer-Badoni* 1991).

Drei Ansätze zur Stadtdefinition

a) Als eine „relativ große, dicht besiedelte und dauerhafte Niederlassung gesellschaftlich heterogener Individuen" definierte schon 1938 der bekannte Sozialökologe *L. Wirth* die Stadt (1974). Mit dieser Merkmalskombination läßt sich der Charakter der Stadt und das in ihr vorherrschende Sozialverhalten umfänglich beschreiben und auch erklären. Mit zunehmender Größe der Bevölkerung treten im Zusammenhang fortschreitender Arbeitsteilung an die Stelle persönlicher Bekanntschaft anonymere Situationen, in denen sich die Menschen in segmentierten Rollen begegnen, die nur noch einen Teilausschnitt der Person offenbaren. Die hohe Konzentration der Bevölkerung an einem Ort führt zu Differenzierung und Spezialisierung und verstärkt damit die sozialen Konsequenzen der Bevölkerungszahl: zunehmende soziale Distanz und ökonomische Konkurrenz. Zur typisch städtischen Lebensform gehört nach diesem Ansatz aber vor allem die komplexe Sozialstruktur sehr verschiedenartiger Menschen hinsichtlich Beruf, Einkommen, Bildungsstatus und Interessen und einem entsprechend differenzierten Angebot an Arbeitsplätzen, kulturellen Einrichtungen und öffentlichen Dienstleistungen.

Sozialökologische Ansätze

b) Gegenüber dem vielfältig rezipierten sozialökologisch orientierten Ansatz der Kombination verschiedener Merkmale gibt es idealtypische Ansätze, die einzelne Merkmale herausgreifen und sie übersteigern. Überragende Bedeutung hat der primär ökonomische Begriff „der Stadt als Marktort" von *M. Weber* (1972) erfahren, indem er erst dann von Stadt spricht, „wo die ortsansässige Bevölkerung einen ökonomisch wesentlichen Teil ihres Alltagsbe-

Idealtypische Ansätze

darfs auf dem örtlichen Markt befriedigt, und zwar zu einem wesentlichen Teil durch Erzeugnisse, welche die ortsansässige und die Bevölkerung des nächsten Umlandes für den Absatz auf dem Markt oder sonst erworben hat". An diese ökonomische Stadtdefinition anknüpfend, entwickelt *H.P. Bahrdt* aus der Vorrangstellung des Marktes seine vieldiskutierte soziologische These: „Eine Stadt ist eine Ansiedlung, in der das gesamte, also auch das alltägliche Leben die Tendenz zeigt, sich zu polarisieren, d.h. entweder im sozialen Aggregatzustand der Öffentlichkeit oder in dem der Privatheit stattfinden" (1961). Dem Ausbau der privaten Sphäre mit der Wohnung als räumliche Schale steht die Öffentlichkeit gegenüber, die durch „unvollständige Integration" (H.P. Bahrdt) gekennzeichnet ist, d.h. durch das Fehlen einer lückenlos regulierten und kontrollierten Bindung aller Stadtbewohner untereinander.

Neo-marxistische Ansätze

c) Aus neo-marxistischer Sicht wird die Stadt als räumliche Einheit betrachtet, die durch den über die „kollektive Konsumtion" vermittelten Prozeß der Reproduktion der Arbeitskraft hergestellt wird (vgl. *M. Castells*, 1977). Hiermit wird eine kulturelle (bzw. ideologische) oder auch politische Einheit der Stadt negiert (Stadt wird danach nicht als eine Vergesellschaftsform sui generis verstanden), sondern die Ausweitung der kollektiven Konsumtion als staatlich regulierte und vermittelte öffentliche Leistungsdarstellung ist nur auf dem Hintergrund einer kritischen Gesellschafttheorie adäquat zu erfassen. Die Anwendung der marxistischen Gesellschaftstheorie auf Probleme der Stadt und der Region hat sich vor allem im europäischen Ausland (z.B. Italien und Frankreich) vollzogen und für diese spezifische Forschungsrichtung hat sich die Bezeichnung „New Urban Soziology" eingebürgert (vgl. *J. Krämer* und *R. Neef* (Hg.) 1985; P. Saunders 1987). Sie hat vor allem eine Reihe von sozialen Themen diskutiert wie z.B.: kapitalistische Bodenverfassung, Reproduktionschancen und kollektive Versorgung, lokale Macht- und Entscheidungsstrukturen, Verhältnis von Zentralstaat und Kommunen, Lebensbedingungen der Arbeiterklasse. Die Stadt wird von diesem wissenschaftlichem Ansatz aus vorrangig als „Ort der Produktivkraftentwicklung und der Klassenbildung" (Th. Krämer-Badoni 1991) verstanden.

Definition Region

Unter Regionen werden allgemein bestimmte räumliche Einheiten von mehreren Siedlungen verstanden, die sich durch ein historisch gewachsenes Bewußtsein der Zugehörigkeit der Bewohner auszeichnen. Der Europarat definierte 1978 folgendermaßen: „Eine Region ist vor allem eine menschliche Gemeinschaft, die fest mit der Landschaft verbunden ist und die durch den Gleichklang von Geschichte, Geographie und Wirtschaft gekennzeichnet ist, durch welche die Bevölkerung zu einer Geschlossenheit bei der Verfolgung gemeinsamer Ziele und Interessen gelangt." Diese Räume können stärker ländlich (z.B. Ostfriesland) oder städtisch (z.B. Ruhrgebiet) geprägt sein und in jedem Fall erhebt sich die Frage, ob und wie stark in ihnen eine sozial-kulturelle Identität vorhanden ist, die möglicherweise zu besonderen regionalistischen Bewegungen führt. Im Besonderen versteht man unter Stadtregion „eine sozio-ökonomische Raumeinheit als deren entscheidende Bestimmungsmerkmale neben einer erheblichen

Größe und Verdichtung eine besonders enge soziale und wirtschaftliche Verbundenheit zwischen der Stadt und ihrem Umland hervortritt". (*O. Boustedt*, 1970, Sp. 3207).

3. Verstädterung und Urbanisierung

Während sich der Begriff der Verstädterung auf die quantitativen Bevölkerungsverschiebungen zwischen Land und Stadt bezieht, wird mit dem Begriff der Urbanisierung in der Regel auf die mehr qualitativen Veränderungen von Lebensweisen und Lebensstilen der Bevölkerung eingegangen.

Verstädterung als quantitative Stadtentwicklung

Was die quantitative Entwicklung der Stadtbevölkerung anbelangt, so verbindet sich mit der Industrialisierung, vor allem in der zweiten Hälfte des 19. Jahrhunderts, eine rasante Zunahme der Städte an Zahl und Bevölkerung. Vor allem nach 1870 explodieren die Großstädte mit erheblichen sozialen Problemen für die zuwandernde Bevölkerung (vgl. Tab. 1). Im ganzen hat sich das Siedlungsgefüge in der Verteilung von Land- und Stadtgemeinden in den letzten 100 Jahren grundlegend gewandelt. Aus der Tab. 2 geht deutlich hervor, wie sich die Bevölkerung in den einzelnen Gemeindegrößenklassen verschoben hat. Dominierten bis Anfang dieses Jahrhunderts noch die kleinen Gemeinden unter 5000 Einwohnern, so leben heute ca. 60 % der Bevölkerung in Mittel- und Großstädten. Von besonderem Interesse ist die seit dem 2. Weltkrieg stagnierende Zahl der Bevölkerung der Großstädte über 100000 Einwohnern.

Stagnierendes Wachstum der Großstädte

Das stagnierende Wachstum der Großstädte hängt mit dem Zuzug in die politisch-administrativ nicht zur Kernstadt gehörenden Vororte zusammen, die als Umland der Städte in der Regel erheblich angewachsen sind und zusammengenommen den städtischen Agglomerationsraum bzw. die Stadtregion darstellen. Der Prozeß der starken Suburbanisierung hat zu vielen Problemen geführt (Verkehrs- und Pendlerzunahme, Einkommenssteuerverlust der Kernstädte, zunehmende Zersiedlung, Infrastrukturdisparitäten etc.). Diese Bevölkerungsverschiebungen mit den sozial-ökonomischen Folgeproblemen führten zu der Anfang der 70er Jahre in allen Flächenstaaten durchgeführten Gebiets- und Verwaltungsreform, die u.a. durch umfangreiche Eingemeindungen zu einem drastischen Rückgang des Bevölkerungsanteils in kleinen Gemeinden und zu einem kurzfristigen Ansteigen der in Großstädten wohnenden Bevölkerung geführt hat (vgl. die Verteilung im Jahre 1975 in Tab. 2). Auf dem Hintergrund eines allgemeinen Bevölkerungsrückgangs (1980 — 1987 um 0,6 %) wird aufgrund sehr unterschiedlicher wirtschaftlicher Entwicklung (z.B. Nord-Süd-Gefälle) in den 80er Jahren eine „selektive Verstädterung" durchlaufen. Neben wachsenden Agglomerationsräumen (z.B. München mit stark expandierenden Industriebranchen) gab es schrumpfende Stadtregionen in den altindustrialisierten Regionen des Ruhrgebiets und im norddeutschen Raum. Die Kernstädte im Ruhrgebiet schrumpften besonders stark: die Bevölkerung ging von 1980 — 1987 um ca. 6 % zurück, also etwa 10mal stärkere Verluste als im gesamten Bundesgebiet (vgl. Abb. 1). Wenn auch generell noch das von früheren Jahrzehnten her be-

Suburbanisierung

„Selektive Verstädterung"

kannte Siedlungsmuster „schrumpfende Kernstädte und wachsendes Umland" gilt (vgl. *H. Güttler* u.a. 1989), so zeigen einzelne Verläufe der Bevölkerungsentwicklung ein recht unterschiedliches Bild, wie aus der Abb. 2 für die Berichtsregion München und Frankfurt a.M. (jeweils für Stadt und Umland) beispielhaft hervorgeht. Die jüngste Entwicklung seit der Vereinigung der beiden deutschen Staaten mit den hohen Umsiedler- und Aussiedlerquoten haben ein neues starkes Wachstum auch in den ehemals stagnierenden bzw. schrumpfenden (Groß)Stadtregionen mit sich gebracht.

Entwicklung in der DDR

Eine Gegenüberstellung der Bundesrepublik mit der DDR zeigt, daß in der ehemaligen DDR die Verstädterung noch nicht so weit fortgeschritten ist (vgl. Tab. 3). Es ist zu erwarten, daß die Binnenwanderungen nach Fortfall von Zuzugsbegrenzungen sich in der nächsten Zukunft noch weit stärker auf die Großstädte konzentrieren werden. Einen guten Überblick über die Verbreitung und Verteilung verdichteter und ländlich geprägter Regionen vermittelt die Karte „Siedlungskulturelle Kreistypen" des Raumordnungsberichts 1991 der Bundesregierung.

Urbanisierung: Veränderungen im Lebensstil

In seiner zweiten Bedeutung meint der Prozeß der Urbanisierung qualitative Veränderungen im Lebensstil und in den Verhaltensweisen der ländlichen Bevölkerung hinsichtlich der Übernahme städtischer Standards und Angleichungen an städtische Leitbilder. Fälschlicherweise werden hier auch oft jene Vorgänge genannt, die nicht spezifisch städtisch sind, sondern Merkmale des gesamtgesellschaftlichen Wandels darstellen (wie z.B. Technisierung, Bürokratisierung, Erhöhung des Lebensstandards), die sich jedoch zumeist zuerst in den Städten ausbreiten. Die Übernahme städtischer Verhaltensweisen (z.B. typisch distanzierte Umgangsformen) ist nicht an die dauernde Anwesenheit in der Stadt gebunden; einmal werden durch die strukturbedingte, quasi alltägliche Pendlerwanderung vieler Menschen im Zusammenhang mit Schul-, Arzt- und Behördenbesuchen sowie dem Einkaufen städtische Lebensformen in die Dörfer transportiert und zum anderen verbreiten großstadtorientierte Inhalte vieler Sendungen in den Massenmedien städtische Lebensformen. Typisch städtischer Lebensstil verwirklicht sich in der Abtrennung der privaten Sphäre von anderen Lebensbereichen (vgl. H.P. Bahrdt 1969), im Rückzug aus der engen gemeinschaftlichen Bindung des Dorfes und damit in der Verminderung sozialer Kontrollen, im Anspruch auf ein breitgefächertes Angebot von sozio-kulturellen Einrichtungen und Dienstleistungen, die erst eine große Stadt bieten kann und nicht zuletzt in der überwiegend medienvermittelten Kommunikation und in segmentierten Rollenbeziehungen in der Öffentlichkeit.

Trennung der privaten von der öffentlichen Sphäre

Beide Prozesse — die Verstädterung und die Urbanisierung — sind Kennzeichen einer verstädterten Gesellschaft, in der „eine Aufhebung des Gegensatzes von Stadt und Land zugunsten einer Vereinheitlichung aller Lebensformen" (*H. Berndt* 1978) stattgefunden hat. Die „totale Verstädterung" bleibt jedoch vorerst ein Szenario, von dem wir noch weit entfernt sind.

Noch keine „totale Verstädterung"

4. Zur Raumbezogenheit sozialer Probleme

In diesem Kapitel sollen zentrale Fragen der Stadt- bzw. Regionsforschung diskutiert werden. Zunächst geht es um Verteilungen von Funktionen und Menschen im lokalen Raum, die nicht zufällig sind, sondern bestimmten Gesetzmäßigkeiten unterliegen (4.1.). Danach wird diskutiert, wie Menschen sich den Raum aneignen und welche Barrieren sie dabei zu überwinden haben (4.2.) und schließlich stellt sich die Frage nach der raumbezogenen Politik vor allem unter dem Aspekt der Partizipation der Betroffenen (4.3.).

4.1. Zum Problem der Raumverteilung

Städtische Zonen und ihre Funktionen

Es ist eine der vorherrschenden Charakteristiken moderner Städte, daß sie in Zonen unterteilt sind, die durch das Vorherrschen bestimmter Funktionen geprägt sind. Als Herz der Stadt ist die Stadtmitte jener Teil der Stadt, der in besonderer Weise Aufgaben für die Gesamtstadt und die Region übernimmt. Dort sind in der Regel die meisten zentralen Einrichtungen (z.B. Verwaltungsbauten, kulturelle Einrichtungen, Einkaufsgelegenheiten etc.) konzentriert, so daß die meisten Bewohner sie in regelmäßigen Abständen aufsuchen müssen. Neben dieser funktionalen Bedeutung repräsentiert die Stadtmitte mit ihrer häufig noch (in Teilen) unverkennbaren baulichen Gestalt in Form historischer Bausubstanz die Individualität der Stadt. Die Stadtmitte ist auch der klassische Ort städtischer Öffentlichkeit und hat somit eine symbolische Bedeutung für die Stadtkultur im weiteren Sinne. Je größer die Stadt, desto mehr haben ökonomische Funktionen in der Stadtmitte die Wohnfunktion herausgedrängt, man spricht dann eher von der City einer Stadt. Auch kleinere Orte in der Stadtregion verfügen häufig in ihrer Mitte über ein breitgefächertes Angebot verschiedener Funktionen und entwickeln sich dadurch nicht selten zu Nebenzentren.

Bedeutung und Funktion der Stadtmitte

City: Verlust der Wohnfunktion

Auch wenn in den älteren, um die Stadtmitte gruppierten Stadtgebieten die Funktionen von Wohnen und Arbeiten noch am ehesten vermischt sind, hat in der äußeren Stadt die funktionsspezifische Raumnutzung stark um sich gegriffen. Gewerbe- und Industriegebiete sind in der Regel deutlich getrennt von „reinen" Wohngebieten. Am klarsten zeigt sich die Monofunktionalität im Wohnen in den großen Neubausiedlungen der 60er und 70er Jahre, in denen kaum Arbeitsplätze vorhanden sind und deren Monotonie daher zu Recht viel Kritik auf sich gezogen hat. Für die Bevölkerung wird es bei großflächiger Separierung der verschiedenen Funktionen immer komplizierter, eine Verbindung zwischen Arbeit und Wohnen herzustellen und damit den lokalen Lebenszusammenhang zu konsolidieren. Die Entflechtung städtischer Funktionen separiert auch verschiedene Erlebnisbereiche und zwingt den betroffenen Menschen für gewisse Tageszeiten ein spezialisiertes Verhalten in eindimensionalen Lebensweisen auf. In der Baunutzungsverordnung von 1968 hat sich das Prinzip der funktionalen Trennung verfestigt. Es heißt dort in §3: „Reine Wohngebiete dienen ausschließlich dem Wohnen (neue Stadtgebiete am Stadtrand sind in der Regel reine Wohngebiete)".

Monofunktionale Neubaugebiete

Entflechtung städtischer Funktionen

Definition Segregation

Die Trennung der Funktionen in verschiedene Bereiche der Stadt bzw. der Region wird begleitet von einer räumlichen Trennung verschiedener Bevölkerungsgruppen. Dieser Vorgang wird als *Segregation* bezeichnet und kann sich auf unterschiedliche Merkmale beziehen, wie z.B. ethnische Zugehörigkeit, Alter, soziale Schichtung. Mit der schichtspezifischen Segregation verbinden sich gravierende andere Standortverteilungsmuster z.B. von Infrastruktureinrichtungen. Die städtische Bevölkerung wohnt weitgehend sortiert nach sozialer Zugehörigkeit in sog. bürgerlichen Vierteln oder Arbeiterquartieren; allerdings gibt es auch viele Mischsituationen, so daß man von einer „relativen sozialen Segregation" gesprochen hat. Insbesondere war die Wohnbevölkerung in der ehemaligen DDR aufgrund niedriger Mieten und staatlich gesteuerter Wohnraumvergabe sozial stark vermischt: „Eine Segregation nach Einkommen, Berufsgruppen und sozialem Status gab es nicht" (Marcuse 1991, S. 276).

Relative soziale Segregation

Die Gründe für die Verteilungsmuster sozialer Schichten sind vielfältig: Im wesentlichen kann neben einer politisch-planerischen Steuerung (z.B. durch Sanierungsmaßnahmen, Anlage von besonderen Wohngebieten für Randgruppen) die aus ökonomischen Gründen erzwungene Trennung von der sozial-kulturell bedingten Neigung des Zusammenwohnens ähnlicher Sozialgruppen unterschieden werden. Der Sozialökologe *A. Hoyt* hat dies schon vor vielen Jahren auf die einprägsame Formel gebracht: „Die Reichen wohnen, wo sie wollen, die Armen wohnen, wo sie müssen". Die Gebiete, in denen untere Sozialschichten wohnen, zeichnen sich häufig durch ungünstige Lagequalitäten aus und eine in der Regel einfache Wohnbebauung.

Bewertung der Segregation

In der Segregationsforschung nahm und nimmt die Diskussion der Folgen einen breiten Raum ein. Je nach den zugrundeliegenden Gesellschaftsmodellen wird die Segregation unterschiedlich bewertet. Mit einem gesellschaftlichen Konfliktmodell verbinden sich Argumente *für* die Trennung gesellschaftlicher Gruppen in verschiedene Wohngegenden (wie z.B. Intensivierung der Nachbarschaft, Schutz von Minderheiten, Abbau von Konsumzwängen); Ansätze zu einer Integration der (lokalen) Gesellschaft stehen hinter den Mischungsvorstellungen (wie z.B. Entwicklung demokratischer Kultur, Erleichterung des sozialen Aufstiegs, differenziertes Lernumfeld der Kinder und Selbstgenerierung von Stadtvierteln).

Defizite in der Infrastruktur

Relativ gesichert ist aufgrund empirischer Forschungsergebnisse, daß durch verminderte Chancen der Teilhabe an staatlichen kommunalen Infrastrukturleistungen die Unterprivilegierung der Unterprivilegierten vorangetrieben wird. Untersuchungen zur Verteilung von Einrichtungen sozialer Infrastruktur auf verschiedene Bevölkerungsschichten in einer Reihe von Städten haben ergeben, daß sich in Arbeitervierteln gravierende Defizite gegenüber sog. bürgerlichen Vierteln finden hinsichtlich der Lebenschancen vermittelnden Einrichtungen der Gesundheitsfürsorge, der Bildung (weiterführende Schulen) und der Grün- und Freiflächen (vgl. *U. Herlyn* 1980).

„Stadtplan als Grundriß der Gesellschaft"

Grundsätzlich spiegeln räumliche Verteilungen von Funktionen, Institutionen und Personen real herrschende frühere und heutige Machtverhältnisse und Lebensweisen wieder, so daß es nicht falsch ist, den „Stadtplan als Grundriß der Gesellschaft" zu verstehen, wie es *W.H. Riehl* vor gut 130 Jahren getan hat.

4.2. Zur Raumaneignung und Raumnutzung

Neben den Verteilungsmustern von Funktionen und Personen in Stadt und Region interessieren die Art und Weise des Umgangs mit räumlichen Situationen; d.h. wie werden Räume benutzt und erlebt und welche Barrieren behindern den Zugang und Umgang mit ihnen. Der Begriff der Aneignung meint den aktiven und selbstbestimmten Umgang mit räumlichen Gegenständen. Aneignung des Raums heißt „sich den physikalischen (aber auch sozialen, geistigen) Raum handelnd zu erschließen, daß Orientierung, also Handlungsentwurf und -realisation, in ihm möglich ist.“ (*L. Kruse* und *C.F. Graumann* 1978, S. 187). Die Chance für das Gelingen von Aneignungsprozessen ist zum einen abhängig von personalen Fähigkeiten der Bewegung, der Wahrnehmung sowie der Entschlüsselung von Symbolen und zum anderen von der spezifischen Unverwechselbarkeit der räumlichen Umwelt und ihrer Zugänglichkeit. Die ganze Komplexität des Aneignungsvorgangs geht aus dem folgenden Zitat des französischen Soziologen *P.H. Chombart de Lauwe* hervor: „Die Aneignung des Raumes ist das Resultat der Möglichkeit, sich im Raum frei bewegen, sich entspannen, ihn besitzen zu können, etwas empfinden, bewundern, träumen, etwas kennenlernen, etwas den eigenen Wünschen, Ansprüchen, Erwartungen und konkreten Vorstellungen zu tun und hervorbringen zu können.“ (1977, S. 6).

Begriff der Raumaneignung

Als klassische Orte der Raumaneignung können aufsteigend vom kleinen zum großen die Wohnung (a), das Wohnviertel (b) und schließlich die gesamte Stadt bzw. Region (c) genannt werden.

„Klassische“ Orte der Raumaneignung

ad a) „Die Wohnung ist heute Ort eines Großteils des außerberuflichen Lebens. Ihr Grundriß, ihre Ausstattung und ihre Lage im sozialräumlichen Gefüge der Siedlung organisieren mehr oder weniger direkt dieses Leben.“ (*W. Siebel* 1989, S. 265). Dem Raumgefüge der einzelnen Wohnungen sind die Menschen relativ unausweichlich preisgegeben, wenn man einmal von Umzügen absieht, die jedoch für viele Bewohner oft nur unter großen Schwierigkeiten zu verwirklichen sind.

Bedeutung der Wohnung

Am deutlichsten wird die Unmittelbarkeit der Wirkung räumlicher Tatsachen bei Kindern, denen in dem staatlich geförderten Mietwohnungsbau nach der DIN 18011 nur eine Mindestgröße von 8 qm zugestanden wird. Die Raumverteilung innerhalb der Wohnung nach dem Motto: „Wer klein ist, bekommt auch einen kleinen Raum“ ist insofern problematisch, als nachweislich die Kinderzimmer zu verschiedenen Tageszeiten sehr intensiv genutzt werden. Das über lange Zeit bis heute gültige Leitbild der Familiengerechtigkeit von Wohnungen konnte für die Kinder bisher nur unvollkommen eingelöst werden. Hinzu kommt allerdings noch, daß die Verfügung über Raum in der Wohnung durch restriktive Raumbenutzungsregeln der Erwachsenen in mannigfaltiger Hinsicht eingeschränkt wird. Nicht selten werden bestimmte Zimmer und Räumlichkeiten für Kinder — und sei es auch nur für eine bestimmte Zeit — zur Tabuzone erklärt und damit die Enteignung des Raums im Sinne des Entzugs von Selbstbestimmung vorangetrieben.

Wohnraum für Kinder

Jenseits der Familie wird die Aneignung des Raumes auch in besonderer Weise für die nicht familial organisierten Haushalte zum Problem, die in der

Probleme für „neue Haushaltstypen"

modernen Stadt inzwischen weit verbreitet sind. Bei den sog. „neuen Haushaltstypen" (alle unverheiratet Zusammenlebenden) stößt die Hierarchie im Raumzuschnitt des öffentlich geförderten Mietwohnungsbaus und die damit verbundene Zementierung traditioneller Rollenzuweisungen auf besonderen Widerstand, da die sog. „Neuen Haushaltstypen" ihr Zusammenleben gleichberechtigt und unabhängig organisieren wollen. Sie bevorzugen daher funktionsunspezifische Wohnungsgrundrisse mit Individualräumen gleicher Größe, die sie vor allem im preiswerten Altbaubestand in inneren Stadtbereichen finden.

„Neue Wohnungsnot" seit Beginn der 80er Jahre

Insgesamt stellt sich die Geschichte des Wohnungsmarktes nach dem Zweiten Weltkrieg als eine Geschichte überschüssiger Nachfrage nach Wohnungen dar. Es war ein langer und beschwerlicher Weg von der schweren Wohnungsnot zu Kriegsende bis zur Mitte der 70er Jahre, als erstmals ein statistischer Ausgleich zwischen der Zahl der angebotenen Wohnungen und der nachfragenden Wohnparteien in der Bundesrepublik erreicht wurde. Doch schon Anfang der 80er Jahre kursierte das Schlagwort einer „neuen Wohnungsnot", bzw. einer „relativen Wohnungsnot", denn Unterschiede zwischen ländlichen und städtisch geprägten Regionen waren unverkennbar und dem Wohnungsmangel in vielen Stadtregionen standen erhebliche Wohnungsleerstände in einigen ungeliebten Großsiedlungen gegenüber (vgl. *I. Herlyn* u. *U. Herlyn* 1983). Seit Ende der 80er Jahre stößt nun eine dramatisch gestiegene Wohnungsnachfrage (Wanderungsgewinne durch Um- und Übersiedler, Wohnungssuche geburtenstarker Jahrgänge, Anspruchsteigerungen, Haushaltsverkleinerungen) auf ein nur geringfügig expandierendes Wohnungsangebot und erzeugt eine Wohnungsmisere, deren Ende vorerst nicht absehbar ist. So heißt es in einer Stellungnahme der Bundesregierung zur Zukunft des sozialen Wohnungsbaus v. 23.06.1992: „Engpässe in der Wohnraumversorgung bestehen inzwischen in allen Regionen. Sie sind in Ballungsräumen besonders ausgeprägt. Besonders schwierig ist die Wohnungssuche für Alleinerziehende mit mehreren Kindern, kinderreiche Haushalte und Ausländer" (Drucksache 12/2883).

Bedeutung des Stadtteils für lokale Identität und Interaktion

ad b) „Der eigentliche Ort städtischen Lebens ist der Stadtteil". Hiermit weisen *Häußermann* und *Siebel* (1987, S. 242) auf die überragende Bedeutung dieser städtischen Teilräume für das alltägliche Leben der Großstadtbevölkerung hin. In der Regel liegen im Stadtteil die wichtigen, alltäglich zu nutzenden Infrastruktureinrichtungen (wie z. B. Grundschulen) und Einkaufstätten zumindest des täglichen Bedarfs. Meistens ist aufgrund der funktionalen Inanspruchnahme der Informationsstand über die soziale und räumliche Umwelt im eigenen Stadtteil durchschnittlich höher als in anderen Teilen der Stadt, was häufig zu einer gewissen Vertrautheit bei längerer Wohndauer führen kann. Der Umfang der Stadtteile wird von den Bewohnern auf dem Hintergrund des durch einen Namen bezeichneten Teilraumes in erster Linie durch die Häufigkeit und Intensität der Benutzung des Territoriums definiert, wobei baulich-räumliche Zäsuren bedeutsam sind.

Die gesellschaftlichen Beziehungen im Stadtteil sind nicht nur das „soziale Kapital der Großstadt" (*J. Jacobs*), sondern stellen mit ihren materiellen und sozialen Substrat die Scharniere dar, die die Aneignung des Raumes in der bekannten, nachbarschaftlichen Gruppe mit der symbolisch vermittelten Ortsbezogenheit im anonymen Milieu der Gesamtstadt miteinander verbinden. Lokale Identität bezieht sich in der modernen Großstadt häufig nur mehr auf einzelne Stadtteile, die für die meisten Bewohner den alltäglichen Aktions- und Interaktionsraum darstellen; man hat hier seine „Eigenwelt: Ausgangs- und Rückkehrpunkt“ (*E. Pfeil*).

Städtische Nachbarschaft

Trotz aller sozialen Distanz gibt es auch in der Stadt heute nachbarschaftliche Kontakte zu ausgewählten Personen der Mitbewohner. Außer in Einzelfällen werden die Nachbarn aber nicht in die private Sphäre hineingenommen. Die städtische Nachbarschaft ist für den Erwachsenen weitgehend entfunktionalisiert, seitdem verschiedene öffentliche Institutionen viele Funktionen der Nachbarschaftshilfe übernommen haben; für stärker an das Haus gebundene Gruppen, wie z.B. für Kinder und alte Menschen kann sie jedoch nach wie vor sehr wichtig in ihrer sozialisatorischen wie lebenspraktischen Funktion sein.

A-Gruppen der Wohnbevölkerung

Gentrification

Die Stadtviertel selbst befinden sich in einem fortlaufenden Wandel. Besondere Aufmerksamkeit haben in der empirischen Forschung der letzten Jahrzehnte jene Stadtviertel auf sich gezogen, in denen sich die sozialen Probleme häufen. Da waren einmal die innenstadtnahen Altbauquartiere, deren baulicher und sozialer Charakter sich im Zuge der städtebaulichen Sanierungen erheblich verändert hat. Ursprünglich vornehmlich Wohnort für sog. A-Gruppen (Arme, Ausländer, Arbeiter, Auszubildende) sind sie durch mannigfache Aufwertungsprozesse (Gentrification) zum neuen Wohnort von zumeist jüngeren, einkommensstarken und oft kinderlosen Kleinhaushalten geworden (vgl. *J. Blasius* und *J.S. Dangschat* 1990). Zum anderen konzentrierte sich die Forschung auf die neuen Großsiedlungen der 60er und 70er Jahre, die überwiegend im Laufe ihres Bestehens einen baulichen und sozialstrukturellen Abstiegsprozess durchlaufen haben, so daß sie vom Deutschen Städtetag zu erheblichen Teilen als „soziale Brennpunkte“ eingestuft wurden.

Bedeutungsvielfalt des Heimatbegriffs

ad c) Wohl kaum ein Begriff verweist besser auf die gelungene Verknüpfung von räumlichen und sozialen Erfahrungen auf der Ebene eines Ortes als der Begriff der Heimat, der im Laufe der Geschichte verschiedene ideologische Interpretationen wie ein Schwamm aufgesogen hat, was ihn für wissenschaftliche Abhandlungen nicht unproblematisch gemacht hat. Er verweist auf gelungene Aneignungsprozesse, die nicht nur an die an einem Ort verbrachte Kindheit gebunden sind, sondern die auch im Verlaufe des Erwachsenenlebens sich ereignen können. Dieses „aktive Heimatverständnis“ (*Bausinger*) ist nicht mit der traditionellen Auffassung vereinbar, die in der Spruchweisheit zum Ausdruck kommt: „Vergiß nie die Heimat, wo Deine Wiege stand, Du findest in der Fremde kein zweites Heimatland“. In empirischen Untersuchungen der Neuen Stadt Wolfsburg wurde überaus deutlich, daß für die meisten befragten Neueinwohner die Heimat als Ort der Kindheit und Jugend keinen absoluten, nicht zu ersetzenden Wert darstellt. Vielmehr wurde bestätigt, daß es vor allem die sozialen Beziehungen sind, die einen Ort, eine Stadt, eine Region zur Heimat werden lassen. Auch wenn die sozial-räumliche Umwelt im Kindes- und Jugendalter eine nachhaltige Rolle spielt, so muß Heimat als eine biographisch variable

Heimat = Ort dichter Sozialbeziehungen

Raumdeutung (eines Ortes, einer Gegend) verstanden werden (vgl. Herlyn 1990). Diese partielle Entkopplung von Kindheit und Heimat vermittelt dem Begriff eine neue Chance, als Maßstab für gelungene Identitifikationsprozesse mit der lokalen räumlichen Umwelt von Stadt und Region herangezogen zu werden.

Parallel zur Erschütterung des Nationalstaates und des Bemühens um supranationale Staatenbünde wächst z. Zt. das Interesse an besonderen regionalen Strukturen und Entwicklungen. Das offenbar gestiegene Regionalbewußtsein korrespondiert mit einer Renaissance von Heimatorientierungen, die zusammen Chancen beinhalten, um sich besser gegenüber gesamtgesellschaftlich produzierten Verhaltensanforderungen zu behaupten. Das meint auch *U. Beck*, wenn er „die ungebrochene Wirksamkeit der an die Geschichte von Landschaften und Ortschaften gebundenen regionalen Kulturidentitäten" als Bremse gegen das ungehinderte Durchschlagen des Individualisierungsprozesses auf das einzelne Individuum in besonderer Weise herausstellt (*U. Beck* 1986, S. 60).

Bedeutung regionaler Kulturidentität

4.3. Lokale Planungspolitik und Partizipation der Betroffenen

Bis Ende der 60er Jahre gab es in der Bundesrepublik kaum nennenswerte Ansätze für eine politische Soziologie der Stadt. Die Analyse lokaler Macht- und Entscheidungsstrukturen wurde in der Folge der Studentenbewegung Anfang der 70er Jahre aufgenommen und seitdem kann sowohl von der „Politisierung der Stadtplanung" (*H. Korte*) wie auch der Stadtsoziologie gesprochen werden. Das lokale politisch-administrative System wurde seit Ende der 60er Jahre mit Bürgerinitiativen konfrontiert, die sich vor allem gegen den radikalen Umbau der Städte und rigorose Gebietsreformen in den 70er Jahren zur Wehr setzten. Unter Bürgerinitiativen werden Gruppen verstanden, die sich zumeist spontan bilden, um auf Mißstände in der baulichen und sozialen Umwelt aufmerksam zu machen und damit versuchen, auf umweltrelevante lokale Planungs- und Entscheidungsprozesse einzuwirken; ihre Mitglieder arbeiten auf freiwilliger ehrenamtlicher Basis und konzentrieren sich in der Regel auf lokale und kurzfristig lösbare Probleme. Ihre Einschätzung in der Öffentlichkeit schwankt zwischen der Annahme wirksamer Gegenmachtpositionen gegen eine bürgerferne Politik und Verwaltung auf der einen und der Bezeichnung als „Landplage" auf der anderen Seite, durch die das repräsentativ verfaßte politische System außer Kraft gesetzt werden soll. Als Zeichen ihrer besonderen Wertschätzung sollte daran erinnert werden, daß der ehemalige Bundespräsident Heinemann 1972 einer Bürgerinitiative den Theodor-Heuss-Preis verliehen hat. Wenn diese offizielle Ehrung auch über 20 Jahre her ist, so ist doch die Partizipation von planungsbetroffenen Bürgern an den jeweiligen Entscheidungsprozessen bis heute aus dem kommunalpolitischen Alltag nicht wegzudenken.

Seit Ende der 60er Jahre: Bürgerinitiativen

Sie haben zwar nachhaltig die lokale politische Kultur verändert, ihre konkreten Erfolge hielten sich aber in engen Grenzen. Nicht selten waren jedoch die Wirkungen raum-zeitlich versetzt, die mit den Aktionen und Argumentationen erreicht werden konnten, was jedoch häufig nicht so unmittelbar für die Öffentlichkeit einsichtig wurde. Wenn also beispielsweise trotz erheblichen Ein-

Erfolg und Wirkung der Bürgerinitiativen

spruchs der Bevölkerung die Interessen bestimmter Verkehrsteilnehmer bei einer konkreten Verkehrsmaßnahme nicht berücksichtigt werden konnten, so führen nicht selten die dort vorgebrachten Argumente zu anderer Zeit und / oder an anderem Ort gerade zur Berücksichtigung dieser Interessen.

Instrumentalisierung der Bürgerinitiativen

Im Laufe der 80er Jahre wurden die Bürgerinitiativen nicht wenig geschwächt durch eine Reihe von Institutionalisierungen, angefangen von Wohnungsunternehmen, die sog. Mieterbeiräte ins Leben riefen, mit der Gefahr der Verkümmerung zu Alibiveranstaltungen ohne die grundlegenden Interessen der Mieter genügend berücksichtigen zu können. Des weiteren wird eine spontane Artikulation des Bürgerprotestes möglicherweise behindert durch die in mehreren Bundesländern für Städte bestimmter Größenordnung eingeführten Bezirksvertretungen, die als eine politisch wirkungsvolle Plattform zur Berücksichtigung von Stadtteilbelangen gedacht waren. In den 80er Jahren vollzog sich auch insofern ein Formwandel, als immer häufiger Selbsthilfegruppen in Erscheinung traten, die sich vorrangig mit der Durchsetzung eigener Bedürfnisse beschäftigten.

Neue, u.a. ökologisch begründete Initiativen

Schließlich ist auch an das Entstehen verschiedener überregionaler sozialer Bewegungen (wie z.B. Friedens-, Frauen-, Ökologiebewegung) bis hin zur Bildung der Partei der Grünen zu denken, die vor allem ökologisch begründete Basisinitiativen in sich aufsog. Meinte man zwar vor 20 Jahren, daß die wie Pilze aus dem Boden sprießenden Bürgerinitiativen auch wie Pilze wieder verschwinden würden, so ist doch die Partizipation der Bürger an Planungsprozessen ein wichtiges Element der lokalen politischen Kultur bis heute geblieben, auch wenn sich viele der mit den Bürgerinitiativen verbundenen Hoffnungen nicht erfüllt haben.

5. Schlußbemerkungen

Wenn es richtig ist, daß „das Bild der Gesellschaft auf den Boden geschrieben ist“ (Chombart de Lauwe), dann liegt es nahe, aus den vorhandenen Bau- und Siedlungsstrukturen besonders in Städten und Regionen so viel wie möglich über die jeweilige Gesellschaft herauszulesen. Die Auseinandersetzung darüber, ob raumbezogene lokale Analysen nun wichtiger oder unwichtiger geworden sind, erscheint müßig. Auf der einen Seite ist es unbestreitbar, daß die moderne Industriegesellschaft durch einen unübersehbaren Trend des Bedeutungsverlustes lokaler Beziehungen zugunsten größerer und abstrakterer Verbindungen charakterisiert werden kann. Ebenso richtig ist aber auch die Tatsache, daß außerbetriebliche Orte der Erfahrung im Wohn- und Stadtteilbereich an Bedeutung für das alltägliche Leben gegenüber der Arbeitssphäre gewonnen haben.

Intensivierung kleinräumiger Beziehungsebenen

Es ist gar keine Frage, daß nach der Vereinigung der beiden deutschen Staaten die vergleichende Vermessung der Lebensbedingungen und Lebenszusammenhänge in den Städten und Regionen im Vordergrund der Forschung in der nächsten Zeit stehen sollte. Die Bilanzierung der Lebensverhältnisse in den Städten und Regionen bezieht sich mehr oder weniger auf alle Probleme, die gegenwärtig gelöst werden müssen:

Gegenwärtige Probleme städtischer Lebensverhältnisse

- wird sich die soziale Segregation und damit die soziale Spaltung der Stadt weiter verstärken?
- kann der ökologische Umbau der Städte und Regionen geleistet werden?
- wie werden sich in nächster Zeit Wanderungen in und zwischen Städten und Regionen vollziehen?
- welche Folgen haben die neuen Kommunikations- und Informationstechnologien für die zukünfige Stadtentwicklung und regionale Struktur?
- welche Maßnahmen müssen gegen den Verkehrsinfarkt in den Städten ergriffen werden?
- wie kann die lokale Politik mehr Bürgernähe erhalten?
- wird sich die bevorstehende Stadterneuerung in der ehemaligen DDR sozialverträglich vollziehen und welche sozialplanerischen Maßnahmen müssen ergriffen werden?
- wie entwickeln sich neue Lebensstile und Wohnbedürfnisse verschiedener sozialer Gruppen und welche Konsequenzen hat das für die Organisation von Stadt und Region?
- werden sich die Disparitäten zwischen Städten und Regionen hinsichtlich einschlägiger Indikatoren verschärfen?
- in welcher Form vollzieht sich die „Metropolisierung Großberlins" (*H.G. Helms* (Hg.) 1992), nachdem der Hauptstadtvertrag mit Berlin geschlossen ist?

Zusammenhang mit gesamtgesellschaftlichen Theorien

Selbstverständlich können dies nur einige aktuell wichtige Fragen sein, die sich in vielerlei Hinsicht für die westdeutschen Städte und Regionen in anderer Weise als für die ostdeutschen Städte stellen. Sie genügen jedoch schon, um die Vielseitigkeit und Dringlichkeit offen zu legen, mit denen eine soziologische Stadt- und Regionsforschung heute konfrontiert ist. Auch wenn gerade im Hinblick auf die Entwicklung von Städten und Regionen in der ehemaligen DDR dringend Beschreibungen der lokalen Wandlungsprozesse benötigt werden, so sollte die ernst zu nehmende soziologische Stadtforschung immer von gesamtgesellschaftlichen Theorien ausgehen, ohne die sie verkümmern würde.

Informationsteil

1. Statistische Materialien

Tab. 1: Größenwachstum deutscher Städte im 19. Jahrhundert. Angaben in 1000, jeweiliger Gebietsstand

Stadt	Einwohner um 1816/19	um 1850	1870/71	1910
Berlin	198	412	826	2071
Hamburg	128	175	290	931
München	54	107	169	596
Leipzig	35	63	107	679
Dresden	65	97	177	548
Köln	50	97	129	517
Essen	5	9	52	295
Dortmund	4	11	44	214

Quelle: J. Reulecke, 1985, S. 203, zit. nach B. Schäfers 1990, S. 237.

Tab. 2: Die Verteilung der Bevölkerung nach Gemeindegrößenklassen (ohne Berlin)

	Gemeinden bis 5000 Einwohner	5000 bis 20000 Einwohner	20000 bis 100000 Einwohner	über 100000 Einwohner
1871	75,5 %	11,6 %	7,5 %	5,4 %
1900	56,1 %	13,5 %	13,2 %	17,2 %
1933	43,4 %	13,4 %	13,0 %	30,2 %
1961	35,7 %	16,7 %	16,8 %	30,7 %
1975	17,5 %	24,3 %	24,9 %	33,2 %
1986	15,5 %	26,5 %	27,3 %	30,7 %
1990 (April)	14,8 %	25,8 %	26,0 %	33,5 %

Quelle: Statistische Jahrbücher für die Bundesrepublik Deutschland, versch. Jahrgänge

Tab. 3: Bevölkerung in den alten und neuen Bundesländern nach Gemeindegrößenklassen (mit Berlin)

	Alte Länder (30.6.1990) %	Neue Länder (30.6.1990) %
unter 2000 EW	5,7	25,6
2000-5000 EW	8,6	11,5
5000-20000 EW	25,3	17,0
20000-50000 EW	16,6	16,5
50000-100000 EW	9,0	8,0
über 100000 EW	34,8	21,4
Ingesamt	100,0	100,0

Quelle: Statistisches Jahrbuch Deutscher Gemeinden, 77. Jg. 1990

Abb. 1: Bevölkerungsentwicklung 1980-1987 in ausgewählten Berichtsregionen in vier Oberzentren des Ruhrgebietes

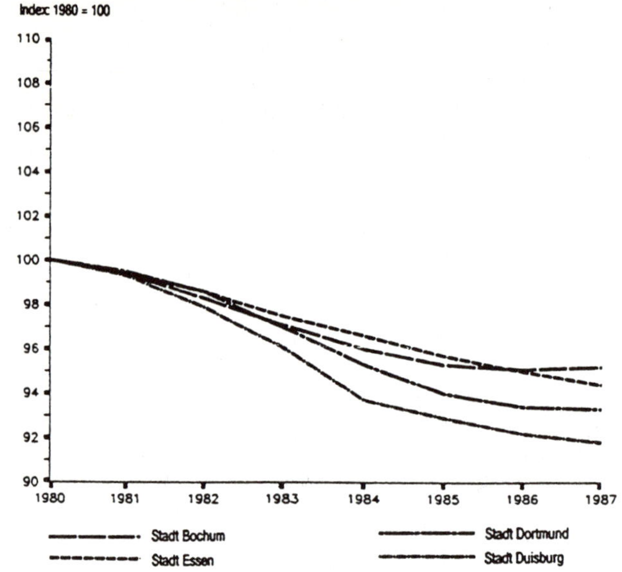

Quelle: Laufende Raumbeobachtung der BfLR, Zit. in H. Güttler u.a. 1989.

Abb. 2: Bevölkerungsentwicklung 1980-1987 in ausgewählten Berichtsregionen München und Frankfurt a. M.

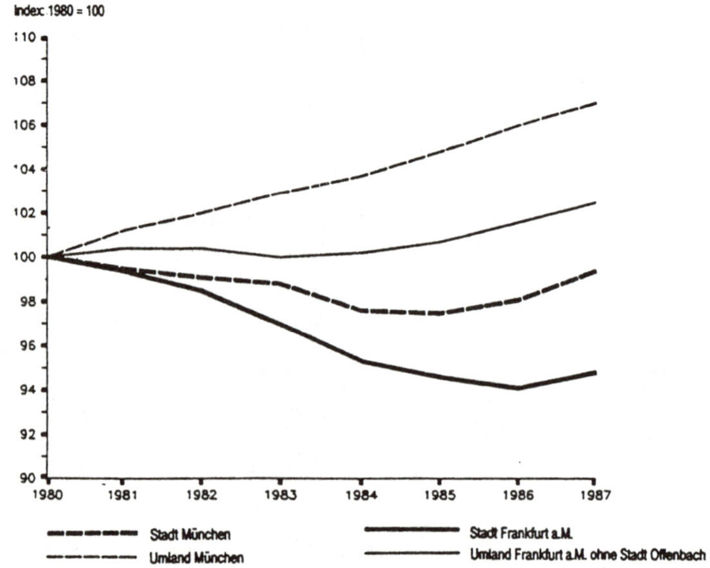

Quelle: Laufende Raumbeobachtung der BfLR, Zit. in H. Güttler u.a. 1989.

2. Kommentierte einführende Literatur

In diesem Abschnitt soll auf einige Literaturquellen der Stadt- und Regionalsoziologie hingewiesen werden, die zum einen die Einarbeitung in dieses Teilgebiet ermöglichen (1), die historische Entwicklung verdeutlichen (2) und von besonderen Problemstellungen her die Analysekapazität stadt- und regionalsoziologischer Arbeit offen legen (3).

ad 1)
Vor allem Ende der 70er / Anfang der 80er Jahre sind — bedingt durch eine stark ausgeweitete soziologische Nebenfachausbildung — eine Reihe von Einführungen in die Stadt- und Regionalsoziologie erschienen, die auch heute noch einen hilfreichen Zugang darstellen:

von Borries, Volker u.a. 1978: Siedlungssoziologie. Wohnung — Gemeinde — Umwelt, Kösel Verlag München

Hahn, Alois u.a. 1979: Gemeindesoziologie. Eine Einführung, Kohlhammer Stuttgart

Pieper, Richard 1979: Soziologie im Städtebau. Eine Einführung für Architekten, Stadtplaner und Sozialwissenschaftler, Enke Verlag Stuttgart

(alle besprochen in der Zeitschrift: Soziologische Revue 3, 1980)

Hamm, Bernd 1982: Einführung in die Siedlungssoziologie, Beck München (Einführung in die sozialökologisch orientierte Stadtforschung)

ad 2)
Eine breite Sammlung klassischer (vorwiegend älterer) Texte aus verschiedenen Denkrichtungen und theoretischen Ansätzen ist enthalten in:

Schmals, Klaus M. (Hg.) 1983: Stadt und Gesellschaft. Ein Arbeits- und Grundlagenwerk, Academic Verlag München

In den beiden folgenden Beiträgen wird zahlreiche Literatur kommentiert:

Herlyn, Ulfert 1989: Der Beitrag der Stadtsoziologie. Ein Rückblick auf die Forschungsentwicklung,

Schäfers, Bernhard 1989: Stadt- und Regionalsoziologie: Ausgewählte neue Ansätze,

beide Beiträge in: Joachim J. Hesse (Hg.): Kommunalwissenschaften in der Bundesrepublik Deutschland, Nomos Baden-Baden

Bausteine einer Siedlungssoziologie enthält die Textsammlung:

Atteslander, Peter und Bernd Hamm (Hg.) 1974: Materialien zur Siedlungssoziologie, Köln

Besonders über die Nachkriegsentwicklung berichtet:

Pfeil, Elisabeth 1972: Großstadtforschung. Entwicklung und gegenwärtiger Stand (2. Aufl.), Hannover (zuerst 1950).

Einen Überblick über die stadtsoziologische Forschung der 70er Jahre enthält:
Korte, Hermann 1986: Stadtsoziologie, Forschungsprobleme und Forschungsergebnisse der 70er Jahre, Wissenschaftliche Buchgesellschaft, Darmstadt

ad 3)
Bahrdt, Hans Paul 1969: Die moderne Großstadt, Christian Wegner Verlag, Hamburg (zuerst 1961)
Friedrichs, Jürgen 1977: Stadtanalyse. Soziale und räumliche Organisation der Gesellschaft, Reinbek bei Hamburg
Ders. (Hg.) 1988: Soziologische Stadtforschung, in: Kölner Zeitschrift für Soziologie und Sozialpsychologie, Sonderheft 29, Opladen
Häußermann, Hartmut und Walter Siebel 1987: Neue Urbanität, edition Suhrkamp, Frankfurt a.M.
Ders. u.a. 1991: Stadt und Raum. Soziologische Analysen, Centaurus-Verlagsgesellschaft, Pfaffenweiler
Herlyn, Ulfert 1990: Leben in der Stadt. Lebens- und Familienphasen in städtischen Räumen, Leske + Budrich, Opladen
Saunders, Peter 1987: Soziologie der Stadt, Campus Studium, Frankfurt a.M.

Eine Zusammenfassung der überwiegend empirischen Stadt- und Regionalsoziologie in der ehemaligen DDR präsentiert:
Staufenbiel, Fred 1989: Leben in Städten. Soziale Ziele und Probleme der intensiven Stadtreproduktion, VEB Verlag für Bauwesen, Berlin

Die Interessierten sind außerdem verwiesen auf die Leseliste der Sektion Stadt- und Regionalsoziologie der DGS: Sociologica. Leseliste der Sektionen und Arbeitsgruppen, Sonderheft der SOZIOLOGIE 1993, Opladen

3. Im Textteil zitierte Literatur

(soweit nicht bei der einführenden Literatur schon genannt)

Ahrensberg, Conrad M. 1962: Die Gemeinde als Objekt und Paradigma, in: R. König (Hg.): Handbuch der empirischen Sozialforschung, Bd. 1, Stuttgart
Beck, Ulrich 1986: Risikogesellschaft, Frankfurt a.M.
Berndt, Heide 1978: Die Natur der Stadt, Frankfurt a.M.
Blasius, Jörg und Jens. S. Dangschat (Hg. 1990): Gentrification. Die Aufwertung innenstadtnaher Wohnviertel, Frankfurt a.M.
Boustedt, Olaf 1970: Stadtregionen, in: Akademie für Raumforschung und Landesplanung (Hg.): Handwörterbuch der Raumforschung und Raumordnung, 2. Aufl. Hannover
Castells, Manuel 1977: Die kapitalistische Stadt. Ökonomie und Politik der Stadtentwicklung, Hamburg
Chombart de Lauwe, Paul-Henry 1977: Aneignung, Eigentum, Enteignung. Sozialpsychologie der Raumaneignung und Prozesse gesellschaftlicher Veränderung, in: Arch+, H. 34

Güttler, Helmut u.a. 1989: Entwicklungstendenzen und aktuelle Probleme von Stadtregionen, in: Informationen zur Raumentwicklung, H. 11 / 12 hrsg. von der Bundesforschungsanstalt für Landeskunde und Raumordnung
Helms, Hans G. 1992: Die Stadt als Gabentisch. Beobachtungen zwischen Manhattan und Berlin-Marzahn, Leipzig
Herlyn, Ingrid und Ulfert Herlyn 1983: Wohnverhältnisse in der Bundesrepublik 2. Aufl., Frankfurt a.M.
Herlyn, Ulfert (Hg.) 1980: Großstadtstrukturen und ungleiche Lebensbedingungen in der Bundesrepublik, Frankfurt a.M.
Krämer, Jürgen und Reiner Neef (Hg.) 1985: Krise und Konflikte in der Großstadt im entwickelten Kapitalismus, Basel, Boston, Stuttgart
Krämer-Badoni, Thomas 1991: Die Stadt als sozialwissenschaftlicher Gegenstand, in: H. Häußermann u.a. (Hg.): Stadt und Raum, Pfaffenweiler
Kruse, Lenelies und Carl F. Graumann 1978: Sozialpsychologie des Raumes und zur Soziologie des Alltags, Sonderheft 20 der Kölner Zeitschrift für Soziologie und Sozialpsychologie, Opladen
Marcuse, Peter 1991: Die Zukunft der „sozialistischen" Städte, in: Berliner Journal für Soziologie, H. 2
Schäfers, Bernhard 1990: Gesellschaftlicher Wandel in Deutschland, 5. Aufl., Stuttgart
Siebel, Walter 1989: Wohnen und Familie, in: Nave-Herz, R. und M. Markefka (Hg.):Handbuch der Familien- und Jugendforschung, Bd. 1, Familienforschung, Neuwied und Frankfurt
Sombart, Werner, 1907: Der Begriff der Stadt und das Wesen der Städtebildung in: Archiv für Sozialwissenschaften und Sozialpolitik, Bd. 25
Weber, Max 1972: Wirtschaft und Gesellschaft, Tübingen
Wirth, Louis 1974: Urbanität als Lebensform, in: U. Herlyn (Hg.): Stadt- und Sozialstruktur, München (zuerst 1938)

Lektion XII
Sportsoziologie

Dieter Voigt, Sabine Gries

Inhalt

1. Was verstehen wir unter Sportsoziologie?

Frühe Definition durch Heinz Risse 1921

In dem frühesten bekannten Buch zum Thema „Soziologie des Sports" erklärt Heinz Risse (1921, S. 6) die *Sportsoziologie* als *„die Lehre von der vergesellschaftenden Wirkung des Sports. Abgelöst vom Inhalt einer bestimmten Sportart wird es sich darum handeln, lediglich die Formen zu beobachten, unter denen Menschen, die durch sportliche Beziehungen verknüpft sind, miteinander verkehren, sich zueinanderstellen, inwieweit alte Klassenbildungen verworfen und neue erzeugt werden usw."*

Auch für uns ist die Sportsoziologie eine empirische Wissenschaft, die auf die Erforschung des sozialen Verhaltens und der sozialen Strukturen im Sport gerichtet ist. Risses (1921) Erkenntnisinteresse am Sport erwuchs zunächst noch aus der Soziologie (Sport als „die gesamte körperliche Kultur eines Volkes", ebd., S. 6) und wurde geleitet von den Problemen der Industriegesellschaft, weniger vom Sport und seinen vielfältigen Ausprägungen. Wir definieren die *Soziologie des Sports* (= Sportsoziologie) als eine spezielle Soziologie, als Erfahrungswissenschaft, die mit den Methoden der empirischen Sozialforschung das *Handlungsfeld Sport* in seinen vielfältigen Ausprägungen, Zusammenhängen und Verankerungen systematisch untersucht, um wissenschaftlich fundierte Erkenntnisse hervorzubringen, die, ständig an der Wirklichkeit überprüft, zur Theoriebildung beitragen.

Definition Sportsoziologie

Soziologie des Sports erforscht theoriegeleitet, mit anderen Wissenschaftsdisziplinen kooperierend, das soziale Handeln und die sozialen Strukturen im Sport sowie die Wechselwirkung zwischen Sport und anderen Subsystemen.

Besonders anschaulich läßt sich die Bedeutung der Sportsoziologie darstellen, wenn man ihre Problemstellungen aufzeigt. Die folgenden beispielhaft ausgewählten Fragen verdeutlichen die Themen der Soziologie des Sports ebenso wie den Umfang ihres Spektrums.

Spektrum sportsoziologischer Themen

Welches Wunschbild haben Schülerinnen und Schüler verschiedener Altersstufen und Soziallagen von Sportlehrern und Sportunterricht?

Worauf beruht die Geschlechts- und Schichtenspezifik des Sports?

Wie wird der Sport in den Massenmedien dargestellt?

Welches Bild der Frau vermittelt die Sportberichterstattung?

Welche sozialen Funktionen hat der Sport?

Welche sozialen Wirkungen haben das Sporttreiben und seine Präsentation in den Massenmedien?

Woraus folgen die unterschiedliche Entwicklung und das stark abweichende Leistungsniveau im Sport (Spitzen-, Breiten- und Rehabilitationssport) in den verschiedenen Ländern?

Welche Möglichkeiten bietet der Sport zur Hilfe bei der Lösung sozialer Probleme?

In welcher Beziehung steht Sport zu Aggression und Gewalt? Welche Rolle spielen dabei die Massenmedien?

Welche Ursachen liegen der Gewalt im Sport und Zuschauerausschreitungen zugrunde?

Welche Beziehung besteht zwischen Sport und Arbeit? Worin liegt die Faszination des Fußballspiels?

Welches Verhältnis besteht zwischen kognitiver und motorischer Entwicklung?

Welche Bedürfnisse liegen dem Sporttreiben zugrunde?

Weshalb treiben Kinder und Unterschichtsangehörige nicht freiwillig Sport aus gesundheitlichen Gründen?

Welche Beziehung besteht zwischen Sport und Gesellschaftssystem?

Welche Beziehung besteht zwischen Gesellschaftsordnung, Sport und Politik?

Wie und weshalb verändern sich Bedürfnisse, Normen, Sanktionen und Werte im Sport?

Inwiefern wirkt Sport als Faktor sozialer Mobilität?

Wie entstehen sportliche Einstellungen und Verhaltensweisen, und auf welchem Weg lassen sie sich lebenslang stabilisieren?

Welche Bedeutung hat die familiale Sozialisation für die sportbezogene Einstellungs- und Verhaltensformung?

Welchen Einfluß hat das soziale Klima in Sportgruppen auf deren Leistungsentwicklung und die des einzelnen Athleten? Welche sozialen Folgen hat Kinderhochleistungssport? Welche Sozialisationswirkungen (unter welchen Bedingungen) gehen vom Sport aus?

Wie verändern sich Sportinteresse und Einstellung zum Sport?

Inwieweit läßt sich Sport zur Verzögerung sozialen Alterns einsetzen?

Wie lassen sich friedensfördernde Werte des Sports entwickeln?

Wie kann durch Sporttreiben soziale Kompetenz erhalten und erweitert werden?

Welche Beziehung besteht zwischen Leistungsniveau — Leistungsengagement und Sportinteresse (Sporttreiben, Erfolg im Sport)?

Welche geschlechts-, schichten- und altersspezifischen Bedürfnisse liegen dem aktiven Sporttreiben und dem rezeptiven Sport (Lesen, Hören, Sehen) zugrunde?

Welche Einflußfaktoren entwickeln das Körper- und Gesundheitsbewußtsein?

Welche Bedeutung hat Sport für die Gesundheit aus soziologischer Sicht? Welcher Zusammenhang besteht zwischen Sport und Gesundheit?

Welche Folgen hat „Sportentwicklungshilfe" für die betroffenen Länder?

Wie sollte Entwicklungshilfe im Sport gestaltet werden?

Entspricht unser Schulsport den Bedürfnissen der Jugendlichen und denen unserer Gesellschaft? Sollte er verändert werden?

Welche Rolle spielt das Leistungsprinzip in den verschiedenen Bereichen des Sports?

Welche Besonderheiten weist die Berufsrolle des Sportlehrers auf? Wie verläuft soziales Lernen im Sport?

Welche Bedeutung haben rezeptive Sportinteressen (Lesen, Hören, Sehen)? Wie sind sie in der Bevölkerung ausgeprägt?

Wie verändern sich der Sport, seine Inhalte, Disziplinen, Ausübung, Formen; seine Institutionen, Organisationen, Werte, Regeln und Sanktionen?

Welche Bedeutung hat der Sport für die Freizeit?

Welche Rolle spielen Spitzensportler als Leitbild für Kinder, Jugendliche und Erwachsene (differenziert nach Geschlecht, Soziallage, Alter, Bildungsgrad, schulischem Leistungsniveau und verschiedenartigen Gesellschaftssystemen)?

Soziologisch läßt sich der Sport unter fünf Gesichtspunkten systematisieren und untersuchen:

Systematik des Sports

1. **Sport als soziales Handlungsfeld:** die Sporttreibenden in den einzelnen Bereichen des Sports (Wer treibt wie Sport? Spitzen- bis Alters- und Rehabilitationssport);
2. **Sport als soziale Institution** mit seinen verschiedenen Organisationsformen und Trägern;
3. **Wirkfaktoren auf den Sport:** soziale Funktionen und soziale Auswirkungen des Sports;
4. **Entstehung und weitere Entwicklung (Wandel) des Sports;**
5. **rezeptiver Sport** (Lesen, Hören, Sehen) sowie Förderer und Gegner des Sports.

Sportsoziologie ist eine *spezielle, angewandte* Soziologie, die sich mit dem Sport als wissenschaftlichem Forschungsgegenstand so befaßt, wie es vergleichbar auch in der Arbeits-, Rechts-, Familien-, Freizeit-, Musik-, Medizin-, Kultur-, Kunst- sowie der Stadt- und Regionalsoziologie mit den entsprechenden Forschungsgegenständen geschieht. Was für die Soziologie im allgemeinen gilt, gilt im besonderen auch für die Soziologie des Sports. Wie die anderen speziellen Soziologien weist die Sportsoziologie weder einen nur von ihr beanspruchten Gegenstandsbereich noch eigenständige Methoden, Begriffssysteme und Theorieansätze auf.

Entstehung und Existenzberechtigung der Sportsoziologie, auch gegenüber den anderen Teilgebieten der Soziologie, resultieren aus der großen sozialen Bedeutung des Handlungsfeldes Sport und dessen wissenschaftlicher Ergiebigkeit für die soziologische (und darüber hinausgehende) Erkenntnis und Theoriebildung.

Sport als Thema mehrerer Spezieller Soziologien

Eine wachsende Zahl von Wissenschaften erklärt den Sport zu ihrem Forschungsgegenstand. Selbst im Bereich der Soziologie bleibt die wissenschaftliche Durchdringung des Sports nicht alleine auf die Sportsoziologie beschränkt. Auch in anderen Zweigsoziologien — so u.a. der Freizeit-, Jugend-, Alters-, Medizin-, Kultur-, Sprach- sowie der Verwaltungs- und Organisationssoziologie — ist der Sport Gegenstand wissenschaftlichen Erkenntnisinteresses. Zunehmend geraten bei der sportsoziologischen Forschung rein wissenschaftliches Interesse und die Forschung nach Bereitstellung von anwendbaren Erkenntnissen miteinander in Konflikt. Der vor allem in bezug auf den Spitzensport hervortretende Gegensatz Grundlagenforschung statt Bedarfsforschung, der im Kampf um die Verteilung von Geldern und Forschungsaufträgen sichtbar wird, beschränkt sich inzwischen nicht mehr auf die mit dem Sport befaßten Naturwissenschaften (Medizin, Physiologie, Biologie, Chemie, Biomechanik; Sportgeräte- und Anlagenbau). Seit Jahren hat er sich auf die Sportpsychologie und inzwischen auch auf die Sportsoziologie ausgeweitet.

Die Geringschätzung der Sportsoziologie vor allem in Ausbildung und Sportpraxis wird nicht unwesentlich davon beeinflußt, daß ihre Ergebnisse zum einen oft herkömmliche Vorstellungen widerlegen, zum anderen aber nicht einfach in sportbezogenes Handeln umgesetzt werden können.

Sportsoziologie liefert keine Handlungsanleitung.

Je stärker die Instrumentalisierung des Spitzensports, um so stärker ist der Druck auf die mit dem Sport befaßten Wissenschaften, anwendungsrelevante Forschungsergebnisse bereitzustellen.

Instrumentalisierung des Sports in der DDR

Am Beispiel der DDR kommt das deutlich zum Ausdruck — die Instrumentalisierung des Sports war dort total (Holzweissig 1981, 1988; Knecht 1971a, 1979; Kühnst 1982; Lutz 1988; Voigt 1975; Voigt/Messing 1983). Sportsoziologie war in der DDR anwendungsgebunden als Erfüllungsgehilfin und Zuarbeiterin der SED definiert und sollte in diesem Rahmen in erster Linie der Verwirklichung von zwei Zielen dienen: Erziehung „sozialistischer Persönlichkeiten" (treu ergebene Kämpfer für die SED) und Stützung und Verbreitung kommunistischer Ideologie, der „einzig wahren Weltanschauung" (Lutz 1988, passim; vgl. Voigt 1975).

Ansprüche an die Sportsoziologie

Die Sportsoziologie steht in einem Spannungsfeld von Ansprüchen: von Soziologie, Sportwissenschaft und anderen Wissenschaftsgebieten; von Wirtschaft, Verbänden, Organisationen, Parteien und Politik; von Sportpraxis; von Medizin-, Erziehungs- und Bildungssystem.

Die mit sportsoziologischem Erkenntnisstreben verbundenen Interessen sind deshalb recht unterschiedlich.

> „Dabei kann (und will) sich die Sportsoziologie nicht von ihrer Mutterwissenschaft lösen, weil dort nach wie vor die erkenntnistheoretischen und methodologischen Grundlagen und Instrumente soziologischen Denkens und Arbeitens entwickelt werden. Sie bleibt wissenschaftlich von hier aus bestimmt, vermag ihrerseits jedoch auch durch Forschungsbeiträge zur Weiterentwicklung der Allgemeinen Soziologie beizutragen" (Rigauer 1982, S. 14 f.).

Der Ertrag sportsoziologischer Forschung für die unmittelbare Umsetzung in den Sport ist nach wie vor gering.

Was unter Sportsoziologie verstanden wird — oder genauer: wo ihr spezifisches Erkenntnisziel liegen soll — wird, abgesehen von den prägenden Einflüssen des Gesellschaftssystems, wesentlich vom Nutzenskalkül und dem Bildungsweg des Definierenden bestimmt. Dem theoriegeleiteten, mit der wissenschaftlichen Erforschung des Sports befaßten Soziologen steht in der Regel der Anwendungsbezug seiner Tätigkeit fern; der Sportlehrer und der Trainer hingegen, die Kenntnisse in der Soziologie erwerben, um Teilbereiche des Sports soziologisch zu durchdringen, werden meist praxisorientiert arbeiten und den Wert ihres Schaffens am direkten Nutzen für den Sport und die Athleten messen.

2. Entwicklung und Aufgaben der Soziologie des Sports

2.1. Entstehungsbedingungen der Sportsoziologie

Die Soziologie als Wissenschaft „*entstand aus dem Bedürfnis, die Gesellschaft nicht nur zu verstehen, sondern sie auch zu ändern*" (Seger 1970, S. 11 f.); in auf den Sport übertragenem Sinne gilt das auch für die Sportsoziologie. Ziele aller Zweigsoziologien sind: Beschreiben, Verstehen, Erklären, Anwendung von Erkenntnissen in der Praxis, Information, Kritik, Enthüllung, Theoriebildung und Prognose. Die Entwicklung der Soziologie des Sports wird geprägt durch Erkenntnis- und Verwertungsinteressen. Sport ist eine bestimmte Art des bewußten Verfügens über den Körper. Damit fällt die Sportsoziologie, die den Aspekt der sportlichen Bewegung im Blickfeld hat, auch in den Bereich der Soziologie des Körpers.

Ahnenreihe der Sportsoziologie

Sport war schon im 19. Jh. Gegenstand soziologischen Interesses: Spiel und Kultur, Ursprünge des Sports, Sport und Religion, Sport in anderen Kulturen waren die ersten untersuchten Gebiete. Klassiker der Soziologie wie Max Weber, Leopold von Wiese, Georg Simmel, Herbert Spencer, Florian Znaniecki, Max Scheler, Norbert Elias und Thorstein Veblen hatten auch den Sport im Blick. In dieser Tradition befaßten sich dann weiterhin namhafte Soziologen, Philosophen, Historiker und Pädagogen mit dem Sport: so Erik Allardt, Bruce L. Bennett, Ortega Y Gasset, Roger Girod, Max Gluckman, Ommo Grupe, Allen Guttmann, Jürgen Habermas, Klaus Heinemann, Johan Huizinga, René König, Christian Graf von Krockow, Hans Lenk, Helmuth Plessner, David Riesman, Helmut Schelsky, Eduard Spranger; sie förderten die Sportsoziologie in ihrer Entwicklung.

Früher Beginn in den USA

Verselbständigung nach 1945

Im Jahre 1921 erschien erstmals ein Buch über die „Soziologie des Sports" (Risse), im Jahre 1927 eines über die „Psychologie des Sports" (Peters). Sport bedeutete für Risse (1921) vor allem Wettkampfsport. In den USA fanden sich schon um die Jahrhundertwende sportsoziologische Arbeiten, so über die Ursprünge des Sports, Wettkampfsport, Spiel und Sport in anderen Kulturen, Sport in Randgruppen. Zum eigenständigen Teilgebiet innerhalb der Soziologie entwickelte sich die Sportsoziologie erst nach dem Zweiten Weltkrieg. Die Herausbildung der Sportsoziologie — sowohl als Teildisziplin der Soziologie als auch als „soziologische Betrachtungsweise innerhalb der Sportwissenschaft" — geht nach Lüschen / Weis (1976, S. 15) auf fünf Bedingungen zurück:

Fünf Bedingungen der Verselbständigung

„1. Die allgemeine Ausweitung der Soziologie und ihrer legitimen Arbeitsfelder, mit der eine Ausdehnung der materiellen und personellen Ressourcen einherging.
2. Die Anerkennung des Sports als legitimen Forschungsgegenstand in einer neuen Situation, die nicht mehr durch so starke Vorurteile belastet war.
3. Die Ausweitung der Institution Sport und damit verbunden die Notwendigkeit wissenschaftlicher Untersuchung, die sowohl von der Soziologie und Sportwissenschaft als auch von öffentlichen Stellen und Sportverbänden gefördert wurde.
4. Die Förderung des Gebietes und junger interessierter Wissenschaftler durch eine Reihe maßgeblicher Vertreter in der allgemeinen Soziologie.

5. Die Bildung eines eigenen Forschungskomitees in der International Sociological Association, das ursprünglich von dem der UNESCO verbundenen Weltrat für Sport initiiert wurde."

Nationale und internationale Organisationen

Beide deutsche Staaten waren schon vor der Wiedervereinigung in der „International Sociology Association" (ISA) und der im Jahre 1964 gegründeten „Internationalen Kommission für Sportsoziologie beim Weltrat für Sport und Körpererziehung" (ICSPE) vertreten. Die internationale Vereinigung der Sportsoziologen gibt seit 1966 die „International Review of Sport Sociology" (erst Warschau und jetzt München) heraus. In mehreren Ländern bestehen inzwischen auch nationale Organisationen der Sportsoziologie, so in Bulgarien, England, Kanada, UdSSR, Japan, Österreich und in der Bundesrepublik Deutschland. In Deutschland bestehen sogar zwei Möglichkeiten für sportsoziologisch Interessierte, sich zu organisieren: In der Sektion Sportsoziologie der Deutschen Gesellschaft für Soziologie (DGS; 1987 22 Mitglieder, davon 14 Professoren) und in der Sektion Sportsoziologie innerhalb der Deutschen Vereinigung für Sportwissenschaft (DVS; 1987 36 Mitglieder, davon 12 Professoren). Die Mitglieder in den beiden Sektionen sind weitgehend die gleichen. In den alten Bundesländern der Bundesrepublik Deutschland lehren heute etwa 20 Sportsoziologen an den Universitäten und Hochschulen fast ausschließlich im Rahmen der Ausbildung von Sportlehrern. In der DDR konnte sich die Sportsoziologie in der *Lehre* kaum durchsetzen; ihr Lehrangebot beschränkte sich hauptsächlich auf marginale Beiträge in Trainerkursen für Ausländer an der DHfK Leipzig (Lutz 1988).

Bestimmend für die Entwicklung: die Bezugsdisziplin

Bestimmend für die Entwicklung der Soziologie des Sports ist, ob sie aus der Mutterwissenschaft Soziologie oder aus der Sportwissenschaft heraus ihren Anfang nahm. Waren Soziologen oder Sportwissenschaftler zu Beginn der Entwicklung ihre Hauptvertreter, oder sind beide Gruppen annähernd gleich an den Anfängen der Sportsoziologie beteiligt? Wo lag und wo liegt das erkenntnisleitende Ziel der Forscher, die sich aus soziologischem Blickwinkel mit dem Sport befassen?

In der Bundesrepublik Deutschland entwickelte sich die Sportsoziologie als spezielle Soziologie hauptsächlich aus der „Mutterwissenschaft" Soziologie heraus; es waren zuerst *Soziologen* (Elias, Habermas, Heinemann, Lenk, Linde, Plessner, Specht; und mehr aus dem Sportbereich: Hammerich, Lüschen, Rigauer, V. Rittner, Messing, Pfister), die den Sport als Forschungsgegenstand erschlossen und für ihr theoriegeleitetes Erkenntnisinteresse nutzten. Sportpraxis und Sportwissenschaft verwendeten zunächst Ergebnisse aus der Sportpsychologie und näherten sich erst in den letzten Jahren behutsam auch der Soziologie des Sports, von der sie bis heute — abgesehen von der Kleingruppenforschung — nur einen geringen Anwendungsbezug erwarten. Institutionell wurde die Sportsoziologie — von Ausnahmen abgesehen — in der universitären Sportlehrerausbildung verankert.

Entwicklung in der DDR

Anders verlief die Entwicklung der Sportsoziologie in der DDR (Voigt 1975, Lutz 1988). Sport und Wissenschaft waren in der DDR jahrzehntelang von den Weisungen und Vorgaben der SED abhängig (Holzweissig 1981, 1988; Knecht 1971a/b, 1978, 1979; Kühnst 1982; Lutz 1988; Mainz 1982; Messing/Voigt 1982;

Voigt 1975, 1986). Bis zum Jahre 1960 wurde in der DDR die „Mutterwissenschaft" Soziologie (die Sozialpsychologie eingeschlossen) als „Werkzeug der Imperialisten", als „bürgerliche Gesellschaftslehre" diffamiert (Voigt 1975, S. 13).

Sonderstellung der Sportsoziologie

Schon sehr früh rief die SED-Führung dagegen die Sportsoziologie ins Leben. Diese blieb stets ein Instrument der Parteiführung, deren Ziele klar festlagen: Erziehung sozialistischer Persönlichkeiten mit Hilfe des Sports; Stützung und Verbreitung kommunistischer Ideologie; Bereitstellung von Erkenntnissen, die vor allem den Spitzensport (aber auch den „restlichen") fördern und seine Leitung und Planung verbessern sollten. Sportsoziologen waren in der DDR *Sportwissenschaftler* — sie studierten Sport und qualifizierten sich in diesem Fach auch weiter. Ihre Verbindung zur Soziologie blieb bisher auf autodidaktische Übungen beschränkt. Sportsoziologen — im Gegensatz zur Bundesrepublik finden wir in der DDR in diesem Fach fast nur Männer — verstanden sich in der DDR als Sportwissenschaftler; ihre Karriere begann in der Regel an der DHfK und fand dort oder in Führungsgremien des Sports ihren Fortgang (Weisspfennig 1983; Lutz 1988). Ihre Laufbahn war vorgezeichnet: Sportstudium an der DHfK, Promotion zum Dr. paed. an der DHfK sowie (angestrebte) Habilitation an der gleichen Hochschule (ebd., siehe hierzu auch Voigt/Meck 1984).

Trennung zwischen Soziologie und Sportsoziologie in der DDR

Die Soziologie der DDR nahm von der Sportsoziologie kaum Notiz. Die Sportsoziologen der DDR waren zunehmend um Beachtung von seiten der Soziologie bemüht. Sie sahen sich jedoch weiterhin erstrangig als Bestandteil der Sportwissenschaft, die sie studiert hatten, der sie anwendungsrelevante Erkenntnisse lieferten und Hilfsdienste leisten sollten, aus deren Etat sie bezahlt wurden und in der sie stets um ihre volle Anerkennung ringen mußten (Voigt 1975; Lutz 1988). Innerhalb der Sportwissenschaft der DDR spielte die Soziologie wegen ihrer Praxisferne und ihrer Nähe zur kommunistischen Ideologie immer eine periphere Rolle.

Ideologischer Streit um eine frühe sportsoziologische Arbeit

Schon sechs Jahre vor der offiziellen Gründung der Fachrichtung Sportsoziologie in der DDR gab es jedoch eine erste sportsoziologische Untersuchung von Heinz Perleberg „Über die soziale Schichtung der Sporttreibenden in einzelnen Sportarten", die im Jahre 1955 von der Pädagogischen Fakultät der Universität Greifswald als Doktorarbeit angenommen wurde. Die Ergebnisse dieser Erhebung widersprachen offiziellen Verlautbarungen über den „Nachweis" sozialer Gleichheit in der DDR aber so sehr, daß sie totgeschwiegen wurden. Perleberg mußte in den Westen fliehen, seine Arbeit — die schließlich den Beginn sportsoziologischer Forschung in der DDR markiert — wurde nicht gedruckt. Nur einmal wurde diese wichtige und aufschlußreiche Untersuchung in der DDR offiziell erwähnt. Im Auftrage der Parteiführung erklärte der Leipziger Sportsoziologe Friedrich Trogsch, daß die Arbeit von Perleberg (1955) nicht als Beginn der marxistischen Sportsoziologie angesehen werden könne, weil er bürgerliche Anschauungen vertrete und die Hauptaufgabe, die Durchsetzung der Kulturrevolution mit den Mitteln der Körperkultur und des Volkssports, völlig außer acht lasse. Seitdem wurde die soziale Schichtung von Sportlern — ein Kerngebiet westlicher Soziologie des Sports — in der DDR erstmals im Jahre 1979 von Jochen Hinsching wieder wissenschaftlich untersucht (vgl. Lüschen 1963; Linde/Heinemann 1968; Specht 1960; Voigt 1978a/b; Lutz 1988). Außerhalb jeder Betrachtung blieb in der DDR die soziale Mobilität von Sporttreibenden.

Die Begriffe soziale Schichtung und soziale Mobilität wurden von den DDR-Sportsoziologen vermieden oder umschrieben — meist mit der unrichtigen Hilfskonstruktion der „sozialen Gruppe“ oder dem unklaren und doppeldeutigen Begriff der „sozialen Einheit“. In diesem Rahmen konnte sich die Sportsoziologie der DDR nur stark eingeschränkt entwickeln. Dennoch erreichte sie verglichen mit den anderen Zweigsoziologien — abgesehen von der führenden Medizinsoziologie (Voigt 1975, 1978a) — gewisse Erfolge; ihre Verbindung mit der Freizeit- und Jugendsoziologie trug dazu wesentlich bei.

Für alle Gesellschaftsordnungen gilt der Satz:

Die Entwicklung der Sportsoziologie ist eingebunden in die Entwicklung von Soziologie, Sport und Sportwissenschaft, die ihrerseits wiederum allesamt vom Charakter des Sozialsystems geprägt sind.

Rahmen- und Entwicklungsbedingungen der Sportsoziologie

Systemeinflüsse, die auf Soziologie, Sport und Sportwissenschaft wirken, formen direkt und über die anderen Bereiche auch die Soziologie des Sports (Voigt 1975, S. 25ff.; Rigauer 1982, S. 17-20; Lutz 1988; Voigt/Meck 1984). Anders setzt Klaus Heinemann (1983, S. 24ff.) den Schwerpunkt. Um die Entfaltung der Sportsoziologie zu erfassen, müsse sie *„in eine Darstellung der Entwicklung der Sportwissenschaft insgesamt eingebunden werden“* (ebd., S. 24). Leitlinie bleibt für Heinemann (1983, S. 24) die Frage, *„in welcher Form sich die Sportsoziologie zu einer Teildisziplin der Sportforschung entwickelt hat, und in welchem Maß sie zur wissenschaftlichen Bewältigung der Probleme des Sports beizutragen in der Lage ist oder war“.*

Heinemann (ebd.) weist der Sportwissenschaft und den dringenden Forderungen des Sports nach Lösung von Schwierigkeiten — also dem Problemdruck — die entscheidende Bedeutung für die Entwicklung der Sportsoziologie zu. Dabei läßt er die normierende Kraft der Gesellschaftsordnung unberücksichtigt. Seine Ansicht (ebd., S. 24ff.; später, S. 235ff., relativiert er seine Aussage) würde in konsequenter Fortführung bedeuten, daß der Wert der Sportsoziologie am Praxisnutzen gemessen werden müßte. Der Entwicklungsstand der Soziologie des Sports würde dann nach ihren direkten Leistungen für den Sport beurteilt. So einfach liegen aber die Dinge nicht.

Verbindung zur Soziologie und Sportwissenschaft

Je entwickelter die Sportsoziologie, um so mehr kann sie für die Sportwissenschaft und den Sport leisten. Je enger die Bindung der Soziologie des Sports an ihre Mutterwissenschaft Soziologie (vorausgesetzt letztere kann sich entfalten), um so höher sind ihr Methodenstandard und ihr Beitrag zur soziologischen Theoriebildung. Je höher das Entwicklungsniveau der Sportwissenschaft, um so größer sind ihre wissenschaftlichen Erwartungen an die Soziologie des Sports.

Ohne Zweifel besteht ein deutlicher Zusammenhang zwischen dem Ausmaß der Beeinflußbarkeit einer Wissenschaftsdisziplin und dem Grad ihrer kognitiven (erkenntnismäßigen) Gefestigtheit, d.h. der erreichten Stufe ihrer Anerkennung als Wissenschaft (Whitley 1975; Weingart 1977; Voigt 1975). Am Beispiel der

Sportwissenschaft läßt sich der Zusammenhang eindeutig nachweisen. Am Anfang pädagogisch orientiert, folgte die Sportwissenschaft im Rahmen ihrer Gesellschaftsordnung den Entwicklungslinien der mit dem Sport befaßten etablierten Mutterwissenschaften: vor allem zunächst der Medizin, dann auch den Sozialwissenschaften und dabei fast immer praktischen Nutzenerwägungen aus dem Bereich des Spitzensports.

Nachfrage nach sportsoziologischem Wissen

Die Ansprüche an die Sportsoziologie stellen zunächst die Soziologie, die Sportwissenschaft und die Sportpraxis; aber auch das Interesse anderer Bereiche und Institutionen an den Erkenntnissen dieser noch jungen Wissenschaftsdisziplin wächst. Die Nachfrage nach soziologischem Wissen über den Sport kommt aus recht unterschiedlichen Richtungen: aus Bildungs- und Erziehungsinstitutionen, aus der Industrie, aus Touristikunternehmen, der Medizin, der Kirche, den Gemeinden, vom Staat, aus Verwaltungen, Krankenhäusern, Rehabilitationszentren, von Polizei und Bundeswehr, den politischen Gremien, Kurzentren, aus dem Strafvollzug, den Massenmedien etc. Die Praxisrelevanz, der versprochene Anwendungs- und Problemlösungsnutzen ist kein oder nur ein sehr beschränkt brauchbarer Indikator, um den erreichten Stand einer Wissenschaft messen und beurteilen zu können. Die schwer bestimmbare Relevanz eines Wissenschaftsgebietes für die Praxis und ihr wissenschaftlicher Standard sind zwei verschiedene Ebenen, die nicht verwechselt werden dürfen.

2.2. Quantitative und qualitative Entwicklung der Sportsoziologie

Wie gestaltet sich die *quantitative* Entwicklung der Sportsoziologie?

Zur Bibliographie der Sportsoziologie

Günther Lüschens (1968) internationale Bibliographie der Soziologie des Sports enthält 892 Titel, davon stammen 133 aus der Bundesrepublik Deutschland und 30 aus der DDR (vgl. Voigt 1975; Lutz 1988). Lüschen / Weis (1976, S. 16) schätzten *„bei einer weitgefaßten Definition des Feldes"* weltweit bis zum Jahre 1976 mindestens 3 000 sportsoziologische Veröffentlichungen; Voigt (1975, S. 26) ging bis 1975 von etwa 6 000 Arbeiten mit überwiegend sportsoziologischem Inhalt aus. Nach der internationalen Bibliographie von Lüschen / Sage (1981) betrug die Zahl der sportsoziologischen Arbeiten bis zum Jahre 1980 ebenfalls 6 000. Im Jahre 1990 dürften in der Welt mehr als 30 000 Publikationen mit überwiegend sportsoziologischem Inhalt vorgelegen haben. Die Bibliographie zur Soziologie des Sports in der Bundesrepublik Deutschland und der DDR von Schodrok / Mertens (unveröffentlicht) verzeichnet für die Bundesrepublik bis 1989 800 sportsoziologisch relevante Publikationen in Form von Monographien und Aufsätzen sowie 300 Titel von Dissertationen und Habilitationen mit sportsoziologisch wichtiger Thematik seit 1945. Auf dem Gebiet der DDR wurden seit Kriegsende etwa 250 entsprechende Dissertationen und Habilitationsschriften angefertigt und 400 Aufsätze (incl. der zahlenmäßig nicht ins Gewicht fallenden Monographien) mit sportsoziologisch relevanten Themen publiziert. Nach wie vor entsteht in den USA der größere und qualifiziertere Teil sportsoziologischer Untersuchungen. Auf dem europäischen Kontinent führen die Bundesrepublik Deutschland neben den anderen deutschsprachigen Staaten sowie Großbritannien, Polen und Finnland. Außerhalb Europas entwickelte sich eine Soziologie des Sports bisher lediglich in den USA, Kanada und Japan.

Die wachsenden Zahlen sportsoziologischer Arbeiten sind ebenso wie das zunehmende Interesse an dieser Wissenschaftsdisziplin weniger Ausdruck eines empirisch fundierten Erkenntniszuwachses; sie belegen vielmehr ein gesteigertes Interesse am Sport, zunehmenden Problemdruck und fortschreitende Verwissenschaftlichung.

Qualitativ führend auf dem Gebiet der Sportsoziologie waren und sind mit Abstand die USA; das zeigt sich am methodischen Standard der Untersuchungen, an der Themenvielfalt, am Theoriebezug und schließlich an der Zahl der publizierten Sammelbände (s. u.a. Edwards 1973; Hammerich/Heinemann 1975; Lüschen 1968; Lüschen/Sage 1981; Lüschen/Weis 1976; Sage 1974; Talamini/Page 1973, vgl. Dunning 1971). Es folgt die Bundesrepublik Deutschland; hier liegt inzwischen ein breites Spektrum sportsoziologischer Arbeiten vor. Dennoch besteht an aussagekräftigen empirischen, methodisch gesicherten Untersuchungen heute — gemessen am gestiegenen Wissensbedarf — ein weit größerer Mangel als früher. Wesentliche Gebiete des Sports blieben bisher weitgehend unerforscht: etwa die Aufklärung der Zusammenhänge zwischen Wertesystem/sozialem Wandel und Sport, Körper und Geist, zwischen aktivem und rezeptiven Sportinteresse, zwischen Sport und Persönlichkeit. Der Abstand zwischen dem gewünschten Wissen und dem jeweils methodisch Machbaren vergrößert sich. Über die angesprochenen Mängel dürfen auch die sprunghaft angestiegene Zahl der Publikationen und ihre Themenvielfalt nicht hinwegtäuschen.

Führend die USA

Die Forscher entstammen häufig und mit steigender Tendenz der Sportwissenschaft und der Sportpraxis; ihre Bindung an die „Mutterwissenschaft" Soziologie ist oft schwach oder gar nicht vorhanden. Daher mangelt es ihnen an Methodenkenntnissen, an kritischem Methodenbewußtsein, an Theoriebezug und klarer Hypothesenverarbeitung. Diese Schwächen zeigen sich in vielen Arbeiten. Einzelne sportsoziologische Untersuchungen erreichen dabei durchaus das Niveau der anderen Zweigsoziologien; aber die Masse der publizierten Schriften zeigt diesen gegenüber einen eindeutigen Rückstand. Dem ursprünglichen Soziologen fehlt dagegen nicht selten der Zugang zum Sport; eine echte Integration läßt sich am besten durch ein Doppelstudium erreichen.

Ungenügender Bezug zur Soziologie

2.3. Funktion und Aufgaben der Sportsoziologie

Rigauer (1982, S. 58f.) unterscheidet vier Ebenen, von denen aus die Funktion der Sportsoziologie entsteht:

„1. Gesellschaftliche Entwicklungen lösen ein Interesse an der soziologischen Erforschung des Sports aus.
2. Der sportsoziologische Gegenstandsbereich umfaßt das zentrale Thema des Sports als einer sozialen Institution, dessen unmittelbaren und mittelbaren Verflechtungen mit gesellschaftlichen und individuellen Einflußfaktoren.
3. Die Sportsoziologie entwickelt sich in ihren theoretischen und empirischen Konzeptualisierungen auf der Basis allgemeinsoziologischer Grundbegriffe und eines entsprechenden Bezugsrahmens.
4. Sportsoziologische Konzepte bleiben kein Selbstzweck, sondern orientieren sich an pragmatischen Zwecksetzungen und Verwertungsmöglichkeiten, und zwar im Hinblick auf eine weitere Fundierung der Sportsoziologie selbst wie einer praktischen Anwendung sportsoziologischen Wissens."

Ebenen der Funktionsbestimmung von Sportsoziologie

Lüschen/Weis (1976, S. 12 ff.) fassen die Ziele und Absichten der Sportsoziologie in drei Punkten zusammen:

Ziele der Sportsoziologie

1. Das Handlungssystem Sport wird nur dann voll erfaßt, wenn neben den biologischen und psychologischen auch die sozialen und kulturellen Faktoren analysiert werden.
2. Am Beispiel des Sports lassen sich soziologische Theorie und Methode exemplifizieren. Neue Einsichten über den Sport, aber auch über die Gesellschaft, in der er besteht, werden damit möglich. Dabei wird gleichzeitig die Angemessenheit der soziologischen Theorie und Methode überprüft. In einigen Teilbereichen der Soziologie scheint gar eine Entwicklung neuer Einsichten durch den Sport möglich zu sein.
3. Die Soziologie des Sports sollte zur sozialen Praxis des Sports beitragen. Dieses Ziel gilt einerseits für den Sport selbst, andererseits für die soziale Praxis in der Gesellschaft und in jenen Institutionen, die sich mit dem Sport auseinanderzusetzen oder für den Sport sozialpolitische Entscheidungen zu treffen haben.

Grieswelle (1978, S. 26) sieht die Aufgabe der Sportsoziologie darin,

Aufgaben der Sportsoziologie

„Bewußtseinszustände, Bedürfnisse, Einstellungen, Motivationen, Normen und Werte jener Menschen, die Sport treiben bzw. passiv Sport erleben, zu erkennen, Zusammenhänge und Regelmäßigkeiten festzustellen und auf Grund der gewonnenen Einsichten gegebenenfalls Ratschläge für die Sportpraxis zu geben. Für die Soziologie steht dabei im Mittelpunkt, die Einwirkung gesellschaftlicher Wertsysteme und Normen auf das sportbezogene Verhalten von Menschen zu analysieren und die Bedeutung des Sports für die Gesellschaft, seine Wirkung auf die Menschen, zu untersuchen."

Heinemann (1983, S. 238 ff.) schließlich macht deutlich, daß *„der Wert einer Soziologie des Sports"* nicht an ihrem unmittelbaren Nutzen für die Sportpraxis, den er gering einschätzt, gemessen werden darf, *„sondern daran, inwieweit sie die folgenden Funktionen erfüllt"*:

Fünf zentrale Funktionen

1. Erfahrungsergänzung; *„Hinweise darauf geben, wo Probleme im einzelnen liegen und welcher Art sie sind"*; prüfen, ob Entscheidungen eine angemessene Realitätsverarbeitung zugrunde liege;
2. *„Sportsoziologie dient der Relativierung unserer Vorstellungen und Kenntnisse über das Phänomen Sport; sie kann einer Verabsolutierung und Verdinglichung unserer Einstellung entgegenwirken und damit die Fähigkeit schulen, Alternativen zum Bestehenden zu sehen, sie kann als ein Instrument gegen Ethnozentrismus verstanden werden."*
3. *„Sportsoziologische Forschung dient — wie Wissenschaft überhaupt — der Regulierung gesellschaftlicher Konflikte und Interessengegensätze."*
4. Die Soziologie des Sports *„kann einen Beitrag zur Entwicklung der sozialen Identität von Sportorganisationen leisten"*.
5. Die Sportsoziologie *„stellt Selbstverständlichkeiten in Frage; sie versucht, Vorurteile und Tabus aufzuheben; sie deckt als Ideologie und Legitimation auf, was oft als Aussage über die Sache erscheint"*.

Verhältnis zur Praxis ist differenziert zu sehen

Heinemann (1983, S. 235) ist darin zuzustimmen, *„daß hinter der Forderung, Sportsoziologie habe der Praxis zu dienen, oft ein triviales und damit falsches Konzept von Wissenschaft und des Verhältnisses von Wissenschaft und Praxis* *steht*": Praxisnutzen ist ein nur sehr eingeschränkter Maßstab für das erreichte Niveau einer Wissenschaftsdisziplin.

> „Wissenschaft ist ein institutionell autonomes Teilsystem, das wissenschaftliche Erkenntnisse — losgelöst von politischen oder wirtschaftlichen Interessen, Loyalitätsverpflichtungen und politischen Zwängen — nach eigenen, inneren Notwendigkeiten und Gesetzmäßigkeiten erstellt. Sie löst sich in der Wahl ihrer Probleme, der Art ihrer Fragen, der angewendeten Methoden und der erzielten Ergebnisse von Interessen, die außerhalb von Wissenschaft liegen" (ebd.).

Grieswelle (1978), Heinemann (1983), Lüschen / Weis (1976) Rigauer (1982) und Voigt (1992) liegen in ihrem Verständnis von den Aufgaben der Soziologie des Sports nicht weit auseinander.

Die Funktionen der Soziologie sind uneingeschränkt auf die Sportsoziologie zu übertragen. Theoriebildung, Prognoseinformation, Kritik und Aufklärung sind auch für die Untersuchung des gesellschaftlichen Teilbereichs Sport zwingend.

Indikatoren des Entwicklungsniveaus der Sportsoziologie

Das Entwicklungsniveau der Sportsoziologie läßt sich messen am Grad ihrer Emanzipation von Ideologie, am Stand ihrer systematischen Theorie und ihrer Hypothesen, am Niveau der verwendeten Methoden, Techniken und Begriffe, an ihrem Problembewußtsein und ihrer Problemlösungskapazität, an ihrem direkten Nutzen für die Praxis, am Ausmaß der Zusammenarbeit mit anderen Wissenschaftsgebieten und schließlich an der freien Entfaltung ihrer Funktionen.

Bewußtes und auf Veränderung gerichtetes Handeln setzt Wissen voraus. Das Studium der Soziologie macht letztendlich bescheiden, es läßt uns spüren, wie wenig wir doch von der uns umgebenden Gesellschaft wissen, auch wenn wir viel zu wissen glauben.

Soziologie ist im doppelten Sinne eine „unbequeme" Wissenschaft. Ralf Dahrendorf spricht von der Soziologie als angewandter Aufklärung, als „Wissenschaft der fruchtbaren Desorientierung"; das gilt gleichermaßen für die Sportsoziologie, auch sie hat keine Ideologie.

3. Überblick: Forschungsgebiete der Sportsoziologie

Nach einer in den Jahren 1985 bis 1987 durchgeführten Erhebung an 44 Sportinstituten bzw. Fakultäten für Sportwissenschaft liegt das sportsoziologische Forschungsinteresse mit 7,1 % hinter den Forschungsschwerpunkten Sportpädagogik (40,1 %), Bewegungslehre (14,5 %), Trainingslehre (11,9 %), Biomechanik (10,6 %) und Sportpsychologie (9,7 %) erst an sechster Stelle. Bei der Angabe ihres Hauptforschungsschwerpunktes nannten von 227 befragten Sportwissenschaftlern nur 16 (!) die Sportsoziologie.

Sportsoziologie in der sportwissenschaftlichen Förderung unterbelichtet

Die geringe Beachtung sportsoziologischer Forschung spiegelt sich auch in der finanziellen Förderung von Forschungsprojekten durch das dem Bundesinnenministerium untergeordnete Bundesinstitut für Sportwissenschaft wider. Im Zeitraum von 1971 bis 1986 wurden Forschungsarbeiten der Sportmedizin mit 15 140 023 DM, der Trainingslehre mit 4 327 427 DM, der Sportpädagogik mit 2 900 547 DM, der Sportpsychologie mit 2 562 722 DM, der Biomechanik / Bewegungslehre mit 1 908 152 DM und der Sportsoziologie mit nur 644 563 DM gefördert. Trotz schlechter finanzieller Ausstattung steht die Sportsoziologie in ihrer Forschungsaktivität den anderen Forschungsbereichen in keiner Weise nach. So gab es allein 1987 70 Forschungsprojekte auf dem Gebiet der Sportsoziologie (66 im Bereich der Sportpädagogik trotz stärkerer Förderung).

Forschungsprogramme der Sportsoziologie weisen eine Vielzahl von Querverbindungen des Sports mit anderen Handlungsfeldern der Gesellschaft auf: Ethik, Umwelt, Gesundheit, Beruf, Arbeit, Kultur, Wertewandel, Geschlechterrollen, Gruppenprozesse, Anthropologie, Friedenspolitik, Bevölkerungsstruktur, Freizeit, Subkulturen, Wirtschaft, Lebenswelt, Ehrenamt, Sozialisation, Theologie, Organisationen, Professionalisierung von Mitarbeitern, interkultureller Vergleich, Staat, Sporttheorie.

Der auffällige Anstieg der Zahl sportsoziologischer Schriften seit etwa 1970 belegt die Bedeutung sportsoziologischer Fragestellungen. Eine Themenanalyse der veröffentlichten Schriften (Habilitionen, Dissertationen, Monographien, Aufsätze) vermittelt quantitative Einsichten in die verschiedenen Forschungsgebiete der Soziologie des Sports in der Bundesrepublik Deutschland.

Kategorie: Funktionen / Ziele des Sports

Vorrangige Themengebiete, Funktionen und Ziele des Sports

Etwa ein Drittel der Veröffentlichungen beschäftigt sich mit dem Themenkomplex „Funktionen und Ziele des Sports“. Der Sport erhält in der gegenwärtigen hochtechnisierten Gesellschaft wichtige pädagogische, gesellschaftliche, politische und medizinische Aufgaben zugewiesen. Einen wichtigen Forschungsschwerpunkt der Sportsoziologie bildet die *Schule* als pädagogisches Handlungsfeld. Hier interessieren den Forscher vor allem Fragen zum Einfluß des Sports auf die Persönlichkeitsentwicklung von Schülern, der geschlechtsspezifischen Sozialisation durch Schulsport, zum Sport als Leistungsfach, zum Regel- und Fairneßbewußtsein von Schülern und zur Rolle des Sportlehrers in Schule und Gesellschaft.

Mit wachsender *Freizeit* gewann auch der Sport als Freizeitbeschäftigung an Bedeutung. Neben der Untersuchung des Freizeitsports der Bevölkerung, des Sports im Urlaub, des Sportverhaltens verschiedener sozialer Schichten rückt ein neues Thema in den Blickpunkt der Forschung: das *Fanverhalten* der Fußballzuschauer. Die Sportsoziologie geht weiterhin den Ursachen von Aggressionen im Fußball, Handball etc. nach und widmet sich dem Phänomen Gewalt im und durch den Sport. Verstärkt untersucht die Sportsoziologie den Sport als ein mögliches Mittel der Integrationshilfe von Gastarbeitern, ausländischen Familien, Randgruppen, Strafgefangenen etc. Hier werden an den Sport hohe Ansprüche gestellt. Zahlreiche sportsoziologische Fragestellungen wenden sich dem Verhältnis von *Sport und Politik* zu: denn der Sport steht auch im Dienste nationaler Repräsentation. Weiterhin wird dem Sport eine *gesundheitserhaltende* Aufgabe zugesprochen. So soll er Bewegungsmangelkrankheiten verhin-

Weitere Themen der Sportsoziologie

dern und das Idealbild eines bis ins Alter vitalen, entspannten, geselligen, ausgeglichenen und schlanken Menschen hervorbringen. Damit hat Sport einen hohen volksgesundheitlichen Stellenwert. Der Sport gerät hier in Gefahr, als Allheilmittel für jedes persönliche und gesellschaftliche Versäumnis in Dienst genommen zu werden.

Kategorie: Kultur und Sport

Die Einbindung des Sports in die Gesellschaft befindet sich seit Ende der 60er Jahre in einer intensiven Normen- und Wertediskussion. Viele Sportarten, z.B. das Tennis- oder Golfspiel, das Radfahren, der Fußball oder das Turnen sind milieuverhaftet oder traditionsorientiert. Darum gehört die Erforschung des *kulturellen Wandels* im Sport zu den Schwerpunkten der Sportsoziologie. In diesem Zusammenhang wird der Sport auch zunehmend als *Umweltzerstörer* angeklagt. Die Beziehungen zwischen Sportstätten und Umwelt, die Umweltbelastungen durch Lärmemissionen im Tennis- und Fußballsport, die Zerstörung der Lebensräume von Tieren und Pflanzen durch Skisport, die Einengung des Lebensraumes in und an Gewässern durch Surfer, Segler und Motorboote gehören zu primären Forschungsaufgaben der Sportsoziologie. Weiterhin beobachtet die Sportsoziologie die Wechselbeziehung von Sport und Massenmedien, denn die Medien lenken den Sportkonsum ihrer Zuschauer. Untersucht werden Bedingungen und Selektionskriterien beim Informationstransport, aber auch Wirkungen und Nutzungen der Sportberichterstattung.

Kultureller Wandel im Sport

Der *Frauensport* gehört gleichfalls zum Forschungsgebiet der Sportsoziologie: Der politische Anspruch von Frauen im Sport, Benachteiligungen im Hochleistungssport, Sportberichterstattung über Frauen, Weiblichkeitsmythen und Frauenrolle.

Frauensport als Forschungsgebiet

Sportsoziologische Forschungsarbeiten beschäftigen sich mit Werten, Wertveränderungen und Fragen der Ethik im Sport, mit dem Wandel der olympischen Idee, mit dem veränderten Körperverständnis in der Philosophie und in der Pädagogik, mit dem historisch gewandelten Fairneß- und Sportbegriff seit dem 19. Jahrhundert.

Ein weiterer wesentlicher Arbeitsschwerpunkt im Zusammenhang von Sport und Kultur liegt auf dem Gebiet des interkulturellen Vergleichs. Das Erkenntnisinteresse liegt einerseits im Nachweis von Gemeinsamkeiten, andererseits in der Analyse der Verbreitung einzelner Sportarten und des Exports europäischer / nordamerikanischer Sportarten in Länder der Dritten Welt.

Interkultureller Vergleich im Sport

Kategorie: Soziale Aspekte im Sport

Im Unterschied zu den Organisationen im Sport, die man als Großgruppen bezeichnen kann, spricht man von *Sportgruppen* im engeren Sinne dann, wenn es sich um eine überschaubare Anzahl von Personen handelt, die regelmäßig zusammentreffen und im persönlichen Kontakt miteinander stehen, wie es z.B. der Fall bei Sportmannschaften ist. Die Verhaltensweisen und Beziehungen der Sportler untereinander, die *Rollen*, die Sportler in einer Mannschaft einnehmen, und ihre Wirkung auf Außenstehende (Zuschauer, Fans, Familienmitglieder) sind Gegenstand sportsoziologischer Forschung. Hier sind es vor allem Ar-

Gruppen im Sport

beiten, die sich mit der Rolle des Trainers, mit seinem Verhältnis zum Sportler, mit der Rolle des Sportlers als Arbeitnehmer beschäftigen. Andere Untersuchungen richten ihr Augenmerk auf die Dynamik, das Klima in Sportgruppen, analysieren die Ursachen für Gruppenkonflikte in Sportmannschaften oder die Gruppenatmosphäre und den damit verbundenen sportlichen Erfolg.

Sozialer Status des Sportlers

Die Sportsoziologie untersucht auch den *Status* des sportlichen Amateurs oder den des Profisportlers, wie die Wertschätzung des Fußballspielers der Bundesliga. Andere Arbeiten setzen sich mit dem Status des Sportlehrers innerhalb des Lehrerkollegiums auseinander. In diesen Bereich gehören auch Untersuchungen zum Status des Außenseiters im Sport und in der Schule.

Im engen Zusammenhang mit dem Status ist die *soziale Schichtung* zu sehen, die aufgrund eines unterschiedlichen Statusaufbaus in einer Mannschaft oder in einem Sportverein zustandekommt. Wenn der soziale Status und damit die Zugehörigkeit zu einer bestimmten sozialen Schicht vom Bildungsstand, von der Berufsposition und vom Einkommen abhängig ist, dann interessiert sich der Sportsoziologe für die Beziehungen von sozialer Schicht und der Zugehörigkeit zu bestimmten Sportvereinen.

Kategorie: Anthropologie und Sport

Einfluß anthropologischer Persönlichkeitsfaktoren auf sportliche Aktivitäten

Motorik (z.B. Kraft, Ausdauer, Gelenkigkeit), *Motive* (z.B. Bedürfnisse, Gefühle, Interessen), *Intelligenz* (z.B. Wahrnehmung, Vorstellung, Gedächtnis) als anthropologische Persönlichkeitsfaktoren bestimmen und beeinflussen das Individuum auch in seinen sportlichen Aktivitäten. Denn die körperlichen Funktionsmöglichkeiten müssen erst erlernt und geübt werden. Sportliche Handlungen basieren auf der Wechselbeziehung zwischen anthropologischen und sozialen Einflüssen, weil der Mensch mit seinem Körper als Bindeglied zwischen Natur und Gesellschaft steht. Hier beginnt die Verknüpfung der Anthropologie mit dem Sport.

Andere Arbeiten untersuchen Einstellungen von Schülern zum Sport, Einstellungen von Spitzensportlern zum Leistungssport, Sportbedürfnisse unterschiedlicher sozialer Gruppen, Sport und Kommunikationsbedürfnis. Verstärkt rücken in den 80er Jahren Forschungen in den Mittelpunkt, die sich mit geschlechtsspezifischen Fragen im Sport und mit Problemen der Koedukation im Schulsport auseinandersetzen.

Kategorie: Organisationen des Sports

Sportangebote und Sportförderung erfolgen meist durch Organisationen und Institutionen. Entsprechend der freiheitlich-demokratischen und föderativen Verfassung der deutschen Gesellschaft, weist auch der Sport höchst differenzierte Organisationsstrukturen auf.

Politische und verbandliche Organisation des Sports

Die allgemeinen politischen und parteipolitischen Interessen des Sports nehmen öffentliche Verwaltungen und Einrichtungen wahr (Sportausschuß des Deutschen Bundestages, Bundesministerium des Innern, Landes-, Bezirks- und Kommunalbehörden), unter Beachtung des Subsidiaritäts-Prinzips, d.h. staatliche Instanzen und Parteien als Promotoren des Sports respektieren die Autonomierechte der sportlichen Selbstverwaltung. Andererseits vertreten der Deutsche Sportbund mit seinen Organisationen auf Landes- und Bezirksebene sowie die zahlreichen Sport-Fachverbände die Belange der freiwilligen und eigenständigen Sportorganisationen. Beispiele dafür sind der Deutsche Fußballbund (DFB) oder der Deutsche Motorsport-Verband (DMV).

Darüber hinaus bieten noch verschiedenartige andere Institutionen Sport an: Bildungseinrichtungen (Kindergärten, private und staatliche Schulen, Hochschulen), öffentliche Institutionen (Volkshochschulen, Jugendverbände, Bundeswehr, Krankenhäuser), Wirtschaftsunternehmen (Betriebssport), kommerzielle Sportunternehmen (Fitneß-, Bodybuilding-, Sportzentren, Tanz- und Gymnastikstudios, Surf- und Tennisschulen).

Mitgliederzusammensetzung in Vereinen und Verbänden

Die sportsoziologische Forschung untersucht weiterhin die Mitgliederzusammensetzung von Sportvereinen und Verbänden, die Mitarbeiterstruktur des Deutschen Sportbundes sowie des Nationalen Olympischen Komitees. Sie beschäftigt sich ebenso mit den inneren und äußeren Verflechtungen von Sportorganisationen z.B. mit Wirtschaftskonzernen. Andere Forschungsarbeiten untersuchen Organisationsstrukturen des Schulsports und des außerschulischen Jugendsports und vergleichen sie mit sozialistischen Ländern.

Rechtsfragen im Sport

Ein anderer Schwerpunkt sportsoziologischer Forschung widmet sich Rechtsfragen im Sport, wie z.B. der arbeitsrechtlichen Stellung von Berufssportlern, den Haftungsfragen im organisierten Sport oder der Rechtsstellung von Sportvereinen und -verbänden. Erhebliche Lücken weist die sportsoziologische Forschung dagegen auf dem Gebiet des nichtorganisierten Sports auf. Hierzu zählen Thekenmannschaften, Straßenfußball, Sport auf Campingplätzen, Radfahren, spontane Sportvergleiche Jugendlicher, Sport in Subkulturen.

Kategorie: Infrastruktur im Sport

Die Sportsoziologie untersucht auch die sozialen Aspekte und Folgeerscheinungen, die sich aus der Beziehung des Handlungsfeldes Sport mit der Umwelt ergeben.

Umfang der materiellen Sportinfrastruktur

Die Infrastruktur umfaßt die materielle Ausrüstung und die personelle Ausstattung des Sportbereichs. Sport-, Freizeit- und Erholungsstätten sind Anlagen, die der sportlichen Betätigung und aktiven Freizeitgestaltung dienen. Sportsoziologen untersuchen die Benutzerstruktur von Hallenbädern, von Hallensportanlagen, von Freizeitanlagen und Campingplätzen, ermitteln die Umweltbelastung in Abhängigkeit vom Erholungsverhalten der Bevölkerung in Naherholungsgebieten. Die Sportsoziologie beschäftigt sich mit der Arbeitsmarktsituation und den Ausbildungsgängen von Sportlehrern, Trainern, Übungsleitern und Betreuern. Sie untersucht weiterhin die Rechtsstellung und Produktivität der ehrenamtlichen Helfer im organisierten Sport.

Kategorie: Theorie der Sportsoziologie

Die Sportsoziologie etablierte sich erst seit den 70er Jahren an Hochschulen der Bundesrepublik Deutschland und der DDR als Wissenschaftsdisziplin. Wenn auch die Zahl der Publikationen, die sich mit der Theorie der Sportsoziologie beschäftigen, gering ist, so sind gerade in den letzten Jahren Arbeiten zur Begriffstheorie, zur Methodendiskussion, zu sportsoziologischen Konzeptualisierungen, zu Fragen nach der praktischen Relevanz der Sportsoziologie für die Sportwissenschaft und zum deutsch-deutschen Vergleich der Soziologie des Sports erschienen.

4. Zur Geschichte des modernen Sports

Entstehung des Sports im England des 18. Jhs.

Sportliche Betätigung ist immer von der Gesamtgesellschaft abhängig und von sozialen Prozessen geformt. Der *moderne Sport* entstand im England des 18. Jhs. Von früheren Formen der Leibesübungen unterscheidet er sich durch die Prinzipien, die auch für die fortgeschrittene Industriegesellschaft grundlegend sind: durch (formale) Chancengleichheit, Gültigkeit des Leistungsprinzips (Betonung der quantifizierbaren Leistung) und Konkurrenzorientierung, woraus eine wachsende Rationalisierung und Regulierung (Normenorientierung) erfolgte. Dieser bürgerliche Sport setzte sich auch — mehr oder weniger bewußt — vom bereits vorhandenen, elitären, zumeist auf kriegerische Nützlichkeit ausgerichteten Sport des Adels ab (Jagd = Reiten in unwegsamem Gelände, Schießen; Turniere = Reiten auf vorgegebenem, begrenztem Gebiet, Zweikampf; Fechtsport mit verschiedenen Waffen).

Ursprünge in Deutschland?

Hessen (1908, S. 6 ff.) glaubte, daß der Sport zuerst in Deutschland entstand und dann später nach England gelangte. Durch die Auswirkungen des Dreißigjährigen Krieges (1618 - 1648) habe sich dann der Sport im deutschen Raum nicht weiter entfalten können; er habe Rückschläge erlitten, „*während sportlich die Engländer sich ruhig weiter ausbildeten und aufs feinste differenzierten*“ (ebd.).

So erklärt Hessen (1908, S. 7), während der Sport bei den Briten

> „zu einem rechten Lebenselement der ganzen Nation, zu einem Haupterziehungsmittel der Jugend wurde, bis in die niedrigsten Schichten hinunter die sozialen Gewohnheiten beeinflußte und sie zuweilen geradezu formte, waren uns Deutschen derartige Neigungen und Sitten fremd.
>
> Auf englischen Sportbetrieb sah der deutsche Schulmann wie auf zeitraubenden Unfug. So ist es gekommen, daß der Anbau mancher Leibesübung noch heute bei uns von befangenen Sportgegnern als ‚Nachäffung des Fremden‘ verhöhnt wird, während das betreffende Spiel festländischen Ursprungs und vor dem Dreißigjährigen Krieg auch in Deutschland viel verbreiteter als auf den britischen Inseln gewesen war.“

Obwohl der letzte Teil des Zitates nicht belegt wird, steht außer Frage, daß die Kleinstaaterei im Heiligen Römischen Reich Deutscher Nation die wirtschaftliche und gesellschaftspolitische Entwicklung Mitteleuropas stark schwächte; dieser Niedergang beeinträchtigte zwangsläufig auch die Entwicklung des Sports.

Zusammenhang mit Industriesystem und Kapitalismus

Raum und Zeit erhielten mit der industriellen Revolution eine neue Qualität. Die dynamische Ausnutzung und Überwindung des Raumes, die Vorliebe für Geschwindigkeit, Zeitmessung, Antizipation der Zukunft (Vorhersehen von Bewegung; Prinzip der aufgeschobenen Belohnung), eine bewußte und geplante Lebensgestaltung sowie ein disziplinierter und zuverlässiger Umgang mit der in immer kürzere Einheiten gegliederten Zeit setzten sich im Arbeits- und Bewegungsverhalten der Menschen durch. Die Entwicklung des Sports wurde mit dem Aufkommen des Kapitalismus, mit der Verbreitung eines rationalen Weltbildes, dem Aufbrechen von Standesschranken sowie einer Umorientierung im Hinblick auf die geltenden Werte (individuelle Leistung als Wert) und Normen in Verbindung gebracht (siehe hierzu Max Weber 1904 / 1905, 1918; Seppänen 1976).

Sport in Konkurrenz zum Turnen

Seit dem Ende des 19. Jhs. verbreitete sich der Sport in Deutschland und verdrängte in der Weimarer Republik (1919 - 1933) allmählich das Deutsche Turnen. Im *Deutschen Turnen*, das als Mittel der Volkserziehung zu Beginn des 19. Jhs. (Jahn; gegen die napoleonische Fremdherrschaft gerichtet) konzipiert wurde, galten nicht Höchstleistungen, sondern Körperertüchtigung, Wehrhaftigkeit, Haltung, Disziplin und Gemeinschaftssinn als höchste Tugenden.

Die Auseinandersetzung zwischen Sport und Turnen seit dem Ende des 19. Jhs. endete erst in den 20er Jahren, als die Deutsche Turnerschaft die Prinzipien des Sports immer mehr übernehmen mußte.

Institutionalisierung und Politisierung

In die Zeit der Weimarer Republik (1919 - 1933) fielen eine zunehmende Institutionalisierung des Sports, eine verstärkte Politisierung und mit dem Aufkommen der Sportpresse ein wachsendes Interesse der Öffentlichkeit.

Sport als Teil der NS-Ideologie

Später erfuhr der Sport eine totale Instrumentalisierung durch die *nationalsozialistischen* Machthaber. In der NS-Ideologie, die eine Glorifizierung und Funktionalisierung des Körpers enthielt, reduzierte sich „Sport" hauptsächlich auf Körperertüchtigung unter dem Gesichtspunkt von Volk, Rasse und Krieg (Gries / Mertens / Voigt 1991). Der Spitzensport wurde wegen seiner großen politischen Bedeutung (Repräsentation des „Dritten Reiches") vor allem vor den Olympischen Spielen 1936 in Garmisch-Partenkirchen und Berlin wie nie zuvor gefördert.

Das Kriegsende im Jahr 1945 markiert einen Neubeginn und eine Zweiteilung des deutschen Sports.

Nach Auflösung der politisch ausgerichteten, nach dem Führerprinzip strukturierten NS-Sportorganisationen (andere gab es in dieser Zeit nicht) begann in ganz Deutschland eine Neuorientierung und eine Neuordnung des Sports. Sehr bald entwickelte sich dann der Sport im östlichen und westlichen Teil Deutschlands auseinander. In der DDR wurde der Sport zu einem Instrument der SED-Führer; in der Bundesrepublik Deutschland taugte er nur bedingt als politisches Instrument. In beiden deutschen Staaten wurde der Sport ein Massenphänomen mit großer sozialer Bedeutung.

5. Sport — Diskussion und Abgrenzung

Die begriffliche Annäherung an den Sport erfaßt nur unvollkommen den empirischen Gehalt dieser Bewegungsqualität. Worin liegt das *Wesen* des Sports?

Worin liegt das Spezifische der Bewegung, die wir als Sport bezeichnen, im Unterschied zu anderen Bewegungen?

Wodurch unterscheidet sich das regelgeleitete Handeln im Sport vom Verhalten in anderen Lebensbereichen?

Die Antwort auf die Frage nach dem *Wesen des Sports* fällt den Forschern nicht leicht; die dabei auftretenden definitorischen Unklarheiten und Abgrenzungsprobleme beruhen hauptsächlich auf drei Ursachen:

1. Sport ist ein vielfältiger, sich ständig verändernder und auch durch Gegensätzlichkeit gekennzeichneter Teil unserer Gesellschaft.
2. Die gleiche Bewegung kann unter bestimmten Umständen Sport, unter anderen Bedingungen und Zielsetzungen dagegen etwas ganz anderes sein.
3. Jede Person, die Sport treibt, und die Zusammenschlüsse einzelner (z.B. sporttreibende soziale Gruppen; Familie, Mannschaften) formen den Sport und geben ihm ein eigenes Gepräge.

Hinzu kommt, daß jeder Definitionsversuch vom Blickwinkel des Betrachters abhängt und geprägt ist.

Der *Sport* wurde schon früh mit unterschiedlichsten Erwartungen und Hoffnungen (die oft von seinen Möglichkeiten weit entfernt waren) belastet, aber auch mit Kritik und Abwertung (die nicht selten von der Wirklichkeit abwichen). Thorstein Veblens (1981) ökonomische Untersuchung „Theorie der feinen Leute" aus dem Jahre 1899 ist inzwischen zu einem Klassiker des soziologischen Schrifttums geworden. Der Autor bemerkt zum Sport in den USA (ebd., S. 193):

Veblen über Sport in den USA

> „Man hat nicht mit Unrecht behauptet, daß der Fußball zur Körperkultur ungefähr im selben Verhältnis steht wie der Stierkampf zur Landwirtschaft; beide verlangen nämlich eifriges Training und sorgfältige Zucht. Das dafür verwendete Material, ob tierischer oder menschlicher Natur, wird genauestens ausgewählt und dressiert, um bestimmte Fähigkeiten und Neigungen heranzubilden und zu vervollkommnen, die für einen gewissen tierisch-wilden Zustand kennzeichnend sind, im Stadium der Domestizierung aber für gewöhnlich verschwinden ... Die Kultur, die der Fußball hervorbringt, besteht in exotischer Grausamkeit und Verschlagenheit."

Denken wir an das staatlich verordnete Zwangsdoping im Spitzensport der DDR oder an die todbringenden Krawalle in westlichen Fußballstadien, so hat sich an dieser Seite des Sports — und nicht nur der des Fußballspiels — wenig geändert.

Begriff Körperkultur

Im deutschen Sprachraum gebrauchte Robert Hessen (1908, S. 78) zuerst den Begriff *Körperkultur*, zu der er den Sport rechnete.

Auch Alfred Peters (1927, S. 58f.) spricht von Körperkultur, sieht den Sport aber weit kritischer als Hessen (1908):

Frühe Positionen zu Sport und Kultur

> „Als kulturelle Schmarotzererscheinung vermag der Sport die entlehnten Gehalte in sich nicht zu vollem Erblühen zu bringen. Und so verschafft er denn insbesondere vom Kampf, dessen Anreize, dessen Gehalt überhaupt er in seinem Sinne ‚benutzt', dem Individuum die ‚Sensation' des Kämpfens" (im Original gesperrt).

H. Steinitzer (1910, S. 20ff.) bezeichnet jede Tätigkeit als Sport, die ausschließlich zum Zweck des Kräftemessens mit dem Motiv der Auszeichnung und Anerkennung betrieben werde. Dem gegenüber sieht Hessen (1908, S. 5 und S. 78) im Sport eine Teilkultur, die helfe, kulturbedingte Gesundheitsschäden zu beseitigen; und auch bei **Risse** (1921, S. 6) kann Sport *„die gesamte körperliche Kultur eines Volkes umfassen"*.

Für Eduard Spranger (1928) bedeutet Sport einen Selbstheilungsvorgang gegenüber Kulturerkrankungen. Ähnlich sieht dies der Anthropologe Helmut Plessner (1970): für ihn ist Sport eine Kompensationsmöglichkeit für den durch industrielle Arbeitsteilung frustrierten Menschen. Sport ist für ihn *„ein Aufstand gegen das Leben in der Fabrik und im Büro, gegen den Druck der rationalisierten Arbeitswelt"* (ebd., S. 24).

Sport als Gegenwelt zur Arbeit

Der Sozialphilosoph Jürgen Habermas (1970) sieht dagegen, wie zuvor Ortega y Grasset (1955), in der Freizeit — Sport ist eine Freizeitaktivität — eine Fortführung der Arbeit. Für ihn bestimmen die Bedürfnisse der Berufssphäre den Umfang der Freizeit und das Freizeitverhalten (ebd., S. 30); Sport wurde für Habermas (1970, S. 39) *„längst zu einem Sektor der Arbeitsrationalisierung"*. Bero Rigauer (1969) setzt Spitzensport mit Arbeit gleich. Schon fast ein Jahrhundert vor ihnen definierte Guts Muths (1793, S. 264) *Gymnastik* (er versteht sie umfassend im Sinne von Sport) als *„Arbeit im Gewande jugendlicher Freude"* (im Original gesperrt) und denkt dabei an die Verbindung von Leistung und Spiel. Erklärend fügt er hinzu (ebd.):

Sport als Fortsetzung der Arbeit

> „Wir verlangen von dieser Arbeit, daß sie den Kreislauf befördere, Muskeln und Nerven stärke, sie muß also bald den ganzen Körper, bald einzelne Glieder desselben in Action setzen, und bald mehr, bald weniger mit Anstrengung verbunden seyn, ohne zu überspannen."

Der amerikanische Soziologe Gregory P. Stone (1976), S. 137) sieht Sport *„auch als Bindeglied zwischen den Formen des Spiels und der Arbeit"*; für ihn verläuft der Aufstieg des Sports in den USA *„parallel zur Verringerung sozialer Distanzen in der Industriegesellschaft"*. Er bemerkt weiter (ebd.):

Sport als Bindeglied zwischen Spiel und Arbeit

> „So lange wie Spiel und Arbeit getrennt bleiben oder die eine Form der anderen untergeordnet wird, spielt der Sport keine größere Rolle im sozialen Leben.
>
> Wenn Sport ein Bindeglied zwischen Spiel und Arbeit ist, gibt es zumindest zwei Erscheinungsformen: Erstens jene Sportarten, die einen Übergang vom Spiel zur Arbeit zeigen — sog. professioneller und anderweitig subventionierter Sport. Zweitens jene Sportarten, bei denen Arbeit in Spiel übergeht wie beim Fischen und Jagen, beim Zelten oder bei Hobby-Aktivitäten."

Die Übergänge von Arbeit, Sport und Spiel sind oft fließend und lassen sich in kein Schema pressen. Lüschen / Weis (1976, S. 9) bestimmen:

> „Sport ist soziales Handeln, das sich in spielerischer Form als Wettkampf zwischen zwei oder mehr Parteien (oder gegen die Natur) abwickelt und über dessen Ausgang Geschicklichkeit, Taktik und Strategie entscheiden ... Sport ist ... weder reines Spiel noch reine Arbeit."

Weitere Definition zu Sport

Dem ist hinzuzufügen: Sport in seiner individuellen Ausprägung z.B. einsames Jogging — kann auch Kampf und Spiel mit oder Arbeit an sich selbst sein.

Wie soll die Grenzlinie zwischen Sport, Spiel und Arbeit verlaufen? Wer kann sie markieren? Der Psychologe Joachim Mrazek (1982, S. 188; vgl. Stone 1976) fand nicht zufällig bei Sportstudierenden eine hohe Übereinstimmung der Begriffe: der Korrelationskoeffizient (Q) beträgt bei Sport und Spiel 0,98, bei Sport und Gesundheit 0,84 und bei Gesundheit und Spiel 0,83.

Bei Sport und Arbeit könnte die Grenze schon eher bestimmbar sein, obwohl die *„arbeitsaffine Struktur des Spitzensports“* (Rigauer 1969, 1979) unbestritten bleibt.

Hans Lenk (1985) wiederum identifiziert über weite Bereiche Sport und Kunst, Johan Huizinga (1971 [1949]) spricht vom Ursprung der Kultur im Spiel, und Ommo Grupe (1987) schließlich weist den Sport in die Rolle einer Teilkultur.

Der Soziologe Detlef Grieswelle (1978, S. 29 f.) schreibt:

Definition Sport nach Grieswelle

> „Sport meint alle Tätigkeiten, die vorwiegend körperliche Bewegungen (motorische Aktivitäten) sind; die zielgerichtet nach körperlicher Leistung streben, d.h. auf bestimmte Gütestandards bezogen sind; bei denen die Beherrschung der leiblichen Motorik ausdrücklich thematisiert und zu einer Fertigkeit gemacht wird, die man lernen und einüben kann; die kein Produkt (Werk) im engeren Sinne (im Rahmen von Gewerbe, Kunst, Wissenschaft etc.) festigen und von hier her gesteuert werden und ihren Sinn erfahren; die in einer Sportart, also nach spezifischen, sozial definierten Mustern stattfinden. Vielfach werden in der Literatur noch die Kriterien der Freiwilligkeit und der Nicht-Arbeit genannt: Beide Kriterien sind aber zur Differenzierung nicht geeignet, würden doch dann z.B. der Schulsport und der Profisport ausgeschlossen.“

Grieswelles (1978, S. 30) Anspruch auf Vollständigkeit, nach der eine Tätigkeit nur dann als Sport bezeichnet werden kann, wenn alle Kriterien seines Katalogs erfüllt sind, erscheint uns zu undifferenziert. Ganz abgesehen von der Tatsache, daß eindeutige Zuordnungen oft kaum möglich sind, und erst geklärt werden müßte, ob Selbst- oder Fremdwahrnehmung als Maßstab dienen sollen. Überdies fehlt bei der Definition das Prinzip der *Freude*, die positive Grundstimmung, die nach unserer Auffassung in der Regel mit dem *Sport* mehr oder weniger in allen seinen Phasen verbunden ist. Denken wir beispielsweise nur an spontane und zweckfreie Sportspiele bei Jugendlichen, in denen Bewegungsdrang und ungehemmte Freude dominieren. F.H. Lorentz (1938, S. 5 f.) weist auf die besondere Bedeutung positiver Gefühle hin, die sowohl mit dem Sport als auch mit der Nahrungsaufnahme verbunden sein müssen (freudige Grundstimmung ist eine entscheidende Voraussetzung dafür, daß Sport und Essen ihren positiven Zweck erfüllen); für ihn ist Sport *„Funktion unter Freude“*.

Freude als positive Grundstimmung

Der Wert des Sports mißt sich für ihn *subjektiv* am Wohlbefinden und objektiv an der erreichten *Leistung*; Sport entfaltet nur dann seine positive Wirkung, wenn er unter Freude geschehe; deshalb gibt es für Lorentz (1938, S. 5 f.) *keinen* Sport ohne Freude.

Die Bewegung in Sport, Alltag, Arbeit, Kunst, Sex u.ä. überschneidet sich, geht ineinander über und kann sogar identisch sein; die Bewegung des Sports erkennen wir an seiner Ziel-, Bedürfnis- und Normenstruktur. Hans Lenk (1972, S. 139) hebt die Unterschiede der sportlichen gegenüber der Alltagsmotorik hervor:

Sportliche Motorik und Alltagsmotorik

„Nicht nur sind sie durch besondere kulturelle Traditionen und geschichtliche Besonderheiten als solche, eben sportliche, Handlungsmuster bezeichnet und institutionalisiert in einem eigenen sozialen Rahmen, sondern sie sind im Unterschied zu den [Alltagsbewegungen] bewußt schematisiert, standardisiert, zielspezialisiert, ablaufkontrolliert — gleichsam abstrakt konventionalisiert. Nur so sind relativ exakte und objektive Vergleiche, gezielte und kontrollierte Verbesserungen und auch die differenzierte Vielfalt (Spezialisierung) der Sportdisziplinen möglich. Mögen die Sportbewegungen auch wenigstens teilweise aus der natürlichen Motorik hervorgegangen sein ..., so haben sie dennoch eine neue sozial konventionalisierte, durch gesellschaftliche Vereinbarung und kulturelle Normierung bestimmte, ‚Seinsweise' gewonnen."

Lenk (1972) orientiert sich vorrangig am Spitzensport; was für dieses Gebiet gilt, muß aber noch lange nicht gleichermaßen auf den Freizeit- und Breitensport, die Rehabilitation, den Gesundheitssport oder den Sport für Personen in höherem Lebensalter zutreffen. Trotz aller Unterschiede und Gegensätze im Bereich dessen, was Sport genannt wird, weist er dennoch besondere, ihn charakterisierende Gemeinsamkeiten auf. Dabei muß Sport immer auch aus seiner Entstehungsgeschichte heraus gesehen werden. Carl Diem (1969, S. 10) schreibt in seinem Werk „Wesen und Lehre des Sports":

Sport nach Carl Diem

„Sport ist also ernst genommenes, geregeltes und steigerbares Spiel. Man wird die Wesenszüge des Sports besser würdigen, wenn man seine Geschichte verfolgt. Die Regeln sind im vergangenen Jahrhundert entstanden, und zwar in England. Dieses Land ist auch das erste Industrieland unserer Zeit. Der Sport entstammt also der technischen Lebensform; die Geisteshaltung, die mit dem technischen Leben verbunden ist, jene Freude am Festgemessenen, am Tatsächlichen, am sichtbar Fortschreitenden hat auch die Form des Sports mitbestimmt."

Sport zu zweckfreiem Spiel zu erklären und ihn der Arbeit als zweckgebundenem Handeln gegenüberzustellen, spiegelt nur einen möglichen und sehr eingeschränkten Teil der Wirklichkeit wider. Sport ist mehr als Spiel und kann sehr wohl gewinnorientiert sein. Der Sportsoziologe Rigauer (1969, S. 76) betont in seinem Buch „Sport und Arbeit", daß eine der wichtigsten Funktionen ideologischer, d.h. unwissenschaftlicher Verkennung von Sport, darin besteht, *„die arbeitsaffinen Strukturen des Sports bewußt zu verdecken und an ihre Stelle Idealvorstellungen zu setzen, mit denen spezifische Interessen abgesichert werden können"*. Rigauer (1969, S. 82) ist darin zuzustimmen, daß die Industriegesellschaft — und das gilt für Ost und West (wobei im Westen im Gegensatz zum realen Sozialismus schon seit vielen Jahren massiv Kritik am Spitzensport geübt wurde!) — ein besonderes Interesse an einem ideologiegeprägten Sportbegriff hat, *„weil in ihm bürgerliche Tugenden zu Normen sportlichen Verhaltens transformiert sind"*.

Die Darstellung der Wesenszüge, Ziele und Leistungen des Sports hängt nicht nur vom Wissenschaftsgebiet der verschiedenen Forscher ab; wesentlich beeinflussen auch gesellschaftliche Rahmenbedingungen, der Zeitpunkt und der persönliche Standort des betreffenden Wissenschaftlers die Definition.

Der Sportmediziner Wildor Hollmann erklärt beispielsweise 1988 im Deutschlandfunk, Sport sei erzieherisches, charakterbildendes, fair play entwickelndes, muskuläres Handeln unter Einsatz von Gesundheit und Moral.

Strittiger Zusammenhang zwischen Sport und Persönlichkeit

Hier werden *dem* Sport von vornherein Wirkungen zugeschrieben, die erst einmal nachzuweisen sind. Die Frage nach einem Kausalzusammenhang zwischen Sportengagement und Persönlichkeitseigenschaften ist bis heute unbeantwortet geblieben.

Das Gemeinsame der einzelnen Bereiche des Sports sieht Grieswelle (1978, S. 31 f.) darin, *„daß sich alle diese Aktivitäten durch einige besondere Schwierigkeiten auszeichnen, die nur durch eine gewisse Könnerschaft gemeistert werden können"*.

Sport ist eine *„sich selbst steigernde Problemlösekunst" (ebd.)*, eine permanente Auseinandersetzung mit steigenden und sich verändernden Leistungs- und Gütestandards. Das gilt mehr oder weniger für alle sportlichen Bewegungen — sei es Spitzen- oder Rehabilitationssport.

Sport bedeutet eine Bündelung von Regeln, Leistungs- und Qualitätsstandards; sie normieren in den einzelnen Bereichen und Sportarten das soziale Handeln, sei es einfaches Sporttreiben, hartes Training oder Wettkampf.

Die Bewegung im Sport ist *antizipierbar, optimierbar* und *wiederholbar*; davon wird im Sport in unterschiedlicher Weise Gebrauch gemacht.

Bewegungsformen des Sports

> „Die Bewegungsformen des Sports sind nicht die des Alltags. Sie sind viel stärkeren Regelungen unterworfen, sozusagen in vorgeplanter Weise auf ein Schema gebracht, zu einer bestimmten Disziplin gestempelt und innerhalb dieses Rahmens in eine für Vergleiche besonders geeignete vereinfachte Dimension gepreßt. Sie sind standardisiert, konventionalisiert, genormt, gar künstlich überformt — obwohl sie auf natürlichen Bewegungen aufbauen" (Lenk 1985, S. 63)

Was Grupe (1982) und Lenk (1985) charakterisierend über die *Institution Sport* feststellen, trifft ohne Zweifel zu; es kennzeichnet vor allem den Spitzen- und Leistungssport. Unberücksichtigt bleiben dabei der sich *wandelnde* Freizeitsport und das Bestreben vieler Menschen, sich im Sport der Zwänge und Normen zu entledigen. Sport ist auch Sport, wenn er nicht reglementiert, genormt, standardisiert und hochdiszipliniert abläuft.

Der *Wandel* des Sports geht sicher auch in diese Richtung, und er beschleunigt sich. Deshalb muß die Institution — schon um ihres Fortbestandes willen — dem Rechnung tragen.

Versuchen wir nunmehr, den *Sport* als Gesamtheit zu erfassen.

Der Soziologie Klaus Heinemann (1983, S. 32 ff.) definiert *Sport* durch vier „konstitutive Variablen":

Weitere Definitionselemente

> „Sport ist körperliche Bewegung;
> Sport unterliegt dem Leistungsprinzip;
> Sport ist durch soziale Normen geregelt;
> Sport ist unproduktiv."

Natürlich gibt es ohne *körperliche Bewegung* keinen Sport; sie ist die erstrangige *Voraussetzung* dafür, daß etwas Sport *sein kann*. Das vierte Merkmal Heinemanns (1983, S. 32) — „Sport ist unproduktiv" — können wir nicht akzeptieren, denn Spitzen- und Profisport sind sehr wohl gewinnbringend. Sport kann einerseits produktiv und andererseits eine vom Leistungsprinzip unabhängige und z.B. mehr an Gefühlen und Kommunikationsbedürfnissen orientierte körperliche Bewegung sein. *Sport bedeutet körperliche Bewegung unter bestimmten sozialen Bedingungen*. So dient der Behinderten- und Rehabilitationssport in erster Linie der Wiederherstellung bzw. Aufrechterhaltung der physischen Funktions- und Leistungsfähigkeit des Körpers. Der Turner trainiert Kraft und Dehnfähigkeit, um seinen Körper besser zu beherrschen, und der Senior mag zum Sport gehen, um seine Einsamkeit zu überwinden. Ob die Bewegungen des Körpers Sport bedeuten oder nicht, hängt von den Zielen und Bedürfnissen ab, die zur willentlichen Betätigung der Muskeln führen.

Abschließende Definition

Sport verstehen wir als willentliche Selbstbewegung des menschlichen Körpers, die bedürfnisorientiert, freudebetont, körperzentriert, die Leistungsgrenzen verschiebend, von sportspezifischen Werten, Zielen, Normen und Sanktionen geleitet, mehr oder weniger am Leistungs- und Lustprinzip ausgerichtet, bewußt Schwierigkeiten schafft und deren Überwindung anstrebt.

Sport ist ein Abbild der Gesellschaft, aus der er hervorgeht und in die er wieder hineinwirkt.

Informationsteil

1. Zur Einführung empfohlene Literatur

Gries, Sabine (Hg.): Texte: Sportsoziologie, Frankfurt a.M. 1992.
Heinemann, K.: Einführung in die Soziologie des Sports, Schorndorf bei Stuttgart 1983, 2., überarb. Aufl.
Rigauer, B.: Sport und Arbeit: soziologische Zusammenhänge und ideologische Implikationen, Frankfurt a.M. 1969. (Reprint: Münster 1979; mit einem Nachwort).
Voigt, D.: Sportsoziologie — Soziologie des Sports, Frankfurt a.M. 1992.

Der Sammelband (Gries) und die drei Einführungen (sie sind unterschiedlich aufgebaut und ergänzen sich) geben einen umfassenden Einblick in die Soziologie des Sports.

2. Zitierte Literatur

Diem, C.: Wesen und Lehre des Sports und der Leibeserziehung, Dublin und Zürich 1969 (zuerst 1949), 5. erw. Aufl.
Digel, H.: Über den Wandel der Werte in Gesellschaft, Freizeit und Sport. In: Die Zukunft des Sports, Schorndorf bei Stuttgart 1986, S. 14-43.
Dunning, E. (ed.): The Sociology of Sport. A Selection Readings, London 1971.
Edwards, H.: Sociology of Sport, Homewood/Ill. 1973.

Gries, S. / L. Mertens, D. Voigt: Der jüdische Sport im national-sozialistischen Deutschland. In: A. Luh / E. Beekers (Hg.): Umbruch und Kontinuität im Sport. Festschrift für Horst Ueberhorst. Bochum 1991. S. 402-411.
Grieswelle, D.: Sportsoziologie. Stuttgart 1978.
Grupe, O.: Bewegung, Spiel und Leistung im Sport. Grundthemen der Sportanthropologie, Schorndorf bei Stuttgart 1982.
Grupe, O.: Sport als Kultur, Zürich 1987.
Güldenpfennig, S.: Friedensfördernde Werte des Sports. In: Gesellschaftliche Funktionen des Sports, Bonn 1984, S. 171-188.
Guths Muths: Gymnastik für die Jugend, Schnepfenthal 1793.
Guttmann, A.: Vom Ritual zum Rekord. Das Wesen des modernen Sports, Schorndorf bei Stuttgart 1979.
Habermas, J.: Soziologische Notizen zum Verhältnis von Arbeit und Freizeit. In: Sport und Leibeserziehung. Sozialwissenschaftliche, pädagogische und medizinische Beiträge. hrsg. von H. Plessner, H.-E. Bock und O. Grupe, München 1970, S. 28-46.
Hammerich, K. / K. Heinemann (Hg.): Texte zur Soziologie des Sports. Sammlung fremdsprachiger Beiträge. Schorndorf bei Stuttgart 1975.
Heinemann, K.: Einführung in die Soziologie des Sports, Schorndorf bei Stuttgart 1983, 2., überarb. Aufl.
Hessen, R.: Der Sport, Frankfurt / M. 1908.
Hinsching, J.: Körperkultur und Sport in der Freizeitgestaltung älterer Schüler. In: Theorie und Praxis der Körperkultur, 28. Jg., Beiheft 2, Berlin (Ost) 1979, S. 56-59.
Holzweissig, G.: Diplomatie im Trainingsanzug. Sport als politisches Instrument der DDR in den innerdeutschen und internationalen Beziehungen, München und Wien 1981.
Huizinga, J.: Homo Ludens. Vom Ursprung der Kultur im Spiel, Reinbek bei Hamburg 1971 (zuerst 1949).
Knecht, W.: Das Förderungssystem der DDR. In: Amateur '72, Mainz 1971a, S. 149-254.
Knecht, W.: Die ungleichen Brüder. Fakten, Thesen und Kommentare zu den Beziehungen zwischen den beiden deutschen Sportorganisationen DSB und DTSB, Mainz 1971b.
Knecht, W.: Die Demaskierung des DDR-Leistungssports. In: Deutschland-Archiv, 12. Jg., H. 2, Köln 1979, S. 123-126.
Kneyer, W.: Spitzensport und soziale Mobilität, Ahrensburg bei Hamburg 1980.
Krockow, Ch. von: Sport und Industriegesellschaft. München, 1972.
Krockow, Ch. von: Sport. Eine Soziologie und Philosophie des Leistungsprinzips, Hamburg 1974.
Kühnst, P.: Der mißbrauchte Sport: Die politische Instrumentalisierung des Sports in der SBZ und DDR 1945-1957, Köln 1982.
Lenk, H.: Leistungssport: Ideologie oder Mythos? Zur Leistungskritik und Sportphilosophie, Stuttgart 1972.
Lenk, H.: Die achte Kunst. Leistungssport — Breitensport, Zürich 1985.
Linde, H. / K. Heinemann: Leistungsengagement und Sportinteresse. Eine

empirische Studie zur Stellung des Sports im betrieblichen und schulischen Leistungsfeld, Schorndorf bei Stuttgart 1968.
Lorentz, F.H.: Der Gesundheitswert der Sportarten. Eine Biologie des Sports, Stuttgart 1938.
Lüschen, G.: Soziale Schichtung und soziale Mobilität bei jungen Sportlern. In: Kölner Zeitschrift für Soziologie und Sozialpsychologie, 15. Jg., H. I Köln 1963, S. 74-93.
Lüschen, G.: The Sociology of Sport. A Trend Report and Bibliography. In: Current Sociology, Vol. XV, No. 3, Paris 1968.
Lüschen, G./K. Weis: Sport in der Gesellschaft. Standort und Aufgaben einer Soziologie des Sports. In: Die Soziologie des Sports, hrsg. von G. Lüschen und K. Weis, Soziologische Texte, Bd. 99, Darmstadt und Neuwied 1976, S. 9-21.
Lüschen, G./G. Sage: Handbook of Social Science of Sport. (With an international classified bibliography), Champaign/Ill. 1981.
Lutz, W.: Ideologie und Wissenschaft in der Sportsoziologie der DDR. Eine Untersuchung über die politische Instrumentalisierung einer Zweigsoziologie im real existierenden Sozialismus, Bochum 1988.
Messing, M./D. Voigt: Zur sportlichen Sozialisation von Schülern in der Familie. Zusammenhänge zwischen dem Sportengagement von Eltern und Kind. In: Sportwissenschaft, 9. Jg., H. 4, Schorndorf bei Stuttgart 1979, S. 396-415.
Mrazek, J.: Zur Bedeutung des Begriffs „Sport". In: Sportwissenschaft, 12. Jg., H. 2, Schorndorf bei Stuttgart 1982, S. 185-194.
Ortega y Gasset, J.: Gesammelte Werke, Band 2, Stuttgart 1955.
Peters, A.: Psychologie des Sports. Der neue Geist, Leipzig 1927.
Perleberg, H.: Über die soziale Schichtung der Sporttreibenden in einzelnen Sportarten. Eine Untersuchung in sozialer und pädagogischer Hinsicht über die entsprechende Situation im Bezirk Rostock 1954. Päd. Diss. an der Universität Greifswald 1955, (masch. Msk.).
Plessner, H.: Spiel und Sport. In: Sport und Leibeserziehung. Sozialwissenschaftliche, pädagogische und medizinische Beiträge, hrsg. von H. Plessner, H.-E. Bock und O. Grupe, München 1970, S. 17-27.
Rigauer, B.: Sport und Arbeit: soziologische Zusammenhänge und ideologische Implikationen, Frankfurt/M. 1969 (Reprint: Münster 1979; mit einem Nachwort).
Rigauer, B.: Warenstrukturelle Bedingungen leistungssportlichen Handelns. Ein Beitrag zur sportsoziologischen Theoriebildung, Lollar bei Gießen 1979.
Rigauer, B.: Soziale Interaktion im Sport. Ein Beitrag zur sportsoziologischen Handlungstheorie. In: Sportsoziologische Arbeiten, Band 3, Berlin 1980, S. 140-163.
Rigauer, B.: Sportsoziologie. Grundlagen, Methoden, Analysen, Reinbek bei Hamburg 1982.
Risse, H.: Soziologie des Sports, Berlin 1921 (Reprint: Münster 1979).
Rittner, K./J. Mrazek/M. Lammersdorf: Zur Entwicklung und zu Forschungsschwerpunkten der Sportsoziologie. In: Sportunterricht, 32. Jg., H. 3, Schorndorf bei Stuttgart 1983, S. 85-99.

Sage, G.H. (ed.): Sport and american society: selected readings, London 1974.
Seger, I.: Knaurs Buch der modernen Soziologie, München und Zürich 1970.
Seppänen, P.: Die Rolle des Leistungssports in den Gesellschaften der Welt. In: Die Soziologie des Sports, hrsg. von G. Lüschen und K. Weis, Soziologische Texte, Bd. 99, Darmstadt und Neuwied 1976, S. 87 - 100.
Specht, K. G.: Sport in soziologischer Sicht. In: Studium Generale, I, 1960, S. 28-37.
Spranger, E.: Die Persönlichkeit des Turnlehrers (1928). In: Leibeserziehung und Sport in der modernen Gesellschaft, Weinheim 1966, 3. Aufl., S. 96 - 102.
Steinitzer, H.: Sport und Kultur, München 1910.
Stone, G.P.: Soziale Sinnbezüge des Sports in der Massengesellschaft (am Beispiel des amerikanischen Sports). In: Die Soziologie des Sports, hrsg. von G. Lüschen und K. Weis, Soziologische Texte, Bd. 99, Darmstadt und Neuwied 1976, S. 132 - 145 (zuerst 1969).
Talamini, J.T. / Ch. H. Page (ed.): Sport and society. An anthology. Boston, Toronto 1973.
Veblen, Th.: Theorie der feinen Leute. Eine ökonomische Untersuchung der Institutionen, München 1981 (zuerst 1899).
Voigt, D.: Soziologie in der DDR. Eine exemplarische Untersuchung, Köln 1975.
Voigt, D.: Gesundheitsverhalten. Zur Soziologie gesundheitsbezogenen Verhaltens. Hypothesen — Theorie — empirische Untersuchungen, Stuttgart 1978 a.
Voigt, D.: Soziale Schichtung im Sport. Theorie und empirische Untersuchungen in Deutschland. In: Sportsoziologische Arbeiten, Band 1, Berlin 1978b.
Voigt, D. / S. Meck: Leistungsprinzip und Gesellschaftssystem. In: Die Gesellschaft der DDR, hrsg. v. D. Voigt, Berlin 1984, S. 11 -45.
Voigt, D. / M. Messing: Sportlehrer und Sportunterricht aus der Sicht von Schülern der DDR und der Bundesrepublik Deutschland. In: Sportwissenschaft, 13. Jg., H. 2, Schorndorf bei Stuttgart 1983, S. 163 - 179.
Voigt, D. / S. Meck: Sportsoziologie. In: Wörterbuch der Soziologie, Band 3, hrsg. von G. Endruweit und G. Trommsdorff, Stuttgart 1989.
Weber, M.: Die protestantische Ethik, II, Kritiken und Antikritiken, hrsg. von J. Winckelmann, Hamburg 1972 (1904 / 1905), 2, durchges. und erw. Aufl.
Weber, M.: Die protestantische Ethik, 1, Eine Aufsatzsammlung, hrsg. von J. Winckelmann, Hamburg 1973 (1904 / 1905), 3. durchges. und erw. Aufl.
Weingart, P.: Die Bestimmungsgründe von Autonomie und Steuerbarkeit der Wissenschaft. Versuch einer soziologischen Taxomisierung und Plädoyer für eine Forschungsstrategie. In: Studia Leibnitiana. Zeitschrift für Geschichte der Philosophie und der Wissenschaften, Sonderheft 6, Wiesbaden 1977, S. 122 - 134.
Weisspfennig, G.: Die sportwissenschaftliche Elite in beiden Teilen Deutschlands. In: Sportsoziologische Arbeiten, Band 7, Berlin 1983.
Whitley, R.D.: Konkurrenzformen, Autonomie und Entwicklungsformen wissenschaftlicher Spezialgebiete. In: Kölner Zeitschrift für Soziologie und Sozialpsychologie, Sonderheft 18, 27. Jg., Köln 1975, S. 135 - 164.

Verzeichnis der Mitarbeiter/Mitarbeiterinnen

Eichener, Volker, geb. 1959 in Wanne-Eickel, Dr. rer.soc., Wiss. Mitarb. an der Ruhr-Universität Bochum

Gries, Sabine, geb. 1953 in Bochum, Dipl.-Soz., Wiss. Mitarb. an der Ruhr-Universität Bochum

Gildemeister, Regine, geb. 1949 in Osterode (Harz), Dr. phil., Prof. für Theorie, Empirie und Methoden der sozialen Therapie an der Universität-Gesamthochschule Kassel

Heinze, Rolf, geb. 1951 in Vlotho-Exter, Dr. soz.wiss., Prof. für Soziologie an der Ruhr-Universität Bochum

Herlyn, Ulfert, geb. 1936 in Göttingen, Dr. disc.pol., Prof. für planungsbezogene Soziologie an der Universität (TU) Hannover

Jäger, Wieland, geb. 1944 in Osnabrück, Dr. phil. habil., Prof. für Soziologie an der Fernuniversität Hagen

Klein, Hans-Joachim, geb. 1938 in Leipzig, Dr. rer.pol., Prof. für Soziologie an der Universität Karlsruhe (TH)

Korte, Hermann, geb. 1937 in Münster/Westf., Dr. sc.pol., Prof. für Soziologie an der Ruhr-Universität Bochum

Nave-Herz, Rosemarie, geb. 1935 in Berlin, Dr. rer.pol., Prof. für Soziologie an der Carl-von-Ossietzky-Universität Oldenburg

Schäfers, Bernhard, geb. 1939 in Münster/Westf., Dr. sc.pol., Prof. für Soziologie an der Universität Karlsruhe (TH)

Sommerkorn, Ingrid N., geb. in Berlin, Ph. D., Prof. für Hochschuldidaktik und Soziologie der Bildung an der Universität Hamburg

Voigt, Dieter, geb. 1936 in Tsingtau/China, Dr. phil., Prof. für Soziologie an der Ruhr-Universität Bochum

Wolff, Jürgen H., geb. 1940, Diplomvolkswirt, Dr. phil. habil., Prof. für Soziologie an der Ruhr-Universität Bochum